明解　法華経要義

講述　大僧正本多日生上人
編集　土屋信裕

海鳥社

平成二十五年四月二十八日御正当

日什大正師御生誕七百年慶讃

《記念出版》

本書は昭和四年六月に東京の中央出版から刊行された『法華経要義』を現代語に改めたものである。

編　者

近代の教傑 本多日生（にっしょう）上人

慶応三年姫路藩士国友堅次郎の二男として生まれ、菩提寺の本多日鏡の嗣子となる。哲学館（後の東洋大学）に学ぶ。宗門の積弊不振を嘆き、二十四歳教務部長となり教学布教に振るうも、宗門内の怨恨をかって、突如剥牒処分となる。正義貫徹のため、顕本法華宗義弘通所を各地に開設し東奔西走す。各宗協会から師を宗門に復帰させよとの声起こり、僧籍に復し妙満寺派綱要を編す。顕本法華宗と宗名を改す。仏教界の退廃と日蓮門下の分裂を憂い、各教団有志を募って統一団を結成。後、各界の名士からなる天晴会、その他講妙会、婦人のための地明会、労務者のための自慶会等を創す。日蓮聖人の唱える本仏・釈尊中心の仏教と、人生に勇気と慈悲を以て歩む信仰の感激を全国に展開し活躍す。明治から昭和期にわたる日蓮門下の偉大な存在である。

昭和六年、六十五歳寂

序

人類の宗教文化史上、「法華経」ほど、時空を超えて読み継がれた経典は希である。そして時と処において根付き、如何なる人々にも心を癒し、救済を果たしてきた聖書である。本書の編者は、現役のパイロットである。Ｆ４戦闘機の操縦士を経て、現在民間航空の機長の要職にあり、多くの人の生命を預かり、時々刻々に襲い来る自然の猛威を操りながら、心身を生死の間に置いている。初め私は、土屋師が法華の坊さんで、しかもパイロットだという、このアンバランスに驚いた。だが土屋師の祖父にあたられる土屋日宏猊下は、顕本法華宗管長であり総本山妙満寺の貫首であられたことを想起すると、編者土屋師が生粋の法華の坊さんであることに何の不思議はない。

編者は法華修行の範を本多日生師に求められたようである。本多猊下は、明治大正昭和に跨がり、仏教界のみならず日本の思想界をも統率した英傑であった。今日、世界的企業となったトヨタの創始者豊田佐吉翁も、同年であったことも手伝い、本多猊下より多くの薫陶を受けた一人であった。

今、平成の時代にあって、本多猊下を模範とする傑僧出《い》で来たりなば、本宗は言うに及ばず日本、アジア、果ては全世界に妙法の種子は蒔かれるであろう。妙法の種子は「我此土安穏」（我が此の土は安穏なり）の華を開くこと必定である。土屋師の顔を思い出すと私の心は躍る。師よ、期待を裏切ることなかれ。

平成二十四年　五月十六日

元東洋大学教授　文学博士
元日蓮宗　勧学職
顕本法華宗　布教総監
河村　孝照

妙法蓮華経　目次

序品第一……八
方便品第二……一九
譬喩品第三……五〇
信解品第四……六二
薬草喩品第五……七四
授記品第六……八八
化城喩品第七……九四
五百弟子受記品第八……一〇七
授学無学人記品第九……一一九
法師品第十……一二一
見宝塔品第十一……一四五
提婆達多品第十二……一五五
勧持品第十三……一六七

安楽行品　第十四……一七八
従地涌出品　第十五……一九二
如来寿量品　第十六……二〇八
分別功徳品　第十七……二八八
随喜功徳品　第十八……三〇三
法師功徳品　第十九……三〇八
常不軽菩薩品　第二十……三一三
如来神力品　第二十一……三二〇
嘱累品　第二十二……三三八
薬王菩薩本事品　第二十三……三四四
妙音菩薩品　第二十四……三五八
観世音菩薩普門品　第二十五……三六三
陀羅尼品　第二十六……三六八
妙荘厳王本事品　第二十七……三七三
普賢菩薩勧発品　第二十八……三八五

序《じょ》品《ほん》第《だい》一

(現代語《げんだいご》)

その時《とき》に、世尊《せそん》は僧侶《そうりょ》・尼僧《にそう》・信士《しんじ》・信女《しんにょ》に囲《かこ》まれ、敬《うやま》い讃《たた》えられて、「無量《むりょう》の意義《いぎ》」と名付《なづ》けられる、菩薩《ぼさつ》を教《おし》える法《ほう》、仏《ほとけ》の護念《ごねん》する所《ところ》を説《と》かれました。そして、仏《ほとけ》はこの経《きょう》を説《と》き終《お》わると結跏趺坐《けっかふざ》し、無量《むりょう》義《ぎ》処《しょ》三昧《まい》という瞑想《めいそう》に入《はい》られて身《み》も心《こころ》も動《うご》かさなかったのです。

(要文《ようもん》)

爾《そ》の時《とき》に、世尊《せそん》、四衆《しゅ》に囲繞《いにょう》せられ、供養《くよう》・恭敬《くぎょう》・尊重《そんじゅう》・讃歎《さんだん》せられて、諸《もろもろ》の菩薩《ぼさつ》のために、大乗経《だいじょうきょう》の無量義《むりょうぎ》・教菩薩法《きょうぼさつほう》・佛所護念《ぶつしょごねん》と名《なづ》くるを説《と》きたもう。佛《ほとけ》此《こ》の経《きょう》を説《と》き已《おわ》って、結《けつ》跏趺坐《かふざ》し無量《むりょう》義《ぎ》処《しょ》三昧《まい》に入《はい》って、身心動《しんしんどう》じたまわず。

(要義《ようぎ》)

序《じょ》というのは、これから説《と》こうとする経《きょう》の内容《ないよう》をおおよそ察知《さっち》させるものです。そして、法華《ほけ》経《きょう》の序品《じょほん》は、仏《ほとけ》が世《よ》に出《い》でた最高《さいこう》の目的《もくてき》、所謂《いわゆる》出世《しゅっせ》の本懐《ほんかい》、出世《しゅっせ》の真実《しんじつ》を語《かた》らんとすることを表《あらわ》しています。したがって、ある人《ひと》のために説《と》いたとか、ある出来事《できごと》について説《と》いたというような内容《ないよう》ではないが故《ゆえ》に、この法華経《ほけきょう》の法座《ほうざ》には、聴衆《ちょうしゅう》の代表《だいひょう》となるべき総《すべ》ての者《もの》が列座《れつざ》して釈迦牟尼仏《しゃかむにぶつ》を囲繞《いにょう》し、そして天《てん》よりは華《はな》が降《ふ》り、虚空《こくう》には音楽《おんがく》が奏《かな》でられるという光景《こうけい》が演出《えんしゅつ》されます。その美《うつく》しき光景《こうけい》は、法華経《ほけきょう》の理想《りそう》を現《あらわ》したものと言《い》えましょう。また、煩悩《ぼんのう》を断《た》つというような個人的《こじんてき》な修行《しゅぎょう》を主《おも》にするが故《ゆえ》に、他《た》の大乗 経典《だいじょうきょうてん》においては仏《ほとけ》にはなれないと差別《さべつ》されていた声聞《しょうもん》・縁覚《えんがく》(小乗《しょうじょう》とされる二乗《じょう》)を、この法華経《ほけきょう》では利他《りた》の活動《かつどう》をする菩薩《ぼさつ》と等《ひと》しく対告衆《たいごうしゅ》にします。これは法華経《ほけきょう》が、一切《さい》の仏道《ぶつどう》にある者《もの》に説《と》かれる大事《だいじ》な教《おし》えであるからです。

「結跏趺坐《けっかふざ》」とは心《こころ》を落《お》ち着《つ》けて静《しず》かに坐《すわ》ることであり、「三昧《まい》」とは専念《せんねん》するということであって、精神《せいしん》の統《とう》一を図《はか》って雑念《ざつねん》を混《ま》じらないようにすることです。そして、身《み》も心《こころ》も動《どう》じることのない安静《あんせい》なる状態《じょうたい》で、精神《せいしん》を集中専念《しゅうちゅうせんねん》されていることは、「無量義《むりょうぎ》」という、一元《げん》の大原理《だいげんり》とその原理《げんり》より発現《はつげん》するところの万象《ばんしょう》の関係《かんけい》です。それは、宇宙《うちゅう》の実相《じっそう》について言《い》えば、本体《ほんたい》と現象《げんしょう》の関係《かんけい》、教《おし》えについて言《い》えば、完全《かんぜん》なる統《とう》一の妙法《みょうほう》とそれを説《と》き広《ひろ》げた千差万別《せんさばんべつ》の教義《きょうぎ》の関係《かんけい》です。この無量義処《むりょうぎしょ》三昧《まい》を経《へ》て、法華経《ほけきょう》の統《とう》一の妙法《みょうほう》は説《と》き出《だ》されます。如何《いか》なる時代《じだい》であっても、如何《いか》なる国家《こっか》に於《お》いても、真理《しんり》を研究《けんきゅう》する者《もの》、思想《しそう》を研究《けんきゅう》する者《もの》は、まずはどのように纏《まと》まりがつくかということを考《かんが》えなければなりません。幾《いく》ら学問《がくもん》をして色々《いろいろ》なことを学《まな》んだとしても、切《き》れ切《ぎ》れの思想《しそう》を相闘《あいたたか》わしている限《かぎ》りは、一向《こう》に混乱《こんらん》より抜《ぬ》け出《だ》すことは出来《でき》ません。論語《ろんご》を読《よ》めば論語《ろんご》のような、法華経《ほけきょう》を読《よ》めば法華経《ほけきょう》のような、西洋《せいよう》の哲学書《てつがくしょ》を読《よ》めばそのような気《き》になって、一向《こう》に纏《まと》まりがつかないようでは全《まった》く未熟《みじゅく》なことと言《い》えます。種々《しゅじゅ》なる思想《しそう》によく纏《まと》まりをつけて統《とう》一大成《たいせい》しようとすること、眉間《みけん》より光《ひかり》を放《はな》つ如《ごと》く真実《しんじつ》を開顕《かいけん》せんと臨《のぞ》むことは、個人《こじん》の理想実現《りそうじつげん》のためにも、社会《しゃかい》の理想実現《りそうじつげん》のために於《お》いても大変重要《たいへんじゅうよう》なことです。そのためには、この無量義経《むりょうぎきょう》より法《ほ》華経《けきょう》に移《うつ》っていく状態《じょうたい》を、総《すべ》てに於《お》いて身《み》に体現《たいげん》して行《い》くことが大切《たいせつ》な事《こと》となります。

(現代語《げんだいご》)

その時《とき》に、世尊《せそん》は眉間《みけん》の白毫相《びゃくごうそう》より光《ひかり》を放《はな》ち、東方《とうほう》一万八千の世界《せかい》を行《ゆ》き渡《わた》らざるところなく照《て》らされたのです。

（要文《ようもん》）

爾《そ》の時《とき》に佛《ほとけ》眉間《みけん》白毫相《びやくごうそう》の光《ひかり》を放《はな》って、東方萬《とうほうまん》八千の世界《せかい》を照《て》らしたもうに周徧《しゅへん》せざることなし。


（要義《ようぎ》）

釈迦牟尼仏《しやかむにぶつ》が眉間《みけん》の白毫《びやくごう》から光《ひかり》を放《はな》ったことにより、東方《とうほう》一万八千の地獄《じごく》から天上界《てんじょうかい》まで六道《どう》の世界《せかい》のすべてが照《て》らし出《だ》されます。順序《じゅんじょ》を追《お》って物事《ものごと》を説《と》こうとすれば長《なが》くなりますが、照《て》らせば一時《じ》、私達《わたしたち》は照《て》らした中《なか》に総《すべ》ての事柄《ことがら》を見《み》ることが出来《でき》る、照《て》らすという光景《こうけい》は物《もの》を統《とう》一大観《たいかん》するということを現《あらわ》しているのです。所謂《いわゆる》「達人《たつじん》は大観《たいかん》す」と言《い》うように、光《ひかり》を以《もっ》て全体《ぜんたい》を照《て》らせば見《み》えない所《ところ》は無《な》い、高《たか》い所《ところ》に上《あ》がって町全体《まちぜんたい》を見《み》れば、何処《どこ》に家《いえ》があってどういう有様《ありさま》になっているという総《すべ》てを一遍《ぺん》に見《み》ることが出来《でき》る訳《わけ》です。これは即《すなわ》ち、真理《しんり》もまた説《と》こうとすれば長《なが》いものであるけれども、照《て》らせば一時《じ》に現《あらわ》れるということを示《しめ》しています。そして、この光《ひかり》に照《て》らされた実相《じっそう》、仏《ほとけ》の光明《こうみょう》によって照《て》らされた有様《ありさま》を、皆《みな》は見《み》ることが出来《でき》たけれども、その意味合《いみあ》いについて仏《ほとけ》が語《かた》られることを聞《き》こうとする所《ところ》に法華経《ほけきょう》が起《お》こって来《く》るのです。

仏教《ぶつきょう》が教《おし》えである以上《いじょう》は、その照《て》らしたる事実《じじつ》を説《と》き出《だ》さねばなりません。そして、所謂《いわゆる》「理《り》教《きょう》不《ふ》二」と言《い》って、真理《しんり》と教《おし》えとが二ならず、説《と》き出《だ》された教《おし》えと照《て》らしたる事実《じじつ》とが合致《がっち》しているものが善《よ》き教《おし》えとなります。語《かた》らなければ宗教《しゅうきょう》は生《しょう》じないのですから、禅宗《ぜんしゅう》のように教《おし》えを説《と》く経典《きょうてん》を蔑視《べっし》して「事実《じじつ》は事実《じじつ》だ」と黙《だま》って見《み》ているというのならば宗教《しゅうきょう》は成《な》り立《た》ちません。「教《きょう》外別伝《げべつでん》、不立文字《ふりゅうもんじ》」と「言葉《ことば》である教《おし》えと真理《しんり》は別《べつ》だ」というならば、「その別《べつ》だという真理《しんり》は何《なに》か」ということになります。そのようなことは贅論《ぜいろん》であって、真理《しんり》というものはやはり教《おし》えを以《もっ》て語《かた》らなければ分《わ》からないものです。次《つぎ》の方便品《ほうべんぽん》には「仏《ほとけ》と仏《ほとけ》のみ乃《いま》し能《よ》く諸法《しょほう》の実相《じっそう》を究尽《くじん》したまへり」とありますけれども、真理《しんり》を知《し》り尽《つ》くした仏同士《ほとけどうし》が肯《うなず》き合《あ》うことはあっても、判《わか》ってない者《もの》達《たち》が判《わか》ったようなつもりになって肯《うなず》き合《あ》っているようでは愚《ぐ》にも付《つ》きません。一方《ぽう》に仏《ほとけ》という真理《しんり》を照《て》らし出《だ》している存在《そんざい》があり、一方《ぽう》に判《わか》ってはおらぬ無明《むみょう》の衆生《しゅじょう》があるからこそ、そこに教《おし》えが起《お》こるのです。

（現代語《げんだいご》）

仏《ほとけ》の子《こ》、文殊《もんじゅ》よ、できれば何事《なにごと》が起《お》きているのか、人々《ひとびと》の疑《うたが》いを解《と》きたまえ。人々《ひとびと》は皆喜《みなよろこ》び、そして君及《きみおよ》び私《わたし》を仰《あお》ぎ見《み》ている。世尊《せそん》は何故《なにゆえ》に、この光《ひかり》を放《はな》たれるのであろうか。仏《ほとけ》の子《こ》よ、どうか疑《うたが》いに答《こた》えて彼《かれ》らを喜《よろこ》ばしたまえ。何《なん》の衆生《しゅじょう》を利益《りやく》する所《ところ》があって、このような光《ひかり》を放《はな》たれるのであろうか。

文殊菩薩《もんじゅぼさつ》は、答《こた》えました。私《わたし》は、量《はか》り知《し》れぬほどの過去《かこ》の世《よ》に、このようなめでたき出来事《できごと》があったことを憶《おぼ》えている。推《お》し量《はか》るに、今日《こんにち》、如来《にょらい》も当《まさ》に「妙法蓮華《みょうほうれんげ》」、菩薩《ぼさつ》を教《おし》える法《ほう》、仏《ほとけ》の護《まも》れるものを説《と》かれるのであろう。

(要文《ようもん》)

仏子《ぶつし》文殊《もんじゅ》、願《ねが》わくは衆《しゅ》の疑《うたがい》を決《けっ》したまへ。四衆《しゅ》欣仰《ごんごう》して、仁《きみ》及《およ》び我《われ》を瞻《み》る。世尊《せそん》、何《なに》が故《ゆえ》ぞ、この光明《こうみょう》を放《はな》ちたもう。仏子《ぶつし》よ、時《とき》に答《こた》えて疑《うたがい》を決《けっ》して喜《よろこ》ばしたまえ。何《なん》の饒益《にょうやく》する所《ところ》あってか、斯《こ》の光明《こうみょう》を演《の》べたもう。

今此《いまこ》の瑞《ずい》を見《み》るに、本《もと》と異《こと》なることなし。是《こ》の故《ゆえ》に惟忖《ゆいじゅん》するに、今日《こんにち》の如来《にょらい》も当《まさ》に大乗《だいじょう》経《きょう》の妙法蓮華《みょうほうれんげ》・教菩薩法《きょうぼさつほう》・仏所護念《ぶつしょごねん》と名《なづ》くるを説《と》きたもうべし。

（要義《ようぎ》）

この尋常《じんじょう》ではない光景《こうけい》に驚《おどろ》き、そしてその訳《わけ》を知《し》りたいと願《ねが》う人々《ひとびと》の気持《きも》ちを代表《だいひょう》して、弥勒菩薩《みろくぼさつ》は、過去世《かこぜ》に無量《むりょう》の諸仏《しょぶつ》に仕《つか》えてきた文殊菩薩《もんじゅぼさつ》に問《と》います。そして文殊菩薩《もんじゅぼさつ》は、釈迦牟尼仏《しゃかむにぶつ》が光《ひかり》を放《はな》っておられるこの瑞相《ずいそう》が、遙《はる》かなる過去《かこ》に日月燈明仏《にちげつとうみょうぶつ》に仕《つか》えた時《とき》に拝《はい》した光景《こうけい》と違《たが》わず、そして仏《ほとけ》の世《よ》に出《い》でた大乗《だいじょう》の真実《しんじつ》、法華経《ほけきょう》がその時《とき》に説《と》かれたことから、今日《こんにち》の釈迦如来《しゃかにょらい》においても当《まさ》に妙法蓮華《みょうほうれんげ》・教菩薩法《きょうぼさつほう》・仏所護念《ぶつしょごねん》と名付《なづ》けられる尊《たっと》き法《ほう》が説《と》かれるのであろうと答《こた》えます。これによって、法座《ほうざ》に集《あつ》まれる者《もの》は皆《みな》法華経《ほけきょう》の説《と》き始《はじ》まることを待《ま》ち焦《こ》がれ、そしていよいよ仏《ほとけ》が静《しず》かにお立《た》ちになり、法華経《ほけきょう》の幕《まく》が開《ひら》いてくるのです。[1]この品《ほん》において文殊菩薩《もんじゅぼさつ》は、過去世《かこぜ》において日月燈明仏《にちげつとうみょうぶつ》の滅後《めつご》に法華経《ほけきょう》を説法《せっぽう》し続《つづ》けた妙光法師《みょうこうほっし》とは自分《じぶん》のことであり、そして心怠《こころなま》け名利《みょうり》を求《もと》めるが故《ゆえ》に求名《ぐみょう》と名《な》づけられた弟子《でし》が、今《いま》の弥勒菩薩《みろくぼさつ》であることを明《あ》かしています。これは実《じつ》は、これから説《と》かれる法華経《ほけきょう》に集《つど》える衆生《しゅじょう》の因縁《いんねん》を、微妙《びみょう》に示唆《しさ》しているものなのです。

「教菩薩法《きょうぼさつほう》・仏所護念《ぶつしょごねん》」とは、菩薩《ぼさつ》を教《おし》える法《ほう》、仏《ほとけ》の護念《ごねん》する所《ところ》のものであって、仏教《ぶっきょう》の中《なか》で特《とく》に高《たか》い教《おし》えを示《しめ》す言葉《ことば》として使《つか》われます。菩薩《ぼさつ》を教《おし》える法《ほう》とは、その偉大《いだい》なる精神《せいしん》を奨励《しょうれい》して他者《たしゃ》を利《り》する所《ところ》の教《おし》えであり、今日優先《こんにちゆうせん》されるような個人《こじん》の利益《りえき》や権利《けんり》を中心《ちゅうしん》とした思想《しそう》ではありません。したがって、物質的《ぶっしつてき》なものに限《かぎ》らず高《たか》い精神生活《せいしんせいかつ》においても、個人的《こじんてき》なものに留《とど》まる教《おし》えに対《たい》しては、独善的《どくぜんてき》であるとか小乗《しょうじょう》であると大乗仏教《だいじょうぶっきょう》からは批判《ひはん》されます。菩薩《ぼさつ》の精神《せいしん》とは「上求菩提《じょうぐぼだい》、下化衆生《げけしゅじょう》」とされ、上《うえ》には何処《どこ》までも仏《ほとけ》の智慧《ちえ》である菩提《ぼだい》を求《もと》め、そして下《した》には迷《まよ》える衆生《しゅじょう》を教化《きょうけ》して苦《くる》しみから救《すく》うものです。即《すなわ》ち、高遠《こうえん》な理想《りそう》に活《い》きつつ、そして利他《りた》の救済活動《きゅうざいかつどう》をする者《もの》を菩薩《ぼさつ》と言《い》うのです。無論《むろん》、衆生《しゅじょう》に対《たい》する社会的《しゃかいてき》な救済活動《きゅうざいかつどう》とは精神的《せいしんてき》・物質的《ぶっしつてき》両方面《りょうほうめん》に渡《わた》って行《おこな》うものですが、仏教《ぶっきょう》における主《おも》なるものは精神《せいしん》の方面《ほうめん》です。菩薩《ぼさつ》が行《おこな》う実践行《じっせんぎょう》「六波羅蜜《はらみつ》」の一つ、布施《ふせ》には、財施《ざいせ》・法施《ほうせ》・無畏施《むいせ》と言《い》われる三種《しゅ》がありますが、財施《ざいせ》とは法《ほう》を護《まも》る修行者《しゅぎょうしゃ》や教団《きょうだん》、そして貧窮者《ひんきゅうしゃ》に対《たい》する物質的《ぶっしつてき》な助《たす》けであり、法施《ほうせ》とは精神的救済《せいしんてききゅうさい》のために教《おし》え（法《ほう》）を説《と》き与《あた》えること、無畏施《むいせ》とは如何《いか》なることに遭《あ》っても精神《せいしん》の安定《あんてい》を破《やぶ》られないような信念《しんねん》に立《た》たせることです。現在《げんざい》の文明《ぶんめい》は、物質的《ぶっしつてき》な救済《きゅうざい》を重《おも》んじて、精神的《せいしんてき》な救済《きゅうざい》を軽《かる》く見《み》ている傾向《けいこう》がありますが、大乗仏教《だいじょうぶっきょう》では信仰《しんこう》による安心立命《あんしんりつめい》を得《え》て、肉体《にくたい》は滅《ほろ》びると雖《いえど》も、不滅《ふめつ》の生命《せいめい》は必《かなら》ず無上《むじょう》の菩提《ぼだい》を成就《じょうじゅ》して仏《ほとけ》と成《な》る、そのような幸福《こうふく》に立《た》って活動《かつどう》することによって、自《みずか》らを高《たか》め、他《た》を感化《かんか》する徳《とく》が得《え》られることを説《と》きます。そして、その徳《とく》が大悲《だいひ》となって衆生救済《しゅじょうきゅうざい》する所《ところ》となり、その人《ひと》の活動《かつどう》が更《さら》に多《おお》くの者《もの》を菩薩《ぼさつ》として働《はたら》かしめることが大切《たいせつ》と考《かんが》えています。この大事《だいじ》な教《おし》えであるが故《ゆえ》に、「仏自《ほとけみずか》らが護《まも》られている」との尊号《そんごう》が加《くわ》えてあるのです。

(現代語《げんだいご》)

仏《ほとけ》は、この「妙法蓮華経《みょうほうれんげきょう》」を説《と》いて人々《ひとびと》を歓喜《かんぎ》せしめ終《お》わると、続《つづ》いてその日直《ひただ》ちに天《てん》の神々《かみがみ》や人々《ひとびと》に告《つ》げたのである。「一切《さい》の事物《じぶつ》の真実《しんじつ》の在《あ》りようは、既《すで》に汝達《なんじたち》のために説《と》いた。私《わたし》は、今日《きょう》夜半《やはん》において当《まさ》に涅槃《ねはん》に入《はい》るであろう。汝等《なんだち》よ、一心《しん》にこの教《おし》えに精進《しょうじん》して、けっして怠《おこた》ることなかれ」と。

(要文《ようもん》)

仏《ほとけ》、是《こ》の法華《ほつけ》を説《と》き衆《しゅ》をして歓喜《かんぎ》せしめ已《おわ》って、ついで即《すなわ》ち是《こ》の日《ひ》に於《お》いて天《てん》・人衆《にんしゅ》に告《つ》げたまわく。諸法実相《しょほうじっそう》の義《ぎ》、已《すで》に汝等《なんだち》が為《ため》に説《と》きつ。我今中夜《われいまちゅうや》に於《お》いて当《まさ》に涅槃《ねはん》に入《はい》るべし。汝《なんじ》一心《しん》に精進《しょうじん》して、当《まさ》に放逸《ほういつ》を離《はな》るべし。

(要義《ようぎ》)

これは、過去《かこ》の日月燈明仏《にちげつとうみょうぶつ》が涅槃《ねはん》に入《はい》る際《さい》の光景《こうけい》ですが、釈迦牟尼仏《しゃかむにぶつ》の涅槃《ねはん》の時《とき》にも同《おな》じ言葉《ことば》が語《かた》られます。[2]大乗経典《だいじょうきょうてん》に於《お》いて釈迦牟尼仏《しゃかむにぶつ》は様々《さまざま》な事柄《ことがら》を、色々《いろいろ》な仏《ほとけ》の名前《なまえ》に託《たく》して説《と》かれていますが、後《のち》に法華経《ほけきょう》において一切《さい》の仏《ほとけ》が皆《みな》釈迦牟尼仏《しゃかむにぶつ》の分身《ふんじん》であり、すべてが久遠《くおん》の釈迦如来《しゃかにょらい》の大化導《だいけどう》であるとの真実《しんじつ》が開顕《かいけん》されます。まだ法華経《ほけきよう》の説《と》き始《はじ》めであるが故《ゆえ》に、涅槃《ねはん》の夕《ゆう》べのことを釈迦《しやか》の名《な》で説《と》くことが出来《でき》ないだけであって、「これは日月燈明仏《にちげつとうみようぶつ》のことで、釈迦牟尼仏《しやかむにぶつ》とは違《ちが》うものだ」とか「この経典《きようてん》に説《と》かれたのは、釈迦牟尼仏《しやかむにぶつ》とは別《べつ》の何《なに》々仏《ぶつ》のことだ」と拘《こだわ》っていると、仏教《ぶつきよう》というものが分《わ》からなくなってしまいます。ここで大事《だいじ》であることは、法華経《ほけきよう》を説《と》く前《まえ》から、釈迦牟尼仏《しやかむにぶつ》の涅槃時《ねはんじ》の大切《たいせつ》な戒告《かいこく》が日月燈明仏《にちげつとうみようぶつ》の名《な》に於《お》いて挙《あ》げられていることにあります。

諸法《しよほう》の実相《じつそう》、宇宙《うちゆう》の真理《しんり》、仏教《ぶつきよう》の哲理《てつり》は、法華経《ほけきよう》に於《お》いて汝達《なんじたち》に残《のこ》らず説《と》いた。故《ゆえ》に、夜半《やはん》には涅槃《ねはん》に入《はい》るとして仏《ほとけ》が留《とど》めた最後《さいご》の遺訓《いくん》は「汝《なんじ》一心《しん》に精進《しようじん》して、当《まさ》に放逸《ほういつ》を離《はな》るべし」という短《みじか》い決別《けつべつ》の言葉《ことば》です。「一心《しん》」とは心《こころ》の散乱《さんらん》を防《ふせ》ぎ、「精進《しようじん》」とは正《ただ》しい目的《もくてき》に向《む》かって退転《たいてん》することなく気力《きりよく》を加《くわ》えて進《すす》むことであり、そして「放逸《ほういつ》を離《はな》るべし」と、怠《なま》けてはいかん、如何《いか》に善《よ》き教《おし》えがあり真理《しんり》があったとしても、その教《おし》えを護《まも》り伝《つた》える者《もの》が怠惰《たいだ》であってはならない、諸法実相《しよほうじつそう》の義《ぎ》と、その真実《しんじつ》の教《おし》えを盛《さか》んにならしめる奮励努力《ふんれいどりよく》が最《もつと》も大切《たいせつ》であると説《と》いています。それ故《ゆえ》に、法華経《ほけきよう》を信仰《しんこう》して社会《しやかい》に働《はたら》く人々《ひとびと》は、それぞれの務《つと》めに自覚《じかく》を持《も》って、そして日蓮聖人《にちれんしようにん》に倣《なら》って、この努力《どりよく》の精神《せいしん》を発揮《はつき》して来《く》るのです。ただ心閑《こころしず》かに暮《く》らせればと願《ねが》うような厭世《えんせい》悲観《ひかん》の消極的《しようきよくてき》仏教《ぶつきよう》ではなくして、法華経《ほけきよう》の教《おし》えは活動的《かつどうてき》に奮闘《ふんとう》する精神《せいしん》を尊《とうと》びます。(3)日蓮聖人《にちれんしようにん》は守護国家論《しゆごこつかろん》に

「放逸《ほういつ》とは謗法《ほうぼう》の名《な》なり」と述《の》べ、放逸《ほういつ》とは謗法《ほうぼう》の罪《つみ》の一つ、無間地獄《むげんじごく》に堕《お》ちる罪《つみ》であると戒《いまし》めているにも拘《かか》わらず、今日日蓮門下《こんにちにちれんもんか》にあっても怠惰《たいだ》の人《ひと》があるのは、それは経《きょう》を棒読《ぼうよ》みするばかりで、少《すこ》しも自覚《じかく》を持《も》たないことにあります。幾《いく》ら法華経《ほけきょう》が善《よ》き教《おし》えであっても、そこに精進奮励《しょうじんふんれい》というものが無《な》かったならば駄目《だめ》だということを、私達《わたしたち》は強《つよ》く感《かん》じなければなりません。

方便品第二《ほうべんぼんだい》

（現代語《げんだいご》）

その時《とき》、世尊《せそん》は瞑想《めいそう》より覚《さ》めて心静《こころしず》かに起《た》ち上《あ》がると、舎利弗《しゃりほつ》に告《つ》げました。仏《ほとけ》の智慧《ちえ》は、まことに深《ふか》く限《かぎ》りなく、理解《りかい》し難《がた》きものである。一切《さい》の声聞《しょうもん》・縁覚《えんがく》には知《し》ることの出来《でき》ないものである。その故《ゆえ》は、仏《ほとけ》はかって数限《かずかぎ》りなき諸《もろもろ》の仏《ほとけ》に仕《つか》え、数限《かずかぎ》りのない修行《しゅぎょう》に精進《しょうじん》し、そして、まことに深《ふか》き法《ほう》を得《え》ることを成《な》し遂《と》げているからである。その上《うえ》にあって、人々《ひとびと》の意《こころ》の深浅《しんせん》に随《したが》って説《と》きたまう所《ところ》なれば、その意趣《いしゅ》もまた覚《さと》り難《がた》きものである。

（要文《ようもん》）

その時《とき》に世尊《せそん》、三昧《まい》より安詳《あんじょう》として起《た》って、舎利弗《しゃりほつ》に告《つ》げたまわく、諸仏《しょぶつ》の智慧《ちえ》は甚深《じんじん》無量《むりょう》なり。その智慧《ちえ》の門《もん》は難解難入《なんげなんにゅう》なり。一切《さい》の声聞《しょうもん》・辟支仏《びゃくしぶつ》の知《し》ること能《あた》わざる所《ところ》なり。所以《ゆえ》は何《いか》ん。仏《ほとけ》、かって百千萬億《まんのく》無数《むしゅ》の諸仏《しょぶつ》に親近《しんごん》し、尽《つ》くして諸仏《しょぶつ》の無量《むりょう》の道法《どうほう》を行《ぎょう》じ、

勇猛精進《ゆうもうしょうじん》して、名称普《みょうしょうあまね》く聞《き》こえたまえり。甚深未曾有《じんじんみぞうう》の法《ほう》を成就《じょうじゅ》して、宜《よろ》しきに随《したが》って説《と》きたもうところ、意趣解《いしゅさと》り難《がた》し。

(要義《ようぎ》)

方便品《ほうべんぽん》は、寿量品《じゅりょうほん》の次《つぎ》に大事《だいじ》な法門《ほうもん》が説《と》かれています。[1]この題号《だいごう》の「方便《ほうべん》」を世間《せけん》では「嘘《うそ》も方便《ほうべん》」という誤《あやま》った使《つか》い方《かた》をして、正《ただ》しく理解《りかい》している人《ひと》は少《すく》ないようですが、本来《ほんらい》の意味《いみ》は「真《しん》実《じつ》に導《みちび》く巧《たく》みな手段《しゅだん》」です。天台大師《てんだいだいし》は法華文句《ほっけもんく》において、「法用方便《ほうゆうほうべん》」「能通方便《のうつうほうべん》」「秘妙方便《ひみょうほうべん》」の三種《しゅ》の方便《ほうべん》について特《とく》に説明《せつめい》をしています。「法用方便《ほうゆうほうべん》」とは、衆生《しゅじょう》の機根《きこん》に応《おう》じて教《おし》えを説《と》くことで、四角《かく》の器《うつわ》に水《みず》が入《はい》れば四角《かく》に、丸《まる》い器《うつわ》に水《みず》が入《はい》れば丸《まる》くなるように、相手《あいて》の能力《のうりょく》や好《この》みに合《あ》わせて教《おし》えを説《と》くことですが、それは法華経《ほけきょう》の説《と》く方便《ほうべん》には非《あら》ずと天台大師《てんだいだいし》は述《の》べています。方《ほう》便《べん》は「善巧方便《ぜんぎょうほうべん》」と言《い》って、非常《ひじょう》に善良《ぜんりょう》なる意味《いみ》と巧妙《こうみょう》なる意味《いみ》を有《ゆう》していなければならないものです。したがって、今日《こんにち》の仏教界《ぶっきょうかい》のように、教《おし》えを軽《かろ》んじて機根《きこん》を重《おも》んじ、「これも方便《ほうべん》」「あれも方便《ほうべん》」と都合《つごう》良《よ》く俗信《ぞくしん》を用《もち》いるようなものは、釈迦如来《しゃかにょらい》が応用《おうよう》する方便《ほうべん》ではありません。そのような方便《ほうべん》を用《もち》いていれば、必《かなら》ず宗教《しゅうきょう》は低劣《ていれつ》なものとなり、或《ある》いは迷信化《めいしんか》して行《い》きます。また、第《だい》二の「能通方便《のうつうほうべん》」は、「能通《のうつう》とは門《もん》である」と言《い》われるように、仏教《ぶっきょう》は始《はじ》めに浅《あさ》き教《おし》えを与《あた》えても必《かなら》ず深《ふか》き所《ところ》へと導《みちび》くものでなければならないものです。もし能通《のうつう》の方便《ほうべん》のみであって、真実《しんじつ》の相《そう》に至《いた》ることがないのであれば、それもまた法華経《ほけきょう》の採《と》る方便《ほうべん》ではないと天台大師《てんだいだいし》は言《い》われています。

そして第《だい》三の「秘妙方便《ひみょうほうべん》」とは、方便《ほうべん》のようであって実《じつ》は真実《しんじつ》を微妙《びみょう》に説《と》いたもの、教化《きょうけ》のために真実《しんじつ》を応用《おうよう》したるものを言《い》います。それは例《たと》えば、嘗《かつ》て小学校《しょうがっこう》の国語《こくご》教科書《きょうかしょ》に載《の》せられた御《お》伽噺《とぎばなし》等《など》が善悪《ぜんあく》や物事《ものごと》の考《かんが》え方《かた》を教《おし》えていたように、通俗的《つうぞくてき》に書《か》かれたものであっても、その精神《せいしん》に至《いた》れば、その中《なか》に非常《ひじょう》に高遠《こうえん》な意味《いみ》が含《ふく》まれているようなものです。この善巧《ぜんぎょう》の智慧《ちえ》を以《もっ》て一切《さい》経《きょう》を説《と》いているもの、これが法華経《ほけきょう》で説《と》く所《ところ》の「秘妙方便《ひみょうほうべん》」です。それ故《ゆえ》に法華経《ほけきょう》は、釈迦《しゃか》一代《だい》の方便《ほうべん》の教《おし》えを開顕《かいけん》して、方便《ほうべん》を讃歎《さんたん》しているのです。法用方便《ほうゆうほうべん》のように教《おし》えを軽《かろ》んじて気根《きこん》に流《なが》れ、仏教《ぶっきょう》を低級《ていきゅう》なものにしてはなりません。そして、方便《ほうべん》に名《な》を借《か》りて人《ひと》を迷《まよ》わし人《ひと》を誤《あやま》らせ、無《む》闇《やみ》に「方便《ほうべん》だから」と自分《じぶん》の非《ひ》を弁護《べんご》するようなことは非常《ひじょう》に悪《わる》いことです。また、ただ日蓮《にちれん》は正《せい》義《ぎ》である、法華経《ほけきょう》は真実《しんじつ》である、最高《さいこう》の真理《しんり》であると頑《かたく》なに言《い》うのみになって、応用《おうよう》の上《うえ》に適当《てきとう》した方法《ほうほう》が取《と》れなくなる、その教《おし》えが足《た》らぬということになるならば、それは法華経《ほけきょう》の精神《せいしん》ではありません。釈尊《しゃくそん》は、宇宙《うちゅう》の大真理《だいしんり》を有《ゆう》し、そしてそれを運用《うんよう》する上《うえ》に於《お》いて巧妙自在《こうみょうじざい》であるのです。その両方《りょうほう》の最高《さいこう》の意味合《いみあ》いを併《あわ》せ得《え》ている、法華経《ほけきょう》は最高《さいこう》の真実《しんじつ》と完全《かんぜん》なる方便《ほうべん》とを併《あわ》せ得《え》ている、そのことが法華経《ほけきよう》の巻頭《かんとう》に方便品《ほうべんぽん》として説《と》かれているのです。それ故《ゆえ》に完全《かんぜん》なる方便《ほうべん》の応用《おうよう》ということは、寧《むし》ろ真実《しんじつ》を研究《けんきゆう》するよりも大事《だいじ》なことになります。譬《たと》えれば医者《いしや》の病理《びようり》に関《かん》する知識《ちしき》と実際《じつさい》の診断《しんだん》・投薬《とうやく》との関係《かんけい》のようなもので、「病人《びようにん》の診察《しんさつ》や薬《くすり》を盛《も》ったりすることは時々《ときどき》間違《まちが》うかも知《し》れないが、病理《びようり》の研究《けんきゆう》に於《お》いては間違《まちが》いないから、俺《おれ》は立派《りつぱ》な医者《いしや》である」という者《もの》があれば、それは間違《まちが》いなく「危《あぶ》ない医者《いしや》」です。それと同様《どうよう》に、宗教家《しゆうきようか》というのは実際《じつさい》に活《い》きた人々《ひとびと》に対《たい》する精神《せいしん》の医者《いしや》なのですから、「俺《おれ》は真実《しんじつ》の方《ほう》だけは得《え》ているけれども、応用《おうよう》の方《ほう》に於《お》いては如何《いか》なる薬《くすり》を盛《も》るか分《わ》からん」というようなことであったならば、実《じつ》に「危《あぶ》ない宗教家《しゆうきようか》」であるのです。今日仏教《こんにちぶつきよう》が振《ふ》るわないのは、やはりそのような事《こと》で、ただ法華経《ほけきよう》を研究《けんきゆう》すると言《い》えば古《ふる》い書物《しよもつ》として法華経《ほけきよう》を読《よ》んで、脈《みやく》の取《と》り方《かた》も分《わ》からないような医者《いしや》が出来《でき》る、引導《いんどう》を渡《わた》すと言《い》えば古《ふる》い紙《かみ》に書《か》いてある事《こと》を暗唱《そら》で覚《おぼ》えて唸《うな》る事《こと》だけしかやらぬ、教《おし》えを説《と》くなどと言《い》っても少《すこ》しも分《わ》かるような事《こと》は言《い》わぬ、実《じつ》に釈尊《しやくそん》の思《おぼ》し召《め》しに背《そむ》いた状態《じようたい》にあるからです。

仏《ほとけ》の智慧《ちえ》を斥《しりぞ》けて、ただ宇宙《うちゆう》の真理《しんり》を語《かた》らんとすれば、それは哲学《てつがく》となります。また、私達《わたしたち》が直接《ちよくせつ》その真理《しんり》に向《む》かうことが出来《でき》るならば、宗教《しゆうきよう》というものは必要《ひつよう》ではないのです。しかしながら、私達《わたしたち》が過去《かこ》の人智《じんち》に学《まな》ぶ所《ところ》なくして、如何《いか》に静思瞑想《せいしめいそう》したとしても、碌《ろく》な考《かんが》えが涌《わ》いて来《く》るものではなく、一種《しゅ》の幻覚妄想《げんかくもうそう》が起《お》こるに過《す》ぎません。天台大師《てんだいだいし》は「仏智《ぶっち》に約《やく》して実相《じっそう》を論《ろん》ず」と言《い》われましたが、人々《ひとびと》は直接宇宙《ちょくせつうちゅう》の真理《しんり》に向《む》かうことが出来《でき》ないが故《ゆえ》に、そこに宗教《しゅうきょう》が必要《ひつよう》となり、そして宗教的偉人《しゅうきょうてきいじん》の智慧《ちえ》を通《つう》じて現《あらわ》れたものを見《み》ようとするのです。したがって仏教《ぶっきょう》では、仏《ほとけ》が覚《さと》った智慧《ちえ》は偉大《いだい》である、その智慧《ちえ》に照《て》らされた宇宙《うちゅう》の真理《しんり》は斯様《かよう》なものである、そしてそれを教《おし》えにしてくるという順序《じゅんじょ》を立《た》てます。仏《ほとけ》の悟《さと》りとは甚《はなは》だ深《ふか》くそして広《ひろ》く、矛盾《むじゅん》や対立《たいりつ》のない絶対《ぜったい》のものであり、その智慧《ちえ》は学《まな》んで容易《ようい》に得難《えがた》きものです。ただ自分《じぶん》一人《り》の身《み》を修《おさ》めて、自己《じこ》の完成《かんせい》を目指《めざ》そうとする所謂小乗《いわゆるしょうじょう》の教《おし》えにある者《もの》では、真《しん》の仏《ほとけ》の智慧《ちえ》に至《いた》ることは出来《でき》ないとされます。何故《なぜ》ならば、仏《ほとけ》はかって多《おお》くの諸仏《しょぶつ》の下《した》で勇猛精進《ゆうもうしょうじん》に修行《しゅぎょう》を積《つ》み、そして功徳《くどく》を重《かさ》ね、その名誉《めいよ》高《たか》く秀《ひい》でたる人《ひと》であったが故《ゆえ》に、遂《つい》に偉大《いだい》なる悟《さと》りを得《え》たからです。そして、その仏《ほとけ》の成就《じょうじゅ》した「未曾有《みぞうう》の法《ほう》」とは、他《た》の哲学《てつがく》や宗教《しゅうきょう》、世俗《せぞく》の考《かんが》えとは趣《おもむき》を異《こと》にしている真実《しんじつ》です。仏《ほとけ》は、その未《み》曾有《ぞうう》の法《ほう》を応用《おうよう》の上《うえ》に最善《さいぜん》を尽《つ》くし、そこに適当《てきとう》したる所《ところ》の教化《きょうけ》を打《う》ち立《た》てているのです。したがって、私達《わたしたち》が切《き》れ切《ぎ》れに仏教《ぶっきょう》を学《まな》ぶならば、「宜《よろ》しきに随《したが》って説《と》いた」枝葉《しよう》を学《まな》ぶが故《ゆえ》に分裂《ぶんれつ》した仏《ぶっ》教《きょう》となり、全《まった》く要領《ようりょう》の得《え》ないものとなってしまいます。しかしながら、もし真実《しんじつ》と方便《ほうべん》の関係《かんけい》を了《りょう》解《かい》し、未曾有《みぞうう》の真実《しんじつ》の奥《おく》を突《つ》いて、そこから出《で》た応用《おうよう》の全体《ぜんたい》を達観《たっかん》して見《み》た時《とき》には、仏教《ぶっきょう》は統《とう》一の教《おし》えとして、すべての仏《ほとけ》の間《あいだ》にも共通《きょうつう》したる教《おし》えとして、少《すこ》しも分裂《ぶんれつ》したものとはなりません。ここに釈尊《しゃくそん》が「解《さと》り難《がた》し」と述《の》べているのは、それが難行道《なんぎょうどう》であるが故《ゆえ》に、浄土門《じょうどもん》のように「無駄《むだ》だから止《や》めておけ」との意味《いみ》ではなく、一層熱心《そうねつしん》にそれを覚《さと》ろうとする心《こころ》を奮励《ふんれい》するものであることは言《い》うまでもありません。

（現代語《げんだいご》）

舎利弗《しゃりほつ》よ、仏《ほとけ》と成《な》りてこのかた、私《わたし》は各々《おのおの》の因縁《いんねん》や種々《しゅじゅ》の譬《たと》えをもって広《ひろ》く教《おし》えを説《と》き、数限《かずかぎ》りなき方便《ほうべん》を用《もち》いて導《みちび》き、人々《ひとびと》を様々《さまざま》なる執着《しゅうぢゃく》から離《はな》れさせてきた。それは如来《にょらい》が方便《ほうべん》と完成《かんせい》されたる知見《ちけん》とを備《そな》えているからである。舎利弗《しゃりほつ》、如来《にょらい》の知見《ちけん》は、広大《こうだい》にして深《ふか》く、限《かぎ》りなく、障《さわ》りなく、力《ちから》ありて畏《おそ》れるところなきものであり、禅定《ぜんじょう》と解脱《げだつ》と三昧《まい》による心《こころ》の統《とう》一と平安《へいあん》を保《たも》ち、未《いま》だかってなき法《ほう》を得《え》ることを成《な》し遂《と》げたものである。

（要文《ようもん》）

舎利弗《しゃりほつ》、吾成仏《われじょうぶつ》してより已来《このかた》、種種《しゅじゅ》の因縁《いんねん》・種種《しゅじゅ》の譬喩《ひゆ》をもって、広《ひろ》く言教《ごんきょう》を演《の》べ、無数《むしゅ》の方便《ほうべん》をもって衆生《しゅじょう》を引導《いんどう》して諸《もろもろ》の著《ぢゃく》を離《はな》れしむ。所以《ゆえ》は何《いか》ん、如来《にょらい》は方便《ほうべん》・知見波羅《ちけんはら》

密《みつ》、皆《みな》すでに具足《ぐそく》せり。舎利弗《しゃりほつ》、如来《にょらい》の知見《ちけん》は広大深遠《こうだいじんのん》なり。無量《むりょう》・無礙《むげ》・力《りき》・無所畏《むしょい》・禅《ぜん》定《じょう》・解脱《げだつ》・三昧《まい》あって深《ふか》く無際《むさい》に入《はい》り、一切《さい》未曾有《みぞうう》の法《ほう》を成就《じょうじゅ》せり。

（要義《ようぎ》）

実例《じつれい》によって話《はな》せば記憶《きおく》し易《やす》く、感動《かんどう》し易《やす》いが故《ゆえ》に因縁《いんねん》を挙《あ》げて説《と》き、分《わ》かり易《やす》さのために、譬《たと》えを以《もっ》て巧妙《こうみょう》に教《おし》えは説《と》かれます。それが、未曾有《みぞうう》の真実《しんじつ》を突《つ》き止《と》め、すべての者《もの》に了解《りょうかい》を与《あた》えたいという慈悲《じひ》から、広《ひろ》く応用《おうよう》して説《と》かれる所《ところ》の「方便《ほうべん》」です。釈迦牟尼仏《しゃかむにぶつ》は、平易《へいい》なる教《おし》えにも大事《だいじ》なることを包《つつ》み、様々《さまざま》なるものに囚《とら》われた人々《ひとびと》の精神《せいしん》を矯《た》め直《なお》し、低《ひく》き欲望《よくぼう》に囚《とら》われて理想《りそう》を持《も》たない者《もの》、何等《なんら》かの理由《りゆう》により心《こころ》の苦《くる》しみより脱《だっ》し得《え》ない者《もの》の執着《しゅうぢゃく》を取《と》り除《のぞ》き、幸福《こうふく》を得《え》さしめ、そして理想《りそう》を高《たか》く懐《いだ》くように導《みちび》いて来《き》たのです。「方便《ほうべん》・知見波羅密《ちけんはらみつ》、皆《みな》すでに具足《ぐそく》せり」とは、如来《にょらい》は応用《おうよう》と真実《しんじつ》の両方《りょうほう》を具足《ぐそく》しているという事《こと》です。方便《ほうべん》を権智《ごんち》、知見《ちけん》を実智《じっち》と言《い》いますが、権智《ごんち》とは、実相《じっそう》に対《たい》して言《い》えば諸法《しょほう》という現象世界《げんしょうせかい》に就《つ》いての知識《ちしき》であり、そして実智《じっち》とは、諸法《しょほう》実相《じっそう》、即《すなわ》ち本体《ほんたい》の世界《せかい》を照《て》らす智慧《ちえ》です。この実相本体《じっそうほんたい》を照《て》らしたる実智《じっち》と、諸法現象《しょほうげんしょう》の無量義《むりょうぎ》となって現《あらわ》れる権智《ごんち》が、皆《みな》一つとなって具足《ぐそく》せりということになって、ここに如来《にょらい》の大活動《だいかつどう》が起《お》こるのです。

如来《にょらい》は応用《おうよう》と真実《しんじつ》の両方《りょうほう》を具足《ぐそく》し、そして方便《ほうべん》と真実《しんじつ》の上《うえ》に完全《かんぜん》なる智慧《ちえ》を得《え》ているが故《ゆえ》に、上《うえ》には宇宙《うちゅう》の実相《じっそう》を照《て》らし、下《した》には衆生《しゅじょう》の気根《きこん》を見《み》て、その間《あいだ》に適当《てきとう》したる教《おし》えを与《あた》えて済度《さいど》していきます。「無量《むりょう》」とは「慈悲喜捨《じひきしゃ》」の四無量心《むりょうしん》を述《の》べたもので、(2)楽《らく》を与《あた》える「慈《じ》」と苦《く》を除《のぞ》く「悲《ひ》」、善《よ》いことに賛成《さんせい》していく「喜《き》」と、詰《つ》まらぬ事《こと》に囚《とら》われない「捨《しゃ》」の精神《せいしん》です。また、真理《しんり》の上《うえ》においても、教《おし》えを説《と》くにも妨《さまた》げなく自由自在《じゆうじざい》である四種《しゅ》の「無礙《むげ》」、卓越《たくえつ》したる十種《しゅ》の「力《ちから》」、畏《おそ》れ無《な》き境地《きょうち》である四種《しゅ》の「無所畏《むしょい》」、精神《せいしん》の統《とう》一である「禅定《ぜんじょう》」と、無上《むじょう》の「解脱《げだつ》」、そしてあらゆる「三昧《まい》」を得《え》て、如来《にょらい》は「未曾有《みぞう》の法《ほう》」、世間《せけん》の学者《がくしゃ》、宗教家《しゅうきょうか》、普通人《ふつうじん》の得《え》ない所《ところ》の絶対《ぜったい》の微《み》妙《みょう》なる法《ほう》を得《え》ているのです。

(現代語《げんだいご》)

舎利弗《しゃりほつ》よ、如来《にょらい》は未曾有《みぞう》の法《ほう》をよく種々《しゅじゅ》に分別《ぶんべつ》し、巧《たく》みに諸法《しょほう》を説《と》き示《しめ》し、その言葉《ことば》はしなやかにして人々《ひとびと》の心《こころ》を喜《よろこ》ばし従《したが》わせることができる。舎利弗《しゃりほつ》よ、仏《ほとけ》は限《かぎ》りなく量《はか》り知《し》ることのできない最高《さいこう》の法《ほう》を得《え》ることを成《な》し遂《と》げているのだ。舎利弗《しゃりほつ》よ、説《と》くのは止《や》めておこう。何故《なぜ》ならば、仏《ほとけ》の成《な》し遂《と》げたところのものは、人《ひと》には理解《りかい》し難《がた》き最《もっと》も優《すぐ》れたものであり、唯《ただ》、仏《ほとけ》と仏《ほとけ》のみが究《きわ》めつくすことのできる「あらゆる事物《じぶつ》の真実《しんじつ》の在《あ》り方《かた》」だからである。それらが如何《いか》なる属性《ぞくせい》のものであり、如何《いか》なる性質《せいしつ》のものであり、如何《いか》なる形体《けいたい》のものであり、如何《いか》なる能力《のうりょく》があり、如何《いか》なる作用《さよう》をなし、如何《いか》なる原因《げんいん》により、如何《いか》なる条件《じょうけん》によって、如何《いか》なる結果《けっか》を導《みちび》き、如何《いか》なる報《むく》いを生《しょう》じさせるかであり、そしてこれら様々《さまざま》なるものが互《たが》いに関係《かんけい》して生起《しょうき》している、変《か》わることのなき宇《う》宙《ちゅう》の普遍的真理《ふへんてきしんり》である。

(要文《ようもん》)

舎利弗《しゃりほつ》、如来《にょらい》はよく種々《しゅじゅ》に分別《ふんべつ》し、巧《たく》みに諸法《しょほう》を説《と》き、言辞《ごんじ》柔軟《にゅうなん》にして、衆《しゅ》の心《こころ》を悦可《えつか》せしむ。舎利弗《しゃりほつ》、要《よう》を取《と》ってこれを言《い》わば、無量無辺未曾有《むりょうむへんみぞうう》の法《ほう》を、仏《ほとけ》、悉《ことごと》く成就《じょうじゅ》したまえり。止《や》みなん、舎利弗《しゃりほつ》、また説《と》くべからず。所以《ゆえ》は何《いか》ん、仏《ほとけ》の成就《じょうじゅ》したまえる所《ところ》は、第《だい》一希有難解《けうなんげ》の法《ほう》なり。唯仏《ただほとけ》と仏《ほとけ》と乃《いま》し能《よ》く諸法《しょほう》の実相《じっそう》を究尽《くじん》したまえり。所謂《いわゆる》、諸法《しょほう》の如是《にょぜ》相《そう》・如是性《にょぜしょう》・如是体《にょぜたい》・如是力《にょぜりき》・如是作《にょぜさ》・如是因《にょぜいん》・如是縁《にょぜえん》・如是果《にょぜか》・如是報《にょぜほう》・如是本末究竟《にょぜほんまつくきょう》等《とう》なり。

(要義《ようぎ》)

釈迦如来《しゃかにょらい》は、人《ひと》の容易《ようい》に説《と》き得《え》ない崇高《すうこう》な真理《しんり》を分別《ふんべつ》して説《と》き分《わ》けて、巧《たく》みに様々《さまざま》な事物《じぶつ》の本質《ほんしつ》や道理《どうり》を説《と》いていきます。その言葉《ことば》は軟《やわ》らかにして心地《ここち》よく、そして人々《ひとびと》が平易《へいい》だと思《おも》う中《なか》に無限《むげん》の真理《しんり》を教《おし》えていくことは、一雨《う》が総《すべ》ての草木《そうもく》を潤《うるお》す如《ごと》くであって、如来《にょらい》は一つの言葉《ことば》を以《もっ》て法《ほう》を説《と》いても、如何《いか》なる智者《ちしゃ》もこれに心服《しんぷく》し、如何《いか》なる愚者《ぐしゃ》も悦《よろこ》びを以《もっ》て了解《りょうかい》していくように教化《きょうけ》をされます。その仏《ほとけ》の成就《じょうじゅ》した未曾有《みぞうう》の法《ほう》は、余《あま》りにも偉大《いだい》な教《おし》えであって順序《じゅんじょ》を立《た》てて説《と》こうとしても説《と》き尽《つ》くせるものではありません。また、仏《ほとけ》の悟《さと》った諸法《しょほう》の実相《じっそう》は、仏同士《ほとけどうし》なれば肯《うなず》き合《あ》って判《わか》ることが出来《でき》るものであって、仏以下《ほとけいか》の者《もの》に了解《りょうかい》を与《あた》えることは非常《ひじょう》に困難《こんなん》なことです。それは少《すこ》しも音楽《おんがく》を学《まな》ばざる者《もの》に、或《あるい》は絵画《かいが》を学《まな》ばざる者《もの》に、その何《なに》が非常《ひじょう》に優《すぐ》れているかを教《おし》えるのと同《おな》じように難《むずか》しきことです。したがって、「説《と》くべからず」と如来《にょらい》は躊躇《ちゅうちょ》せられるのですが、慈悲《じひ》の心《こころ》に促《うなが》されて、後《のち》にその真実《しんじつ》の詳細《しょうさい》を説《と》くに至《いた》る、そして今《いま》は僅《わず》かにその真実《しんじつ》の一部《ぶ》を説明《せつめい》されます。

この方便品《ほうべんぽん》の十如是《にょぜ》、「諸法《しょほう》の如是相《にょぜそう》乃至《ないし》如是《にょぜ》本末究竟等《ほんまつくきょうとう》」は、天台大師《てんだいだいし》が「一念《ねん》三千」を説明《せつめい》された根拠《こんきょ》となるものであって、様々《さまざま》に宇宙《うちゅう》に現《あらわ》れている現象《げんしょう》、それらの種々《しゅじゅ》の相《そう》と性質《せいしつ》と原因結果《げんいんけっか》の関係《かんけい》を明《あき》らかにして行《ゆ》くものです。「一念《ねん》三千」について一往《おう》述《の》べるならば、一心《しん》に仏界《ぶっかい》から地獄界《じごくかい》までの十法界《ほうかい》を具《ぐ》し、十法界《ほうかい》が互《たが》いに十法界《ほうかい》を具《ぐ》するが故《ゆえ》に百界《かい》、その百界《かい》が十如是《にょぜ》を具《ぐ》して千界《かい》、それに三種《しゅ》の世間《せけん》、業因《ごういん》によって生《しょう》じる衆生世間《しゅじょうせけん》、依報《えほう》として衆生《しゅじょう》の住《す》む国土世間《こくどせけん》、それらを構成《こうせい》する色《しき》・受《じゅ》・想《そう》・行《ぎょう》・識《しき》の五陰世間《おんせけん》を具《ぐ》するが故《ゆえ》に三千世間《せけん》となり、それが一念《ねん》に具《そな》わっていることを言《い》われたものです。要《よう》するに三千とは、有情《うじょう》に千差万別《さばんべつ》あり、住《す》む世界《せかい》の違《ちが》いがあり、そこに多《おお》くの段階《だんかい》があり感覚《かんかく》の違《ちが》いがあって、互《たが》いに相関《そうかん》して千変万化《ぺんばんか》している全体《ぜんたい》、森羅万象《しんらばんしょう》・宇宙全体《うちゅうぜんたい》を数《かず》にしたものです。そして、それが時々《ときどき》に起《お》こる所《ところ》の私達《わたしたち》の一念《ねん》に具《そな》わっていることを説《と》きます。森羅万象《しんらばんしょう》を心《こころ》に具《ぐ》するということは、宇宙《うちゅう》の全体《ぜんたい》に於《お》いて心的《しんてき》一元《げん》を説《と》くのも、個人《こじん》の内《うち》に有《ゆう》している一念《ねん》について論《ろん》じるのも同《おな》じです。また、一心法界《しんほうかい》に遍《へん》するという方《ほう》から考《かんが》える時《とき》には、総《そう》じて宇宙《うちゅう》を説《と》く場合《ばあい》も、個人《こじん》の心《こころ》を説《と》く場合《ばあい》も同《おな》じ関係《かんけい》になります。(3)即《すなわ》ちこの現象《げんしょう》の世界《せかい》・宇宙全体《うちゅうぜんたい》を映《うつ》し出《だ》したものが私達《わたしたち》の今《いま》の心《こころ》であり、私達《わたしたち》の今《いま》の心《こころ》を映《うつ》し出《だ》しているものがこの宇宙全体《うちゅうぜんたい》であるということです。そして、宇宙全体《うちゅうぜんたい》で説《と》いた方《ほう》が分《わ》かり易《やす》いが故《ゆえ》に、まずは宇宙全体《うちゅうぜんたい》を説《と》き、そして個人《こじん》の上《うえ》に持《も》ち来《き》たって説明《せつめい》をする順序《じゅんじょ》を立《た》てるのです。

法界《ほうかい》の万象《ばんしょう》を照《て》らして、仏《ほとけ》の覚《さと》りと諸法実相《しょほうじっそう》とは一つになっている。そこで天台大師《てんだいだいし》は、宇宙《うちゅう》実相《じっそう》の相互関係《そうごかんけい》を観念観法《かんねんかんぼう》して行《い》くために、(4)まず懺悔《さんげ》を為《な》して自我《じが》を除《のぞ》く法華《ほっけ》三昧《まい》の行《ぎょう》を積《つ》み、一心《しん》に十法界《ほうかい》を観《み》る摩訶止観《まかしかん》の観法《かんぼう》を修《しゅう》して一念《ねん》三千を悟《さと》ろうとします。ところが日蓮聖人《にちれんしょうにん》は、十界《かい》の相互関係《そうごかんけい》というような宇宙の状態《うちゅうじょうたい》を観念観法《かんねんかんぼう》して行《ゆ》くということは、非常《ひじょう》に智力《ちりょく》を要《よう》する行《ぎょう》であって、余程《よほど》の修行《しゅぎょう》を積《つ》んで行《い》かなければならないものだと言《い》われ、また、開目抄《かいもくしょう》に「発迹顕本《ほっしゃくけんぽん》せざれば、真《まこと》の一念《ねん》三千もあらはれず」と言《い》われるように、本門寿量品《ほんもんじゅりょうほん》に至《いた》って本仏《ほんぶつ》の実在《じつざい》が顕《あらわ》されない限《かぎ》りにおいては、一念《ねん》三千の極意《ごくい》は徹底《てってい》しないと論《ろん》じます。(5) 私達《わたしたち》の心《こころ》は、分類《ぶんるい》すれば十界《かい》、仏《ほとけ》の世界《せかい》、菩薩《ぼさつ》・縁覚《えんがく》・声聞《しょうもん》の修行者《しゅぎょうしゃ》の世界《せかい》、天《てん》・修羅《しゅら》・人《ひと》、そして所謂《いわゆる》三悪道《あくどう》と言《い》われる餓鬼《がき》・畜生《ちくしょう》・地獄《じごく》の世界《せかい》を互具《ごぐ》しています。しかしながら、日蓮聖人《にちれんしょうにん》の教義《きょうぎ》に依《よ》れば、詰《つ》まる所《ところ》は迷悟《めいご》の二者《しゃ》に帰着《きちゃく》するのですから、十界《かい》が互具《ごぐ》する上《うえ》で主《おも》なるものは、九界《かい》の迷《まよ》える者《もの》ではなくて悟《さと》れる仏《ほとけ》です。したがって、ただ機械的《きかいてき》に自然《しぜん》に人々《ひとびと》の心《こころ》の中《なか》には十界《かい》がある、そしてそこに相《そう》互関係《ごかんけい》があるというのを観《み》て行《ゆ》くのではなく、仏《ほとけ》の方《ほう》には迷《まよ》える者《もの》を救《すく》おうとする慈悲救済《じひきゅうさい》の精《せい》神《しん》があり、また衆生《しゅじょう》の方《ほう》には内《うち》なる仏性《ぶっしょう》に眼《め》を覚《さ》まして向上《こうじょう》しようとし、外《そと》には本仏《ほんぶつ》を渇仰《かつごう》するという、この衆生《しゅじょう》の渇仰《かつごう》と本仏《ほんぶつ》の救済《きゅうざい》の結《むす》びつく所《ところ》に生《しょう》じる精神的関係《せいしんてきかんけい》を説《と》きます。それ故《ゆえ》に、日蓮《にちれん》聖人《しょうにん》の教《おし》えに依《よ》る場合《ばあい》は信仰中心《しんこうちゅうしん》の行《ぎょう》となるのです。「一切衆生悉有仏性《さいしゅじょうしつうぶっしょう》」と、私達《わたしたち》が如何《いか》に潜《せん》在的《ざいてき》に仏性《ぶっしょう》（仏《ほとけ》となる可能性《かのうせい》）を有《ゆう》していようとも、それを顕《あらわ》すことが出来《でき》ないのならば無《な》きに等《ひと》しいものです。本仏《ほんぶつ》と衆生《しゅじょう》の精神的関係《せいしんてきかんけい》を理解《りかい》する所《ところ》に、それは信仰《しんこう》となり渇仰《かつごう》となって本仏《ほんぶつ》に向《む》かわんとし、本仏《ほんぶつ》は慈悲《じひ》を以《もっ》て救済《きゅうざい》するために十分《ぶん》の力《ちから》を与《あた》えられる、私達《わたしたち》の功徳《くどく》の力《ちから》、そして本《ほん》仏《ぶつ》の力《ちから》によって、自分《じぶん》の有《ゆう》している仏性《ぶっしょう》は開発《かいはつ》されるというのが日蓮聖人《にちれんしょうにん》の教《おし》えであるのです。

本仏《ほんぶつ》を認《みと》めない時《とき》には、宇宙《うちゅう》の本源《ほんげん》を説明《せつめい》するにしても迷《まよ》いの方《ほう》が起点《きてん》になる、即《すなわ》ち無明縁起《むみょうえんぎ》を以《もっ》て説明《せつめい》しなければなりませんが、本仏《ほんぶつ》を最初《さいしょ》より認《みと》める所《ところ》に於《お》いて仏界縁起《ぶつかいえんぎ》の思想《しそう》があります。それは、本仏《ほんぶつ》が広《ひろ》く宇宙《うちゅう》に慈悲《じひ》の光《ひかり》を放《はな》って導《みちび》かれていることを、高《たか》き所《ところ》に置《お》いてこれを崇《あが》めることではありません。その絶対《ぜったい》なる仏《ほとけ》の精神《せいしん》と我《われ》とが一致《ち》してくるという所《ところ》に法華経《ほけきょう》の思想《しそう》はあります。法師品《ほっしほん》に「如来《にょらい》の室《しつ》とは一切衆生《さいしゅじょう》の中《なか》の大慈悲心《だいじひしん》是《これ》なり」とあるように、客観的《きゃっかんてき》に認《みと》めて渇仰《かつごう》を捧《ささ》げ得《え》た偉大《いだい》な仏《ほとけ》が、私達《わたしたち》の主観的《しゅかんてき》な慈悲心《じひしん》に融合《ゆうごう》してくる、即《すなわ》ち仏《ほとけ》が私達《わたしたち》の精神《せいしん》の中《なか》に来《き》たって働《はたら》き給《たま》う、それが非常《ひじょう》に有《あ》り難《がた》い意味《いみ》となって来《く》るのです。最初《さいしょ》は本仏《ほんぶつ》というものを向《む》こうに置《お》いて拝《おが》んでいるものの、終《つい》には仏《ほとけ》と我等《われら》とが所謂抱擁《いわゆるほうよう》して、自分《じぶん》の精神《せいしん》の中《なか》に仏《ほとけ》が働《はたら》くのです。これを精神的《せいしんてき》に説《と》かずして、ただ機械的《きかいてき》、理論的《りろんてき》に「仏《ほとけ》とは即《すなわ》ち我等《われら》の慈悲心《じひしん》だ」とか「凡夫《ぼんぷ》は即《すなわ》ち仏《ほとけ》だ」としたのでは宗教《しゅうきょう》としては成立《なりた》たず、したがって信仰《しんこう》も起《お》こらなければ道徳上《どうとくじょう》も何《なに》も起《お》こりません。それでは「頼《たの》んだものでも何《なん》でもない、生《う》まれながらに持《も》っているものだ」となって、有《あ》り難《がた》い意味《いみ》にはなって来《こ》ないからです。仏《ほとけ》の慈悲《じひ》を渇仰《かつごう》して、自《みずか》らも下《した》に向《む》かって慈悲心《じひしん》を現《あらわ》す、その慈悲《じひ》が自分《じぶん》の心《こころ》に発動《はつどう》している所《ところ》に如来《にょらい》は在《いま》します。本仏《ほんぶつ》の慈悲《じひ》が源《みなもと》となって私達《わたしたち》の慈悲心《じひしん》が働《はたら》き、そして菩薩《ぼさつ》の行《ぎょう》として現《あら》われるのです。私達《わたしたち》は何時《いつ》もただ凡夫《ぼんぷ》という立場《たちば》ではありません。一面《めん》は凡夫《ぼんぷ》であるけれども、法華経《ほけきょう》の信仰《しんこう》に入《はい》ったならば菩薩《ぼさつ》の一分《ぶん》に加《くわ》えられて、菩薩《ぼさつ》の行《ぎょう》に入《はい》りし者《もの》であるとの自覚《じかく》を徹底《てってい》して、そして実行《じっこう》の力《ちから》を得《え》て行《ゆ》かねばなりません。

(現代語《げんだいご》)

仏《ほとけ》が法《ほう》を説《と》かれようとした時《とき》、その中《なか》の五千人《にん》の僧侶《そうりょ》・尼僧《にそう》・信士《しんじ》・信女《しんにょ》の者達《ものたち》は、そそくさと立《た》ち上《あが》がると、仏《ほとけ》に礼《れい》をして立《た》ち去《さ》りました。この者達《ものたち》は自惚《うぬぼ》れが高《たか》く、未《いま》だ得《え》ざるを得《え》ている、未《いま》だ悟《さと》っていないものを悟《さと》っていると過《あやま》って思《おも》っているからです。世尊《せそん》は、黙《もく》したまま制止《せいし》することもなく、そして舎利弗《しゃりほつ》に告《つ》げました。「今此処《いまここ》に残《のこ》った人々《ひとびと》は、枝葉《しよう》に囚《とら》われることなく、純粋《じゅんすい》に信念《しんねん》を持《たも》つことが出来《でき》る誠実《せいじつ》な者《もの》のみである。舎利弗《しゃりほつ》、彼《か》の如《ごと》き思《おも》い上《あ》がった者達《ものたち》は退《た》ち去《さ》ってもよい。汝《なんじ》よ、今《いま》より善《よ》く聴《き》くがよい。当《まさ》に汝《なんじ》のために法《ほう》を説《と》こう」と。「世尊《せそん》、願《ねが》わくば、是非《ぜひ》ともお聞《き》かせ下《くだ》さい」と舎利弗《しゃりほつ》が申《もう》し上《あ》げると、仏《ほとけ》は次《つぎ》のように告《つ》げました。「この優《すぐ》れた法《ほう》を、諸仏《しょぶつ》・如来《にょらい》が今此処《いまここ》に説《と》きたまうのは、優曇鉢《うどんばら》の花《はな》が三千年《ねん》に一度《ど》咲《さ》く時《とき》の如《ごと》くである。」

（要文《ようもん》）

此《こ》の語《みこと》を説《と》きたもう時《とき》、会中《えちゅう》に比丘《びく》・比丘尼《びくに》・優婆塞《うばそく》・優婆夷《うばい》、五千人等《にんとう》あり。即《すなわ》ち座《ざ》より起《た》つて仏《ほとけ》を礼《らい》して退《しりぞ》きぬ。所以《ゆえ》は何《いか》ん、此《こ》の輩《ともがら》は罪根深重《ざいこんじんじゅう》に及《およ》び増上慢《ぞうじょうまん》にして、未《いま》だ得《え》ざるを得《え》たりと思《おも》い、未《いま》だ証《しょう》せざるを証《しょう》せりと思《おも》えり。此《かく》の如《ごと》く失《とが》あり、是《ここ》を以《もっ》て住《じゅう》せず。世尊《せそん》、黙然《もくねん》として制止《せいし》したまわず。その時《とき》に仏《ほとけ》、舎利弗《しゃりほつ》に告《つ》げたまわく、我《わ》が今此《いまこ》の衆《しゅ》はまた枝葉《しよう》なく、純《もっぱ》ら貞実《じょうじつ》のみあり。舎利弗《しゃりほつ》、是《かく》の如《ごと》き増上慢《ぞうじょうまん》の人《ひと》は、退《しりぞ》くもまた佳《よ》し（矣）。汝今《なんじいま》善《よ》く聴《き》け、当《まさ》に汝《なんじ》が為《ため》に説《と》くべし。舎利弗《しゃりほつ》の言《もう》さく、唯然《ゆいねん》世尊《せそん》、願楽《ねが》わくは聞《き》きたてまつらんと欲《ほっ》す。仏《ほとけ》、舎利弗《しゃりほつ》に告《つ》げたまわく、是《かく》の如《ごと》き妙法《みょうほう》は、諸仏如来《しょぶつにょらい》、時《とき》に乃《いま》し之《これ》を説《と》きたまう。優曇鉢華《うどんばつけ》の時《とき》に一たび現《げん》ずるが如《ごと》きのみ。

（要義《ようぎ》）

仏《ほとけ》は、常《つね》に人々《ひとびと》に教《おし》えを与《あた》えたいと考《かんが》えているのですから、如何《いか》なる場合《ばあい》にも聴衆《ちょうしゅう》が席《せき》を立《た》って去《さ》るというようなことは望《のぞ》まないはずです。しかしながら、この法華経《ほけきょう》に限《かぎ》っては、退席《たいせき》する者《もの》があっても構《かま》わない、「留《と》めるには及《およ》ばぬ」と強《つよ》く仰《おお》せられます。それは、法華経《ほけきょう》（真読《しんどく》）の「退《しりぞ》くもまた佳《よ》し」の語尾《ごび》に付加《ふか》された、きっぱりと言《い》い切《き》る語気《ごき》を表《あら》わす助字《じょじ》「矣」が、法華経《ほけきょう》八巻《かん》全部《ぜんぶ》に渡《わた》って他《た》の部分《ぶぶん》には一つもない程《ほど》です。何故《なぜ》ならば、自惚《うぬぼ》れの高《たか》き者《もの》や誠実《せいじつ》な信《しん》の無《な》き者《もの》には説《と》くことの出来《でき》ない、いよいよ大事《だいじ》な真実《しんじつ》がこれから法華経《ほけきょう》に説《と》かれるからです。「どうか説《と》いて頂《いただ》きたい」との舎利弗《しゃりほつ》の再三《さい》の願《ねが》いがあり、五千人《にん》が退席《たいせき》して所謂《いわゆる》「滓《かす》」が居《い》なくなっても、仏《ほとけ》は猶《なお》この妙法《みょうほう》を容易《ようい》には説《と》かれず、「優曇華《うどんげ》の三千年《ねん》に一度花《どはな》を開《ひら》くが如《ごと》く、法華経《ほけきょう》を聴《き》くことは容易《ようい》に得《え》られる事《こと》ではないから、有《あ》り難《がた》き悦《よろこ》びの心《こころ》を以《もっ》て聴《き》かねばならぬ」との注意《ちゅうい》を与《あた》えられます。

（現代語《げんだいご》）

諸々《もろもろ》の仏《ほとけ》は、唯《ただ》一つの大事《だいじ》の目的《もくてき》のために、この世《よ》に現《あらわ》れるのである。舎利弗《しゃりほつ》、仏《ほとけ》のこの世《よ》に現《あらわ》れたもう唯《ただ》一つの大事《だいじ》とは何《なん》でろうか。仏《ほとけ》は、人々《ひとびと》に仏《ほとけ》の知見《ちけん》を開《ひら》かしめ、清浄《しょうじょう》なることを得《え》せしめんと欲《ほっ》するが故《ゆえ》に、この世《よ》に現《あらわ》れたまうのである。人々《ひとびと》に仏《ほとけ》の知見《ちけん》を示《しめ》さんと欲《ほっ》するが故《ゆえ》に、仏《ほとけ》の知見《ちけん》を悟《さと》らしめんと欲《ほっ》するが故《ゆえ》に、仏《ほとけ》の知見《ちけん》への道《みち》に入《はい》らしめんと欲《ほっ》するが故《ゆえ》に、この世《よ》に現《あらわ》れるのである。舎利弗《しゃりほつ》よ、これが仏《ほとけ》の世《よ》に出現《しゅつげん》する唯《ゆい》一大事《だいじ》の目的《もくてき》である。仏《ほとけ》は舎利弗《しゃりほつ》に告《つ》げました。諸仏《しょぶつ》は、ただひたすら菩薩《ぼさつ》を教化《きょうけ》したまうのである。仏《ほとけ》が様々《さまざま》に為《な》すことは、常《つね》に一つの目的《もくてき》のためである。仏《ほとけ》の知見《ちけん》を、人々《ひとびと》に示《しめ》し悟《さと》らしめんためである。舎利弗《しゃりほつ》、如来《にょらい》は仏《ほとけ》の智慧《ちえ》を得《え》させようと、ただ一仏乗《ぶつじょう》の教《おし》えを以《もっ》て、衆生《しゅじょう》のために法《ほう》を説《と》いているのである。その他《た》に、第《だい》二・第《だい》三とされるような教《おし》えはない。

（要文《ようもん》）

諸仏世尊《しょぶつせそん》は、唯《ただ》一大事《だいじ》の因縁《いんねん》を以《もっ》ての故《ゆえ》に、世《よ》に出現《しゅつげん》したもう。舎利弗《しゃりほつ》、云何《いか》なるをか、諸仏世尊《しょぶつせそん》は、唯《ただ》一大事《だいじ》の因縁《いんねん》を以《もっ》ての故《ゆえ》に、世《よ》に出現《しゅつげん》したもうと名《な》づくる。諸仏世尊《しょぶつせそん》は、衆《しゅ》生《じょう》をして仏知見《ぶっちけん》を開《ひら》かしめ、清浄《しょうじょう》なることを得《え》せしめんと欲《ほっ》するが故《ゆえ》に、世《よ》に出現《しゅつげん》したもう。衆生《しゅじょう》に仏知見《ぶっちけん》を示《しめ》さんと欲《ほっ》するが故《ゆえ》に、世《よ》に出現《しゅつげん》したもう。衆生《しゅじょう》をして仏知見《ぶっちけん》を悟《さと》らしめんと欲《ほっ》するが故《ゆえ》に、世《よ》に出現《しゅつげん》したもう。衆生《しゅじょう》をして仏知見《ぶっちけん》の道《みち》に入《はい》らしめんと欲《ほっ》するが故《ゆえ》に、世《よ》に出現《しゅつげん》したもう。舎利弗《しゃりほつ》、是《こ》れを諸仏《しょぶつ》は唯《ただ》一大事《だいじ》の因縁《いんねん》を以《もっ》ての故《ゆえ》に、世《よ》に出現《しゅつげん》したまうと為《な》づく。仏《ほとけ》、舎利弗《しゃりほつ》に告《つ》げたまわく、諸仏如来《しょぶつにょらい》は、但菩薩《ただぼさつ》を教化《きょうけ》したもう。諸々《もろもろ》の所作《しょさ》あるは常《つね》に一事《じ》の為《ため》なり。唯仏《ただほとけ》の知見《ちけん》を以《もっ》て衆生《しゅじょう》に示悟《じご》したまわんとなり。舎利弗《しゃりほつ》、如来《にょらい》は但《ただ》一仏乗《ぶつじょう》を以《もっ》ての故《ゆえ》に、衆生《しゅじょう》の為《ため》に法《ほう》を説《と》きたもう。余乗《よじょう》の若《も》しは二、若《も》しは三あること無《な》し。

（要義《ようぎ》）

この所《ところ》は「一大事《だいじ》因縁《いんねん》」とされる一節《せつ》です。仏《ほとけ》は一つの大《おお》きな目的《もくてき》があってこの世《よ》に出《いで》られたのです。それは「開示悟入《かいじごにゅう》」と言《い》って、一切衆生《さいしゅじょう》の有《ゆう》している所《ところ》の仏知見《ぶっちけん》、即《すなわ》ち仏《ほとけ》の智慧《ちえ》を開《ひら》き、そして示《しめ》し、悟《さと》らせ、道《みち》に入《はい》らしめんがためです。その意味《いみ》は少《すこ》しずつ違《ちが》いますが、要《よう》するに先《ま》ず仏《ぶつ》知見《ちけん》を開《ひら》くということが主《おも》な点《てん》となります。仏知見《ぶっちけん》を開《ひら》くということは、即《すなわ》ち人々《ひとびと》が有《ゆう》している所《ところ》の仏性《ぶっしょう》を開発《かいはつ》することが仏陀《ぶつだ》出現《しゅつげん》の唯《ゆい》一の目的《もくてき》だということです。それ故《ゆえ》に、如来《にょらい》は色々《いろいろ》な化導《けどう》をなされたけれども、纏《まと》めればそれは但《た》だ菩薩《ぼさつ》を教化《きょうけ》することである、但《た》だ菩薩《ぼさつ》を教化《きょうけ》するというのは、すべての人々《ひとびと》に菩薩《ぼさつ》の自覚《じかく》を得《え》せしめ、そして菩薩《ぼさつ》の行《ぎょう》に進《すす》ませるために如来《にょらい》は活動《かつどう》されているということです。孟子《もうし》の名言《めいげん》にも「能《あた》わざるに非《あら》ず、為《な》さざるなり」とありますが、「汝達《なんじたち》みな仏性《ぶっしょう》があり菩薩《ぼさつ》たり得《う》るのに何故《なにゆえ》に躊躇《ちゅうちょ》するぞ」と、釈尊《しゃくそん》が如何《いか》なる人間《にんげん》にも菩薩的向上心《ぼさつてきこうじょうしん》を促《うなが》しているにも拘《かか》わらず、それを菩薩行《ぼさつぎょう》ということを無闇《むやみ》に難《むずか》しく解釈《かいしゃく》して、威《おど》かし文句《もんく》を並《なら》べるということは大《おお》きな間違《まちが》いです。「貴様《きさま》のような者《もの》は何《なに》をやっても駄目《だめ》だ」と自暴自棄《じぼうじき》にせしめることは、人心《じんしん》の教化上《きょうけじょう》においても非常《ひじょう》に悪《わる》いことです。また、「所詮《しょせん》、人間《にんげん》というものは偉《えら》そうなことを言《い》っても立派《りっぱ》に成《な》れるものではない、色欲《しきよく》・貪欲《とんよく》に覆《おお》われているのが普通《ふつう》である」などと言《い》っていては、自己《じこ》の能力《のうりょく》を発揮《はっき》することも、社会《しゃかい》の理想《りそう》を実現《じつげん》することも遠《とお》きものとなってしまいます。

仏《ほとけ》は少《すこ》しの所《ところ》からでも菩薩《ぼさつ》の行《ぎょう》に入《はい》り得《う》ることを説《と》き、どんなに僅《わず》かな所《ところ》からでも菩薩《ぼさつ》の自覚《じかく》に入《はい》れよと説《と》き、そして如何《いか》なる者《もの》にも菩薩《ぼさつ》としての教化《きょうけ》を与《あた》えます。そして「仏《ほとけ》の知見《ちけん》を以《もっ》て示悟《じご》する」とは、究極《きゅうきょく》すれば人々《ひとびと》は皆《みな》、仏《ほとけ》と同《おな》じ尊《とうと》い智慧《ちえ》を持《も》っているから、それを悟《さと》らせようとすることに外《ほか》なりません。即《すなわ》ち仏教《ぶっきょう》とは、活《い》ける人々《ひとびと》の仏性《ぶっしょう》を顕動《けんどう》し、皆菩薩《みなぼさつ》の行《ぎょう》に入《はい》らせて信念《しんねん》による成仏《じょうぶつ》を教《おし》える所《ところ》のものであって、声聞《しょうもん》の教《おし》え、縁覚《えんがく》の教《おし》え、菩薩《ぼさつ》の教《おし》えが別個《べっこ》にあるわけではありません。教《おし》えに様々《さまざま》なものを立《た》てて、やれ小乗《しょうじょう》だ、大乗《だいじょう》だと、それぞれの機根《きこん》に応《おう》じて異《こと》なる利《り》益《やく》を得《う》るような乗《の》り物《もの》を拵《こしら》えているわけではないのです。如何《いか》なる者《もの》でも仏《ほとけ》に成《な》るという一番大《ばんおお》きな教《おし》えに至《いた》らしめる、低《ひく》き者《もの》にも高《たか》き者《もの》にも一《ひと》つの大《おお》きな乗《の》り物《もの》を与《あた》えて、それによって満足《まんぞく》せしめることが如来《にょらい》の真意《しんい》であると、これまでに様々《さまざま》に説《と》かれた仏教《ぶっきょう》をここに開顕《かいけん》し統一《とう》をされているのです。

(現代語《げんだいご》)

子供達《こどもたち》が戯《たわむ》れに砂《すな》を集《あつ》めて仏塔《ぶっとう》を造《つく》ったとしよう。そのような人々《ひとびと》は、皆《みな》すでに仏道《ぶつどう》を成就《じょうじゅ》しているのである。もし、仏《ほとけ》のために様々《さまざま》な仏像《ぶつぞう》を建立《こんりゅう》し、数多《あまた》の姿《すがた》を彫《ほ》り上《あ》げる人《ひと》があるとすれば、皆《みな》すでに仏道《ぶつどう》を成就《じょうじゅ》しているのである。

（要文《ようもん》）

乃至《ないし》童子《どうじ》の戯《たわむ》れに沙《すな》を聚《あつ》めて仏塔《ぶっとう》と為《せ》る、是《かく》の如《ごと》き諸人等《しょにんら》、皆已《みなすで》に仏道《ぶつどう》を成《じょう》じき。若《も》し人《ひと》、仏《ほとけ》の為《ため》の故《ゆえ》に諸《もろもろ》の形像《ぎょうぞう》を建立《こんりゅう》し、刻彫《こくちょう》して衆相《しゅそう》を成《な》せる、皆已《みなすで》に仏道《ぶつどう》を成《じょう》じき。

（要義《ようぎ》）

排他的《はいたてき》に他《た》を斥《しりぞ》けるのではなくして、大《おお》きな理想《りそう》から見《み》て総《すべ》てのものを開顕《かいけん》して、一つの仏道《ぶつどう》に導《みちび》くことが法華経《ほけきょう》の一乗《じょう》の思想《しそう》です。この所《ところ》は、世間《せけん》の道徳《どうとく》、小《ちい》さな善《ぜん》、皆仏道《みなぶつどう》に来《き》たれば役《やく》立《だ》つという、即《すなわ》ち小善成仏《しょうぜんじょうぶつ》を説《と》いたものです。禅宗《ぜんしゅう》では、中国《ちゅうごく》（梁《りょう》）の仏教信仰《ぶつきょうしんこう》に厚《あつ》かった武帝《ぶてい》が「朕《ちん》、寺《てら》を造《つく》り、経《きょう》を写《うつ》し、僧《そう》を度《ど》する、何《なん》の功徳《くどく》ありや」と問《と》い、達磨大師《だるまだいし》が「無功徳《むくどく》」と答《こた》えたという逸話《いつわ》が作《つく》られています。しかしながら、法華経《ほけきょう》では「仏塔《ぶっとう》を作《つく》ったところで、仏像《ぶつぞう》を彫《ちょう》刻《こく》したところで大《たい》した功徳《くどく》にはならない」、有為《うい》の善根《ぜんごん》は無功徳《むくどく》というような理屈《りくつ》を立《た》てるのではなく、一つの大《おお》きな所《ところ》に達《たっ》した時《とき》には総《すべ》ての善《ぜん》が皆役立《みなやくだ》ってくる、更《さら》なる高《たか》き理想《りそう》と信念《しんねん》に導《みちび》かれているのならば、それらは皆必《みなかなら》ず活《い》きて来《く》るというように穏《おだ》やかに教《おし》えを説《と》きます。六波羅蜜《はらみつ》を修《しゅ》行《ぎょう》して高《たか》い徳《とく》を得《え》ている菩薩《ぼさつ》のみでなく、子供《こども》が戯《たわむ》れに砂《すな》で仏塔《ぶっとう》を造《つく》ることでさえも、また尊《とうと》い仏《ほとけ》様《さま》の姿《すがた》を彫刻《ちょうこく》する者《もの》も、皆偉大《みないだい》なる功徳《くどく》に一致《ち》して進《すす》んでいるものである、それらは皆仏道《みなぶつどう》を成《じょう》ずる力《ちから》となると抱擁《ほうよう》していくのが法華経《ほけきょう》です。小《ちい》さな善《ぜん》と大《おお》きな善《ぜん》の違《ちが》いというような相対的関係《そうたいてきかんけい》は十分《ぶん》に知った上《うえ》で、寧《むし》ろ小善《しょうぜん》を活《い》かして成仏《じょうぶつ》へと導《みちび》く、小善成仏《しょうぜんじょうぶつ》を説《と》く所《ところ》に法華経《ほけきょう》の特色《とくしょく》があります。

ここには、子供《こども》の砂遊《すなあそ》びのことが挙《あ》げられていますが、人《ひと》に親切《しんせつ》にすることや社会《しゃかい》の改善《かいぜん》のために尽《つ》くすというようなことも皆世間《みなせけん》の善《ぜん》です。世間《せけん》の善《ぜん》を有為《うい》の善根《ぜんごん》などと斥《しりぞ》けていては、政治《せいじ》の改善《かいぜん》、経済《けいざい》の発展《はってん》というようなことも含《ふく》めて、社会《しゃかい》との調節《ちょうせつ》が取《と》れ得《え》なくなります。日蓮聖人《にちれんしょうにん》が武士《ぶし》の四条金吾《じょうきんご》に「宮《みや》づかい（仕官《しかん》）を法華経《ほけきょう》と思《おぼ》し召《め》せ」と言《い》われて、(6)天台大師《てんだいだいし》の「一切世間《さいせけん》の治生産業《ちしょうさんごう》は皆実相《みなじっそう》と相違背《あいいはい》せず」と引用《いんよう》しているように、政治《せいじ》に尽《つ》くすのも、経済《けいざい》に尽《つ》くすのも、教育《きょういく》に尽《つ》くすのも、そこにもう一つ大《おお》きな思想信念《しそうしんねん》があって行《おこな》うことであれば、皆結構《みなけっこう》な事《こと》となるのです。即《すなわ》ち法華経《ほけきょう》は、世間《せけん》の道徳《どうとく》に成仏《じょうぶつ》という宗教的信念《しゅうきょうてきしんねん》の理想《りそう》を与《あた》えているわけです。法華経《ほけきょう》は、宗教《しゅうきょう》を嘲《あざけ》って世間《せけん》の善《ぜん》に立《た》て籠《こ》もるような考《かんが》えもいかぬ、宗教《しゅうきょう》の信念《しんねん》を高《たか》しとして世間《せけん》の善《ぜん》を嘲《あざけ》るのもいかぬ、世間《せけん》の善《ぜん》と調整《ちょうせい》を取《と》って、そして高《たか》き理想信念《りそうしんねん》と日常《にちじょう》の種々《しゅじゅ》なる道徳行為《どうとくこうい》とに連絡統一《れんらくとういつ》を保《たも》たねばならぬとの大切《たいせつ》な思想《しそう》を説《と》いているのです。

（現代語《げんだいご》）

諸々《もろもろ》の仏《ほとけ》が菩薩《ぼさつ》の修行中《しゅぎょうちゅう》に立《た》てた誓願《せいがん》は、私《わたし》が行《ぎょう》じてきた所《ところ》の仏《ほとけ》の道《みち》を普《あまね》く人々《ひとびと》に知《し》らしめて、同《おな》じくこの道《みち》を得《え》させせんとすることである。未来《みらい》の世《よ》に、様々《さまざま》な仏《ほとけ》が数限《かずかぎ》りなき教《おし》えを説《と》いたとしても、それは実《じつ》に皆《みな》、一乗《じょう》の教《おし》えのためである。最《もっと》も尊《とうと》き仏《ほとけ》は、この世《よ》に存在《そんざい》する総《すべ》ての事物《じぶつ》は、それ自身《じしん》で本来《ほんらい》より存在《そんざい》するものはなく、そして仏《ほとけ》となるための種子《しゅじ》も縁《えん》に従《したが》って起《お》こると知《し》るが故《ゆえ》に、一乗《じょう》の教《おし》えを説《と》くのである。この法《ほう》は不変《ふへん》にして永遠《えいえん》なるものであり、この法《ほう》によって、この世界《せかい》の様相《ようそう》も常《つね》に存在《そんざい》しているのである。

（要文《ようもん》）

諸仏《しょぶつ》の本誓願《ほんせいがん》は、我《わ》が所行《しょぎょう》の仏道《ぶつどう》を普《あまね》く衆生《しゅじょう》をして、また同《おな》じく此《こ》の道《みち》を得《え》せしめんと欲《ほっ》す。未来世《みらいせ》の諸仏《しょぶつ》、百千億無数《のくむしゅ》の諸《もろもろ》の法門《ほうもん》を説《と》きたもうと雖《いえど》も、其《そ》れ実《じつ》には一乗《じょう》の為《ため》なり。諸仏両足尊《しょぶつりょうそくそん》、法《ほう》は常《つね》に無性《むしょう》なり、仏種《ぶつしゅ》は縁《えん》に従《したが》って起《お》こると知《しろ》しめす。是《こ》の故《ゆえ》に一乗《じょう》を説《と》きたまわん。是《こ》の法《ほう》は法位《ほうい》に住《じゅう》して、世間《せけん》の相常住《そうじょうじゅう》なり。

（要義《ようぎ》）

諸仏《しょぶつ》の本願《ほんがん》というものはすべて統《とう》一したものであって、一切《さい》の人々《ひとびと》に自分《じぶん》の行《ぎょう》じた仏道《ぶつどう》と同《おな》じものを得《え》せしめんとするものです。これが諸仏《しょぶつ》の本願《ほんがん》であって、諸仏《しょぶつ》の説《と》く所《ところ》は実《じつ》は同《おな》じものである、別願《べつがん》などという他《ほか》に何《なに》か特別《とくべつ》の願《ねが》いを立《た》てるというようなことは本当《ほんとう》のものではありません。即《すなわ》ち仏教《ぶっきょう》は一乗《じょう》の教《おし》えによって人々《ひとびと》を導《みちび》いているものであるのです。この法《ほう》とは、宇宙万有《うちゅうばんゆう》の一切《さい》であって、物的《ぶってき》・心的現象《しんてきげんしょう》と、そこに働《はたら》く真理《しんり》です。そして「法《ほう》は常《つね》に無性《むしょう》なり」とは、何《なに》も無《な》いという事《こと》ではなく、総《すべ》ての物《もの》には定《さだ》まった性《しょう》というものは無《な》い、総《すべ》ては因果応報《いんがおうほう》の理《ことわり》に依《よ》って循環《じゅんかん》して行《い》くものであって、人間《にんげん》であれば美《うつく》しい女性《じょせい》が何時《いつ》までも美《うつく》しいままであることはない、癇癪《かんしゃく》持《も》ちの人《ひと》が今度《こんど》会《あ》った時《とき》には穏《おだ》やかな人《ひと》に成《な》っていたというように、「これは善人《ぜんにん》」「これは悪人《あくにん》」などと極《きわ》まったものは無《な》い、縁《えん》や時《とき》の経過《けいか》によって容姿《ようし》も変《か》わればその人格《じんかく》も如何様《いかよう》にも変《か》わるということです。人《ひと》に限《かぎ》らず、万物《ばんぶつ》はその時々刻々《じじこっこく》の現《あらわ》れを見《み》せているだけであって、総《すべ》てのものは種々《しゅじゅ》に変化《へんか》していくものであり、本来《ほんらい》より定《さだ》まった性《しょう》は有《あ》りません。ただし、定《さだ》まった性《しょう》は無《な》いけれども、万有相関《ばんゆうそうかん》で一切《さい》の性《しょう》を含《ふく》んでいることになっているが故《ゆえ》に、縁《えん》に従《したが》って、それらの様々《さまざま》なものが引《ひ》き出《だ》されるのです。それは、米《こめ》という物《もの》が縁《えん》の掛《か》けようによっては、酢《す》となり酒《さけ》となるように、或《ある》いは真《ま》っ黒《くろ》な原油《げんゆ》から、様々《さまざま》に異《こと》なる性質《せいしつ》の製品《せいひん》が生《う》み出《だ》されるが如《ごと》くです。したがって如来《にょらい》は、人《ひと》は皆《みな》、仏《ほとけ》の種《たね》を有《ゆう》している故《ゆえ》に、善《よ》き縁《えん》を以《もっ》て導《みちび》きさえすれば、どんな者《もの》であっても善《よ》い方《ほう》に向《む》いて発達《はったつ》することを十分《ぶん》に知《し》って、そして最《もっと》も適切《てきせつ》なる一乗《じょう》の教《おし》え、仏性《ぶっしょう》を顕《あらわ》すための仏《ぶっ》教《きょう》というものを与《あた》えるのです。

「是《こ》の法《ほう》」という総《すべ》ての事柄《ことがら》も皆《みな》一時《じ》の現《あらわ》れのようであるけれども、徹底《てってい》して考《かん》えると、その奥《おう》底《てい》には不滅《ふめつ》のものがあります。例《たと》えば、出来《でき》ては消《き》える大海《たいかい》の波飛沫《なみしぶき》が大海《たいかい》そのものの現《あらわ》れであるように、ある時《とき》は憎《にく》いと思《おも》い、ある時《とき》は可愛《かわい》いと思《おも》うように始終《しじゅう》波立《なみだ》つ心《こころ》の働《はたら》きも皆心《みなこころ》の中《うち》の現《あらわ》れであって、消《き》えたと思《おも》ってもまた何時《いつ》でも顔《かお》を出《だ》します。そして、人間《にんげん》なら人間《にんげん》が此処《ここ》に出《で》る、自分《じぶん》がこの世《よ》に生《う》まれていることも、一時《じ》の現象《げんしょう》のようではあるけれども、その奥底《おうてい》には不滅《ふめつ》のものがあるのです。世間相常住《せけんそうじょうじゅう》とは、世間《せけん》の夢《ゆめ》か幻《まぼろし》かと思《おも》うような一時《じ》の事柄《ことがら》にも、そこには尊《とうと》い意味《いみ》が存在《そんざい》していることを教《おし》えています。そのようなことが解《わか》ってくれば、人間《にんげん》が互《たが》いに親《おや》子《こ》となり夫婦《ふうふ》となって社会《しゃかい》を作《つく》りだしている事《こと》も、決《けっ》して夢《ゆめ》や幻《まぼろし》というものではない、そこに大《おお》いなる意義《いぎ》を見出《みいだ》すことが出来《でき》、無限《むげん》の価値《かち》が生《しょう》じてくることになるのです。そのためには、何《なに》よりも善《よ》き縁《えん》を得《え》ることが非常《ひじょう》に大事《だいじ》です。道徳《どうとく》を重《おも》んじる社会《しゃかい》にするにしても、政治《せいじ》を良《よ》くするというようなことも、皆《みな》それは縁《えん》に従《したが》って変《か》わって行《ゆ》くものです。[7]今日《こんにち》のように、「勝《か》ち組《ぐみ》」と「負《ま》け組《ぐみ》」を生《う》み出《だ》すような唯物論的《ゆいぶつろんてき》な思想《しそう》が勝《まさ》って本来《ほんらい》の宗教《しゅうきょう》思想《しそう》が人心《じんしん》より去《さ》っていくことを放置《ほうち》しておくならば、如何《いか》なる政治《せいじ》を施《ほどこ》して法律《ほうりつ》を適用《てきよう》しても、警察力《けいさつりょく》を応用《おうよう》しても、社会《しゃかい》が荒廃《こうはい》して行《ゆ》くことは防《ふせ》げません。今日《こんにち》の社会《しゃかい》に宗教《しゅうきょう》を復活《ふっかつ》させる、宗教《しゅうきょう》の必要《ひつよう》を自覚《じかく》させるためには、迷信《めいしん》的《てき》なる、或《ある》いは低級《ていきゅう》なる信仰《しんこう》を是正《ぜせい》して、そして十分《ぶん》な研鑽《けんさん》を経《へ》たる理想的《りそうてき》な最高《さいこう》の宗教《しゅうきょう》を盛《さか》ならしめることが第《だい》一義《ぎ》です。日蓮聖人《にちれんしょうにん》が、白法隠没《びゃくほうおんもつ》・闘諍堅固《とうじょうけんご》の時《とき》には必《かなら》ず法華経《ほけきょう》を広宣流布《こうせんるふ》すべしと言《い》われた事《こと》は、当《まさ》に今日《こんにち》の時代《じだい》にも活《い》きているのです。

（現代語《げんだいご》）

舎利弗《しゃりほつ》、当《まさ》に知《し》らねばならない。私《わたし》が仏眼《ぶつげん》をもって六種《しゅ》の境界《きょうがい》にある衆生《しゅじょう》を見《み》るに、その心《こころ》は貧《ひん》困《こん》にして福徳《ふくとく》も知恵《ちえ》もなく、生死《しょうじ》の険《けわ》しき道《みち》に入《はい》って苦《くる》しみが断《た》えることなく、また、五感《かん》の欲望《よくぼう》に執着《しゅうぢゃく》すること、ヤクなる牛《うし》が自《みずか》らの尾《お》を愛着《あいぢゃく》するが如《ごと》し。欲望《よくぼう》によって自《みずか》ら盲目《もうもく》となり、偉大《いだい》なる力《ちから》を有《ゆう》する仏《ほとけ》と苦《くる》しみを断《た》つ法《ほう》を求《もと》めず、様々《さまざま》なる邪《よこしま》な考《かんが》えに深《ふか》く入《はい》り込《こ》み、苦《く》によって苦《く》より逃《のが》れようとしている。これらの人々《ひとびと》のために、私《わたし》は大《おお》いなる悲《かな》しみと憐《あわ》れみの心《こころ》を起《お》こしたのである。

(要文《ようもん》)

舎利弗《しゃりほつ》当《まさ》に知《し》るべし、我仏眼《われぶつげん》を以《もっ》て観《かん》じて六道《どう》の衆生《しゅじょう》を見《み》るに、貧窮《ぶんぐ》にして福慧《ふくえ》無《な》し、生《しょう》死《じ》の険道《けんどう》に入《い》って相続《そうぞく》して苦《く》断《た》えず、深《ふか》く五欲《よく》に著《ぢゃく》すること犛牛《みょうご》の尾《お》を愛《あい》するが如《ごと》し。貪愛《とんあい》を以《もっ》て自《みずか》ら蔽《おお》い、盲瞑《もうみょう》にして見《み》る所《ところ》なし、大勢《だいせい》の仏及《ほとけおよ》び断苦《だんく》の法《ほう》を求《もと》めず、深《ふか》く諸《もろもろ》の邪見《じゃけん》に入《はい》って苦《く》を以《もっ》て苦《く》を捨《す》てんと欲《ほっ》す。是《こ》の衆生《しゅじょう》の為《ため》の故《ゆえ》に而《しか》も大悲心《だいひしん》を起《おこ》しき。

(要義《ようぎ》)

仏《ほとけ》の智慧《ちえ》の眼《め》から見《み》れば、殆《ほとん》どの衆生《しゅじょう》は功徳《くどく》の上《うえ》においては貧《まず》しき者《もの》であり、福《ふく》も智慧《ちえ》もなく、生死《しょうじ》の険《けわ》しき道《みち》を辿《たど》って六道《どう》(天《てん》・修羅《しゅら》・人《ひと》・餓鬼《がき》・畜生《ちくしょう》・地獄《じごく》)の世界《せかい》を流転《るてん》して、その苦《くる》しみを繰《く》り返《かえ》しています。多《おお》くの衆生《しゅじょう》が、眼《げん》・耳《に》・鼻《び》・舌《ぜつ》・身《しん》という五つの感覚器官《かんかくきかん》から起《お》こる肉体《にくたい》上《じょう》の欲望《よくぼう》のために、人生《じんせい》の意義《いぎ》や価値《かち》を認《みと》める精神生活《せいしんせいかつ》を忘《わす》れて、所謂唯物主義《いわゆるゆいぶつしゅぎ》に堕落《だらく》してしまっています。ただ欲望《よくぼう》を満《みた》すことを以《もっ》て幸福《こうふく》だと思《おも》おうとすることは、犛牛《やく》(高原《こうげん》に生息《せいそく》する長毛《ちょうもう》牛《ぎゅう》)が自分《じぶん》の尾《お》を舐《ねぶ》り続《つづ》け、傷付《きずつ》き爛《ただ》れても止《や》めることなく、やがてはそこから腐敗《ふはい》して死《し》んでしまう如《ごと》くに、自《みずか》ら自分《じぶん》を傷付《きずつ》け損《そこ》なうことなのです。そして、物欲《ぶつよく》のために高《たか》き精神《せいしん》の光《ひかり》を覆《おお》われているがために、盲目《もうもく》となって何度《なんど》言《い》って聞《き》かせても判《わか》らない、大《おお》いなる力《ちから》を有《ゆう》する尊《とうと》い仏《ほとけ》の有《あ》り難《がた》さも判《わか》らなければ、如何《いか》にすれば人生《じんせい》の苦痛《くつう》を除《のぞ》くかという道《みち》も判《わか》らないのです。

「諸々《もろもろ》の邪見《じやけん》」とは、広《ひろ》げれば六十二見《けん》とされる仏教《ぶつきよう》以外《いがい》の印度《いんど》の思想《しそう》だったもので、その根源《こんげん》は断見《だんけん》と常見《じようけん》の二つです。断見《だんけん》とは、一度《たび》死《し》ねば二度《ど》と生《うま》れ変《か》わることもないと主張《しゆちよう》する所謂唯《いわゆるゆい》物主義《ぶつしゆぎ》で、人《ひと》の魂《たましい》は死《し》んだら消《き》えて断滅《だんめつ》してしまうものである、そして魂《たましい》の滅亡《めつぼう》を説《と》く位《くらい》ですから、勿論《もちろん》神《かみ》や仏《ほとけ》の存在《そんざい》は認《みと》めません。その反対《はんたい》に常見《じようけん》とは、人《ひと》は死《し》んでも不変《ふへん》の我《が》が永続《えいぞく》すると主張《しゆちよう》する、人間《にんげん》という者《もの》は生《う》まれるべき所《ところ》が決《き》まっていて、身分《みぶん》の高《たか》い低《ひく》いは変《か》わらない、富豪《ふごう》の者《もの》は何《い》時《つ》も富豪《ふごう》、乞食《こじき》は何時《いつ》も乞食《こじき》で、悪《わる》いことをすれば地獄《じごく》に堕《お》ちるとか、名誉《めいよ》とか栄華《えいが》というものは一時《じ》的《てき》なものであって、永続《ながつづ》きするものではないということは少《すこ》しも考《かんが》えません。この常見《じようけん》、或《ある》いは断見《だんけん》に囚《とら》われて、特権階級《とつけんかいきゆう》に属《ぞく》する者《もの》が徳《とく》を積《つ》まず善《ぜん》を行《おこな》わず権力《けんりよく》を振《ふ》り回《まわ》し、下層《かそう》の人々《ひとびと》が、神《かみ》も仏《ほとけ》もあるものか、人生《じんせい》は一回《かい》限《かぎ》りだ、不公平《ふこうへい》だと自棄《やけ》になり騒動《そうどう》を起《お》こしていたのでは、私達《わたしたち》の住《す》む社会《しやかい》は一向《こう》に良《よ》くなりません。それ故《ゆえ》に、身分《みぶん》の高《たか》い者《もの》も低《ひく》き者《もの》も皆共《みなとも》に道徳《どうとく》に生《い》き宗教《しゆうきよう》に戻《もど》れよ、富《と》める者《もの》であれ貧《まず》しき者《もの》であれ、皆高《みなたか》き菩薩《ぼさつ》の行《ぎよう》に入《はい》れよと説《と》くのです。人々《ひとびと》は邪見《じやけん》に惑《まど》わされて苦《くる》しみを生《しよう》じ、苦《くる》しみを断《た》つ教《おし》えを求《もと》めずして、こうしたら良《よ》い、ああしたら良《よ》いと盲目《もうもく》的《てき》に行《おこな》って、やればやる程苦《ほどくる》しみの増《ま》すことを繰《く》り返《かえ》します。それ故《ゆえ》に、実《じつ》に可哀想《かわいそう》な者《もの》である、哀《あわ》れなる者《もの》であると思《おも》って、仏《ほとけ》は救済《きゅうざい》のために働《はたら》かれるのです。今《いま》この所《ところ》は先《さき》に説《と》いた仏《ほとけ》の智慧《ちえ》から出《い》でて、明《あき》らかに仏《ほとけ》の慈悲《じひ》の事《こと》が説《と》かれて行《ゆ》く所《ところ》です。

（現代語《げんだいご》）

今《いま》、私《わたし》は喜《よろこ》び畏《おそ》れることなく、菩薩達《ぼさつたち》の中《なか》に於《お》いて正直《しょうじき》に方便《ほうべん》を取《と》り去《さ》り、ただ無上《むじょう》の教《おし》えのみを説《と》く。菩薩《ぼさつ》はこの教《おし》えを聞《き》いてすべての疑問《ぎもん》を除《のぞ》き、そして千二百の阿羅漢《あらかん》も、また悉《ことごと》く仏《ほとけ》となるであろう。

（要文《ようもん》）

今我喜《いまわれよろこ》んで畏《おそ》れ無《な》し、諸《もろもろ》の菩薩《ぼさつ》の中《なか》に於《お》いて、正直《しょうじき》に方便《ほうべん》を捨《す》てて但無上道《ただむじょうどう》を説《と》く。菩《ぼ》薩《さつ》は是《こ》の法《ほう》を聞《き》いて疑網皆已《ぎもうみなすで》に除《のぞ》き、千二百の羅漢《らかん》は悉《ことごと》くまた当《まさ》に作仏《さぶつ》すべし。

（要義《ようぎ》）

人々《ひとびと》を教化《きょうけ》する手立《てだ》てとして、仏《ほとけ》は方便《ほうべん》を交《まじ》えて教《おし》えを説《と》かれてきましたが、それ故《ゆえ》にそこには欠点《けってん》がありました。方便《ほうべん》を以《もっ》て説《と》かれた教《おし》えは、時《とき》と場合《ばあい》によって、或《ある》いは教《おし》えを聞《き》く者《もの》の性格《せいかく》や能力《のうりょく》に様々《さまざま》に応《おう》じたものですから、種々《しゅじゅ》の問題《もんだい》に出《で》くわす度《たび》に疑問《ぎもん》や矛盾《むじゅん》が生《しょう》じてしまうからです。もしも哲学者《てつがくしゃ》なり、宗教家《しゅうきょうか》なり、考《かんが》え深《ふか》き者《もの》が来《き》て、そこに突《つ》っ込《こ》んだ追求《ついきゅう》をした時《とき》には、仏教《ぶつきょう》そのものが壊《こわ》れてしまう恐《おそ》れもあります。しかしながら、理想《りそう》として完全《かんぜん》なる法華経《ほけきょう》を説《と》き終《お》わるならば、「今我喜《いまわれよろこ》んで畏《おそ》れ無《な》し」と、その教《おし》えは盤石《ばんじゃく》となります。「方便《ほうべん》を捨《す》て但無上道《ただむじょうどう》を説《と》く」ならば、最早何者《もはやなにもの》にも破《やぶ》られる余地《よち》は無《な》くなるのです。今日《こんにち》にあっても、仏教《ぶつきょう》の全体《ぜんたい》を良《よ》く把握《はあく》し得《え》ない者《もの》が、ある一角《かく》を捉《とら》えては様々《さまざま》に批評《ひひょう》するようなことがありますが、そのような事《こと》は法華経《ほけきょう》に至《いた》ったならば皆解決《みなかいけつ》のつくことなのです。したがって、菩薩《ぼさつ》はこの法《ほう》を聞《き》いて今《いま》まで心《こころ》に引《ひ》っ掛《か》かっていた疑《うたが》いが一切《さい》無《な》くなり、完全《かんぜん》なる仏教《ぶつきょう》の知識《ちしき》、信解《しんげ》を得《え》た訳《わけ》です。そして続《つづ》いてこれらの阿羅漢《あらかん》の人々《ひとびと》も、法華経《ほけきょう》が完全《かんぜん》なる教《おし》えであるが故《ゆえ》に救《すく》われることになるのです。

(現代語《げんだいご》)

舎利弗《しゃりほつ》、当《まさ》に知《し》るべきである。諸々《もろもろ》の仏《ほとけ》の得《え》たまえる法《ほう》は、かくの如《ごと》く数多《あまた》の方便《ほうべん》を以《もっ》て、人《ひと》それぞれに相応《ふさわ》しく説《と》かれたものである。このことを習《なら》い学《まな》ざる者《もの》は、仏《ほとけ》の教《おし》えを明《あき》らかに知《し》ることは出来《でき》ないであろう。

（要文《ようもん》）

舎利弗当《しゃりほつまさ》に知《し》るべし。諸仏《しょぶつ》の法《ほう》は是《かく》の如《ごと》く、萬億《まんおく》の方便《ほうべん》を以《もっ》て宜《よろ》しきに随《したが》って法《ほう》を説《と》きたもう。其《そ》の習学《しゅうがく》せざる者《もの》は此《これ》を暁了《ぎょうりょう》すること能《あた》わじ。

（要義《ようぎ》）

この一節《せつ》は、方便《ほうべん》の教《おし》えに囚《とら》われてはならないとの楔《くさび》を刺《さ》している所《ところ》です。如何《いか》なる仏《ほとけ》が現《あら》われても、始《はじ》めには衆生《しゅじょう》の機根《きこん》に応《おう》じて様々《さまざま》なる方便《ほうべん》の教《おし》えが説《と》かれ、そして最後《さいご》には必《かなら》ず真実《しんじつ》を以《もっ》てその教《おし》えが統《とう》一されます。仏教《ぶっきょう》では、実《じつ》に方便《ほうべん》が自在《じざい》に応用《おうよう》されていますので、「其《そ》の習学《しゅうがく》せざる者《もの》は此《これ》を暁了《ぎょうりょう》すること能《あた》わじ」とあるように、前《まえ》に方便《ほうべん》、後《のち》に真実《しんじつ》という関係《かんけい》を理解《りかい》していなければ、仏教《ぶっきょう》を領解《りょうげ》することは出来《でき》ません。教化《きょうけ》の手立《てだ》てである方便《ほうべん》は、何時《いつ》でも真実《しんじつ》との疎通《そつう》を図《はか》っておかなければ、方便《ほうべん》の役《やく》を果《は》たさなくなってしまう、方便《ほうべん》に囚《とら》われて真実《しんじつ》に達《たっ》しない時《とき》には、それが弊害《へいがい》を生《う》むことにもなるのです。

法華経《ほけきょう》は一切経《さいきょう》に応用《おうよう》された方便《ほうべん》の意義《いぎ》を開《ひら》き、そして真実《しんじつ》によって統《とう》一を図《はか》るので、これを開《かい》権顕実《ごんけんじつ》（権《ごん》を開《ひら》いて実《じつ》を顕《あら》わす）、あるいは開《かい》三顕《けん》一（三乗《じょう》の教《おし》えを開《ひら》いて一乗《じょう》の教《おし》えを顕《あら》わす）

と言《い》います。即《すなわ》ち、様々《さまざま》に分裂《ぶんれつ》した仏教《ぶっきょう》に纏《まと》まりをつけて統《とう》一した教《おし》えが法華経《ほけきょう》であるのです。それ故《ゆえ》に法華経《ほけきょう》は、仏《ほとけ》の智慧《ちえ》に於《お》いて統《とう》一を説《と》き、仏《ほとけ》の誓願《せいがん》に於《お》いて統《とう》一を説《と》き、仏《ほとけ》の慈悲《じひ》に於《お》いても統《とう》一を説《と》き、そして最後《さいご》に統《とう》一の本仏《ほんぶつ》を顕《あら》わして纏《まと》まりをつけます。宗教《しゅうきょう》は絶対《ぜったい》ということを理《り》想《そう》とする以上《いじょう》、(8)比較《ひかく》や対立《たいりつ》を絶《ぜつ》するもの、即《すなわ》ち一に帰《き》するものでなければなりません。それ故《ゆえ》に法華経《ほけきょう》は、色々《いろいろ》と教《おし》えが説《と》かれても分裂的《ぶんれつてき》なるものではない、その方便《ほうべん》を開顕《かいけん》すれば皆真実《みなしんじつ》の一乗《じょう》に帰着《きちゃく》することを教《おし》えます。そのような事《こと》から考《かんが》えれば、将来復活《しょうらいふっかつ》すべき仏教《ぶっきょう》は、決《けっ》して方便《ほうべん》の一角《かく》に留《と》まるべきものであってはなりません。仏教《ぶっきょう》を維持《いじ》せんとする内輪《うちわ》の者《もの》が、「あれも良《よ》かろう」「これも良《よ》かろう」と互《たが》いに方便《ほうべん》を認容《にんよう》し合《あ》って、烏合《うごう》の衆《しゅう》のような状態《じょうたい》であったならば、必《かなら》ず他《た》の思想《しそう》に打《う》ち破《やぶ》られて、やがて人々《ひとびと》から見向《みむ》きもされなくなります。仏《ほとけ》が「今我喜《いまわれよろこ》んで畏《おそ》れ無《な》し」と言《い》われたように、方便《ほうべん》より来《きた》る弊害《へいがい》の点《てん》を矯正《きょうせい》して、吟味《ぎんみ》に吟味《ぎんみ》を重《かさ》ねて、何処《どこ》に持《も》って行《い》っても引《ひ》けを取《と》らない法華経《ほけきょう》に纏《まと》まりをつけて、そして仏教《ぶっきょう》とは斯《か》くなるものであると思想界《しそうかい》に示《しめ》す努力《どりょく》が必要《ひつよう》です。

譬《ひ》喩《ゆ》品《ほん》第《だい》三

（現代語《げんだいご》）

私達《わたしたち》は、人々《ひとびと》の能力《のうりょく》や性質《せいしつ》に随《したが》って、教化《きょうけ》のために宜《よろ》しく説《と》かれた方便《ほうべん》というものを理解《りかい》することなく、始《はじ》めに説《と》かれた仏《ほとけ》の教《おし》えを聞《き》いて、そのままを信《しん》じて思《おも》いを巡《めぐ》らし、そして悟《さと》りを得《え》たと思《おも》っていました。しかも世尊《せそん》、私《わたし》は予《かね》てから、如来《にょらい》は菩薩達《ぼさつたち》には成仏《じょうぶつ》を許《ゆる》されるのに、何故《なにゆえ》に私達《わたしたち》には許《ゆる》されないのか、日夜《にちや》自分自身《じぶんじしん》を責《せ》めていたのです。しかしながら、今私達《いまわたしたち》は仏《ほとけ》に従《したが》うことにより、これまで聞《き》いたことのない素晴《すば》らしき法《ほう》を聞《き》き、そして多《おお》くの疑念《ぎねん》を断《た》ち、身《み》も心《こころ》も泰《やす》らかに快《こころよ》く穏《おだ》やかになることを得《え》ました。今日漸《こんにちよう》やくにして覚《さと》ることが出来《でき》たのです。私達《わたしたち》が真《しん》の仏子《ぶっし》であり、仏《ほとけ》の口《くち》より生《う》まれ、法《ほう》の教化《きょうけ》により生《しょう》じて、仏法《ぶっぽう》の一分《ぶん》を得《え》たのだということを。

（要文《ようもん》）

然《しか》るに我等《われら》方便随宜《ほうべんずいぎ》の所説《しょせつ》を解《さと》らずして、初《はじ》め仏法《ぶっぽう》を聞《き》いて偶《たまたま》便《すなわ》ち信受《しんじゅ》し、思惟《しい》して証《しょう》

を取《と》れり。世尊《せそん》、我昔《われむかし》より来《このかた》、終日竟夜《ひねもすよもすがら》毎《つね》に自《みずか》ら剋責《こくしゃく》しき。而《しか》るに今仏《いまほとけ》に従《したが》いたてまつりて、未《いま》だ聞《き》かざる所《ところ》の未曾有《みぞうう》の法《ほう》を聞《き》いて諸《もろもろ》の疑悔《ぎけ》を断《だん》じ、身意泰然《しんいたいねん》として快《こころよ》く安穏《あんのん》なることを得《え》たり。今日乃《こんにちすなわ》ち知《し》んぬ、真《しん》に是《こ》れ仏子《ぶつし》なり、仏口《ぶつく》より生《しょう》じ法化《ほうけ》より生《しょう》じて、仏法《ぶっぽう》の分《ぶん》を得《え》たり。

（要義《ようぎ》）

この譬喩品《ひゆほん》は、三車《しゃ》火宅《かたく》の譬《たと》えによって、開《かい》三顕《けん》一の教義《きょうぎ》を説明《せつめい》します。舎利弗《しゃりほつ》は、法華経《ほけきょう》以《い》前《ぜん》の教《おし》えが方便《ほうべん》であることを覚《さと》らずして、そこに心《こころ》を留《とど》め、これを信受《しんじゅ》し、それなりの悟《さと》りを得《え》たと思《おも》っていましたが、それが実《じつ》は誤《あやま》りであったことを理解《りかい》します。今法華経《いまほけきょう》に至《いた》って、未《いま》だ聞《き》かざりし真実《しんじつ》の教《おし》えを聞《き》き、権大乗《ごんだいじょう》の経典《きょうてん》で頻繁《ひんぱん》に説《と》かれた「二乗《じょう》の輩《やから》は永《なが》く仏《ほとけ》には成《な》らず」という仏《ほとけ》の戒《いまし》めもまた方便《ほうべん》であって、人開会《にんかいえ》の場合《ばあい》には、二乗《じょう》も菩薩《ぼさつ》も共《とも》に等《ひと》しく仏性《ぶっしょう》を具《そな》え、向上《こうじょう》して仏《ほとけ》に成《な》り得《う》るということを信解《しんげ》するに至《いた》ったのです。権大乗《ごんだいじょう》の教《おし》えでは、舎利弗等《しゃりほつとう》の二乗《じょう》の修行者《しゅぎょうしゃ》は、仏種《ぶつしゅ》を断《だん》じた者《もの》である、利他《りた》を忘《わす》れた小乗仏教《しょうじょうぶっきょう》であるとの数々《かずかず》の叱責《しっせき》を被《こうむ》って昼夜《ちゅうや》に心《こころ》を苦《くる》しめていましたが、今《いま》や法華経《ほけきょう》に於《お》いて人開会《にんかいえ》の教《おし》えを聞《き》くことにより、種々《しゅじゅ》の疑《うたが》いが尽《ことごと》く取《と》り除《のぞ》かれて、快《こころよ》く安心立命《あんしんりつめい》を得《え》ることが出来《でき》ました。そこで舎利弗《しゃりほつ》は、今《いま》この法華経《ほけきょう》に於《お》いて初《はじ》めて、自己《じこ》が真《しん》の仏子《ぶっし》であり、仏《ほとけ》の御口《みくち》より教《おし》えられて菩薩行《ぼさつぎょう》に入《はい》り、その教化《きょうけ》の下《もと》に仏《ほとけ》の悟《さと》りに進《すす》むことを得《え》たのであると言《い》って、大《おお》いに喜《よろこ》んで感謝《かんしゃ》を述《の》べたのです。この舎利弗《しゃりほつ》の領解《りょうげ》の中《うち》には、小乗《しょうじょう》の悟《さと》りと、小乗《しょうじょう》の教《おし》えに滞《とどこお》ることを叱《しか》る権大乗《ごんだいじょう》の彈呵《たんが》と、法華経《ほけきょう》の開顕《かいけん》との関係《かんけい》が明確《めいかく》に示《しめ》されています。

(現代語《げんだいご》)

火《ひ》に包《つつ》まれた家《いえ》の中《なか》にあって、子供《こども》たちは、遊《あそ》びに夢中《むちゅう》になって走《はし》り戯《たわむ》れ、気付《きづ》きもせず、怖《おそ》れもせず、家《いえ》から逃《に》げ出《だ》そうともしない。火《ひ》が身《み》に迫《せま》って、苦痛《くつう》が自《みずか》らを苛《さいな》もうとしているにも拘《かか》わらず、厭《いと》い煩《わずら》う心《こころ》なく、外《そと》に出《で》ようとする気持《きも》ちもない。父《ちち》は、子供達《こどもたち》には、それぞれに欲《ほ》しがっているものがあり、それら種々《しゅじゅ》の珍《めずら》しい玩具《がんぐ》には必《かなら》ず心《こころ》が奪《うば》われるであろうことを知《し》って、彼等《かれら》に次《つぎ》のように告《つ》げたのである。「お前達《まえたち》が遊《あそ》びたいと願《ねが》っていたものは、とても珍《めずら》しく手《て》に入《い》れることが難《むずか》しいものである。もし今《いま》、得《え》ることなければ必《かなら》ず後《あと》で後悔《こうかい》しようぞ。その羊《ひつじ》の牽《ひ》く車《くるま》、鹿《しか》の牽《ひ》く車《くるま》、牛《うし》の牽《ひ》く車《くるま》が、今《いま》、門《もん》の外《そと》にあるから遊《あそ》ぶが良《よ》い。さあ、速《はや》く燃《も》え盛《さか》る家《いえ》から出《で》て来《き》るのだ。」と。

諸《もろもろ》の人々《ひとびと》を見《み》れば、生《しょう》・老《ろう》・病《びょう》・死《し》・憂《うれ》いと悲《かな》しみ・苦悩《くのう》に焼《や》かれ煮《に》られ、また五官《かん》の快楽《かいらく》と財《ざい》欲《よく》のために、種々《しゅじゅ》の苦《くる》しみを受《う》けている。それらを貪《むさぼ》り追《お》い求《もと》めるために、現世《げんぜ》においては様々《さまざま》な苦《く》るしみを受《う》け、来世《らいせ》には地獄《じごく》・餓鬼《がき》・畜生《ちくしょう》の苦《くる》しみを受《う》けるのである。たとえ天上界《てんじょうかい》に生《う》まれ、或《ある》いは人間界《にんげんかい》に生《う》まれたとしても、求《もと》めても得《え》られない苦《くる》しみ、愛《あい》する者《もの》と別《わか》れる苦《くる》しみ、怨《うら》み憎《にく》む者《もの》に会《あ》う苦《くる》しみ、かくの如《ごと》き種々《しゅじゅ》の苦《くる》しみがあるであろう。しかし人々《ひとびと》は、そのような状況《じょうきょう》に埋《う》もれていても、喜《よろこ》び戯《たわむ》れて、気付《きづ》くこともなく、知《し》ることもなく、驚《おどろ》くこともなく、怖《おそ》れることもない。またそれを厭《いと》うこともなく、そこから解《と》き放《はな》れようと願《ねが》うこともない。人々《ひとびと》は、この三界《がい》の燃《も》え盛《さか》る家《いえ》にあって、東《ひがし》に西《にし》に走《はし》り回《まわ》り、大《おお》きな苦《くる》しみに遭《あ》うと雖《いえど》も、それを患《うれ》いとは思《おも》うことがない。舎利弗《しゃりほつ》よ、如来《にょらい》はこれを見終《みお》わって、このように思《おも》いをなしたのである。「我《われ》は一切衆生《さいしゅじょう》の父《ちち》である。私《わたし》は人々《ひとびと》を苦難《くなん》より救《すく》い、限《かぎ》りなき仏《ほとけ》の智慧《ちえ》による楽《らく》を与《あた》えて、自由《じゆう》の境地《きょうち》と悦《よろこ》びを得《え》させねば」と。

（要文《ようもん》）

諸子等《しょしら》、火宅《かたく》の内《うち》に於《お》いて嬉戯《きけ》に楽著《ぎょうぢゃく》して、覚《おぼ》えず知《し》らず驚《おどろ》かず怖《お》じず。火来《ひきた》って身《み》を逼《せ》め、

苦痛《くつう》己《おのれ》を切《せ》むれども心厭患《こころえんげん》せず、出《い》でんと求《もと》むる意《こころ》なし。父《ちち》、諸子《しょし》の先心《せんしん》に各《おのおの》好《この》む所《ところ》ある、種種《しゅじゅ》の珍玩《ちんがん》奇異《きい》の物《もの》には情必《こころかなら》ず楽著《ぎょうぢゃく》せんと知《し》って、之《これ》に告《つ》げて言《い》わく、汝等《なんだち》が玩好《がんこう》するところは希有《けう》にして得難《えがた》し。汝若《なんじも》し取《と》らずんば後《のち》に必《かなら》ず憂悔《うけ》せん。是《かく》の如《ごと》き種種《しゅじゅ》の羊車《ようしゃ》・鹿車《ろくしゃ》・牛車《ごしゃ》、今《いま》門外《もんげ》にあり、以《もっ》て遊戯《ゆけ》すべし。汝等此《なんだちこ》の火宅《かたく》より宜《よろ》しく速《すみや》かに出《い》で来《きた》るべし。

諸《もろもろ》の衆生《しゅじょう》を見《み》るに生《しょう》・老《ろう》・病《びょう》・死《し》・憂悲《うひ》・苦悩《くのう》に焼煮《しょうしゃ》せられ、また五欲財利《よくざいり》を以《もっ》ての故《ゆえ》に種種《しゅじゅ》の苦《く》を受《う》く。また貪著《とんぢゃく》し追求《ついぐ》するを以《もっ》ての故《ゆえ》に、現《げん》には衆苦《しゅく》を受《う》け、後《のち》には地獄《じごく》・畜生《ちくしょう》・餓鬼《がき》の苦《く》を受《う》く。若《も》し天上《てんじょう》に生《うま》れ及《およ》び人間《にんげん》に在《あ》っては貧窮困苦《びんぐこんく》・愛別離苦《あいべつりく》・怨憎会苦《おんぞうえく》、是《かく》の如《ごと》き等《ら》の種種《しゅじゅ》の諸苦《しょく》あり。衆生《しゅじょう》其《そ》の中《なか》に没在《もつざい》して歓喜《かんぎ》し遊戯《ゆけ》して、覚《おぼ》えず知《し》らず驚《おどろ》かず怖《お》じず、また厭《いと》うことを生《な》さず解脱《げだつ》を求《もと》めず。此《こ》の三界《がい》の火宅《かたく》に於《お》いて東西《とうざい》に馳走《ちそう》して、大苦《だいく》に遭《あ》うと雖《いえど》も以《もっ》て患《うれ》いとせず。舎利弗《しゃりほつ》、仏《ほとけ》此《こ》れを見己《みおわ》って便《すなわ》ち是《こ》の念《ねん》を作《な》さく、我《われ》はこれ衆生《しゅじょう》の父《ちち》なり。其《そ》の苦難《くなん》を抜《ぬ》き無量無辺《むりょうむへん》の仏智慧《ぶっちえ》の楽《らく》を与《あた》え、其《そ》れをして遊戯《ゆけ》せしむべし。

(要義《ようぎ》)

(1)前段《ぜんだん》は、法華《ほっけ》七喩《ゆ》における「三車火宅《しゃかたく》」の譬《たと》えです。三界《がい》における衆生《しゅじょう》の四苦《く》八苦《く》を燃《も》え盛《さか》る火《か》宅《たく》に譬《たと》え、そこから救《すく》わんとして仏《ほとけ》が説《と》かれた声聞乗《しょうもんじょう》・縁覚乗《えんがくじょう》・菩薩乗《ぼさつじょう》の方便《ほうべん》を羊車《ようしゃ》・鹿車《ろくしゃ》・牛車《ごしゃ》として譬《たと》えています。多《おお》くの衆生《しゅじょう》は生《しょう》・老《ろう》・病《びょう》・死《し》・憂悲苦悩《うひくのう》に苦《くる》しめられ、しかも苦《く》を以《もっ》て苦《く》を除《のぞ》かんとするの愚《ぐ》に座《ざ》して、ますます眼《げん》・耳《に》・鼻《び》・舌《ぜつ》・身《しん》の五欲感覚《よくかんかく》の欲望《よくぼう》に陥《おちい》り、或《ある》いは財利《ざいり》を貪《むさぼ》って物欲《ぶつよく》に生《い》きんとするが故《ゆえ》に、却《かえ》って種々《しゅじゅ》の苦《くる》しみを受《う》けるに至《いた》ります。そして、この苦《くる》しみを除《のぞ》く道《みち》に出《い》でずして、ますます欲望《よくぼう》を貪《むさぼ》り執着《しゅうぢゃく》して追《お》い求《もと》めるが故《ゆえ》に、現在《げんざい》にも種々《しゅじゅ》の苦《くる》しみを受《う》け、なお後生《ごしょう》には地獄《じごく》・餓鬼《がき》・畜生《ちくしょう》の三悪道《あくどう》に堕《お》ちて更《さら》なる苦《くる》しみを受《う》けることとなるのです。もし幸《さいわ》いにして天上界《てんじょうかい》または人間界《にんげんかい》に生《う》まれることが出来《でき》たとしても、悪業《あくごう》の因縁《いんねん》を以《もっ》て、求《もと》めても得《え》られぬ苦《くる》しみ、愛《あい》する者《もの》と別《わか》れる苦《くる》しみ、怨《うら》み憎《にく》しみある者《もの》に会《あ》う苦《くる》しみ、その他多《たお》くの苦《くる》しみを受《う》けなければなりません。衆生《しゅじょう》はその中《なか》に溺《おぼ》れて少《すこ》しも気《き》が付《つ》かず、僅《わず》かな喜《よろこ》びを追《お》い求《もと》めては遊《あそ》び戯《たわむ》れ、人生《じんせい》の実相《じっそう》を覚《さと》らず、知《し》ろうともしません。驚《おどろ》かず怖《おそ》れず、この三界《がい》の苦《く》に対《たい》して厭《いと》う心《こころ》を生《しょう》ずるに至《いた》らず、従《したが》って解脱《げだつ》をも求《もと》めず、火宅《かたく》に似《に》たる人生《じんせい》において、東《ひがし》に或《ある》いは西《にし》へと五欲《よく》の楽《たの》しみを求《もと》めては、却《かえ》って大《おお》いなる苦《くる》しみを受《う》け続《つづ》けているのです。この迷《まよ》える衆生《しゅじょう》を見《み》て、釈迦牟尼仏《しゃかむにぶつ》は如何《いか》にも憐《あわ》れみに堪《た》えないと、慈悲《じひ》の念《ねん》を起《お》こされます。「私《わたし》は彼等《かれら》衆生《しゅじょう》の父《ちち》として存《そん》するのである。この哀《あわ》れなる子《こ》等《ら》が苦難《くなん》に陥《おちい》っているのを見《み》て放《ほお》って置《お》くことは出来《でき》ぬ。どうかしてその苦難《くなん》より救《すく》い、そして無限《むげん》の仏《ほとけ》の智慧《ちえ》より来《く》る所《ところ》の真《しん》の楽《たの》しみを与《あた》えて、法悦《ほうえつ》・法楽《ほうらく》の人《じん》生《せい》の中《なか》に遊《あそ》ばしめなければならぬ」と。如来《にょらい》は、このように考《かんが》えて、そして偉大《いだい》なる衆生《しゅじょう》済度《さいど》の活動《かつどう》に就《つ》かれているのです。この所《ところ》は、現実《げんじつ》の人生《じんせい》の欠陥《けつかん》と、その中《なか》に生活《せいかつ》している衆生《しゅじょう》の謬見《びゅうけん》と、そしてこれに対《たい》する仏《ほとけ》の慈悲《じひ》救済《きゅうざい》との関係《かんけい》が、実《じつ》によく示《しめ》されている一段《だん》です。

（現代語《げんだいご》）

舎利弗《しゃりほつ》に告《つ》ぐ、私《わたし》もまた、今述《いまの》べた通《とお》りである。聖者《せいじゃ》の中《なか》で最《もっと》も尊《とうと》き者《もの》、世間《せけん》の父《ちち》である。一切《さい》の衆生《しゅじょう》は皆《みな》我《わ》が子《こ》である。しかしながら、子等《こら》は、この世《よ》の快楽《かいらく》に深《ふか》く執着《しゅうぢゃく》して智慧《ちえ》を求《もと》める心《こころ》がない。この三界《がい》は、けっして安《やす》らかなものではなく、あたかも燃《も》える家《いえ》の如《ごと》くである。数多《あまた》の苦《くる》しみに満《み》ち溢《あふ》れ、常《つね》に生《しょう》・老《ろう》・病《びょう》・死《し》の憂《うれ》いがあり、大《おお》いに怖《おそ》れるべきものである。そして、このような火《ひ》は燃《も》え盛《さか》って止《や》むことがない。如来《にょらい》は既《すで》に三界《がい》という燃《も》え盛《さか》る家《いえ》を離《はな》れて、静《しず》かなる境地《きょうち》で心安《こころやす》らかに一人林野《りりんや》に在《あ》る。そして今《いま》、この三界《がい》は皆私《みなわたし》の所有《しょゆう》であって、その中《なか》の衆生《しゅじょう》は悉《ことごと》く我《わ》が子《こ》である。しかも今《いま》、この所《ところ》は様々《さまざま》な煩《わずら》いや困難《こんなん》が多《おお》く、ただ私《わたし》一人《り》のみが衆生《しゅじょう》を救《すく》い護《まも》ることが出来《でき》るのである。

(要文《ようもん》)

舎利弗《しゃりほつ》に告《つ》ぐ、我《われ》もまた是《かく》の如《ごと》し、衆聖《しゅしょう》の中《なか》の尊《そん》、世間《せけん》の父《ちち》なり、一切衆生《さいしゅじょう》は皆《みな》是《こ》れ吾《わ》が子《こ》なり。深《ふか》く世楽《せらく》に著《ぢゃく》して慧心《えしん》有《あ》ること無《な》し。三界《がい》は安《やす》きこと無《な》し、猶《なお》火宅《かたく》の如《ごと》し。衆苦《しゅく》充満《じゅうまん》して甚《はなは》だ怖畏《ふい》すべし、常《つね》に生《しょう》・老《ろう》・病《びょう》・死《し》の憂患《うげん》あり。是《かく》の如《ごと》き等《ら》の火《ひ》熾然《しねん》として息《や》まず。如来《にょらい》は已《すで》に三界《がい》の火宅《かたく》を離《はな》れて、寂然《じゃくねん》として閑居《げんこ》し林野《りんや》に安処《あんじょ》せり。今此《いまこ》の三界《がい》は皆《みな》是《こ》れ我《わ》が有《う》なり、其《そ》の中《なか》の衆生《しゅじょう》は皆《みな》是《こ》れ吾《わ》が子《こ》なり。而《しか》も今此《いまこ》の処《ところ》は諸《もろもろ》の患難《げんなん》多《おお》し。唯我《ただわれ》一人《にん》のみ能《よ》く救護《くご》を為《な》す。

(要義《ようぎ》)

この一節《せつ》は、釈尊《しゃくそん》の主《しゅ》・師《し》・親《しん》の三徳《とく》の義《ぎ》を明《あ》かす大切《たいせつ》な経文《きょうもん》です。燃《も》え盛《さか》る屋敷《やしき》の中《なか》で、知《し》らず遊《あそ》び戯《たわむ》れている子供達《こどもたち》を何《なん》とか救《すく》おうとした長者《ちょうじゃ》の如《ごと》く、釈迦牟尼仏《しゃかむにぶつ》は、(2)この欲界《よくかい》・色界《しきかい》・無色《むしき》界《かい》という衆生《しゅじょう》が生死《しょうじ》を繰《く》り返《かえ》す三界《がい》の主《しゅ》であり、聖者《せいじゃ》の中《なか》で最《もっと》も高《たか》い地位《ちい》に在《あ》り、しかも世間《せけん》衆《しゅ》生《じょう》の父《ちち》であるのです。しかしながら、その我《わ》が子《こ》である所《ところ》の一切衆生《さいしゅじょう》は、深《ふか》く世間《せけん》の五欲《よく》の楽《たの》しみに貪著《とんぢゃく》し、世間《せけん》の実相《じっそう》を看破《かんぱ》して解脱《げだつ》するための智慧《ちえ》を有《ゆう》そうとしません。元来《がんらい》この三界《がい》は決《けっ》して安穏《あんのん》の世界《せかい》ではなく、恰《あたか》も火事《かじ》の家《いえ》のような有様《ありさま》であり、悪鬼《あっき》・悪獣《あくじゅう》等《ら》が叫《さけ》び走《はし》り回《まわ》って、互《たが》いに争《あらそ》い殺《ころ》し合《あ》っているような四苦《く》八苦《く》の充満《じゅうまん》している恐《おそ》ろしい所《ところ》です。即《すなわ》ち人生《じんせい》を大観《たいかん》すれば、何《なん》人《びと》も生老病《しょうろうびょう》死《し》等《とう》の四苦《く》八苦《く》を逃《のが》れることは出来《でき》ない、ただ一人《り》如来《にょらい》のみが、この三界《がい》の生老病《しょうろうびょう》死《し》の火《ひ》より逃《のが》れて、真《しん》に平和《へいわ》安穏《あんのん》の生活《せいかつ》に達《たっ》しているということになるのです。

この三界《がい》、即《すなわ》ち宇宙《うちゅう》全体《ぜんたい》は我《わ》が釈迦牟尼《しゃかむに》の領有《りょうゆう》する所《ところ》であり、その中《なか》の一切《さい》衆生《しゅじょう》、すべての生《い》きとし生《い》ける者《もの》は悉《ことごと》く我《わ》が釈迦牟尼《しゃかむに》の子《こ》である。しかもこの三界《がい》は諸々《もろもろ》の患難《げんなん》が多《おお》く、即《すなわ》ち四苦《く》八苦《く》に満《み》たされて、その苦《くる》しみを脱《だっ》することは容易《ようい》ではない。それ故《ゆえ》に私《わたし》は、三界《がい》の衆生《しゅじょう》の苦《く》を救《すく》わんが為《ため》にただ一人《り》努力《どりょく》しているのである。しかも、その偉大《いだい》なる慈悲《じひ》の力《ちから》は、すべての衆生《しゅじょう》を救《すく》い得《う》ることが出来《でき》るものであると説《と》かれます。この釈尊《しゃくそん》の主《しゅ》・師《し》・親《しん》の三徳《とく》は、日蓮聖人《にちれんしょうにん》が特《とく》に強《きょう》調《ちょう》されていることであり、その中《なか》に於《お》いて、何《なに》を最《もっと》も大切《たいせつ》な事《こと》として私達《わたしたち》の宗教心《しゅうきょうしん》を定《さだ》めるかと言《い》えば、それは「親《おや》」、即《すなわ》ち釈尊《しゃくそん》を父《ちち》とする意識《いしき》です。この経文《きょうもん》の初《はじ》めにも、釈尊《しゃくそん》を「世間《せけん》の父《ちち》なり」「皆《みな》是《こ》れ吾《わ》が子《こ》なり」と説《と》き、寿量品《じゅりょうほん》には「我《われ》もまた為《こ》れ世《よ》の父《ちち》、諸《もろもろ》の苦患《くげん》を救《すく》う者《もの》なり」と三徳《とく》を父《ちち》の一つに纏《まと》めて説明《せつめい》がされ、また日蓮聖人《にちれんしょうにん》が[3]「三徳《とく》備《そな》へたる親父《しんぷ》」と述《の》べられているように、釈尊《しゃくそん》と私達《わたしたち》の父子《ふし》の関係《かんけい》が最《もっと》も重大《じゅうだい》な事《こと》となるのです。

（現代語《げんだいご》）

私《わたし》は法《ほう》の王《おう》であり、法《ほう》に於《お》いて自在《じざい》である。人々《ひとびと》の心《こころ》を安《やす》らかにさせるがために、この世《よ》に現《あらわ》れたのである。汝舎利弗《なんじしゃりほつ》よ、私《わたし》は真実《しんじつ》にして不変《ふへん》なる法《ほう》を、世間《せけん》を幸福《こうふく》ならしめんがために説《と》くのである。

（要文《ようもん》）

我《われ》は為《こ》れ法王《ほうおう》、法《ほう》に於《お》いて自在《じざい》なり。衆生《しゅじょう》を安穏《あんのん》ならしめんが故《ゆえ》に世《よ》に現《げん》ず。汝舎利弗《なんじしゃりほつ》、我《わ》が此《こ》の法印《ほういん》は、世間《せけん》を利益《りやく》せんと欲《ほっ》するをもっての故《ゆえ》に説《と》く。

（要義《ようぎ》）

この一節《せつ》は、釈迦牟尼如来《しゃかむににょらい》が宇宙《うちゅう》を支配《しはい》するところの法王《ほうおう》であり、宇宙《うちゅう》の万有《ばんゆう》に対《たい》して自在《じざい》の力《ちから》を有《ゆう》し、その偉大《いだい》なる力《ちから》を以《もっ》て一切衆生《さいしゅじょう》を救《すく》わんがために世《よ》に出現《しゅつげん》されたことを説《と》いています。即《すなわ》ち釈迦牟尼仏《しゃかむにぶつ》は、上《うえ》には宇宙《うちゅう》の大真理《だいしんり》を握《にぎ》り、下《した》には慈悲《じひ》を以《もっ》て衆生済度《しゅじょうさいど》の手《て》を差《さ》し伸《の》べられているのです。この釈迦牟尼仏《しゃかむにぶつ》が法華経《ほけきょう》を説《と》いて実相法印《じっそうほういん》を示《しめ》す、即《すなわ》ち哲学的《てつがくてき》に高遠《こうえん》な真理《しんり》を示《しめ》すといえども、それは決《けっ》して人生《じんせい》に懸《か》け離《はな》れたことを説《と》こうとするものではありません。ただ、人生《じんせい》というものは上辺《うわべ》だけの事柄《ことがら》のみに於《お》いては救《すく》うことは出来《でき》ない、実際問題《じっさいもんだい》は表面上《ひょうめんじょう》に起《お》きていることだけれども、その奥《おく》にはすべて深《ふか》き真理《しんり》を有《ゆう》するものですから、その真理《しんり》の根底《こんてい》よりして、表面《ひょうめん》に現《あらわ》れている事柄《ことがら》を判断《はんだん》しなければなりません。それ故《ゆえ》に釈尊《しゃくそん》は法《ほう》を説《と》く、そしてその説《と》かれた真《しん》理《り》は一見《けん》して哲学的《てつがくてき》に非常《ひじょう》に高《たか》いもののようではありますけれども、その目的《もくてき》はすべて私達《わたしたち》の人生《じんせい》を利益《りやく》せんが為《ため》、私達《わたしたち》の実際《じっさい》の人生《じんせい》を救《すく》わんが為《ため》なのです。この釈尊《しゃくそん》が法王《ほうおう》であること、そして釈《しゃく》尊《そん》の説《と》かれる実相法印《じっそうほういん》は実際《じっさい》の世間《せけん》を利《り》せんが為《ため》であるという事《こと》の二点《てん》は、大事《だいじ》な教義《きょうぎ》として記憶《きおく》すべきことです。

（現代語《げんだいご》）

舎利弗《しゃりほつ》よ、汝《なんじ》でさえ此《こ》の経《きょう》においては、信《しん》をもって入《はい》ることを得《え》たのである。況《いわん》や他《た》の声聞《しょうもん》の修《しゅ》行《ぎょう》者《しゃ》ならば尚更《なおさら》である。他《た》の声聞《しょうもん》も、仏《ほとけ》の言葉《ことば》を信《しん》じるが故《ゆえ》に此《こ》の経《きょう》に従《したが》うのであって、自《みずか》らの智慧《ちえ》が勝《すぐ》れているからではない。

（要文《ようもん》）**汝舎利弗《なんじしゃりほつ》、尚此《なおこ》の経《きょう》に於《お》いては信《しん》を以《もっ》て入《はい》ることを得《え》たり、況《いわん》や余《よ》の声聞《しょうもん》をや。其《そ》の余《よ》の声聞《しょうもん》も、仏語《ぶつご》を信《しん》じるが故《ゆえ》に此《こ》の経《きょう》に随順《ずいじゅん》す、己《おの》が智分《ちぶん》に非《あら》ず。**

（要義《ようぎ》）この経文《きょうもん》は、智慧《ちえ》と信仰《しんこう》の関係《かんけい》を示《しめ》す一段《だん》です。舎利弗《しゃりほつ》は釈迦牟尼仏《しゃかむにぶつ》が在世《ざいせ》の弟子中《でしちゅう》に於《お》いて智《ち》慧第一《えだい》と称《しょう》されています。その素質《そしつ》・能力共《のうりょくとも》に勝《すぐ》れた上根《じょうこん》の代表者《だいひょうしゃ》として挙《あ》げられた舎利弗《しゃりほつ》でさえ、この法華経《ほけきょう》に於《お》いて証《さとり》を得《え》たのは、その智慧《ちえ》が優《すぐ》れているからではなく、その信仰《しんこう》を以《もっ》て得《え》たことが示《しめ》されています。智慧第一《ちえだい》と言《い》われる舎利弗《しゃりほつ》でさえ、智慧《ちえ》に依《よ》らずして、信仰《しんこう》によって救《すく》われたのですから、その他《た》の人《ひと》については言《い》うまでもありません。したがって、如何《いか》に智慧《ちえ》がある人《ひと》でも、仏道《ぶつどう》を行《ぎょう》じるに於《お》いては、仏《ほとけ》の言葉《ことば》を信《しん》じ、この仏《ほとけ》の説《と》かれた法華経《ほけきょう》に素直《すなお》に随順《ずいじゅん》して行《い》かねばなりません。仏《ほとけ》を信《しん》じ、その教《おし》えを崇《あが》める従順《じゅうじゅん》の心《こころ》の上《うえ》に、真《しん》の覚《さと》りは得《え》られるのです。舎利《しゃり》弗《ほつ》が今《いま》その覚《さと》りを得《え》たのも、けっして自己《じこ》の智慧《ちえ》の力《ちから》ではありません。無論法華経《むろんほけきょう》は、智《ち》を排斥《はいせき》するものではありませんが、信《しん》を以《もっ》て更《さら》に尊《たっと》しということが説《と》かれているのです。

信解品第四《しんげほんだい》

（現代語《げんだいご》）

今《いま》ここに、類《たぐ》い希《まれ》なる教《おし》えを聞《き》くとは思《おも》いもよりませんでした。大《おお》いなる善《よ》き利益《りやく》を得《え》たと、私達《わたしたち》はその幸《さいわ》いを深《ふか》く喜《よろこ》んでおります。私達《わたしたち》は、自《みずか》ら求《もと》めることをせずして、しかも量《はか》り知《し》れない程《ほど》の貴重《きちょう》な宝《たから》を得《え》たのです。

（要文《ようもん》）

謂《おも》わざりき、於今《いま》忽然《こつねん》に希有《けう》の法《ほう》を聞《き》くことを得《え》んとは。深《ふか》く自《みずか》ら慶幸《きょうこう》す、大善利《だいぜんり》を獲《え》たりと。無量《むりょう》の珍宝《ちんぽう》、求《もと》めざるに自《おのずか》ら得《え》たり。

（要義《ようぎ》）

この信解品《しんげほん》は、素質《そしつ》・能力《のうりょく》において中程度《ちゅうていど》とされる須菩提《しゅぼだい》、迦旃延《かせんねん》、迦葉《かしょう》及《およ》び目連《もくれん》の四人《にん》、即《すなわ》ち中根《ちゅうこん》の代表者《だいひょうしゃ》が、前段《ぜんだん》の譬喩品《ひゆほん》の説《せつ》を聞《き》いて信解《しんげ》した所《ところ》を述《の》べたものです。この「信解《しんげ》」という、信《しん》を以《もっ》て真実《しんじつ》の解《げ》を得《え》るということは、仏法《ぶっぽう》において大変《たいへん》に重要《じゅうよう》な教《おし》えです。私達《わたしたち》は、智《ち》の結果《けっか》に於《お》いて信《しん》を求《もと》めるのではなく、信《しん》に依《よ》って完全《かんぜん》なる智《ち》に達《たっ》することを得《え》るのです。この品《ほん》は、四大《だい》声聞《しょうもん》の領解《りょうげ》として長者窮子《ちょうじゃぐうじ》の譬《たと》えによせて、釈尊《しゃくそん》一代《だい》の化導《けどう》の有様《ありさま》が説《と》かれ、そして法華経《ほけきょう》と一切経《さいきょう》の関係《かんけい》が示《しめ》されています。この一節《せつ》は、中根《ちゅうこん》の人《ひと》たちが人開会《にんかいえ》の教《おし》えによって成仏《じょうぶつ》を許《ゆる》されたことを慶《よろこ》んでいる所《ところ》です。他《た》の大乗経典《だいじょうきょうてん》では、到底仏《とうていほとけ》となることは出来《でき》ないと批判《ひはん》されて悲《かな》しみに沈《しず》んでいた声聞《しょうもん》の弟子達《でしたち》が、今《いま》この法華経《ほけきょう》に来《き》たって忽《たちま》ち成仏《じょうぶつ》を許《ゆる》されて感謝《かんしゃ》を表《あらわ》しているのです。そして、その慶《よろこ》びを譬《たと》えによせて、恰《あたか》も乞食《こじき》のような者《もの》が富豪《ふごう》の長者《ちょうじゃ》に引《ひ》き立《た》てられ、そして財宝《ざいほう》を譲《ゆず》り与《あた》えられ、しかも実《じつ》は長者《ちょうじゃ》の息子《むすこ》であることを明《あ》かされたのと同《おな》じだという事《こと》を、これから申《もう》し述《の》べて行《い》きます。

(現代語《げんだいご》)

父《ちち》を捨《す》てて家出《いえで》をした息子《むすこ》は四方《ほう》に奔放《ほんぽう》な生活《せいかつ》をし、衣食《いしょく》を求《もと》めては彼方此方《あちらこちら》を巡《めぐ》っておりましたが、偶々本《たまたまもと》の国《くに》の方《ほう》に向《む》かっておりました。そして、父《ちち》は息子《むすこ》を捜《さが》し求《もと》めていましたが叶《かな》わず、とある城市《じょうし》に留《とど》まっていました。その父《ちち》の家《いえ》は大《おお》いに富《と》んで財宝《ざいほう》に溢《あふ》れ、その蔵《くら》には金《きん》・銀《ぎん》・宝《ほう》石《せき》・珊瑚《さんご》等《とう》が満《み》ちておりました。立派《りっぱ》な獅子《しし》の椅子《いす》に腰掛《こしか》けていた長者《ちょうじゃ》は、立《た》ち去《さ》ろうとする息子《むすこ》を一目《め》見《み》て気付《きづ》き、急《いそ》ぎ使者《ししゃ》を以《もっ》て連《つ》れ帰《かえ》らせようとしましたが、貧窮《びんぐ》の子《こ》は何故《なにゆえ》に捕《と》らわれるのかと驚《おどろ》いて、敵《かたき》だと大声《おおごえ》で叫《さけ》ぶ有様《ありさま》でした。そこで父《ちち》は我《わ》が子《こ》を誘《いざな》うために、方便《ほうべん》をもって密《ひそ》かに二人《り》の威徳《いとく》無《な》き者《もの》を遣《つか》わし、「塵芥《ごみあくた》の処理《しょり》のために、汝《なんじ》に倍《ばい》の賃金《ちんぎん》を与《あた》えよう」と伝《つた》えさせたのです。長者《ちょうじゃ》は、真面目《まじめ》に働《はたら》く姿《すがた》を見《み》て、我《わ》が子《こ》のように振《ふ》る舞《ま》うようにと改《あらた》めて名前《なまえ》をつけ、そして自《みずか》らの子《こ》としました。しかしながら、貧窮《びんぐ》の子《こ》は、その処遇《しょぐう》を喜《よろこ》ぶものの、未《いま》だ猶《なお》、自《みずか》らは下賤《げせん》のよそ者《もの》と考《かんが》えておりました。そのようなことから、長者《ちょうじゃ》は二十年《ねん》の間《あいだ》、常《つね》に塵芥《ごみあくた》の処理《しょり》をさせていたのです。時《とき》に、病《やまい》によって自《みずか》らの死期《しき》が久《ひさ》しくないことを知《し》った長者《ちょうじゃ》は、貧窮《びんぐ》の子《こ》に語《かた》りました。「私《わたし》には、多《おお》くの金《きん》・銀《ぎん》や珍宝《ちんぽう》があって倉庫《そうこ》に満《み》ち溢《あふ》れている。その管理《かんり》と運用《うんよう》を、汝《なんじ》は悉《ことごと》く知《し》らねばならぬ」と。そして暫《しばら》くの時《とき》を経《へ》て、子《こ》の心《こころ》が次第《しだい》に安《やす》らかとなって大《おお》いなる志《こころざし》を持《も》つようになり、これまでの心《こころ》を恥《は》じていることを知《し》った長者《ちょうじゃ》は、その命《いのち》が終《お》わらんとする時《とき》に、親族並《しんぞくなら》びに国王《こくおう》・大臣《だいじん》・武士《ぶし》・資産家達《しさんかたち》を集《あつ》めて宣言《せんげん》したのです。「この者《もの》は、実《じつ》は本当《ほんとう》の我《わ》が子《こ》なのです。私《わたし》は、本当《ほんとう》にこの子《こ》の父《ちち》なのです。今《いま》ここに所有《しょゆう》する私《わたし》の一切《さい》の財物《ざいぶつ》は、すべて我《わ》が子《こ》のものであります」と。

（要文《ようもん》）

四方《ほう》に馳騁《ちちょう》して以《もっ》て衣食《いしょく》を求《もと》め、漸漸《ぜんぜん》に遊行《ゆぎょう》して本国《ほんごく》に遇《あ》い向《むか》いぬ。その父《ちち》、先《さき》より来《このかた》、子《こ》を求《もと》むるに得《え》ずして、一城《じょう》に中《ちゅう》止《し》す。その家《いえ》大《おお》いに富《と》んで財宝《ざいほう》無量《むりょう》なり。金《こん》・銀《ごん》・瑠璃《るり》・珊瑚《さんご》・琥珀《こはく》・頗梨《はり》珠《じゅ》等《とう》、その諸《もろもろ》の倉庫《そうこ》に悉《ことごと》く皆《みな》盈溢《よういつ》せり。(1)時《とき》に富《と》める長者《ちょうじゃ》師子《しし》の座《ざ》に於《お》いて、子《こ》を見《み》て便《すなわ》ち識《し》りぬ。即《すなわ》ち傍人《ぼうにん》を遣《つか》わして、急《きゅう》に追《お》うて将《ひき》いて還《かえ》らしむ。窮子《ぐうじ》驚愕《きょうがく》して、怨《あだ》なりと称《しょう》して大《おお》いに喚《よ》ばう。長者《ちょうじゃ》、将《まさ》に其《そ》の子《こ》を誘引《ゆういん》せんと欲《ほっ》して、方便《ほうべん》を設《もう》けて、密《ひそ》かに二人《り》の形色《ぎょうしき》憔悴《しょうすい》して威徳《いとく》なき者《もの》を遣《つか》わす。倍《ま》して汝《なんじ》に直《あたい》を与《あた》えん。汝《なんじ》を雇《やと》うことは、糞《あくた》を除《はら》わしめんとなり。

長者《ちょうじゃ》、更《さら》に与《ため》に字《な》を作《つく》って、これを名《なづ》けて児《こ》と為《な》す。窮子《ぐうじ》、此《こ》の遇《ぐう》を欣《よろこ》ぶと雖《いえど》も、猶故《なお》、自《みずか》ら客作《かくさ》の賤人《せんにん》と謂《おも》えり。是《こ》れに由《よ》るが故《ゆえ》に、二十年《ねん》の中《うち》に於《お》いて、常《つね》に糞《あくた》を除《はら》わしむ。爾《そ》の時《とき》に長者《ちょうじゃ》疾《やまい》有《あ》って、自《みずか》ら将《まさ》に死《し》せんこと久《ひさ》しからじと知《し》って、窮子《ぐうじ》に語《かた》って言《い》わく、我《われ》今《いま》多《おお》く金《こん》・銀《ごん》・珍宝《ちんぼう》有《あ》って倉庫《そうこ》に盈溢《よういつ》せり。其《そ》の中《なか》の多少《たしょう》、取与《しゅよ》すべき所《ところ》、汝《なんじ》悉《ことごと》く之《これ》を知《し》れ。復《また》少時《しょうじ》を経《へ》て、父《ちち》、子《こ》の意《こころ》漸《ようや》く已《すで》に通泰《つうたい》して大志《だいし》を成就《じょうじゅ》し、自《みずか》ら先《さき》の心《こころ》を鄙《いや》しんずと知《し》って、

終《おわ》らんと欲《ほっ》する時《とき》に臨《のぞ》んで其《そ》の子《こ》に命《めい》じ、並《なら》びに親族《しんぞく》・国王《こくおう》・大臣《だいじん》・刹利《せつり》・居士《こじ》を会《あつ》むるに皆悉《みなことごと》く已《すで》に集《あつま》りぬ。即《すなわ》ち自《みずか》ら宣言《せんげん》すらく、此《こ》れ実《じつ》に我《わ》が子《こ》なり。我《われ》、実《じつ》に其《そ》の父《ちち》なり。今《いま》吾《わ》が所有《しょう》の一切《さい》の財物《ざいもつ》は皆《みな》是《こ》れ子《こ》の有《う》なり。

（要義《ようぎ》）

これは、「長者窮子《ちょうじゃぐうじ》」の譬《たと》えを略《りゃく》して挙《あ》げた経文《きょうもん》です。長者《ちょうじゃ》の子《こ》は、まだ子供《こども》の時《とき》に家《いえ》を抜《ぬ》け出《で》て四方《ほう》に流浪《るろう》し、既《すで》に五十歳《さい》になろうというのに、日々《ひび》の僅《わず》かな衣食《いしょく》を求《もと》めては汲々《きゅうきゅう》と暮《く》らす有様《ありさま》でした。そして偶々《たまたま》、本国《ほんごく》の方《ほう》に向《む》かって歩《あゆ》んできたのです。一方《ぽう》の父《ちち》は、非常《ひじょう》に悲《かな》しんで一日《にち》も早《はや》く我《わ》が子《こ》を探《さが》さんと方々《ほうぼう》を尋《たず》ね歩《ある》いておりましたが叶《かな》わず、常《つね》に子《こ》を念《おも》いながらも、とある城市《じょうし》に留《とど》まって商《あきな》いを続《つづ》けることになります。その家《いえ》は大《おお》いに富《と》んで、そして倉《くら》には金銀瑠璃《きんぎんるり》等《とう》の財宝《ざいほう》が充《み》ち満《み》ちており、多《おお》くの使用人《しようにん》もあり、大勢《おおぜい》の商人《しょうにん》や客《きゃく》で賑《にぎ》わっておりました。これは即《すなわ》ち仏《ほとけ》の功徳《くどく》、正覚《さとり》の豊富《ほうふ》にして、且《か》つその人格《じんかく》の偉大《いだい》なることを譬《たと》えているものです。そして、その子《こ》が巡《めぐ》り巡《めぐ》って遂《つい》に長者《ちょうじゃ》の家《いえ》に近《ちか》づいて来《き》ます。一方《ぽう》の長者《ちょうじゃ》は、その乞食《こじき》のように落《お》ちぶれている者《もの》が朝夕《ちょうせき》探《さが》し求《もと》めていた我《わ》が子《こ》であることに直《ただ》ちに気《き》が付《つ》いて、[2]使用人《しようにん》を遣《つか》わして連《つ》れてくるように命《めい》じます。父《ちち》は、直《す》ぐ様《さま》に親子《おやこ》の名乗《なの》りをして家督《かとく》を相続《そうぞく》させようと思《おも》いましたが、貧窮《びんぐ》なる子《こ》は、自分《じぶん》は見《み》る影《かげ》もない乞食《こじき》のような者《もの》であるために、心《こころ》に恐《おそ》れを懐《いだ》いて容易《ようい》に長者《ちょうじゃ》の子《こ》であることを信《しん》じ得《え》ないと思《おも》われました。そこで父《ちち》である長者《ちょうじゃ》は、色々《いろいろ》と工夫《くふう》を凝《こ》らして、初《はじ》めは雇《やと》い人《にん》として掃《は》き溜《だ》めの掃除《そうじ》などをさせ、それから次第《しだい》に引《ひ》き立《た》てて家《いえ》の支配人《しはいにん》にまで育《そだ》て、そして最後《さいご》にいよいよ家督《かとく》を相続《そうぞく》する一段《だん》となるのです。長者《ちょうじゃ》は親族《しんぞく》や賓客《ひんきゃく》を集《あつ》めて、その席上《せきじょう》に於《お》いて披露《ひろう》して言《い》うには、「この流浪《るろう》して来《き》た者《もの》は、実《じつ》は我《わ》が子《こ》なのです。私《わたし》は実《じつ》は、この乞食《こじき》のようであった者《もの》の本当《ほんとう》の父《ちち》であるのです。それ故《ゆえ》に、私《わたし》の所有《しょゆう》しているすべての財産《ざいさん》は、この子供《こども》に譲《ゆず》り与《あた》えます。今日《きょう》限《かぎ》り、この財宝《ざいほう》は皆《みな》、この子《こ》のものであります」と宣言《せんげん》したのです。これが四大声聞《だいしょうもん》の領解《りょうげ》として述《の》べられた譬喩《ひゆ》、有名《ゆうめい》な「長者窮子《ちょうじゃぐうじ》」の譬《たと》えと言《い》われるものです。

(現代語《げんだいご》)

世尊《せそん》よ、大《おお》いに富《と》める長者《ちょうじゃ》とは、如来《にょらい》のことでございます。私達《わたしたち》は皆《みな》、仏子《ぶっし》のような者《もの》であります。如来《にょらい》は常《つね》に我等《われら》を、これ我《わ》が子《こ》なりと説《と》かれてきました。そして今《いま》、法王《ほうおう》の大《おお》いなる宝《たから》は自《おの》ずと私達《わたしたち》の下《もと》に至《いた》りました。私達《わたしたち》は、仏《ほとけ》の子《こ》が得《え》るべき所《ところ》のものを皆《みな》すでに得《え》ることが出来《でき》たのです。

（要文《ようもん》）

世尊《せそん》、大富長者《だいふちようじや》は則《すなわ》ちこれ如来《によらい》なり。我等《われら》は皆仏子《みなぶつし》に似《に》たり。如来常《によらいつね》に我等《われら》を為《こ》れ子《こ》なりと説《と》きたまえり。

今法王《いまほうおう》の大宝《だいほう》、自然《じねん》にして至《いた》れり。仏子《ぶつし》の得《う》べき所《ところ》の如《ごと》きは皆已《みなすで》に之《これ》を得《え》たり。

（要義《ようぎ》）

四大声聞《だいしようもん》の須菩提等《しよぼだいとう》は、この長者窮子《ちようじやぐうし》の譬《たと》えを自《みずか》ら説《と》いて、この富豪《ふごう》の長者《ちようじや》とは他《ほか》ならぬ今法《いまほ》華経《けきよう》を説《と》かれつつある釈迦牟尼如来《しやかむにによらい》のことであり、乞食《こじき》のようであった子供《こども》が家督《かとく》の相続《そうぞく》を許《ゆる》されたというのは、即《すなわ》ちは自分達《じぶんたち》のことであると述《の》べます。この乞食《こじき》のような生活《せいかつ》から長者《ちようじや》の家《いえ》に雇《やと》われて僅《わず》かな賃金《ちんぎん》を得《え》て悦《よろこ》んでいたという所《ところ》は、所謂小乗阿含《いわゆるしようじようあごん》の境界《きようがい》を指《さ》しています。そして「如《によ》来《らい》は常《つね》に我等《われら》をこれ子《こ》なり」と、如来《によらい》の方《ほう》は如何《いか》なる場合《ばあい》に於《お》いても、我等声聞《われらしようもん》をば、決《けつ》して憎《にく》んで子《こ》にあらずと仰《おお》せられた事《こと》は無《な》かったにも拘《かか》わらず、自分等《じぶんら》の不心得《ふこころえ》にして仏子《ぶつし》の自覚《じかく》に達《たつ》することが出来《でき》なかったことが申《もう》し述《の》べられています。ところが、今《いま》ここに法華経《ほけきよう》の開顕《かいけん》を聞《き》いて、自分達《じぶんたち》が真《しん》の仏子《ぶつし》であることを領解《りようげ》し得《え》て、恰《あたか》も窮子《ぐうじ》が長者《ちようじや》の財宝《ざいほう》を悉《ことごと》く譲《ゆず》り受《う》けたように、法王《ほうおう》の大宝《だいほう》、即《すなわ》ち釈迦如来《しやかによらい》の悟《さと》られている所《ところ》の智慧《ちえ》と慈悲《じひ》、その活動《かつどう》の一切《さい》が自分《じぶん》に与《あた》えられたのです。そこで須菩提《しゆぼだい》は、仏子《ぶつし》として得《う》べき所《ところ》のもの、智慧《ちえ》に於《お》いても慈悲《じひ》に於《お》いても、或《ある》いはその相《すがた》の美《うつく》しさでも何《なん》でも、仏《ほとけ》として具《そな》えるべき事柄《ことがら》は皆自分《みなじぶん》に与《あた》えられたものであるとの非常《ひじよう》な歓喜《かんぎ》の意《い》を述《の》べます。しかもその感謝《かんしや》は、単《たん》に法《ほう》にのみ向《む》かっているのではなく、所謂大富長者《いわゆるだいふちようじや》であるところの釈迦如来《しやかによらい》の慈悲《じひ》に対《たい》して感謝《かんしや》を申《もう》し上《あ》げているのです。

(現代語《げんだいご》)

富豪《ふごう》なる長者《ちようじや》が、子供《こども》の志《こころざし》の劣《おと》れることを知《し》って、方便《ほうべん》の力《ちから》を用《もち》いてその心《こころ》を柔《やわ》らかに矯《た》め直《なお》し、然《しか》る後《のち》に一切《さい》の財宝《ざいほう》を与《あた》えるが如《ごと》くです。

(要文《ようもん》)

富《と》める長者《ちようじや》の子《こ》の 志《こころざし》 劣《れつ》なるを知《し》って、 方便力《ほうべんりき》を以《もつ》て其《そ》の心《こころ》を柔伏《にゆうぶく》して、 然《しか》して後《のち》に乃《いま》し一切《さい》の財宝《ざいほう》を付《ふ》するが如《ごと》し。

（要義《ようぎ》）

これは、迦葉《かしょう》の偈《げ》として述《の》べられた中《なか》の一節《せつ》です。私達《わたしたち》が今日《こんにち》まで方便《ほうべん》の教《おし》えを聞《き》いてきたのは、私達《わたしたち》の機根《きこん》の然《しか》らしめた所《ところ》であって、それは如来《にょらい》の誤《あやま》りではない。恰《あたか》も富《と》める長者《ちょうじゃ》が、その子供《こども》の志《こころざし》が下劣《げれつ》になっているが故《ゆえ》に、いきなり我《わ》が子《こ》であると宣言《せんげん》しても容易《ようい》に信《しん》じることが出来《でき》ないと考《かんが》え、やむを得《え》ず方便《ほうべん》を用《もち》いて、乞食《こじき》ではない、他人《たにん》ではないという風《ふう》にして次第《しだい》に番頭《ばんとう》に取《と》り立《た》て、その心《こころ》が和《やわ》らぐのを待《ま》って、遂《つい》に親子《おやこ》の名乗《なの》りを挙《あ》げたことと同《おな》じである。我等《われら》が仏子《ぶっし》の自覚《じかく》に達《たっ》し得《え》ないが故《ゆえ》に、如来《にょらい》はやむを得《え》ずして種々《しゅじゅ》の方便《ほうべん》を以《もっ》て導《みちび》き給《たも》うたのである。長者《ちょうじゃ》は一日《にち》も早《はや》く家督《かとく》を与《あた》えたいと考《かんが》えていたけれども、子《こ》が何時《いつ》までも長者《ちょうじゃ》の子《こ》であるとの自覚《じかく》に帰《かえ》らざるが故《ゆえ》に、それが延《の》びたのと同《おな》じく、仏《ほとけ》がこの真実《しんじつ》の教《おし》えを説《と》かれるのが遅《おく》れた原因《げんいん》は、仏《ほとけ》の上《うえ》に存《そん》するのではなく、我等《われら》の仏子《ぶっし》としての自覚《じかく》が遅《おく》れたが為《ため》であることを述《の》べています。

（現代語《げんだいご》）

私達《わたしたち》は今《いま》、真《しん》に声聞《しょうもん》となりました。私達《わたしたち》は今《いま》、真《しん》に阿羅漢《あらかん》となったのです。

（要文《ようもん》）

我等《われら》は今《いま》、真《しん》に是《こ》れ声聞《しょうもん》なり。我等《われら》は今《いま》、真《しん》に阿羅漢《あらかん》なり。

（要義《ようぎ》）

すでに法華経《ほけきょう》は、人格《じんかく》に於《お》いては一切衆生《さいしゅじょう》悉《ことごと》く仏性《ぶっしょう》有《あ》りと開顕《かいけん》し、教《おし》えに於《お》いては三乗《じょう》の教《おし》えも畢竟《ひっきょう》一乗《じょう》の教《おし》えより説《と》きしものであることを開顕《かいけん》しました。したがって、今日《こんにち》に至《いた》っても仏《ぶつ》教徒《きょうと》の中《なか》には、声聞《しょうもん》だ、阿羅漢《あらかん》だといえば、何《なに》か菩薩《ぼさつ》とは違《ちが》うというような考《かんが》えが残《のこ》っていますが、この経文《きょうもん》を熟読《じゅくどく》するならば、それが誤《あやま》りであることが分《わ》かります。声聞《しょうもん》とは、仏《ほとけ》の声《こえ》を聞《き》いてその教《おし》えに従《したが》って進《すす》んでいく人《ひと》の名称《めいしょう》ですが、小乗《しょうじょう》の教《おし》え、小乗《しょうじょう》の仏《ほとけ》の声《こえ》を聞《き》いていたのでは真《しん》の声聞《しょうもん》ではありません。今《いま》法華経《ほけきょう》に来《き》たって、一切衆生《さいしゅじょう》に皆仏性《みなぶっしょう》が有《あ》り、菩薩行《ぼさつぎょう》を積《つ》んで仏《ほとけ》に成《な》れるというような菩薩《ぼさつ》の自覚《じかく》、仏子《ぶっし》の自覚《じかく》を得《え》たことによって真《しん》の声聞《しょうもん》となるのです。また、(3)煩悩《ぼんのう》を尽《つ》くして悟《さと》りを得《え》、供養《くよう》を受《う》けるに値《あたい》する聖者《せいじゃ》を阿羅漢《あらかん》と言《い》いますが、真実《しんじつ》の悟《さと》りというものは、法華経《ほけきょう》に来《き》たって初《はじ》めて言《い》い得《え》るのですから、法華経《ほけきょう》の開顕《かいけん》の教《おし》えに依《よ》って菩薩行《ぼさつぎょう》に入《はい》り、成仏《じょうぶつ》を許《ゆる》されたる者《もの》こそが真《しん》の阿羅漢《あらかん》であるわけです。この経文《きょうもん》は、声聞《しょうもん》というも、阿羅漢《あらかん》というも、菩《ぼ》薩《さつ》というも皆同《みなおな》じであると、三乗《じょう》を等《ひと》しく開顕統《かいけんとう》一し、そして一切経《さいきょう》の上《うえ》に差別《さべつ》の妄想《もうそう》が残《のこ》らないようにしたものです。

（現代語《げんだいご》）
世尊《せそん》には大恩《だいおん》がございます。有《あ》り難《がた》き真実《しんじつ》を以《もっ》て、我等《われら》を憐《あわ》れみ教化《きょうけ》して利益《りやく》を与《あた》えて下《くだ》さりました。無量億劫《むりょうおくこう》という歳月《さいげつ》を尽《つ》くしたとしても、一体誰《いったいだれ》がこの恩《おん》に報《むく》いることが出来《でき》るでありましょうか。

（要文《ようもん》）
世尊《せそん》は大恩《だいおん》まします。希有《けう》の事《じ》を以《もっ》て憐愍《れんみん》教化《きょうけ》して、我等《われら》を利益《りやく》したもう。無量億劫《むりょうおっこう》にも、誰《だれ》か能《よ》く報《ほう》ずる者《もの》あらん。

（要義《ようぎ》）
この信解品《しんげほん》の領解《りょうげ》を述《の》べる一段《だん》に於《お》いても、釈尊《しゃくそん》の大恩《だいおん》に対《たい》して感謝《かんしゃ》が述《の》べられています。その大恩《だいおん》とは何《なに》かと言《い》えば、釈尊《しゃくそん》が宇宙《うちゅう》の真理《しんり》についても奥《おく》を究《きわ》め、私達《わたしたち》の心《こころ》についてもその真実《しんじつ》を究《きわ》めて、そして世間《せけん》には無《な》いところの希有《けう》の教《おし》え、上辺《うわべ》の物事《ものごと》から論《ろん》を立《た》てるのではなく、真実《しんじつ》の法《ほう》を以《もっ》て私達《わたしたち》を憐《あわ》れみ教化《きょうけ》して下《くだ》さることです。殊《こと》に法華経《ほけきょう》に来《き》たっては、私達《わたしたち》はすべての真実《しんじつ》を領《りょう》解《げ》することを得《え》た、この御恩《ごおん》は幾億万劫《いくおくまんごう》を経《へ》ても報《むく》い尽《つ》くすことは出来《でき》ないけれども、先《ま》ずは力《ちから》の及《およ》ぶ限《かぎ》りに於《お》いて仏恩《ぶつおん》を感謝《かんしゃ》しなければならないと申《もう》し上《あ》げています。子供《こども》の後《うし》ろに付《つ》き従《したが》って、危《あぶ》ないことがあってならぬと少《すこ》しも目《め》を離《はな》さずにいることは恰《あたか》も母親《ははおや》のようであり、(4)子《こ》の成長《せいちょう》のためには厳《きび》しき道《みち》であっても叱咤激励《しったげきれい》して導《みちび》くことは父《ちち》のようであり、ただ縁《えん》の浅《あさ》い薄《うす》いによって時《じ》間《かん》の問題《もんだい》はあるにせよ、最後《さいご》の最後《さいご》には必《かなら》ず釈迦牟尼仏《しゃかむにぶつ》の大慈悲《だいじひ》の御手《みて》に依《よ》って私達《わたしたち》は救《すく》われることとなる、何人《なんぴと》であっても釈尊《しゃくそん》に依《よ》って救《すく》われざる者《もの》は無《な》いのです。日蓮聖人《にちれんしょうにん》の信仰《しんこう》においても、「一切衆生《いっさいしゅじょう》の尊敬《そんけい》すべき者《もの》三つあり、所謂主《いわゆるしゅ》・師《し》・親《しん》これなり。」と開目抄《かいもくしょう》に述《の》べられて、この三徳《とく》を備《そな》えた大恩《だいおん》ある釈尊《しゃくそん》に感謝《かんしゃ》し、その慈悲《じひ》に何《なん》としても報《むく》いなければならぬことが説《と》かれています。従来《じゅうらい》、迹門《しゃくもん》の開顕《かいけん》の教義《きょうぎ》というものは、何《なに》か面倒《めんどう》な冷《ひ》ややかなことのようにのみ考《かんが》えられる傾《けい》向《こう》がありましたが、法華経《ほけきょう》の経文《きょうもん》の趣旨《しゅし》は決《けっ》してそうではありません。それは真理《しんり》の側《がわ》もありますけれども、この譬喩品《ひゆほん》・信解品《しんげほん》を説《と》いて、次《つぎ》に薬草喩品《やくそうゆほん》に至《いた》って、どういうことが多《おお》く表《おもて》に現《あらわ》れているかと言《い》えば、それは仏《ほとけ》の慈悲《じひ》が衆生《しゅじょう》を済度《さいど》せんとして燃《も》えている有様《ありさま》です。これは、今後《こんご》法華《ほけ》経《きょう》を研究《けんきゅう》する上《うえ》で一層《そう》注《ちゅう》意《い》すべき点《てん》であると思《おも》います。

薬草喩品第五《やくそうゆほんだい》

（現代語《げんだいご》）

善《よ》いぞ、善《よ》いことであるぞ。迦葉《かしょう》よ、よくぞ如来《にょらい》の真実《しんじつ》の功徳《くどく》を説《と》いた。誠《まこと》に汝《なんじ》の言《い》う通《とお》りである。如来《にょらい》は、一切《さい》の物事《ものごと》の帰着《きちゃく》する所《ところ》、また一切《さい》の人々《ひとびと》の心《こころ》の奥底《おくそこ》の働《はたら》きを知《し》って、通達《つうだつ》せざる所《ところ》は少《すこ》しも無《な》いのである。

（要文《ようもん》）

善哉《ぜんざい》、善哉《ぜんざい》。迦葉《かしょう》よ、善《よ》く如来《にょらい》の真実《しんじつ》の功徳《くどく》を説《と》く、誠《まこと》に所言《しょごん》の如《ごと》し。如来《にょらい》は、一切諸法《さいしょほう》の帰趣《きしゅ》する所《ところ》を観知《かんち》し、亦《また》一切衆生《さいしゅじょう》の深心《じんしん》の所行《しょぎょう》を知《し》って、通達無礙《つうだつむげ》なり。

（要義《ようぎ》）

この品《ほん》では、汝等《なんじら》が信解品《しんげほん》に於《お》いて領解《りょうげ》した意味《いみ》には間違《まちが》いが無《な》いということを、三草《そう》二木《もく》の譬喩《たとえ》として説《と》かれます。それは、天《てん》より降《ふ》る一つの雨《あめ》がすべての草木《そうもく》を生長《せいちょう》させるが如《ごと》く、その成《せい》長《ちょう》する草木《そうもく》には大小《だいしょう》があるけれども雨《あめ》は平等《びょうどう》に降《ふ》るという、平等《びょうどう》と差別《さべつ》の関係《かんけい》です。雨《あめ》というのは、釈尊《しゃくそん》の慈悲《じひ》より出《い》でたる説法教化《せっぽうきょうけ》であって、それは常《つね》に平等《びょうどう》に与《あた》えられるものであるけれども、そこに生《は》える種《たね》の性質《せいしつ》によって草木《そうもく》の大小《だいしょう》が分《わ》かれる、衆生《しゅじょう》の仏性《ぶっしょう》は平等《びょうどう》であるけれども、その得益《とくやく》には差別《さべつ》があることを説《と》くものです。それは現在《げんざい》の人生《じんせい》も同《おな》じで、如何《いか》に人権《じんけん》が平等《びょうどう》であり制度《せいど》が平等《びょうどう》であっても、その人々《ひとびと》の勤惰《きんだ》によって、その人々《ひとびと》の賢不肖《けんふしょう》によって種々《しゅじゅ》なる差別《さべつ》が生《しょう》じるのと同《おな》じです。

この一節《せつ》は長者窮子《ちょうじゃぐうじ》の譬喩《たとえ》によって、小乗《しょうじょう》・権大乗《ごんだいじょう》・実大乗《じつだいじょう》という所謂教相上《いわゆるきょうそうじょう》の相違《そうい》を教《おし》えるよりも、慈愛《じあい》を以《もっ》て子供《こども》を救《すく》い上《あ》げる所《ところ》の如来《にょらい》の功徳《くどく》、その領解《りょうげ》を説《と》いた弟子達《でしたち》に対《たい》して「善《よ》くぞ如来《にょらい》の真実《しんじつ》の功徳《くどく》を説《と》く」と、釈迦牟尼仏《しゃかむにぶつ》が誉《ほ》め称《たた》えられた所《ところ》です。従来《じゅうらい》は信解品《しんげほん》などの解釈《かいしゃく》をするにしても、ただ教相《きょうそう》の相違《そうい》、経典《きょうてん》の優劣《ゆうれつ》のみに重《おも》きを置《お》くような傾向《けいこう》がありましたが、経文《きょうもん》の順序《じょ》によって見《み》て行《い》くと、信解品全体《しんげほんぜんたい》の要点《ようてん》は「如来《にょらい》の真実《しんじつ》の功徳《くどく》」を説《と》いたことが明《あき》らかになります。[1] その境遇《きょうぐう》に苛《さいな》む者達《ものたち》が、実《じつ》は常《つね》に如来《にょらい》の慈悲《じひ》に満《み》ちた巧《たく》みな導《みちび》きの下《もと》にあったことを覚《さと》って、非常《ひじょう》な感謝《かんしゃ》の念《ねん》を起《おこ》したものであるのです。その釈迦如来《しゃかにょらい》は、上《うえ》には宇宙《うちゅう》の真理《しんり》を悟《さと》り、下《した》には人々《ひとびと》の心《こころ》の奥《おく》を見通《みとお》して、少《すこ》しも誤《あやま》りのない広大《こうだい》な智慧《ちえ》を有《ゆう》して居《お》られる、即《すなわ》ち実相《じっそう》の真理原則《しんりげんそく》を観《み》る智慧《ちえ》もあれば、人々《ひとびと》の機根《きこん》に応《おう》じて救《すく》うべき観察《かんさつ》にも過《あやま》ちをしないという意味《いみ》が説《と》かれています。如来《にょらい》は、一切諸法即《さいしょほうすなわ》ちこの宇宙《うちゅう》に現《あらわ》れている総《すべ》ての物事《ものごと》の帰着《きちゃく》する所《ところ》、それを押《お》し詰《つ》めたならば如何《いか》なるものであるかという哲学的《てつがくてき》な真理《しんり》をよくお悟《さと》りになっている。そして一切衆生《さいしゅじょう》の、その心《こころ》の奥《おく》より出《で》て行《おこな》う所《ところ》の総《すべ》ての事柄《ことがら》を見透《みす》かして、そして少《すこ》しも過《あやま》ちをすることがない、「通達無礙《つうだつむげ》」にこれを照覧《しょうらん》し給《たま》うことが説《と》かれているのです。

（現代語《げんだいご》）

私《わたし》は如来《にょらい》である。未《いま》だ生死《しょうじ》の苦海《くかい》を渡《わた》れぬ者《もの》は渡《わた》らしめ、未《いま》だ解脱《げだつ》せざる者《もの》は解脱《げだつ》せしめ、未《いま》だ心《こころ》の安《やす》らかざる者《もの》は安《やす》らかにせしめ、未《いま》だ涅槃《ねはん》せざる者《もの》には涅槃《ねはん》を得《え》さしめる。私《わたし》は、現在《げんざい》の世《よ》、未来《みらい》の世《よ》のことを有《あ》りの儘《まま》に知《し》る。私《わたくし》は、一切《さい》を知《し》る者《もの》、一切《さい》を見《み》る者《もの》、悟《さと》りへの道《みち》を知《し》る者《もの》、道《みち》を開《ひら》く者《もの》、道《みち》を説《と》く者《もの》である。

（要文《ようもん》）

我《われ》は是《こ》れ如来《にょらい》なり。未《いま》だ度《ど》せざる者《もの》は度《ど》せしめ、未《いま》だ解《げ》せざる者《もの》は解《げ》せしめ、未《いま》だ安《あん》ぜざる者《もの》は安《あん》ぜしめ、未《いま》だ涅槃《ねはん》せざる者《もの》は涅槃《ねはん》を得《え》せしむ。今世《こんぜ》・後世《ごせ》、実《じつ》の如《ごと》く之《これ》を知《し》る。我《われ》

は是《こ》れ一切知者《さいちしゃ》・一切見者《さいけんしゃ》・知道者《ちどうしゃ》・開道者《かいどうしゃ》・説道者《せつどうしゃ》なり。

（要義《ようぎ》）

釈迦牟尼仏《しゃかむにぶつ》自《みずか》らが、如来《にょらい》であることを宣言《せんげん》せられた一節《せつ》です。如来《にょらい》とは、妙法《みょうほう》と言《い》うべき真如《しんにょ》実相《じっそう》が人格《じんかく》となって我等衆生《われらしゅじょう》を救《すく》うために現《あら》われ来《き》たるもの、真如《しんにょ》を極《きわ》めて衆生済度《しゅじょうさいど》の為《ため》に来現《らいげん》せるものを言《い》います。如来《にょらい》は、一面《めん》には真理《しんり》に契合《けいごう》し、一面《めん》には衆生済度《しゅじょうさいど》の為《ため》に働《はたら》くが故《ゆえ》に、未《いま》だ生死《しょうじ》の海《うみ》を渡《わた》らぬ者《もの》は渡《わた》らしめ、未《いま》だ解脱《げだつ》せざる者《もの》は解脱《げだつ》せしめるのです。仏教《ぶっきょう》では苦《く》・集《じゅう》・滅《めつ》・道《どう》と称《しょう》してこれを四諦観《たいかん》といい、迷《まよ》える方《ほう》の原因結果《げんいんけっか》と悟《さと》りに行《い》く原因結果《げんいんけっか》を説《と》き、この四つの事《こと》によって人生《じんせい》を大観《たいかん》することが出来《でき》ることを教《おし》えます。苦諦《くたい》と集諦《じったい》は迷《まよ》いの原因《げんいん》と結果《けっか》で、過《か》去世《こぜ》に種々《しゅじゅ》なる罪業《ざいごう》を集《あつ》めて自分《じぶん》の身《み》に引《ひ》き寄《よ》せているが故《ゆえ》に、それが原因《げんいん》となって現世《げんぜ》には苦《くる》しみの人生《じんせい》が現《あらわ》れてくることを教《おし》え、滅諦《めったい》と道諦《どうたい》は悟《さと》りの原因《げんいん》と結果《けっか》で、道《みち》を修《しゅう》して善《ぜん》を行《おこな》うが故《ゆえ》に、その結果寂滅涅槃《けっかじゃくめつねはん》に達《たっ》することが出《で》きることを教《おし》えるのです。「未《いま》だ度《ど》せざる者《もの》」とは、この人生《じんせい》を苦《くる》しみの海《うみ》に譬《たと》えて、煩悶《はんもん》の中《なか》に惑溺《わくでき》して向《む》こう岸《ぎし》に行《い》けない者《もの》であり、そのような者《もの》を如来《にょらい》は、如何《いか》なる事《こと》に出会《であ》っても平和《へいわ》を破《やぶ》られないように、煩悶《はんもん》を起《お》こさないように信仰《しんこう》の力《ちから》に活《い》きさせて、この世《よ》を度《わた》らしめます。そして「未《いま》だ解《げ》せざる者《もの》」、人《ひと》がこの世《よ》に在《あ》るのは一回限《かいかぎ》りの偶然《ぐうぜん》であるとか、神《かみ》が創《つく》ったとか、原因《げんいん》は無《な》くして存在《そんざい》する、物質的《ぶっしつてき》であるというような愚《ぐ》なる事《こと》を言《い》って、自分《じぶん》の本来《ほんらい》の面目《めんぼく》を得《え》ない者《もの》に対《たい》しては、我々《われわれ》の生命《せいめい》と言《い》うべきものは無限《むげん》であって、久遠《くおん》よりの生命《せいめい》が自己《じこ》の為《な》した「業《ごう》」によって、ここに果報《かほう》が定《さだ》まっていることを領解《りょうげ》せしめ、(2)如何《いか》に為《な》せば自在《じざい》となるかを覚《さと》らしめます。また、物質的《ぶっしつてき》或《ある》いは感覚的《かんかくてき》な欲望《よくぼう》に囚《とら》われて精神《せいしん》が悶《もだ》えている者《もの》、「未《いま》だ安《やす》んぜざる者《もの》」には、道徳的《どうとくてき》宗教的《しゅうきょうてき》な事《こと》を尊《とうと》いと思《おも》い、場合《ばあい》によっては一切《さい》を犠牲《ぎせい》にしても良《よ》いと覚悟《かくご》して進《すす》み行《い》くならば、そこに自己《じこ》の平和満足《へいわまんぞく》があることを教《おし》えて宗教《しゅうきょう》の精神生活《せいしんせいかつ》の真価《しんか》を味《あじ》はしめます。そして「涅槃《ねはん》を得《え》せしむ」とは、一切《さい》の妄想《もうそう》なり、苦痛《くつう》なり、迷《まよ》いなりの不純《ふじゅん》なるものが全《すべ》て除《のぞ》かれて、何物《なにもの》にも動揺《どうよう》せられない涼《すず》やかなる人生《じんせい》の境界《きょうがい》に至《いた》らしめることです。その涅槃《ねはん》を推《お》し究《きわ》めて行《い》けば仏様《ほとけさま》となるわけですが、まずは現在生活《げんざいせいかつ》の中《なか》に涅槃《ねはん》の境界《きょうがい》、完全《かんぜん》なる宗教安心《しゅうきょうあんじん》の境界《きょうがい》を得《え》させるのです。

如来《にょらい》は、今在《いまあ》る人《ひと》の人生《じんせい》の事柄《ことがら》も、またその人《ひと》の死《し》んで行《い》く先《さき》の事柄《ことがら》も事実《じじつ》にこれを知《し》っています。諸法《しょほう》の実相《じっそう》をも悟《さと》り、衆生《しゅじょう》の心《こころ》の奥《おく》をも悟《さと》り、それを教《おし》える方法《ほうほう》をも悟《さと》り、総《すべ》てに於《お》いて達《たっ》せざる所《ところ》無《な》きが故《ゆえ》に、如来《にょらい》を「一切知者《さいちしゃ》」というのです。それは、キリスト教《きょう》の「神《かみ》は全知全能《ぜんちぜんのう》である」というような、無《む》から有《う》を生《しょう》じせしめるとか、有《う》をして無《む》に帰《き》せしめるというような、真理《しんり》に逆行《ぎやっこう》してもそれが可能《かのう》であるというような乱暴《らんぼう》な意味《いみ》を持《も》つものではありません。仏教《ぶっきょう》では、真実《しんじつ》の帰趣《きしゅ》する所《ところ》を知《し》り、衆生《しゅじょう》の心《こころ》の行《い》く所《ところ》を知《し》り、原因《げんいん》と結果《けっか》の関係《かんけい》を知《し》り、それを導《みちび》く方法《ほうほう》を知《し》るが故《ゆえ》に「一切知者《さいちしゃ》」といい、その事《こと》が手《て》に取《と》って見《み》るように有《あ》り有《あ》りと分《わ》かるが故《ゆえ》に「一切見《さいけん》者《しゃ》」というのです。そして、釈迦如来《しゃかにょらい》の意《こころ》の徳《とく》を言《い》えば道《みち》を知《し》れる人《ひと》であり、身《み》を以《もっ》て救《すく》う方《ほう》から言《い》えば道《みち》を開《ひら》く人《ひと》であり、口《くち》を以《もっ》て救《すく》う方《ほう》から言《い》えば道《みち》を説《と》く人《ひと》であるから、一切衆生《さいしゅじょう》に対《たい》しては「知道者《ちどうしゃ》・開道者《かいどうしゃ》・説道者《せつどうしゃ》」という地位《ちい》に立《た》つわけです。転輪聖王《てんりんじゆうおう》の輪宝《りんぽう》が総《すべ》ての悪《あ》しきものを打《う》ち砕《くだ》いて正義《せいぎ》を打《う》ち立《た》てるが如《ごと》く、釈尊《しゃくそん》は身口意《しんくい》に於《お》いて総《すべ》ての邪《よこしま》なるものを砕《くだ》いて、正《ただ》しきものを世《よ》に現《あらわ》す力《ちから》があるが故《ゆえ》に、これを身口意《しんくい》の三輪《りん》と言《い》い、不思議《ふしぎ》なる教化《きょうけ》をなさるが故《ゆえ》に、これを三輪《りん》の妙化《みょうけ》と言《い》います。意《こころ》には絶大《ぜつだい》の慈悲《じひ》があり、口《くち》には無礙《むげ》の説法《せっぽう》を為《な》し、身《み》は千変万化《せんぺんばんか》して衆《しゅ》生《じょう》を教化《きょうけ》する、約《やく》して言《い》えば仏教《ぶっきょう》にどれ程多《ほどおお》くの経《きょう》があり、どんな仏《ほとけ》の活動《かつどう》があり、何処《どこ》に現《あらわ》れて働《はたら》いたとしても、それは釈尊《しゃくそん》の三輪《りん》の妙化《みょうけ》に他《ほか》ならないのです。

（現代語《げんだいご》）

この人々《ひとびと》は、この教《おし》えを聞《き》くことを得《え》て、現世《げんぜ》は安穏《あんのん》となり、後《のち》には善《よ》き所《ところ》に生《う》まれ、仏道《ぶつどう》を以《もっ》て悦楽《えつらく》を受《う》けるであろう。

（要文《ようもん》）

是《こ》の諸《もろもろ》の衆生《しゅじょう》、是《こ》の法《ほう》を聞《き》き已《おわ》つて、現世安穏《げんぜあんのん》にして後《のち》に善処《ぜんしょ》に生《しょう》じ、道《どう》を以《もっ》て楽《らく》を受《う》く。

（要義《ようぎ》）

同《おな》じ仏教《ぶっきょう》と言《い》っても、現世《げんぜ》の利益《りやく》のみに偏《へん》したような教《おし》えがあれば、未来《みらい》のみを救《すく》うようなものもありますが、元来釈尊《がんらいしゃくそん》の化導《けどう》は「今世《こんぜ》・後世《ごせ》、実《じつ》の如《ごと》く之《これ》を知《し》る」と言《い》われているように、現在《げんざい》と未来《みらい》を合《あ》わせて救《すく》うものであって、無限《むげん》の生命《せいめい》に基《もと》づいて、その生命《せいめい》の前途《ぜんと》に保証《ほしょう》を与《あた》えるものです。ただ魂《たましい》の行《い》く先《さき》だけを保証《ほしょう》して、現在《げんざい》の生活《せいかつ》の上《うえ》に何等《なんら》の救《すく》いも与《あた》えないような宗教《しゅうきょう》では、人生《じんせい》に悦《よろこ》びと希望《きぼう》を見出《みいだ》すことは出来《でき》ませんし、ただ現在《げんざい》だけを救《すく》うのであれば宗教《しゅうきょう》の第一義《だいぎ》を失《うしな》ってしまいます。どの経《きょう》でも心《こころ》して読《よ》めば、釈尊《しゃくそん》は仮《かり》に未来《みらい》の事《こと》を説《と》くようでも、直《す》ぐその裏《うら》には生命《せいめい》の無限《むげん》から導《みちび》いて現在生活《げんざいせいかつ》を善導《ぜんどう》している、また現在《げんざい》の事《こと》だけを説《と》いているようであっても、直《す》ぐ根底《こんてい》に入《はい》って生命《せいめい》の無限《むげん》を忘《わす》れてはならないと説《と》いていることが分《わ》かります。釈尊《しゃくそん》の説《と》かれた一切経《さいきょう》は総《すべ》てが現在未来《げんざいみらい》に亘《わた》っての教化《きょうけ》であるからこそ、法華経《ほけきょう》はそのような点《てん》に特《とく》に注意《ちゅうい》を与《あた》えて、この法《ほう》を聞《き》き終《お》わった者《もの》は、決《けっ》して死《し》んだ先《さき》とか、現在《げんざい》だけではない、現世《げんぜ》は安穏《あんのん》であり後《のち》には善処《ぜんしょ》に生《う》まれる、善《よ》い所《ところ》に生《う》まれるといっても、ただ美味《うま》いものが食《く》える、贅沢《ぜいたく》が出来《でき》るというような劣等《れっとう》な快楽《かいらく》でなくして、道《みち》を以《もっ》て楽《たの》しみを受《う》ける、崇高《すうこう》なる精神生活《せいしんせいかつ》の悦楽《えつらく》を受《う》けることを説《と》くのです。日蓮聖人《にちれんしょうにん》が立正安国論《りっしょうあんこくろん》に「先《ま》ず生前《せいぜん》を安《やす》んじ、更《さら》に没後《ぼつご》を扶《たす》けん」と述《の》べられたことは、まさに仏教《ぶっきょう》の教化《きょうけ》をよく言《い》い表《あらわ》したものであって、釈尊《しゃくそん》の説《と》かれた仏教《ぶっきょう》は決《けっ》して厭世悲観《えんせいひかん》となって未来《みらい》に希望《きぼう》を託《たく》すような教《おし》えではありません。これは非常《ひじょう》に大事《だいじ》なことで、将来《しょうらい》の宗教《しゅうきょう》の立場《たちば》は「現世安穏《げんぜあんのん》にして後《のち》に善処《ぜんしょ》に生《しょう》じ」という両面《りょうめん》を含《ふく》んで、そして宗教《しゅうきょう》の効用《こうよう》を発揮《はっき》して行《い》くものでなければなりません。

(現代語《げんだいご》)

それは、大《おお》いなる雲《くも》が一切《さい》の草木《そうもく》・叢林及《そうりんおよ》び諸々《もろもろ》の薬草《やくそう》などに等《ひと》しく雨《あめ》を降《ふ》らすに、各々《おのおの》はそれぞれの種別《しゅべつ》や性質《せいしつ》に従《したが》って潤《うるお》い生長《せいちょう》するが如《ごと》くである。如来《にょらい》の説法《せっぽう》は唯《ただ》一つの有《あ》り様《よう》、同《どう》一の味《あじ》のものである。それは、煩悩《ぼんのう》からの束縛《そくばく》を解《と》くもの、悪業《あくごう》から離《はな》れるもの、苦《く》を滅《めっ》するものであり、究極《きゅうきょく》にして一切《さい》を知《し》る仏《ほとけ》の智慧《ちえ》に至《いた》らしめるものである。

(要文《ようもん》)

彼《か》の大雲《だいうん》の一切《さい》の卉木《きもく》・叢林及《そうりんおよ》び諸《もろもろ》の薬草《やくそう》に雨《あめふ》るに、其《そ》の種性《しゅしょう》の如《ごと》く具足《ぐそく》して潤《うるお》いを蒙《こうむ》り、

各《おのおの》生長《せいちょう》することを得《え》るが如《ごと》し。如来《にょらい》の説法《せっぽう》は、一相《そう》一味《み》なり。所謂《いわゆる》、解脱相《げだつそう》・離相《りそう》・滅相《めっそう》なり。究竟《くきょう》して一切種智《さいしゅち》に至《いた》る。

（要義《ようぎ》）

天《てん》より降《ふ》る雨《あめ》が、すべての草木《そうもく》を潤《うるお》すに於《お》いて平等《びょうどう》であるように、如来《にょらい》の説法《せっぽう》に表面上浅《ひょうめんじょうあさ》い深《ふか》いがあるように見《み》えても、よくよく考《かんが》えれば同《おな》じ相《すがた》、同《おな》じ味《あじ》である、よく見《み》、よく味《あじ》わうならば、一相《そう》一味《み》の教《おし》えであるのです。大観《たいかん》すれば、如来《にょらい》の説法《せっぽう》は円満《えんまん》に統《とう》一された教《おし》えであって、解脱《げだつ》相《そう》、離相《りそう》、滅相《めっそう》ということに他《ほか》なりません。「解脱相《げだつそう》」とは、煩悩《ぼんのう》から解脱《げだつ》させて幸福《こうふく》に導《みちび》き、善《ぜん》を積《つ》む人《ひと》に至《いた》らしめようという働《はたら》きであり、「離相《りそう》」とは罪悪《ざいあく》より離《はな》れしめ、人《ひと》は縁《えん》によって変《か》わるが故《ゆえ》に悪縁《あくえん》より遠《とお》ざからなければならぬことを説《と》き、そして「滅相《めっそう》」は、人格《じんかく》の欠点《けってん》となる一切《さい》の不純《ふじゅん》なるもの、その穢《けが》れを滅《めっ》し、月《つき》を覆《おお》う雲《くも》を払《はら》い、鏡《かがみ》を覆《おお》う塵《ちり》を除《のぞ》くならば、真《しん》の心《こころ》の本体《ほんたい》である美《うつく》しき仏性《ぶっしょう》が輝《かがや》くことを教《おし》えます。そして、「究竟《くきょう》して一切種智《さいしゅち》に至《いた》る」と、如何《いか》なる者《もの》でも如来《にょらい》の大覚《だいかく》に至《いた》らしめようとして説《と》かれたものです。この「一切種智《さいしゅち》」とは統《とう》一の知識《ちしき》であって、総《すべ》ての事柄《ことがら》を把握《はあく》し、一つのものに纏《まと》め上《あ》げて、そして一切《さい》の事柄《ことがら》に判断《はんだん》がつく所《ところ》の智慧《ちえ》です。宇《う》宙《ちゅう》の真理《しんり》が一元《げん》に帰《き》するならば、智慧《ちえ》も磨《みが》いて磨《みが》き上《あ》げるならば一元《げん》の智《ち》に帰《き》する、一を以《もっ》て万《まん》を察《さっ》し得《う》るものとなります。その智慧《ちえ》を発動《はつどう》するならば千万無量《せんまんむりょう》にして量《はか》ることの出来《でき》ないものとなり、本《もと》に帰《き》すれば絶対無上唯一《ぜったいむじょうゆいいつ》の智《ち》であるものを一切《さい》種智《しゅち》と称《しょう》しているのです。その根本絶対《こんぽんぜったい》の智慧《ちえ》に至《いた》らしめようとして如来《にょらい》は教《おし》えを説《と》いているのですが、これを受《う》ける人々《ひとびと》の性質《せいしつ》や能力《のうりょく》の違《ちが》いによって、その利益《りやく》は様々《さまざま》に違《ちが》って来《き》ます。それは雨《あめ》が平等《びょうどう》に降《ふ》るけれども、草木《そうもく》はその分《ぶん》に応《おう》じて潤《うるお》いを受《う》けるのと同《おな》じです。(3)しかしながら、各々《おのおの》の今《いま》の得益《とくやく》に差別《さべつ》が生《しょう》じると雖《いえど》も、それぞれが、それぞれの分《ぶん》に応《おう》じて潤《うるお》い成長《せいちょう》していることに変《か》わりはありません。

(現代語《げんだいご》)

我《われ》は如来《にょらい》、人《にん》・天《でん》の最《もっと》も尊《とうと》き者《もの》である。この世《よ》に現《あらわ》れること大雲《だいうん》の如《ごと》く、枯《か》れようとする一切《さい》の人々《ひとびと》を潤《うるお》し、苦《くる》しみより離《はな》れしめ、心安《こころやす》らかなる楽《たの》しみ、世間《せけん》の楽《らく》と涅槃《ねはん》の楽《らく》を得《え》させるのである。

(要文《ようもん》)

我《われ》は為《こ》れ如来《にょらい》、両足《りょうそく》の尊《そん》なり、世間《せけん》に出《い》ずること猶大雲《なおだいうん》の如《ごと》し。一切《さい》の枯槁《ここう》の衆生《しゅじょう》を充潤《じゅうにん》して、皆苦《みなく》を離《はな》れて、安穏《あんのん》の楽《らく》、世間《せけん》の楽《らく》、及《およ》び涅槃《ねはん》の楽《らく》を得《え》せしむ。

(要義《ようぎ》)

印度《いんど》で両足尊《りょうそくそん》とは、二本足《ほんあし》を持《も》つ人間《にんげん》や天人《てんにん》の中《なか》で最《もっと》も尊《とうと》い人《ひと》を称《しょう》していましたが、後世《こうせい》は右《みぎ》も左《ひだり》も整《ととの》っている、智《ち》も満足《まんぞく》し、徳《とく》も満足《まんぞく》しているというような知徳兼備《ちとくけんび》の意味《いみ》に解釈《かいしゃく》しています。その完全《かんぜん》なる如来《にょらい》がこの世《よ》に出《い》でるのは、日照《ひで》りの時《とき》に天《てん》に現《あら》われた大雲《だいうん》の如《ごと》くであり、その如来《にょらい》の説法《せっぽう》は雨《あめ》となって将《まさ》に枯《か》れんとする草木《くさき》を潤《うるお》すように、一切《さい》の枯槁《ここう》の衆生《しゅじょう》を潤《うるお》して、苦《く》を離《はな》れて安穏《あんのん》の楽《らく》、世間《せけん》の楽及《らくおよ》び涅槃《ねはん》の楽《らく》を得《え》さしめます。仏教《ぶっきょう》が救《すく》わんとする「苦《くる》しみ」とは、生老病《しょうろうびょう》死《し》の四苦《く》、そして愛《あい》する者《もの》と離《はな》れる愛別離苦《あいべつりく》、怨《うら》み憎《にく》む者《もの》と関《かか》わり合《あ》う怨憎会苦《おんぞうえく》、求《もと》めて得《え》られぬ求不得苦《ぐふとっく》、身心《しんしん》を有《ゆう》するが故《ゆえ》に受《う》ける様々《さまざま》な五陰盛苦《おんじょうく》を合《あ》わせた所謂《いわゆる》四苦《く》八苦《く》の人生《じんせい》です。世間《せけん》において「病気《びょうき》を治《なお》す」とか「金運《きんうん》をもたらす」等《とう》のみを殊更《ことさら》に宣伝《せんでん》するようなものは、迷信的《めいしんてき》かつ劣等《れっとう》な宗教《しゅうきょう》のすることであって、釈尊《しゃくそん》は、如何《いか》なる健康体《けんこうたい》の人《ひと》であっても、如何《いか》なる金持《かねも》ちの人《ひと》であっても逃《のが》れることを得《え》ない所《ところ》の苦《くる》しみを説《と》いて、そしてどういう事《こと》に出会《であ》っても、どのような境界《きょうがい》に置《お》かれても精神《せいしん》の平和《へいわ》を破《やぶ》られることのない安穏《あんのん》の楽《らく》を与《あた》えるのです。

日蓮聖人《にちれんしょうにん》が頸《くび》を切《き》られんとする時《とき》に「これほどの悦《よろこ》びをば笑《わら》へかし」と言《い》い、佐渡《さど》に流《なが》されて雪《ゆき》の中《なか》に閉《と》じ込《こ》められても「悦《よろこ》び身《み》に余《あま》れり」と述《の》べられたのは、当《まさ》にこの安穏《あんのん》の楽《らく》を体験《たいけん》せられたものです。ただ快適《かいてき》に生活《せいかつ》することを楽《たの》しみとして、腹《はら》が減《へ》ったら飯《めし》を食《く》い、寒《さむ》ければ暖《だん》を取《と》り、暑《あつ》ければ涼《すず》む、眠《ねむ》くなったら寝《ね》るというような事《こと》であったならば、何《なに》も宗教《しゅうきょう》も修養《しゅうよう》も必要《ひつよう》ではありません。ところが人生《じんせい》は中々《なかなか》そうはいかない、次《つぎ》から次《つぎ》へと四苦《く》八苦《く》に襲《おそ》われるものであるが故《ゆえ》に、精神《せいしん》の力《ちから》を発揮《はっき》して、如何《いか》なる境遇《きょうぐう》の変化《へんか》があろうとも、精神《せいしん》の安楽《あんらく》を破《やぶ》られぬだけの修養《しゅうよう》鍛錬《たんれん》が必要《ひつよう》となるのです。そして、その修養鍛錬《しゅうようたんれん》を与《あた》えるのが釈尊《しゃくそん》の為《な》されてきた活動《かつどう》であるからこそ、皆苦《みなく》を離《はな》れて安穏《あんのん》の楽《らく》を得《え》せしめると述《の》べられているわけです。だからと言《い》って、この安穏《あんのん》の楽《らく》ということを、ただ偏《かたよ》った精神論的《せいしんろんてき》にのみ解釈《かいしゃく》したのでは我《わ》が釈迦牟尼仏《しゃかむにぶつ》の真意《しんい》ではありません。安穏《あんのん》の楽《らく》の内容《ないよう》は二別《べつ》すれば、「世間《せけん》の楽《らく》」と「涅槃《ねはん》の楽《らく》」の二つとなります。そして世間《せけん》の楽《らく》とは、今日《こんにち》の所謂物質的《いわゆるぶっしつてき》な幸福《こうふく》をも保障《ほしょう》するものですから、釈尊《しゃくそん》は種々《しゅじゅ》なる点《てん》に於《お》いて人生《じんせい》の幸《こう》福《ふく》を保全《ほぜん》せんとして教《おし》えを説《と》き、そして更《さら》に高《たか》い理想的《りそうてき》かつ崇高《すうこう》な涅槃《ねはん》の楽《らく》を与《あた》えようとされているのです。

(現代語《げんだいご》)

貴《とうと》き者《もの》にも賤《いや》しき者《もの》にも、身分《みぶん》の高《たか》き者《もの》にも低《ひく》き者《もの》にも、戒《かい》を守《まも》る者《もの》にも戒《かい》を破《やぶ》る者《もの》にも、威厳《いげん》のある者《もの》にも無《な》き者《もの》にも、正《ただ》しき見解《けんかい》を持《も》つ者《もの》にも邪《よこしま》な見解《けんかい》を持《も》つ者《もの》にも、才知《さいち》に優《すぐ》れた者《もの》にも劣《おと》れる者《もの》にも、等《ひと》しく教《おし》えの雨《あめ》を降《ふ》らして、しかも怠《おこた》ることなく疲《つか》れることもない。仏《ほとけ》の説《と》く教《おし》えは、譬《たと》えれば大《おお》いなる雲《くも》が一味《み》の雨《あめ》を降《ふ》らせて、人《ひと》なる花《はな》を潤《うるお》し、各々《おのおの》に実《み》を成《な》らしめるようなものである。

（要文《ようもん》）

貴賤《きせん》、上下《じょうげ》、持戒《じかい》・毀戒《きかい》、威儀《いぎ》具足《ぐそく》せる及《およ》び具足《ぐそく》せざる、正見《しょうけん》・邪見《じゃけん》、利根《りこん》・鈍根《どんこん》に、等《ひと》しく法雨《ほうう》を雨《ふ》らして懈倦《けげん》なし。仏《ほとけ》の所説《しょせつ》の法《ほう》は、譬《たと》えば大雲《だいうん》の一味《み》の雨《あめ》を以《もっ》て、人華《にんげ》を潤《うるお》して各々《おのおの》実《み》を成《じょう》ずることを得《え》せしむるが如《ごと》し。

（要義《ようぎ》）

仏《ほとけ》は、ただ善人《ぜんにん》や賢《かしこ》き者《もの》だけを救《すく》うのではありません。雨《あめ》が如何《いか》なる草木《そうもく》をも潤《うるお》すが如《ごと》く、貴《とうと》き者《もの》にも賤《いや》しき者《もの》にも、善《よ》き者《もの》にも悪《あ》しき者《もの》にも、賢《かしこ》き者《もの》にも愚《おろ》かな者《もの》にも、如何《いか》なる者《もの》に対《たい》しても、仏《ほとけ》は平等《びょうどう》に教《おし》えを与《あた》えて少《すこ》しも倦《う》み疲《つか》れる所《ところ》はありません。この「正見《しょうけん》・邪見《じゃけん》、利根《りこん》・鈍根《どんこん》」というようなことは、実《じつ》に法華経《ほけきょう》の理想《りそう》をよく顕《あらわ》しているものであって、仏教《ぶっきょう》が最高《さいこう》の宗教《しゅうきょう》であるのは、「悪事《あくじ》を為《な》す者《もの》は地獄《じごく》に叩《たた》き落《お》とす」というのではなく、その悪《あ》しき者《もの》も等《ひと》しく法雨《ほうう》に潤《うるお》してやらねばならぬという所《ところ》にあります。仏《ほとけ》は大雲《だいうん》であり、その説法《せっぽう》は雨《あめ》であり、人間《にんげん》を華《はな》に譬《たと》えて「人華《にんげ》を潤《うるお》して」と言《い》い、各々《おのおの》にその実《み》を成《じょう》ずることを得《え》せしめます。そして釈迦牟尼仏《しゃかむにぶつ》は、一切《さい》の衆《しゅ》生《じょう》は仏性《ぶっしょう》を有《ゆう》しているが故《ゆえ》に、(4)実《じつ》は各々《おのおの》が行《おこ》っている修行《しゅぎょう》は皆菩薩《みなぼさつ》の道《みち》であるという真実《しんじつ》を明《あ》かして、順次修行《じゅんじしゅぎょう》して行《い》くならば必《かなら》ず仏《ほとけ》に成《な》ることを説《と》かれるのです。

授記品第六《じゅきほんだい》

（現代語《げんだいご》）

我《わ》がこの弟子摩訶迦葉《でしまかかしょう》は、最後《さいご》の身《み》において仏《ほとけ》となるであろう。名《な》を光明如来《こうみょうにょらい》・応具《おうぐ》・正遍《しょうへん》知《ち》・明行足《みょうぎょうそく》・善逝《ぜんぜい》・世間解《せけんげ》・無上士《むじょうし》・調御丈夫《じょうごじょうぶ》・天人師《てんにんし》・仏《ぶつ》・世尊《せそん》と言《い》う。その仏《ほとけ》の国土《こくど》は厳《おごそ》かに飾《かざ》られ、穢《けが》れなく、瓦礫《がれき》なく、茨《いばら》なく、不浄《ふじょう》なる汚物《おぶつ》もなく、その地《ち》は平《たい》らかに開《ひら》け高低《こうてい》無《な》く、穴《あな》や窪《くぼ》みが無《な》く、堆《うずたか》い丘《おか》も無《な》いであろう。瑠璃《るり》を以《もっ》て大地《だいち》と為《な》し、列《れつ》を作《つく》って宝樹《ほうじゅ》は並《なら》び、道《みち》の辺《ほとり》は黄金《おうごん》の縄《なわ》を以《もっ》て飾《かざ》られ、様々《さまざま》な宝華《ほうけ》が遍《あまね》く散《さん》じられて清浄《しょうじょう》となっているであろう。魔《ま》による仕業《しわざ》もなく、魔《ま》及《およ》び魔《ま》の眷属《けんぞく》ありといえども、そこでは皆《みな》、仏法《ぶっぽう》を護《まも》るであろう。

（要文《ようもん》）

我《わ》が此《こ》の弟子摩訶迦葉《でしまかかしょう》は、最後身《さいごしん》に於《お》いて仏《ほとけ》となることを得《え》ん。名《な》を光明如来《こうみょうにょらい》・応具《おうぐ》・正遍知《しょうへんち》・明行足《みょうぎょうそく》・善逝《ぜんぜい》・世間解《せけんげ》・無上士《むじょうし》・調御丈夫《じょうごじょうぶ》・天人師《てんにんし》・仏《ぶつ》・世尊《せそん》といわん。国界《こっかい》

厳飾《ごんじき》にして、諸《もろもろ》の穢悪《えあく》・瓦礫《がりやく》・荊棘《きょうこく》・便利《べんり》の不浄《ふじょう》なく、其《そ》の土《ど》平正《びょうじょう》にして、高下《こうげ》・坑坎《きょうかん》・堆阜《たいふ》あることなけん。瑠璃《るり》を地《じ》と為《な》して宝樹行列《ほうじゅぎょうれつ》し、黄金《おうごん》を縄《なわ》と為《な》して以《もっ》て道《みち》の側《ほとり》を界《さか》い、諸《もろもろ》の宝華《ほうけ》を散《さん》じ、周偏《しゅへん》して清浄《しょうじょう》ならん。魔事《まじ》あること無《な》く、魔《ま》及《およ》び魔民《まみん》ありと雖《いえど》も皆仏法《みなぶっぽう》を護《まも》らん。

（要義《ようぎ》）

この一節《せつ》は、迦葉尊者《かしょうそんじゃ》が未来《みらい》に光明如来《こうみょうにょらい》として成仏《じょうぶつ》する記別《きべつ》（予言《よげん》）を受《う》けるところです。(1)如《にょ》来《らい》の十号《ごう》である応供《おうぐ》とは供養《くよう》に値《あたい》する者《もの》、正遍知《しょうへんち》とは広《ひろ》く正《ただ》しい智慧《ちえ》を有《ゆう》する者《もの》、明行足《みょうぎょうそく》とは智《ち》慧《え》と実践《じっせん》を兼《か》ね備《そな》えた者《もの》、善逝《ぜんぜい》とは迷《まよ》いを断《た》ち切《き》って悟《さと》りを得《え》た者《もの》、世間解《せけんげ》とは世《よ》の中《なか》の全《すべ》てに通《つう》じている者《もの》、無上士《むじょうし》とはこの上《うえ》なく優《すぐ》れた者《もの》、調御丈夫《じょうごじょうぶ》とは衆生《しゅじょう》を導《みちび》き救済《きゅうざい》するに巧《たく》みなる者《もの》、天人師《てんにんし》とは人間《にんげん》と神々《かみがみ》の師《し》である者《もの》、仏《ほとけ》とは覚者《かくしゃ》、世尊《せそん》とは世間《せけん》において尊敬《そんけい》される者《もの》を意味《いみ》します。そして、光明如来《こうみょうにょらい》となった時《とき》のその浄土《じょうど》の有様《ありさま》は、実《じつ》に美《うつく》しく、穢《けが》れた所《ところ》が少《すこ》しも無《な》い素晴《すば》らしき所《ところ》であることが説《と》かれています。

この中《なか》に注意《ちゅうい》すべきは「魔《ま》及《およ》び魔民《まみん》ありと雖《いえど》も皆仏法《みなぶっぽう》を護《まも》らん」とあるように、悪魔《あくま》があったとしても皆仏《みなほとけ》に降伏《こうふく》して仏法《ぶっぽう》に味方《みかた》するようになるという、仏教《ぶっきょう》の理想《りそう》が現《あらわ》されていることです。何《ど》処《こ》までも魔《ま》は仏《ほとけ》に対抗的《たいこうてき》であるのではなく、悪魔《あくま》のような者《もの》でさえも、漸次《ぜんじ》に教化《きょうけ》されて正法《しょうぼう》を護《まも》る人《ひと》に成《な》るということが示《しめ》されています。これは、私達《わたしたち》の人生《じんせい》の闘《たたか》いに於《お》いても非常《ひじょう》に大事《だいじ》な点《てん》です。私達《わたしたち》は、如何《いか》に危険《きけん》な思想《しそう》に囚《とら》われ、罪悪《ざいあく》に陥《おちい》った者《もの》でも、これを教化《きょうけ》して行《い》けば遂《つい》に正法《しょうぼう》に帰依《きえ》して、必《かなら》ず世《よ》は平和《へいわ》の春《はる》を迎《むか》え得《う》るという信念《しんねん》に立《た》たなければなりません。互《たが》いに相闘《あいたたか》って残害《ざんがい》を恣《ほしいまま》にして行《い》ったならば、人生《じんせい》や社会《しゃかい》は遂《つい》に暗黒《あんこく》と成《な》り果《は》ててしまいます。それ故《ゆえ》に、法《ほ》華経《けきょう》は非常《ひじょう》に浄《きよ》い信念《しんねん》を以《もっ》て、悪魔《あくま》も仏法《ぶっぽう》を護《まも》るということを示《しめ》しているのです。だからこそ日蓮《にちれん》聖人《しょうにん》も、第《だい》六天魔王《てんまおう》までも御本尊《ごほんぞん》の中《なか》に書《か》き入《い》れているわけです。法華経《ほけきょう》は、如何《いか》なる悪人《あくにん》もまた改心《かいしん》して正義《せいぎ》に基《もと》づくことを認《みと》めます。釈尊《しゃくそん》を亡《な》き者《もの》にしようとした提婆達多《だいばだった》の成仏《じょうぶつ》を説《と》き、他《た》人《にん》の子《こ》を喰《く》らっていた鬼子母神《きしもじん》が法師《ほっし》を守護《しゅご》することを説《と》き、如何《いか》なる悪《あく》と雖《いえど》も、最早《もはや》取《と》り柄《え》も捨《す》て果《は》てた者《もの》と雖《いえど》も、尚《なお》これを活《い》かして来《き》たのが法華経《ほけきょう》なのです。闘《たたか》う時《とき》には、如何《いか》なる時《とき》でも強《つよ》く正邪《せいじゃ》を明《あき》らかにして闘《たたか》って行《い》かねばならない、正義《せいぎ》を確立《かくりつ》するためには厳正《げんせい》でなければなりませんが、その正義《せいぎ》が十分《ぶん》に打《う》ち立《た》てられ、それによって他《た》を救済《きゅうさい》し包容《ほうよう》して行《い》く時《とき》には、如何《いか》に反対《はんたい》した者《もの》でも、悪魔《あくま》のような者《もの》でも、これを導《みちび》いて保護《ほご》を与《あた》えて行《い》く程《ほど》の大慈悲《だいじひ》を法華経《ほけきょう》は理想《りそう》とします。国家《こっか》や社会《しゃかい》の理想《りそう》とすべき指導者《しどうしゃ》も、この法華経《ほけきょう》と同《おな》じ精神《せいしん》であり、そしてまた同《おな》じように人々《ひとびと》を導《みちび》くべきでありましょう。

（現代語《げんだいご》）

もし私達《わたしたち》の心《こころ》の深《ふか》き所《ところ》をお知《し》りになられ、成仏《じょうぶつ》の予言《よげん》を授《さず》けてくださるならば、それは甘露《かんろ》を灌《そそ》いで熱《ねつ》を除《のぞ》き、清涼《しょうりょう》を得《え》られるが如《ごと》くになりましょう。飢饉《ききん》の国《くに》より来《き》て王《おう》の食膳《しょくぜん》を施《ほどこ》されたとしても、心《こころ》は疑《うたが》い恐《おそ》れて直《ただ》ちに食《た》べることは出来《でき》ません。もし王《おう》より再《ふたた》び許《ゆる》しを得《え》られるならば、その後《ご》に憚《はばか》りなく食《しょく》することが出来《でき》るようなものです。偉大《いだい》な勇者《ゆうしゃ》である世尊《せそん》は、常《つね》に世間《せけん》を安《やす》らかにしようとされております。願《ねが》わくは、私達《わたしたち》に仏《ほとけ》となる予言《よげん》を与《あた》えて下《くだ》さい。飢《う》えたる者《もの》は、その仰《おお》せを待《ま》って食《しょく》するが如《ごと》くになりましょう。

（要文《ようもん》）

若《も》し我《わ》が深心《じんしん》を知《しろ》しめして授記《じゅき》せられれば、甘露《かんろ》を以《もっ》て灑《そそ》ぐに熱《ねつ》を除《のぞ》いて清涼《しょうりょう》を得《う》るが如《ごと》くならん。飢《う》えたる国《くに》より来《きた》って忽《たちま》ちに大王《だいおう》の膳《そなえ》に遇《あ》わんに、心《こころ》猶《な》お疑懼《ぎく》を懐《いだ》いて未《いま》だ敢《あ》えて即便《すなわ》ち食《じき》せず。若《も》し復《また》王《おう》の教《おし》えを得《え》ば然《しこう》して後《のち》に乃《すなわ》ち敢《あえ》て食《じき》せんが如《ごと》し。大雄猛《だいおうみょう》世尊《せそん》、常《つね》

に世間《せけん》を安《やす》ぜんと欲《ほっ》す。願《ねが》わくは我等《われら》に記《き》を賜《たま》え。飢《う》えて教《おし》えを須《ま》って食《じき》するが如《ごと》くならん。

（要義《ようぎ》）

甘露《かんろ》を灌《そそ》がれれば熱《ねつ》を除《のぞ》いて気分《きぶん》が快《こころよ》くなるとは、(2)煩悩《ぼんのう》の熱《ねつ》より覚《さ》めて不死《ふし》を得《え》ることが出来《でき》る如来《にょらい》の教《おし》えを、天《てん》の霊水《れいすい》である甘露《かんろ》に譬《たと》えたものです。今《いま》この法華経《ほけきょう》に至《いた》って殆《ほとん》どの者《もの》に仏《ほとけ》の記別《きべつ》が与《あた》えられることとなりますが、自分達《じぶんたち》も釈尊《しゃくそん》より直接《ちょくせつ》お言葉《ことば》を頂《いただ》かなければ不安《ふあん》に感《かん》じる、それは飢饉《ききん》の国《くに》から来《き》た者《もの》が王様《おうさま》の召《め》し上《あ》がる御馳走《ごちそう》を目《め》の前《まえ》にしながらも、「さあ、お上《あ》がりなさい」という許《ゆる》しを受《う》けないものであるから、黙《だま》って手《て》を出《だ》すのは行儀《ぎょうぎ》の悪《わる》いことだと躊躇《ちゅうちょ》して空腹《くうふく》に堪《た》えているようなものである。もし許《ゆる》しが与《あた》えられれば喜《よろこ》んで食《しょく》するようなもので、自分達《じぶんたち》も仏《ほとけ》の記別《きべつ》を与《あた》えられるべき者《もの》だとは思《おも》うけれども、その言葉《ことば》が無《な》い為《ため》に非常《ひじょう》に心苦《こころぐる》しく考《かんが》えている、どうかはっきりと記別《きべつ》を与《あた》えて下《くだ》さいと釈尊《しゃくそん》に嘆願《たんがん》しています。よくお盆《ぼん》の施餓鬼《せがき》などの旗《はた》に書《か》かれているのが、この「如以甘露灑《にょいかんろしゃ》、除熱得清涼《じょねつとくしょうりょう》、如従飢国来《にょじゅうけこくらい》、忽遇大王膳《こつぐだいおうぜん》」の四句《く》ですが、甘露《かんろ》を以《もっ》て灌《そそ》がれると言《い》い、飢饉《ききん》の国《くに》より来《く》るというのは、宗教《しゅうきょう》の法悦《ほうえつ》を言《い》い表《あらわ》す言葉《ことば》として大変《たいへん》良《よ》い譬《たと》えであると思《おも》います。様々《さまざま》な欲望《よくぼう》に渇《かっ》して悶《もだ》えているのは丁度《ちょうど》飢饉《ききん》に遇《あ》っているが如《ごと》くであり、物質《ぶっしつ》的《てき》には十分《ぶん》である今日《こんにち》においても、なお人心《じんしん》が不安《ふあん》であるのは、その精神《せいしん》が物質《ぶっしつ》以上《いじょう》に飢《う》えているからです。そして、その渇《かつ》したる人生《じんせい》に甘露《かんろ》を与《あた》えるが如《ごと》く、飢饉《ききん》の国《くに》より来《き》たる者《もの》に大王《だいおう》の御馳《ごち》走《そう》を与《あた》えるが如《ごと》く、法華経《ほけきょう》の教《おし》えはあるのです。

ここでは釈迦如来《しゃかにょらい》を大雄猛世尊《だいおうみょうせそん》と申《もう》し上《あ》げているように、仏様《ほとけさま》は優《やさ》しいと言《い》わずして、非常《ひじょう》に勇気《ゆうき》のある猛々《たけだけ》しい方《かた》であると言《い》い表《あらわ》して讃歎《さんたん》しています。それは何故《なぜ》かと言《い》えば、「常《つね》に世間《せけん》を安《やす》んぜんと欲《ほっ》す」と、死《し》んでから先《さき》が云々《うんぬん》などとは言《い》わずして、奮闘的《ふんとうてき》に人生《じんせい》の罪《つみ》を滅《ほろ》ぼして、人《ひと》を皆道徳《みなどうとく》の人《ひと》たらしめ、煩悶《はんもん》を打《う》ち破《やぶ》って幸福《こうふく》の人《ひと》とするために闘《たたか》っている勇《いさ》ましい仏様《ほとけさま》であると意識《いしき》しているからです。今《いま》の日本仏教《にほんぶっきょう》の大部分《だいぶぶん》の人《ひと》のように、釈迦《しゃか》の仏教《ぶっきょう》は死《し》んでからのものだとか、釈迦《しゃか》はただ寛容《かんよう》で柔和《にゅうわ》な人《ひと》だとかと思《おも》うことは、仏教《ぶっきょう》を知《し》らないで言《い》う者《もの》の誤解《ごかい》であって、釈《しゃ》迦如来《かにょらい》に対《たい》する真《しん》の仏教徒《ぶっきょうと》の意識《いしき》というものは、ここに明《あき》らかに述《の》べられている通《とお》りです。(3)したがって、私達《わたしたち》が仏教《ぶっきょう》より得《え》るものも、苦悩《くのう》する者《もの》がただ優《やさ》しい言葉《ことば》で一時的《じてき》に慰《なぐさ》められるようなことではなく、未来《みらい》の幸福《こうふく》を他《た》の世界《せかい》に託《たく》すようなものでもなく、困難《こんなん》なる人生《じんせい》に奮闘《ふんとう》して臨《のぞ》む勇気《ゆうき》を得《え》て、しかも悦《よろこ》びある人生《じんせい》を送《おく》れるものでなければなりません。

化城《けじょう》喩品《ゆほん》第《だい》七

(現代語《げんだいご》)

量《はか》り知《し》ることの出来《でき》ぬ遠《とお》い劫《こう》の昔《むかし》に、大通智勝如来《だいつうちしょうにょらい》という名《な》の仏《ほとけ》が在《あ》った。私《わたし》は如来《にょらい》の知見《ちけん》の力《ちから》によって、彼《か》の遥《はる》かなる過去《かこ》の出来事《できごと》を、恰《あたか》も今日《こんにち》のように観《み》ることが出来《でき》るのである。

(要文《ようもん》)

乃往過去無量無辺不可思議阿僧祇劫《ないおうかこむりょうむへんふかしぎあそうぎこう》、爾《そ》の時《とき》に仏《ほとけ》いましき。大通智勝如来《だいつうちしょうにょらい》と名《なづ》く。我如《われにょ》来《らい》の知見力《ちけんりき》を以《もつ》ての故《ゆえ》に、彼《か》の久遠《くおん》を観《み》ること猶《な》お今日《こんにち》の如《ごと》し。

(要義《ようぎ》)

法華経《ほけきょう》の迹門《しゃくもん》において釈尊《しゃくそん》は、人々《ひとびと》を導《みちび》き救済《きゅうざい》するために、[1]法説周《ほっせつしゅう》・譬説周《ひせつしゅう》・因縁周《いんねんしゅう》という三通《とお》りの説《と》き方《かた》(三周説法《しゅうせっぽう》)をされます。これは教《おし》えを受《う》ける人々《ひとびと》の能力《のうりょく》や性質《せいしつ》、即《すなわ》ち機根《きこん》に違《ちが》いがあるためであって、法説周《ほっせつしゅう》とは方便品《ほうべんぽん》において智慧《ちえ》第《だい》一とされている舎利弗《しゃり》等《ほつとう》の上根《じょうこん》の者《もの》に対《たい》して諸法実相《しょほうじつそう》を説《と》くものであり、譬説周《ひせつしゅう》とは譬喩品《ひゆほん》において中根《ちゅうこん》の者《もの》の理解《りかい》のために三車火宅《しゃかたく》の喩《たとえ》を以《もっ》て一乗思想《じょうしそう》を説《と》いたものです。そして因縁周《いんねんしゅう》では、今度《こんど》は下根《げこん》の者《もの》を教《おし》え導《みちび》くために、この化城《けじょう》喩品《ゆほん》において衆生《しゅじょう》と釈迦如来《しゃかにょらい》との三千塵點劫《じんてんこう》という遠《とお》い過去《かこ》からの深《ふか》い因縁《いんねん》を説《と》いて行《い》きます。前《ぜん》提《てい》として説《と》かれる迹門《しゃくもん》の三千塵點劫《じんてんこう》とは三千大《だい》千世界《せかい》を塵《ちり》とし、その一塵《じん》を一劫《こう》と数《かぞ》えたもので、後《のち》に本門《ほんもん》の寿量品《じゅりょうほん》では、この意味《いみ》を更《さら》に深《ふか》くして、五百千万億《まんおく》那由佗《なゆた》阿僧祇《あそうぎ》の三千大《だい》千世界《せかい》を塵《ちり》として、その一塵《じん》を一劫《こう》とする、五百塵點劫《じんてんこう》の過去《かこ》を以《もっ》て釈尊《しゃくそん》の無始久遠《むしくおん》と私達《わたしたち》の関係《かんけい》が説《と》かれます。

三千塵點劫《じんてんこう》の久遠《くおん》の事《こと》がありありと自分《じぶん》の心《こころ》に浮《う》かぶ、「彼《か》の久遠《くおん》を観《み》ること猶《な》お今日《こんにち》の如《ごと》し」と、釈迦如来《しゃかにょらい》は大通智勝如来《だいつうちしょうにょらい》の事《こと》に寄《よ》せて非常《ひじょう》に古《ふる》い話《はなし》をされますが、真理《しんり》というものに古今《ここん》は無《な》く、嘗《かつ》てありし事《こと》は今《いま》もある事《こと》であって、その原理原則《げんりげんそく》なるものは今《いま》も少《すこ》しも変《か》わるものではありません。それは結縁《けちえん》の関係《かんけい》であって、私達《わたしたち》は縁有《えんあ》る所《ところ》の仏《ほとけ》の下《もと》に救《すく》われて行《い》く、仏《ほとけ》と衆生《しゅじょう》の関係《かんけい》が一時的《じてき》なものではなくして、廻《まわ》り廻《まわ》りして長《なが》い関係《かんけい》を結《むす》んで行《い》くものであることを、釈尊《しゃくそん》は大通《だいつう》仏《ぶつ》の昔《むかし》の因縁《いんねん》を挙《あ》げて人々《ひとびと》に教《おし》えて行《い》きます。仏《ほとけ》と衆生《しゅじょう》の関係《かんけい》に限《かぎ》らず、この縁《えん》というものは何処《どこ》にも当《あ》て嵌《は》まるものであって、私達《わたしたち》お互《たが》いの間《あいだ》に救《すく》い救《すく》われるという事《こと》も、やはりその時《とき》に始《はじ》めて関係《かんけい》が起《お》きたのではなく、前世《ぜんせ》からの種々《しゅじゅ》なる経歴《けいれき》を経《へ》て、そうして互《たが》いに救《すく》われるような関係《かんけい》になっているわけです。それ故《ゆえ》に、ある人《ひと》が話《はなし》をしても感服《かんぷく》しない人間《にんげん》が、他《た》のある人《ひと》が同《おな》じことを不味《まず》く話《はな》しても大《おお》いに感激《かんげき》して発心《ほっしん》する場合《ばあい》もあるというように、能化所化《のうけしょけ》の関係《かんけい》は因縁《いんねん》が背景《はいけい》となって、そこに強《つよ》い力《ちから》が働《はたら》きます。それは悪《わる》い方《ほう》にも言《い》えることであって、何故《なにゆえ》にあの人《ひと》が詰《つ》まらぬ思想《しそう》に引《ひ》っ掛《か》かり、迷信《めいしん》に引《ひ》っ掛《か》かり、あんな態度《たいど》を取《と》るかと思《おも》われることも、やはりその人《ひと》の現在《げんざい》の力《ちから》だけではなくして、其処《そこ》に悪業《あくごう》の因縁《いんねん》が背景《はいけい》となって、その人《ひと》をして過《あやま》ちを取《と》らしめているることが非常《ひじょう》に多《おお》くあるのです。

(現代語《げんだいご》)

世尊《せそん》が未《いま》だ世《よ》に出現《しゅつげん》されなかった時《とき》は、十方《ぽう》の世界《せかい》は常《つね》に暗黒《あんこく》の如《ごと》くであり、餓鬼《がき》・畜生《ちくしょう》・地獄《じごく》の三悪道《あくどう》が増長《ぞうちょう》して、阿修羅《あしゅら》による闘争《とうそう》もまた盛《さか》んでありました。願《ねが》わくは、私達《わたしたち》の為《な》す功徳《くどく》が普《あまね》く一切《さい》の者《もの》に及《およ》ぼされ、私達《わたしたち》と衆生《しゅじょう》とが皆共《みなとも》に仏《ほとけ》の道《みち》を成《な》し遂《と》げることが出来《でき》ますように。

(要文《ようもん》)

世尊《せそん》未《いま》だ出《い》でたまわざりし時《とき》は十方常《ぽうつね》に闇瞑《あんみょう》にして、三悪道増長《あくどうぞうちょう》し阿修羅《あしゅら》も亦盛《またさか》んなり。

願《ねが》わくは此《こ》の功徳《くどく》を以《もっ》て普《あまね》く一切《さい》に及《およ》ぼし、我等《われら》と衆生《しゅじょう》と皆共《みなとも》に仏道《ぶつどう》を成《じょう》ぜん。

(要義《ようぎ》)

この一節《せつ》は、大通智勝如来《だいつうちしょうにょらい》の事《こと》に寄《よ》せて教《おし》えが説《と》かれていますが、これは釈迦牟尼仏《しゃかむにぶつ》が世《よ》に出《で》て教《おし》えを説《と》かれなかった場合《ばあい》も同《おな》じことです。十方《ぽう》は真《ま》っ暗《くら》で少《すこ》しもそこに光明《こうみょう》のある生活《せいかつ》は開《ひら》けて来《こ》ず、人々《ひとびと》は益々《ますます》堕落《だらく》して三悪道《あくどう》の傾向《けいこう》を生《しょう》じさせてしまいます。人間《にんげん》でありながら地獄《じごく》・餓鬼《がき》・畜生《ちくしょう》の三悪道《あくどう》の性質《せいしつ》を発達《はったつ》させる、地獄《じごく》とは瞋恚《しんに》、餓鬼《がき》とは貪欲《とんよく》、畜生《ちくしょう》とは愚痴《ぐち》ですから、貪《とん》・瞋《しん》・癡《ち》の三毒《どく》を盛《さか》んとして、高遠《こうえん》の理想《りそう》を無《な》くして低級《ていきゅう》なる思想《しそう》に堕落《だらく》してしまうのです。それ故《ゆえ》に「阿修羅《あしゅら》もまた盛《さか》んなり」で、国《くに》と国《くに》の間《あいだ》には意味《いみ》無《な》く戦争《せんそう》が開《ひら》かれ、階級闘争《かいきゅうとうそう》は激《はげ》しくなり、権力利益《けんりょくりえき》の争奪《そうだつ》、その他政権《たせいけん》などの争奪《そうだつ》が盛《さか》んとなって、高潔《こうけつ》なる道徳《どうとく》や平和《へいわ》な生活《せいかつ》というものが無《な》くなってしまいます。今《いま》の娑婆世界《しゃばせかい》に釈迦牟尼仏《しゃかむにぶつ》が出現《しゅつげん》されて教《おし》えを説《と》かれなかったならば、この世《よ》はそのような有様《ありさま》になっていたのであり、そしてまた、仏《ほとけ》の教《おし》えがあってもそれが振《ふ》るわない時《とき》、それを信心《しんじん》せざる時《とき》には、やはり同《おな》じ傾向《けいこう》となってしまうのです。そこで仏教《ぶっきょう》を修《しゅ》行《ぎょう》する者《もの》は、人々《ひとびと》が三悪道《あくどう》または修羅《しゅら》の境界《きょうがい》に堕落《だらく》して、死《し》してはまたそのような悪《あ》しき世界《せかい》に生《う》まれて行《い》くような哀《あわ》れなことでは、現在《げんざい》および未来共《みらいとも》に大失敗《だいしっぱい》に終《お》わる訳《わけ》ですから、どうかこれを救《すく》いたい、現在《げんざい》の生活《せいかつ》に真《しん》の平和《へいわ》と光明《こうみょう》を与《あた》え、死後《しご》には永遠《えいえん》の悟《さと》り、幸福《こうふく》に至《いた》らしめなければならぬとの精神《せいしん》に立《た》たなければなりません。「願《ねが》わくは此《こ》の功徳《くどく》を以《もっ》て普《あまね》く一切《さい》に及《およ》ぼし」とあるように、私達《わたしたち》が仏教《ぶっきょう》を修行《しゅぎょう》し仏教《ぶっきょう》を宣伝《せんでん》していくのは、自己《じこ》一人の利己的《りこてき》なためでも、独善的《どくぜんてき》に振《ふ》る舞《ま》うためでもありません。無論《むろん》自分《じぶん》も救《すく》われようとはするけれども、その功徳《くどく》は他《た》に及《およ》ばさんとするものである、所謂《いわゆる》自利利他《じりりた》の精神《せいしん》、その広《ひろ》く知《し》られた「我等《われら》と衆生《しゅじょう》と皆共《みなとも》に仏道《ぶつどう》を成《じょう》ぜん」との菩薩的精神《ぼさつてきせいしん》が、此処《ここ》に言《い》い表《あらわ》されています。

（現代語《げんだいご》）

その時《とき》に彼《か》の仏《ほとけ》は、沙弥《しゃみ》となった王子達《おうじたち》の願《ねが》いを受《う》け容《い》れて、この大乗経《だいじょうきょう》の「妙法蓮華《みょうほうれんげ》」、菩薩《ぼさつ》を教《おし》える法《ほう》、仏《ほとけ》が念《ねん》じ護《まも》られるものと名付《なづ》けた経典《きょうてん》を説《と》かれた。そして、この経《きょう》を聞《き》き終《お》わった後《のち》、十六人《にん》の王子《おうじ》は阿耨多羅《あのくたら》三藐《みゃく》三菩提《ぼだい》（無上《むじょう》の完全《かんぜん》な悟《さと》り）を得《え》るために、皆共《みなとも》にこの経《きょう》を受《う》け持《たも》ち読《よ》み唱《とな》え、その内容《ないよう》に通《つう》じて利益《りやく》を得《え》たのであった。

（要文《ようもん》）

爾《そ》の時《とき》に彼《か》の仏《ほとけ》、沙彌《しゃみ》の請《しょう》を受《う》けて、是《こ》の大乗経《だいじょうきょう》の妙法蓮華《みょうほうれんげ》・教菩薩法《きょうぼさつほう》・仏所護念《ぶつしょごねん》と名《なづ》くるを説《と》きたまう。この経《きょう》を説《と》き已《おわ》って、十六の沙彌《しゃみ》、阿耨多羅三藐三菩提《あのくたらさんみゃくさんぼだい》の為《ため》の故《ゆえ》に、皆共《みなとも》に受持《じゅじ》し諷誦《ふうじゅ》・通利《つうり》しき。

（要義《ようぎ》）

王《おう》であった父《ちち》は大通智勝如来《だいつうちしょうにょらい》となり、そしてその十六人《にん》の王子《おうじ》は出家《しゅっけ》して、この妙法蓮華経《みょうほうれんげきょう》を聞《き》いて受持《じゅじ》し、その文句《もんく》を覚《おぼ》えているばかりではなく、その意味《いみ》についても滞《とどこお》りなく領解《りょうげ》しました。即《すなわ》ち法華経《ほけきょう》に精通《せいつう》して、その教《おし》えを以《もっ》て他《た》の者《もの》を導《みちび》いたのです。「阿耨多羅三藐三菩提《あのくたらさんみゃくさんぼだい》」(2)とは、サンスクリット語《ご》を音写《おんしゃ》したものであって、訳《やく》せば無上正遍知《むじょうしょうへんち》、即《すなわ》ち真理《しんり》を究《きわ》めた仏《ほとけ》の無上《むじょう》なる智慧《ちえ》を意味《いみ》します。その仏《ほとけ》の智慧《ちえ》を得《え》させるために、父《ちち》の大通智勝如来《だいつうちしょうにょらい》は法華経《ほけきょう》を本位《ほんい》として説《と》き、十六人《にん》の王子《おうじ》であった菩薩《ぼさつ》も法華経《ほけきょう》を中心《ちゅうしん》に修学《しゅうがく》したのです。そして、その十六番目《ばんめ》の王子《おうじ》が釈迦牟尼仏《しゃかむにぶつ》自身《じしん》であることが明《あ》かされて、釈尊《しゃくそん》が法華経《ほけきょう》を説《と》くのは今此処《いまここ》に始《はじ》まったことではなく、過去《かこ》を尋《たず》ねれば、大通智勝如来《だいつうちしょうにょらい》の時《とき》に発心《ほっしん》したのも法華経《ほけきょう》であり、覆講《ふくこう》といって菩薩《ぼさつ》として再説《さいせつ》して来《き》たのも法華経《ほけきょう》であったことが述《の》べられます。始終《しじゅう》法華経《ほけきょう》であるけれども、ただ今度《こんど》の世界《せかい》の者達《ものたち》は法華経《ほけきょう》を容易《ようい》に受《う》け入《い》れ得《え》ないが故《ゆえ》に、止《や》むを得《え》ず方便《ほうべん》の教《おし》えを先《さき》に施《ほどこ》して、今《いま》ここに開権《かいごん》顕実《けんじつ》をするのである。どちらかと言《い》えば始《はじ》めより法華経《ほけきょう》を説《と》きたいのだけれども、娑婆世界《しゃばせかい》の人々《ひとびと》の機根《きこん》を整《ととの》えるがために、やむなく四十余年方便《よねんほうべん》の説《せつ》を為《な》されたというわけです。

（現代語《げんだいご》）

この十六人《にん》の菩薩《ぼさつ》は、常《つね》に願《ねが》って疲《つか》れることなく妙法蓮華経《みょうほうれんげきょう》を説《と》いた。そして、彼《か》の仏《ほとけ》の弟子《でし》の十六人《にん》の沙弥達《しゃみたち》は、皆無上《みなむじょう》の悟《さと》りを得《え》て十方《ぽう》の世界《せかい》において現在《げんざい》も法《ほう》を説《と》いているのである。そして、その第十六番目《だいばんめ》とは、我《われ》、釈迦牟尼仏《しゃかむにぶつ》である。この娑婆世界《しゃばせかい》において、阿耨多羅三藐三菩提《あのくたらさんみゃくさんぼだい》を成《な》し遂《と》げたのである。

（要文《ようもん》）

仏諸《ほとけもろもろ》の比丘《びく》に告《つ》げたまわく、是《こ》の十六の菩薩《ぼさつ》は常《つね》に楽《ねが》って是《こ》の妙法蓮華経《みょうほうれんげきょう》を説《と》く。彼《か》の仏《ほとけ》の弟子《でし》の十六の沙彌《しゃみ》は、今皆《いまみな》阿耨多羅《あのくたら》三藐《みゃく》三菩提《ぼだい》を得《え》て、十方《ぽう》の国土《こくど》に於《お》いて現在《げんざい》に法《ほう》を説《と》きたまう。第《だい》十六は、我釈迦牟尼仏《われしゃかむにぶつ》なり。娑婆国土《しゃばこくど》に於《お》いて、阿耨多羅《あのくたら》三藐《みゃく》三菩提《ぼだい》を

成《じょう》ぜり。

（要義《ようぎ》）

この十六人《にん》の菩薩達《ぼさつたち》は常《つね》に法華経《ほけきょう》を説《と》き続《つづ》け、今《いま》は何《いず》れも仏《ほとけ》となって十方《ぽう》の世界《せかい》で法《ほう》を説《と》き続《つづ》けていることが説《と》かれています。そして、経文《きょうもん》には西方《さいほう》に阿弥陀仏《あみだぶつ》の名《な》も挙《あ》げられているわけですから、阿弥陀仏《あみだぶつ》が法華経《ほけきょう》に反対《はんたい》することなどはありません。法華経《ほけきょう》に反対《はんたい》しないということは、方便《ほうべん》を開《ひら》いて真実《しんじつ》を顕《あらわ》すということにも阿弥陀仏《あみだぶつ》は賛成《さんせい》を表《ひょう》するということです。浄土門《じょうどもん》は「法華経《ほけきょう》は難行道《なんぎょうどう》」だと、これを斥《しりぞ》けようとしますけれども、阿弥陀仏《あみだぶつ》も常《つね》に楽《ねが》って妙法蓮華経《みょうほうれんげきょう》を説《と》いて衆《しゅ》生《じょう》を教化《きょうけ》したとあるのですから、この法華経《ほけきょう》の文《もん》は彼等《かれら》にとっては非常《ひじょう》に困《こま》るものとなるはずです。

その最後《さいご》の十六番目《ばんめ》が釈迦如来《しゃかにょらい》であって、この娑婆世界《しゃばせかい》に於《お》いて菩提《ぼだい》を成就《じょうじゅ》したことが説《と》かれています。そして、衆生《しゅじょう》は生《う》まれ変《か》わる度《たび》にその教化《きょうけ》を受《う》けた菩薩達《ぼさつたち》に伴《ともな》って信心《しんじん》を深《ふか》めて行《い》くのですから、釈迦牟尼仏《しゃかむにぶつ》が菩薩《ぼさつ》であった時《とき》に、その法座《ほうざ》に於《お》いて法華経《ほけきょう》を聴《き》きし者《もの》は、今《いま》この娑婆世界《しゃばせかい》に来《き》て救《すく》われることとなるわけです。実《じつ》は汝等下根《なんじらげこん》の者達《ものたち》は、彼《か》の大通智勝仏《だいつうちしょうぶつ》の時《とき》、私《わたし》が菩薩《ぼさつ》として法華経《ほけきょう》を説《と》いたその法座《ほうざ》に来《き》ていた者達《ものたち》である。その時《とき》に法座《ほうざ》に集《あつ》まった者《もの》の大抵《たいてい》は救《すく》われたけれども、汝等《なんじら》は退転《たいてん》し堕落《だらく》して今日《こんにち》まで残《のこ》ってしまった者《もの》である。私《わたし》と汝等《なんじら》の関係《かんけい》は今《いま》に始《はじ》まるものではない。汝等《なんじら》は遙《はる》かなる過去《かこ》に私《わたし》が法華経《ほけきょう》を与《あた》えたことを忘《わす》れて、方便《ほうべん》の教《おし》えに流《なが》れてしまったけれども、それが今漸《いまようや》く私《わたし》の本懐《ほんかい》を悟《さと》って自《みずか》らが発心《ほっしん》を起《おこ》した所《ところ》の法華経《ほけきょう》に戻《もど》った、元《もと》の道《みち》に戻《もど》ったのである。それは長《なが》く流浪《るろう》していた長者《ちょうじゃ》の子《こ》が、父《ちち》に面会《めんかい》して家督《かとく》を相続《そうぞく》することを得《え》たのと同《おな》じであり、迷《まよ》いより悟《さと》りに帰《かえ》ってきたのである。何《なに》も驚《おどろ》くことではないと、三千塵點劫《じんてんこう》の過去《かこ》より、娑婆世界《しゃばせかい》の衆生《しゅじょう》と釈迦如来《しゃかにょらい》には特別《とくべつ》の結縁《けちえん》があることを教《おし》えています。

（現代語《げんだいご》）

仏《ほとけ》は人々《ひとびと》の心《こころ》が弱《よわ》く劣《おと》っていることを知《し》って、方便力《ほうべんりき》を以《もつ》て、休息《きゅうそく》のために途中《とちゅう》に二つの涅槃《ねはん》の境地《きょうち》を説《と》いたのである。彼《か》の導師《どうし》が人々《ひとびと》を休《やす》めさせるために神通力《じんづうりき》によって仮《かり》の都城《とじょう》を造《つく》り、すでに安息《あんそく》を得《え》たことを知《し》ると、「宝《たから》のある所《ところ》は近《ちか》くにある。この都城《とじょう》は真実《しんじつ》のものではない。私《わたし》が仮《かり》に造《つく》り出《だ》したものである。」と告《つ》げるのと同《おな》じである。

(要文《ようもん》)

仏《ほとけ》是《こ》の心《こころ》の怯弱《こうにゃく》下劣《げれつ》なるを知《し》ろしめして、方便力《ほうべんりき》を以《もつ》て、中道《ちゅうどう》に於《おい》て止息《しそく》せんが為《ため》の故《ゆえ》に、二涅槃《ねはん》を説《と》く。彼《か》の導師《どうし》の止息《しそく》せんが為《ため》の故《ゆえ》に大城《だいじょう》を化作《けさ》し、既《すで》に息《やす》み已《おわ》んぬと知《し》って、之《これ》に告《つ》げて宝処《ほうしょ》は近《ちか》きに在《あ》り、此《こ》の城《しろ》は実《じつ》に非《あら》ず、我《わ》が化作《けさく》ならくのみと言《い》わんが如《ごと》し。

(要義《ようぎ》)

ここに省略《しょうりゃく》した経文《きょうもん》には、宝《たから》を得《え》ようと遠《とお》く険《けわ》しき道《みち》を進《すす》む大勢《おおぜい》の者《もの》の中《なか》で、一人《り》の優《すぐ》れた指導《しどう》者《しゃ》が人々《ひとびと》を多《おお》くの難《なん》から救《すく》う「化城宝処《けじょうほうしょ》の喩《たとえ》」が語《かた》られています。その指導者《しどうしゃ》は、身《み》も心《こころ》も疲《つか》れて退《しりぞ》き帰《かえ》らんと欲《ほっ》する人々《ひとびと》を見《み》て、神通力《じんづうりき》を以《もつ》て仮《かり》の都城《とじょう》を造《つく》って休息《きゅうそく》させましたが、今度《こんど》は人々《ひとびと》がその状況《じょうきょう》に満足《まんぞく》して更《さら》に進《すす》む気力《きりょく》を無《な》くしてしまいます。そこで指導者《しどうしゃ》は、彼等《かれら》が充分《じゅうぶん》に休息《きゅうそく》したのを知《し》ると、再《ふたた》び化城《けじょう》を滅《めっ》して「前進《ぜんしん》すべし」と宝処《ほうしょ》へと向《む》かはしめるのです。この導師《どうし》とは釈《しゃ》迦如来《かにょらい》を譬《たと》えたものであり、そして大勢《おおぜい》の宝《たから》を得《え》ようと進《すす》む者達《ものたち》とは、仏教《ぶっきょう》に集《あつ》まった人々《ひとびと》のことです。仏教《ぶっきょう》の最高《さいこう》の悟《さと》りに至《いた》らんとするには道《みち》は遠《とお》く険《けわ》しいものですから、そこで釈尊《しゃくそん》は方便力《ほうべんりき》を以《もっ》て途中《とちゅう》に小《ちい》さな悟《さと》りに似《に》た満足《まんぞく》、小乗仏教《しょうじょうぶっきょう》の「有余《うよ》の涅槃《ねはん》」と「無余《むよ》の涅槃《ねはん》」を説《と》いたのです。

[3]この有余涅槃《うよねはん》とは、煩悩《ぼんのう》を断《だん》じて輪廻転生《りんねてんしょう》の原因《げんいん》は絶《た》っているが未《いま》だ身体《しんたい》は残《のこ》っている状態《じょうたい》、そし

て無余涅槃《むよねはん》とは灰身滅智《はいしんめっち》と言《い》って心身共《しんしんとも》に消滅《しょうめつ》した状態《じょうたい》のことですが、このような消極的《しょうきょくてき》な二涅《ね》槃《はん》を釈尊《しゃくそん》が仏教《ぶっきょう》の悟《さと》りのように説《と》いたのは、人々《ひとびと》を休息《きゅうそく》させるために造《つく》った化城《けじょう》と等《ひと》しきものであって、真実《しんじつ》のものではありません。そこで、そんな所《ところ》に引《ひ》っ掛《か》かっているべきではない、更《さら》に進《すす》んで大《おお》いに積極的《せっきょくてき》に菩薩《ぼさつ》の行《ぎょう》に入《はい》り、活動《かつどう》を起《お》こして仏《ほとけ》に成《な》って行《い》かねばならないと、開権顕実《かいごんけんじつ》、開《かい》三顕《けん》一の法華《ほっけ》の理想《りそう》がこの譬《たと》えに寄《よ》せて説《と》かれているのです。

（現代語《げんだいご》）

今《いま》、汝達《なんじたち》の為《ため》に真実《しんじつ》を説《と》く。汝達《なんじたち》が得《え》たと思《おも》っている境地《きょうち》は涅槃《ねはん》ではない。汝達《なんじたち》は、仏《ほとけ》の一切智《さいち》を得《え》るために、当《まさ》に大《おお》いなる精進《しょうじん》を起《お》こすべきである。汝達《なんじたち》が仏《ほとけ》の一切智《さいち》・十種《しゅ》の力等《ちからとう》の仏法《ぶっぽう》を会《え》得《とく》し、その姿《すがた》が三十二の仏《ほとけ》の相好《そうごう》を具《そな》えたならば、それこそが真実《しんじつ》の涅槃《ねはん》というものである。

（要文《ようもん》）

今汝《いまなんじ》が為《ため》に実《じつ》を説《と》く。汝《なんじ》が所得《しょとく》は滅《めつ》に非《あら》ず、仏《ほとけ》の一切智《さいち》のために当《まさ》に大精進《だいしょうじん》を発《おこ》すべし。汝《なんじ》一切智《さいち》・十力等《りきとう》の仏法《ぶっぽう》を証《しょう》し、三十二相《そう》を具《ぐ》しなば乃《すなわ》ち是《こ》れ真実《しんじつ》の滅《めつ》ならん。

（要義《ようぎ》）

真実《しんじつ》の話《はなし》をすれば、汝達《なんじたち》が今《いま》まで悟《さと》りを得《え》たと思《おも》っていたものは、本当《ほんとう》の寂滅《じゃくめつ》涅槃《ねはん》ではない。そのような消極的《しょうきょくてき》な消《き》え去《さ》って行《い》くような意味《いみ》に仏教《ぶっきょう》は説《と》かれているのでない。真《しん》の涅槃《ねはん》というものは、仏《ほとけ》の一切智《さいち》、一切《さい》の物《もの》をよく照《て》らし見《み》る所《ところ》の大智慧《だいちえ》が開《ひら》かれて、その大智慧《だいちえ》よりして大活動《だいかつどう》が起《お》こってくるのであるから、消《き》え去《さ》るどころではない。曇《くも》っていた鏡《かがみ》を磨《みが》き上《あ》げるように、その真価《しんか》が現《あらわ》れるように「滅《めつ》」という事《こと》を見《み》なければならぬ。その大《おお》いなる智慧《ちえ》のために大精進《だいしょうじん》を起《お》こして奮闘《ふんとう》をして進《すす》んで行《い》かねばならぬ。そして汝達《なんじたち》は一切智《さいち》を得《え》て総《すべ》ての物事《ものごと》の道理《どうり》を知《し》り、宇《う》宙《ちゅう》に関《かん》しては実相《じっそう》の奥《おく》を究《きわ》め、そして一切衆生《さいしゅじょう》の心《こころ》の行《い》く所《ところ》を察知《さっち》し、上《うえ》にも下《した》にも曇《くも》りなく智慧《ちえ》が働《はたら》き、十力《りき》という普通人《ふつうじん》には為《な》し得《え》ない、仏《ほとけ》が有《ゆう》する所《ところ》の卓越《たくえつ》した力《ちから》を具《そな》え、その上《うえ》に三十二相《そう》の優《すぐ》れた姿《すがた》を具《そな》えなければならぬ。即《すなわ》ち具体的《ぐたいてき》な相《すがた》を持《も》ち、活動力《かつどうりょく》を持《も》ち、大智慧《だいちえ》を持《も》って、「真《しん》実《じつ》の滅《めつ》」であると法華経《ほけきょう》は説《と》いているのです。「滅《めつ》」の字《じ》とは滅《ほろ》びることのようですが、大乗仏《だいじょうぶつ》教《きょう》では非常《ひじょう》に積極的《せっきょくてき》な実在《じつざい》、不生不滅《ふしょうふめつ》の実在《じつざい》を指《さ》して寂滅《じゃくめつ》と言《い》います。[4]殊《こと》に、ここに「三十二相《そう》を具《ぐ》しなば」という文《もん》は法華経《ほけきょう》の特色《とくしょく》をよく現《あらわ》しているものであって、「凡夫《ぼんぷ》がそのまま仏《ほとけ》」であるなどという亜流《ありゅう》の思想《しそう》は全《まった》く斥《しりぞ》け、真善美結晶《しんぜんびけっしょう》の積極的実在者《せっきょくてきじつざいしゃ》でなければ真実《しんじつ》の滅《めつ》であるとは言《い》えないことを説《と》いていています。

　したがって、仏教全体《ぶっきょうぜんたい》を厭世的《えんせいてき》、消極的《しょうきょくてき》であるとか悲観的《ひかんてき》であると考《かんが》えるのは甚《はなは》だ間違《まちが》ったことです。今《いま》の日本人《にほんじん》の思想《しそう》を繋《つな》いでいるものが、過去《かこ》の因襲《いんしゅう》によるものならば、そのような僻見《へきけん》は打破《だは》しなければなりません。漢学者《かんがくしゃ》が朱子《しゅし》の「寂滅《じゃくめつ》の教《おしえ》」の言葉《ことば》を以《もっ》て仏教《ぶっきょう》を批判《ひはん》するならば、私《わたし》達《たち》はそれと闘《たたか》わなければなりません。浄土宗《じょうどしゅう》や禅宗《ぜんしゅう》にそういう傾向《けいこう》があったならば、私達《わたしたち》はそれを正《ただ》さなければなりません。そもそも、聖徳太子《しょうとくたいし》が法華経《ほけきょう》を以《もっ》てこの日本《にほん》の国造《くにづく》りをされたのは、「万善同帰《ばんぜんどうき》」と言《い》って、総《すべ》ての善《よ》いことが統《とう》一した所《ところ》に働《はたら》いて、社会《しゃかい》の道徳《どうとく》が守《まも》られ、善良《ぜんりょう》なる風《ふう》俗《ぞく》が育《はぐく》まれて、理想的《りそうてき》な文化《ぶんか》が開発《かいはつ》されて行《い》くことを法華経《ほけきょう》に観《み》たからです。[5] 哲学的《てつがくてき》なる真《しん》、道徳《どうとく》的《てき》なる善《ぜん》、芸術的《げいじゅつてき》なる美《び》、この真善美《しんぜんび》を希求《ききゅう》して行《おこな》う、そのような積極的《せっきょくてき》な菩薩行《ぼさつぎょう》こそが仏《ほとけ》の智《ち》力《りょく》と相好《そうごう》を得《え》る者《もの》となり、そして社会《しゃかい》を理想化《りそうか》せしめるのです。

五百弟子受記品第八《でしじゅきほんだい》

（現代語《げんだいご》）

世尊《せそん》は極《きわ》めて優《すぐ》れた方《ほう》であり、その為《な》される事《こと》は類《たぐ》い希《まれ》なるものです。世間《せけん》の人々《ひとびと》の様々《さまざま》な素性《そせい》に応《おう》じて、智慧《ちえ》による巧《たく》みなる手立《てだ》てを以《もっ》て法《ほう》を説《と》き、衆生《しゅじょう》から貪欲《とんよく》や執著《しゅうぢゃく》を抜《ぬ》き出《だ》される。私達《わたしたち》は、如何《いか》にしても仏《ほとけ》の功徳《くどく》を言葉《ことば》によって述《の》べることは出来《でき》ません。ただ仏《ほとけ》・世尊《せそん》のみが、私達《わたしたち》の深《ふか》き心《こころ》にある本来《ほんらい》の誓願《せいがん》を知《し》って下《くだ》さるのです。


（要文《ようもん》）

世尊《せそん》は甚《はなは》だ奇特《きとく》にして、所為希有《しょいけう》なり。世間若干《せけんそこばく》の種性《しゅしょう》に随順《ずいじゅん》して、方便知見《ほうべんちけん》を以《もっ》て為《ため》に法《ほう》を説《と》いて、衆生処々《しゅじょうしょしょ》の貪著《とんぢゃく》を抜出《ぬきだ》したもう。我等《われら》仏《ほとけ》の功徳《くどく》に於《おい》て、言《ことば》をもって宣《の》ぶること能《あた》わず。唯仏世尊《ただぶつせそん》のみ能《よ》く、我等《われら》が深心《じんしん》の本願《ほんがん》を知《しろ》しめせり。

（要義《ようぎ》）

この五百弟子授記品《でしじゆきほん》ならびに授学無学人記品《じゆがくむがくにんきほん》において、下根《げこん》の人々《ひとびと》は仏《ほとけ》と成《な》る記別《きべつ》を受《う》けます。古来《こらい》の学者《がくしや》が、迹門《しやくもん》は冷《ひや》やかなる実相《じつそう》・真如《しんによ》の理《り》のみを説《と》いたように解釈《かいしやく》して、仏《ほとけ》の有《あ》り難《がた》さなどには余《あま》り心《こころ》を留《とど》めず、日蓮門下《にちれんもんか》でも「迹門《しやくもん》は実相《じつそう》を説《と》き、本門《ほんもん》には本仏《ほんぶつ》を説《と》く」と言《い》っていれば良《よ》いというような傾向《けいこう》がありましたが、迹門《しやくもん》と雖《いえど》も、実相《じつそう》を説《と》いた直《す》ぐ後《あと》には必《かなら》ず仏《ほとけ》の有《あ》り難《がた》さが説《と》かれていることに留意《りゆうい》しなければなりません。方便品《ほうべんぽん》には「大悲心《だいひしん》を起《おこ》し」と説《と》き、譬喩品《ひゆほん》では「我《われ》一人《り》のみ能《よ》く救護《くご》を為《な》す」と述《の》べ、信解品《しんげほん》には長者《ちようじや》の譬《たと》えを挙《あ》げて子供《こども》を憐《あわ》れみ、化城喩品《けじようゆほん》では導師《どうし》として志《こころざし》弱《よわ》き人々《ひとびと》を導《みちび》くことが説《と》かれて、寧《むし》ろ冷《ひや》やかな実相《じつそう》・妙理《みようり》を説《と》くことは僅《わず》かです。薬草喩品《やくそうゆほん》を見《み》ても、三草《そう》二木《もく》を潤《うるお》す雨《あめ》とは仏《ほとけ》の説法《せつぽう》を譬《たと》えたものであり、仏《ほとけ》によって一切《さい》が救《すく》われるからこそ、弟子達《でしたち》が領解《りようげ》する時《とき》には、非常《ひじよう》に感謝《かんしや》していることが申《もう》し上《あ》げられるのです。

釈迦牟尼世尊《しやかむにせそん》は、政治《せいじ》を以《もつ》て人《ひと》を救《すく》い、経済《けいざい》を以《もつ》て人《ひと》を救《すく》うというような普通《ふつう》の遣《や》り方《かた》ではなく、人々《ひとびと》を心《こころ》の底《そこ》から救《すく》います。釈尊《しやくそん》は、個人《こじん》の人生《じんせい》を理想《りそう》に導《みちび》くにしても、社会《しやかい》の文明《ぶんめい》を打《う》ち立《た》てるにしても、十方法界《ぽうほうかい》が光明《こうみよう》に包《つつ》まれるような、完全円満《かんぜんえんまん》な仏《ほとけ》の覚《さと》りより教《おし》えを立《た》てます。しかしながら、仏《ほとけ》の覚《さと》りが実《じつ》に申《もう》し分《ぶん》のないものであっても、世間《せけん》の人々《ひとびと》には色々《いろいろ》の性質《せいしつ》があり、賢《かしこ》き者《もの》もあれば愚《おろ》かな者《もの》もある訳《わけ》です。それ故《ゆえ》に、仏《ほとけ》は方便《ほうべん》を、応用《おうよう》せる智慧《ちえ》を以《もっ》てそれぞれに適《かな》うような教《おし》えを立《た》てて法《ほう》を説《と》くのです。また、衆生《しゅじょう》が囚《とら》われていることには皆《みな》それぞれに違《ちが》いがあり、権力《けんりょく》に囚《とら》われる者《もの》、名誉《めいよ》に囚《とら》われる者《もの》、金銭《きんせん》に囚《とら》われる者《もの》もあれば、性欲《せいよく》に囚《とら》われる者《もの》もあります。それら衆生《しゅじょう》が欲望《よくぼう》を貪《むさぼ》り執着《しゅうちゃく》し、或《ある》いは煩悶《はんもん》して向上《こうじょう》し得《え》ないからこそ、それを救《すく》うが為《ため》に仏《ほとけ》はそれぞれに法《ほう》を説《と》くのです。その中《なか》には、思想《しそう》に囚《とら》われている者《もの》もあります。偏狭《へんきょう》な教義《きょうぎ》に囚《とら》われ、或《ある》いは迷信《めいしん》に囚《とら》われ、その他様々《たさまざま》な事《こと》によって迷《まよ》い陥《おちい》っているが故《ゆえ》に、仏《ほとけ》はそれを救《すく》うのです。そのように賢《かしこ》き者《もの》も愚《おろ》かな者《もの》も、様々《さまざま》に囚《とら》われている者《もの》も、仏《ほとけ》は種々《しゅじゅ》にこれを誘導《ゆうどう》し摂受《しょうじゅ》教化《きょうけ》して、そして最後《さいご》に法華経《ほけきょう》に来《き》たって、上中下根《じょうちゅうげこん》の者《もの》を漏《も》らさずに最高《さいこう》の教《おし》えを与《あた》えます。その手《て》際《ぎわ》というのは、実《じつ》に偉大《いだい》なる感化方法《かんかほうほう》であって、言葉《ことば》を以《もっ》てはその徳《とく》を讃歎《さんたん》しようもない。どれ程《ほど》に感謝《かんしゃ》し、どれ程《ほど》に喜《よろこ》びに満《み》ちているか、仏様《ほとけさま》は我々《われわれ》の心《こころ》の奥《おく》を見通《みとお》して下《くだ》さるはずである。それは、自分達《じぶんたち》が根本《こんぽん》の発心《ほっしん》、菩薩行《ぼさつぎょう》のその源《みなもと》の本願《ほんがん》の精神《せいしん》に蘇《よみがえ》って真《しん》に満足《まんぞく》の境界《きょうがい》に居《い》ることである、最早《もはや》言葉《ことば》では御礼《おれい》の申《もう》しようは尽《つ》きていると、弟子《でし》の富楼那《ふるな》がその心中《しんちゅう》を述《の》べています。このように、迹門《しゃくもん》と雖《いえど》もこれ程《ほど》に弟子達《でしたち》は仏《ほとけ》に感謝《かんしゃ》をしている、人格中心《じんかくちゅうしん》の思想《しそう》が迹門《しゃくもん》でも余程《よほど》強《つよ》く現《あらわ》れていることを私達《わたしたち》は忘《わす》れるべきではありません。

（現代語《げんだいご》）

仏国土《ぶっこくど》には七宝《ぽう》の高楼《こうろう》が満《み》ちて、天《てん》の神々《かみがみ》の宮殿《きゅうでん》は近《ちか》くの虚空《こくう》に在《あ》り、人《ひと》と天人《てんにん》が互《たが》いに相接《あいせつ》して見合《みあ》うことが出来《でき》るであろう。


（要文《ようもん》）

七宝《ぽう》の台観其《だいかんそ》の中《なか》に充満《じゅうまん》し、諸天《しょてん》の宮殿近《くでんちか》く虚空《こくう》に処《しょ》し、人《にん》・天交接《でんきょうしょう》して両《ふた》つながら相《あい》見《み》ることを得《え》ん。


（要義《ようぎ》）

この所《ところ》は富楼那《ふるな》が仏《ほとけ》となった時《とき》の仏国土《ぶっこくど》の様子《ようす》を述《の》べて、人々《ひとびと》が悟《さと》った場合《ばあい》の浄土《じょうど》の美《うつく》しき光景《こうけい》を説《と》いています。それは今見《いまみ》る娑婆世界《しゃばせかい》のように愚劣《ぐれつ》な世界《せかい》ではなく、もっと高等《こうとう》なる美《うつく》しい世界《せかい》であって、人《ひと》と天《てん》の神々《かみがみ》が交《まじ》わり接《せつ》することが出来《でき》る所《ところ》です。この世界《せかい》では人《ひと》が天《てん》から離《はな》れて餓《が》鬼《き》・畜生《ちくしょう》の方《ほう》へと向《む》かっている、下《した》ばかりを向《む》いて上《うえ》を向《む》かなくなっている者《もの》が非常《ひじょう》に多《おお》いですが、仏《ほとけ》と成《な》って行《い》く人々《ひとびと》の世界《せかい》は、皆上《みなうえ》を向《む》いて天《てん》と交《まじ》わっているのです。世間《せけん》の人《ひと》が「神《かみ》を信《しん》じる」と言《い》って、ただ瞑目《めいもく》して掌《てのひら》を合《あ》わせているようなものではありません。人《ひと》と天《てん》の神々《かみがみ》とが相交《あいまじ》わって「相見《あいみ》ることを得《え》ん」とは、人間《にんげん》が非常《ひじょう》に向上《こうじょう》して、偽《いつわ》り無《な》き天《てん》に近付《ちかづ》いている様子《ようす》を現《あらわ》しています。この部分《ぶぶん》は、本来《ほんらい》は「神々《かみがみ》も人々《ひとびと》を見《み》、人々《ひとびと》も神々《かみがみ》を見《み》る」という単純《たんじゅん》な文章《ぶんしょう》でしたが、それでは何《なん》のことか分《わ》からない、この中《なか》に含《ふく》まれている意味《いみ》を言《い》い表《あらわ》すことが出来《でき》ないと考《かんが》えて、鳩《く》摩羅什《まらじゅう》が法華経《ほけきょう》を翻訳《ほんやく》する際《さい》に非常《ひじょう》に苦心《くしん》したと伝《つた》えられている所《ところ》です。

(現代語《げんだいご》)

内《うち》には菩薩《ぼさつ》の修行《しゅぎょう》を秘《ひ》して、外《そと》には声聞《しょうもん》であると現《あら》われ、少欲《しょうよく》にして生死《しょうじ》を厭《いと》うように見《み》せながらも、実《じつ》には自《みずか》ら仏《ほとけ》の国土《こくど》を浄《きよ》めているのである。また、人《ひと》に貪欲《とんよく》・瞋恚《しんに》・愚痴《ぐち》の三毒《どく》があることを自《みずか》らに示《しめ》したり、また誤《あやま》った見解《けんかい》に陥《おちい》っている様相《ようそう》を現《あらわ》したりもする。私《わたし》の弟子達《でしたち》は、このような方便《ほうべん》を用《もち》いて人々《ひとびと》を救《すく》うのである。

(要文《ようもん》)

内《うち》に菩薩《ぼさつ》の行《ぎょう》を秘《ひ》し、外《そと》に是《こ》れ声聞《しょうもん》なりと現《げん》ず。少欲《しょうよく》にして生死《しょうじ》を厭《いと》えども、実《じつ》には自《みずか》ら仏土《ぶつど》を浄《きよ》む。衆《しゅ》に三毒《どく》ありと示《しめ》し、又邪見《またじゃけん》の相《そう》を現《げん》ず。我《わ》が弟子《でし》是《かく》の如《ごと》く、方便《ほうべん》して衆生《しゅじょう》

を度《ど》す。

（要義《ようぎ》）

(1)法華経《ほけきょう》以前《いぜん》の大乗経典《だいじょうきょうてん》では、声聞等《しょうもんとう》を自己《じこ》の解脱《げだつ》のみに執着《しゅうちゃく》する者《もの》として、成仏《じょうぶつ》は出来《でき》ないと呵責《かしゃく》してきました。この文《もん》は法華経《ほけきょう》の理想《りそう》を表《あらわ》しているもので、彼等《かれら》は表《おもて》には声聞《しょうもん》の相《すがた》を現《げん》じてはいるけれども、心《こころ》の中《なか》には菩薩《ぼさつ》の精神《せいしん》を維持《いじ》していた者《もの》である、菩薩《ぼさつ》の相《すがた》を敢《あ》えて避《さ》けていたのは外《ほか》の者《もの》を導《みちび》くためであったのだと説《と》きます。そして、それは方便化導《ほうべんけどう》の上《うえ》から起《おこ》ることで、我《わ》が弟子《でし》は大勢《おおぜい》の者《もの》に対《たい》して、自《みずか》らに貪欲《とんよく》・瞋恚《しんに》・愚痴《ぐち》の三毒《どく》の煩悩《ぼんのう》が有《あ》ることを示《しめ》して導《みちび》くこともあれば、敢《あ》えて邪《よこしま》な見解《けんかい》に陥《おちい》っている相《すがた》を現《あら》わして導《みちび》くこともある。如来《にょらい》の衆生《しゅじょう》を教化《きょうけ》する慈悲《じひ》の上《うえ》にあっては、様々《さまざま》な手段《しゅだん》を取《と》らなければならないのであるから、これらの弟子《でし》が阿羅漢《あらかん》の仲間入《なかまい》りをして彼等《かれら》を導《みちび》いてくる位《くらい》は尋常《じんじょう》の事《こと》である。決《けっ》して侮蔑《ぶべつ》すべきではない、寧《むし》ろそういう仲間《なかま》に下《くだ》って行《い》って、そうして彼等《かれら》を導《みちび》いたとすれば、方便化導《ほうべんけどう》として尊《とうと》いことであると言《い》われています。

仏《ほとけ》についての顕本《けんぽん》は寿量品《じゅりょうほん》で為《な》されますが、ここでは弟子《でし》についての顕本《けんぽん》がされています。法《ほ》華経《けきょう》は、二乗《じょう》を一概《がい》に堕落《だらく》した者《もの》として卑《いや》しむのではありません。そのような呵責《かしゃく》を受《う》けても忍《しの》び忍《しの》んで、そして大勢《おおぜい》の者《もの》と共《とも》に法華経《ほけきょう》の開顕《かいけん》の席《せき》まで来《き》て、漸《ようや》く喜《よろこ》びを述《の》べる声聞達《しょうもんたち》の苦心《くしん》は、非《ひ》常《じょう》な侮辱《ぶじょく》を受《う》けるようなことがあっても、それを堪《た》え忍《しの》ばなければ大《おお》なる目的《もくてき》を達《たっ》することは出来《でき》ない、方便教化《ほうべんきょうけ》の為《ため》には一時的《いちじてき》に外部《がいぶ》がどう見《み》ようとも、その場《ば》に応《おう》じて自在《じざい》に変化《へんげ》し適応《てきおう》することが、仏教《ぶっきょう》の化導《けどう》にはあることを教《おし》えています。行《おこな》い澄《す》まして、ただ仏《ほとけ》は清《きよ》いもの、正《ただ》しいものという単調《たんちょう》なことを言《い》っていたのでは、悪逆《あくぎゃく》なる者《もの》を教化《きょうけ》することは出来《でき》ません。この思想《しそう》は、法《ほ》華経《けきょう》や涅槃経《ねはんぎょう》によく現《あらわ》れている所《ところ》であって、そのような上辺《うわべ》だけの仏教《ぶっきょう》を盛《さか》んにしていたのでは、却《かえ》って国《くに》は弱《よわ》くなり、社会《しゃかい》は偏《かたよ》ったものになり、やがて悪《あ》しき者《もの》のために引《ひ》っ繰《く》り返《かえ》されてしまうことにもなります。根本《こんぽん》は慈悲《じひ》であり清浄《しょうじょう》なる精神《せいしん》であるけれども、実際《じっさい》の上《うえ》には様々《さまざま》なる手段方《しゅだんほう》法《ほう》を具備《ぐび》せねばならないということ、そのような意味合《いみあ》いが備《そな》わって、初《はじ》めて仏教《ぶっきょう》の教化上《きょうけじょう》において過《あやま》ちを取《と》らぬことになって行《い》くのです。

(現代語《げんだいご》)

迦葉《かしょう》よ、汝《なんじ》は既《すで》に五百人《にん》の自在《じざい》を得《え》た者達《ものたち》のことを知《し》ったのだ。他《た》の諸々《もろもろ》の声聞達《しょうもんたち》もまた、必《かなら》ずその如《ごと》くになるであろう。今《いま》この法座《ほうざ》に在《あ》らざる者達《ものたち》には、汝《なんじ》からこの事《こと》を説《と》き明《あ》かすがよい。

(要文《ようもん》)

迦葉《かしよう》 汝已《なんじすで》に、五百の自在者《じざいしや》を知《し》りぬ。余《よ》の諸々《もろもろ》の声聞衆《しようもんしゆ》も、また当《まさ》に復是《またかく》の如《ごと》くなるべし。其《そ》の此《こ》の会《え》に在《あ》らざるは、汝当《なんじまさ》に為《ため》に宣説《せんぜつ》すべし。

(要義《ようぎ》)

釈迦牟尼仏《しやかむにぶつ》は、化城喩品《けじようゆほん》の説法《せつぽう》を理解《りかい》した下根《げこん》の阿羅漢《あらかん》千二百人《にん》に記別《きべつ》を与《あた》えられますが、ま[2]ずは五百人《にん》の阿羅漢《あらかん》に直接授記《ちよくせつじゆき》することから、この章《しよう》は「五百弟子受記品《でしじゆきほん》」と名付《なづ》けられています。そして、残《のこ》りの七百人《にん》の阿羅漢《あらかん》のみならず、この法座《ほうざ》に居《お》らない声聞達《しようもんたち》にも間接的《かんせつてき》に仏《ほとけ》は記別《きべつ》を与《あた》えると言《い》われているのですから、如何《いか》に法華経《ほけきよう》が行《い》き届《とど》いて残《のこ》る隈《くま》のない経典《きようてん》であるかを示《しめ》していると言《い》えましょう。[3]一切《さい》の仏弟子《ぶつでし》は、釈尊《しやくそん》の下《もと》で仏《ほとけ》と成《な》るために修行《しゆぎよう》している菩薩《ぼさつ》です。そのために「上求菩提下化衆生《じようぐぼだいげけしゆじよう》」と言《い》って、菩薩《ぼさつ》は上《うえ》には菩提《ぼだい》を求《もと》めて仏国土《ぶつこくど》を浄《きよ》め、下《した》には衆生《しゆじよう》を教化《きようけ》するために諸難《しよなん》に赴《おもむ》くのです。その菩薩《ぼさつ》としての自覚《じかく》を改《あらた》めて得《え》て、そして社会《しやかい》において、それぞれが自己《じこ》の役割《やくわり》を大《おお》いに発揮《はつき》することが法華経《ほけきよう》の理想《りそう》であるのです。

（現代語《げんだいご》）

世尊《せそん》、譬《たと》えれば親友《しんゆう》の家《いえ》を尋《たず》ねて、酒《さけ》に酔《よ》って寝《ね》てしまった者《もの》があるとします。この時《とき》、公用《こうよう》で出掛《でか》けなければならなかった親友《しんゆう》は、彼《かれ》を起《お》こさずに非常《ひじょう》に高価《こうか》な宝珠《ほうじゅ》をその男《おとこ》の衣《ころも》の裏《うら》に結《むす》び付《つ》けて家《いえ》を出《で》ました。しかしながら、男《おとこ》は酔《よ》い潰《つぶ》れて何《なに》も知《し》らず、目《め》を醒《さ》ますと彼方此方《あちらこちら》を巡《めぐ》って他《た》国《こく》に至《いた》ります。衣食《いしょく》のために仕事《しごと》を探《さが》し求《もと》めますが甚《はなは》だ困窮《こんきゅう》し、少《すこ》しでも得《え》るところあればそれで満足《まんぞく》するという有様《ありさま》でした。その後《ご》、偶々《たまたま》出会《であ》った親友《しんゆう》は、彼《かれ》を見《み》てこう嘆《なげ》きました。「何《なん》と拙《つたな》いことか、ただ衣食《いしょく》を得《え》るためにこのような有様《ありさま》になるとは。私《わたし》は昔《むかし》の何年何月《なんねんなんがつ》に、君《きみ》が安楽《あんらく》に、そして五欲《よく》の恣《ほしいまま》に暮《く》らせるようにと、値《ね》も付《つ》けられない程《ほど》の高価《こうか》な宝珠《ほうじゅ》を君《きみ》の衣《ころも》の裏《うら》に結《むす》び付《つ》けておいたのだ。今《いま》もそこに在《あ》るではないか。それを知《し》らずに、苦《くる》しみ憂《うれ》い悩《なや》んで、その日暮《ひぐ》らしに甘《あま》んじるとは、何《なん》と君《きみ》は愚《おろ》かであろうか。君《きみ》は今《いま》、その宝《たから》を持《も》って行《い》って金《かね》や物《もの》に換《か》えるがよい。そして常《つね》に思《おも》うように暮《く》らして、乏《とぼ》しく生《い》きることのないようにせよ」と。

私達《わたしたち》もまた、当《まさ》にその通《とお》りであります。世尊《せそん》は煩悩《ぼんのう》に迷《まよ》って生死《しょうじ》の境界《きょうがい》に彷徨《さまよ》っている私達《わたしたち》を常《つね》に憐《あわ》れんで教化《きょうけ》され、この上《うえ》なき誓願《せいがん》を私達《わたしたち》に植《う》え付《つ》けておられたのです。

（要文《ようもん》）

世尊《せそん》、譬《たと》えば人《ひと》あり、親友《しんぬ》の家《いえ》に至《いた》って酒《さけ》に酔《よ》うて臥《ふ》せり。是《こ》の時《とき》に親友官事《しんぬかんじ》の当《まさ》に行《い》くべきあって、無価《むげ》の宝珠《ほうじゅ》を以《もっ》て其《そ》の衣《ころも》の裏《うら》に繋《か》け之《これ》を与《あた》えて去《さ》りぬ。其《そ》の人酔《ひとよ》い臥《ふ》して、都《すべ》て覚知《かくち》せず。起《お》き已《おわ》って遊行《ゆぎょう》し他国《たこく》に到《いた》りぬ。衣食《えじき》の為《ため》の故《ゆえ》に勤力求索《つとめぐしゃく》すること甚《はなは》だ大《おお》いに艱難《かんなん》なり。若《も》し少《すこ》し得《え》る所《ところ》在《あ》れば便《すなわ》ち以《もっ》て足《た》りぬと為《な》す。後《のち》に親友《しんぬ》会《あ》い遇《お》うて之《これ》を見《み》て、是《こ》の言《ことば》を作《な》さく、咄哉《つたなや》、丈夫《じょうぶ》、何《なん》ぞ衣食《えじき》の為《ため》に乃《すなわ》ち是《かく》の如《ごと》くなるに至《いた》る。我昔《われむかし》汝《なんじ》をして安《あん》楽《らく》なることを得《え》、五欲《よく》に自《みずか》ら恣《ほしいまま》ならしめんと欲《ほっ》して、某《それがし》の年日月《としひつき》に於《おい》て無価《むげ》の宝珠《ほうじゅ》を以《もっ》て汝《なんじ》が衣《ころも》の裏《うら》に繋《か》けぬ。今故《いまな》お現《げん》にあり。而《しか》るを汝《なんじ》知《し》らずして、勤苦《ごんく》・憂悩《うのう》して以《もっ》て自活《じかつ》を求《もと》めること、甚《はなは》だこれ痴《ち》なり。汝今此《なんじいまこ》の宝《たから》を以《もっ》て所須《しょしゅ》に貿易《むやく》すべし。常《つね》に意《こころ》の如《ごと》く乏短《ぼうたん》なる所《ところ》なかるべしといわんが如《ごと》し。

我等《われら》もまた是《かく》の如《ごと》し。世尊《せそん》は長夜《じょうや》に於《おい》て、常《つね》に愍《あわれ》んで教化《きょうけ》せられ、無上《むじょう》の願《がん》を種《う》えしめたまえり。

(要義《ようぎ》)

五百人《にん》の阿羅漢《あらかん》が、その領解《りょうげ》を述《の》べた「衣裏繋珠《えりけいしゅ》の喩《たとえ》」です。親友《しんゆう》の家《いえ》を尋《たず》ねた男《おとこ》は酒《さけ》に酔《よ》って寝《ね》てしまいますが、その親友《しんゆう》は公務《こうむ》で余所《よそ》に出掛《でか》けなければなりません。そこで、男《おとこ》を不憫《ふびん》に思《おも》った親友《しんゆう》は、彼《かれ》の衣《ころも》の裏《うら》に貴《とうと》い珠《たま》を繋《か》けて出掛《でか》けたのです。ところが男《おとこ》は酒《さけ》に酔《よ》って寝込《ねこ》んでいるから何《なに》も知《し》らない、目《め》が覚《さ》めた所《ところ》が友人《ゆうじん》も居《い》なくなっており、これは困《こま》ったということで流浪《るろう》して他《た》国《こく》へと到《いた》ります。衣食《いしょく》のために仕事《しごと》を求《もと》めるも甚《はなは》だ困窮《こんきゅう》し、乞食《こじき》のように生《い》きては何《なん》とかその日暮《ひぐ》らしをしていました。後《のち》にこの男《おとこ》に偶然出会《ぐうぜんであ》った親友《しんゆう》は、その有様《ありさま》に驚《おどろ》いて言《い》いました。私《わたし》はお前《まえ》に安楽《あんらく》を得《え》せしめよう、美味《うま》い物《もの》が食《く》いたいと思《おも》えば食《た》べられるように、綺麗《きれい》な服《ふく》が着《き》たいと思《おも》えば着《き》られるように、世間的《せけんてき》なことはすべて満《み》たされるようにと、何年何月《なんねんなんがつ》に非常《ひじょう》に貴《とうと》い珠《たま》を着物《きもの》の裏《うら》に結《むす》びつけておいたのだ。それは今《いま》もなお在《あ》るはずだから、よく探《さが》して見《み》ろ。そこで男《おとこ》が袂《たもと》を探《さぐ》って見《み》た所《ところ》が、そこに立派《りっぱ》な珠《たま》が在《あ》った。それではその珠《たま》を銭《ぜに》に替《か》えて欲《ほ》しい物《もの》を求《もと》めたら良《よ》かろうということで、一時《じ》に男《おとこ》は富《と》める者《もの》となって幸福《こうふく》を得《え》たのです。

この譬《たと》えにおける親友《しんゆう》とは釈尊《しゃくそん》のことであり、酔《よ》って彷徨《さまよ》える人《ひと》とは、前《まえ》の化城喩品《けじょうゆほん》の譬喩《ひゆ》にもあった如《ごと》く、釈迦牟尼仏《しゃかむにぶつ》によって既《すで》に法華経《ほけきょう》を与《あた》えられていたことを知《し》らず覚《さと》らずに、今《いま》なお迷《まよ》いを繰《く》り返《か》して流転《るてん》する衆生《しゅじょう》のことです。したがって私達衆生《わたしたちしゅじょう》は、本来《ほんらい》の仏性《ぶっしょう》がある上《うえ》に、新《あら》たに仏《ほとけ》から善《よ》き教《おし》えが与《あた》えられていたという、その自覚《じかく》に帰《かえ》らなければなりません。また、一旦《たん》善《よ》き教《おし》えを与《あた》えられても途中《とちゅう》で退転《たいてん》し、貴《とうと》い珠《たま》を持《も》ちながらも乞食《こじき》のようになっていることもあります。今《いま》の日本《にほん》も確《たし》かにそうで、聖徳太子《しょうとくたいし》や伝教大師《でんぎょうだいし》、そして日蓮聖人《にちれんしょうにん》が出《で》て、このような結構《けっこう》な教《おし》えがあるということを説《と》いたにも拘《かか》わらず、分《わ》けの分《わ》からぬ宗教《しゅうきょう》が出《で》て来《き》て流行《はや》り、そのような浅薄《せんぱく》な教《おし》えに人々《ひとびと》が行《い》くというのは、実《じつ》に貴《とうと》い珠《たま》を繋《か》けながら乞食《こじき》のように生《い》きる酔人《すいにん》と同《おな》じです。私《わたし》達《たち》は善《よ》き教《おし》えを受《う》けて、その教《おし》えをそのままに使《つか》いさえすれば立派《りっぱ》な者《もの》になるのに、その教《おし》えを忘《わす》れて詰《つ》まらぬ方《ほう》へ行《い》くなどというのは、この酔人《すいにん》の珠《たま》に気付《きづ》かない愚《おろ》かさと同《おな》じことであるのです。弟子達《でしたち》は「我等《われら》もまた是《かく》の如《ごと》し」と、釈迦牟尼世尊《しゃかむにせそん》は常《つね》に我等《われら》を憐《あわ》れんで教化《きょうけ》を垂《た》れて下《くだ》さり、私達《わたしたち》も一旦《たん》は発心《ほっしん》して無上菩提《むじょうぼだい》の願《がん》を起《おこ》してやりますという所《ところ》まで導《みちび》かれたのに、そのことを打《う》ち忘《わす》れて今日《こんにち》に至《いた》っていることを慚愧《ざんき》します。そして今日《こんにち》また一時発心《じほっしん》しては再《ふたた》び忘《わす》れてしまうような、そのような過《あやま》ちを私達《わたしたち》は二度《ど》と繰《く》り返《かえ》すべきではないということを述《の》べているのです。

授学無学人記品第九《じゅがくむがくにんきほんだい》

(現代語《げんだいご》)

今《いま》、私《わたし》の前《まえ》に集《つど》う二千の声聞達《しょうもんたち》よ、汝等《なんじら》皆《みな》に悉《ことごと》く記別《きべつ》を授《さず》けよう。汝等《なんじら》は未来《みらい》に必《かなら》ず仏《ほとけ》と成《な》るであろう。

世尊《せそん》は智慧《ちえ》の燈明《とうみょう》であります。仏《ほとけ》より成仏《じょうぶつ》の予言《よげん》を聞《き》くことを得《え》て、私達《わたしたち》の心《こころ》に歓喜《かんぎ》が満《み》ちることと、それは甘露《かんろ》を身《み》に灌《そそ》がれるようなものでございます。

(要文《ようもん》)

是《こ》の二千の声聞《しょうもん》、今我《いまわ》が前《まえ》に於《お》いて住《じゅう》せる、悉《ことごと》く皆記《みなき》を与《あた》え授《さず》く。未来《みらい》に当《まさ》に成仏《じょうぶつ》すべし。

世尊《せそん》は慧《え》の燈明《とうみょう》なり。我授記《われじゅき》の音《みこえ》を聞《き》きたてまつりて、心《こころ》に歓喜《かんぎ》充満《じゅうまん》せること、甘露《かんろ》を以《もっ》て灌《そそ》がるるが如《ごと》し。

（要義《ようぎ》）

小乗仏教《しょうじょうぶっきょう》の修行者《しゅぎょうしゃ》の階位《かいい》は四向《こう》四果《か》と言《い》って八通《とお》りに分《わ》かれ、その始《はじ》めの七階級《かいきゅう》を学人《がくにん》、最後《さいご》の阿羅漢《あらかん》を無学人《むがくにん》としています。即《すなわ》ち阿羅漢《あらかん》とは、小乗仏教《しょうじょうぶっきょう》において修行《しゅぎょう》を完成《かんせい》し、最早《もはや》それ以《い》上《じょう》に学《まな》ぶ所《ところ》が無《な》い聖者《せいじゃ》のことです。その阿羅漢《あらかん》のみならず、釈尊《しゃくそん》はここに集《つど》いし二千の学《がく》・無学《むがく》の声聞《しょうもん》に悉《ことごと》く成仏《じょうぶつ》の予言《よげん》を与《あた》えます。そこで弟子達《でしたち》は感謝《かんしゃ》して「世尊《せそん》は慧《え》の燈明《とうみょう》なり」と、私達《わたしたち》は愚《おろ》かな者《もの》であったけれども釈尊《しゃくそん》は智慧《ちえ》の光《ひかり》を与《あた》えて下《くだ》さった、そして真実《しんじつ》の悟《さと》りに向《む》かうことが出《で》来た、殊《こと》に法華経《ほけきょう》の方便《ほうべん》を開《ひら》いて真実《しんじつ》の教《おし》えを顕《あら》わす教《おし》えによって、自《みずか》らの身《み》について本当《ほんとう》によく領解《りょうげ》することが出来《でき》た、その上《うえ》に仏《ほとけ》となる記別《きべつ》を授《さず》けて下《くだ》さった、私達《わたしたち》の心《こころ》に歓喜《かんぎ》の充《み》ちることは、実《じつ》に甘露《かんろ》を以《もっ》て灌《そそ》がれる如《ごと》くであると述《の》べています。非常《ひじょう》に暑《あつ》くて困《こま》っている時《とき》に、甘露《かんろ》を頭《あたま》から全身《ぜんしん》に灌《そそ》がれたように、一切《さい》の心《こころ》の煩《わずら》いも疑《うたが》いも何《なに》も無《な》くなって、実《じつ》に一点《てん》の曇《くも》りも無《な》い清《きよ》い精神《せいしん》になったことを、弟子達《でしたち》は大満足《だいまんぞく》を表《あらわ》して御礼《おれい》を申《もう》し上《あ》げているのです。これで、上中下《じょうちゅうげ》の三根《こん》に対《たい》する所《ところ》の法説《ほうせつ》・譬説《ひせつ》・因縁説《いんねんせつ》の三周説法《しゅうせっぽう》は終《お》わりを告《つ》げます。迹門《しゃくもん》の開権顕実《かいごんけんじつ》に関《かん》する大教《だいきょう》義《ぎ》は、方便品《ほうべんぽん》より授学無学人記品《じゅがくむがくにんきほん》に至《いた》る八品《ぽん》の正宗段《しょうしゅうだん》で説《と》かれました。そして次《つぎ》の法師品《ほっしほん》より五品《ほん》は迹門流通《しゃくもんるつう》の段《だん》となります。

法《ほっ》師《し》品《ほん》第《だい》十

(現代語《げんだいご》)

妙法蓮華経《みょうほうれんげきょう》の一偈《げ》一句《く》を聞《き》いて、そして一念《ねん》にも心《こころ》に歓喜《かんぎ》を生《しょう》じる者《もの》には、私《わたし》は皆《みな》記別《きべつ》を授《さず》けよう。「まさに阿耨多羅《あのくたら》三藐《みゃく》三菩提《ぼだい》を得《え》るであろう」と。


(要文《ようもん》)

妙法蓮華経《みょうほうれんげきょう》の一偈《げ》一句《く》を聞《き》いて、乃至《ないし》一念《ねん》も随喜《ずいき》する者《もの》には、我皆記《われみなき》を与《あた》え授《さず》く。当《まさ》に阿《あ》耨多羅《のくたら》三藐《みゃく》三菩提《ぼだい》を得《う》べし。


(要義《ようぎ》)

法師品《ほっしほん》は法華経《ほけきょう》を後《のち》の世《よ》に弘《ひろ》める者《もの》についての心得《こころえ》を説《と》かれたものですが、その法師《ほっし》とは僧侶《そうりょ》には限《かぎ》りません。在家《ざいけ》の人《ひと》であっても法華経《ほけきょう》を弘《ひろ》める人《ひと》は皆法師《みなほっし》であり、殊《こと》に女人《にょにん》も加《くわ》えて「善男《ぜんなん》子《し》、善女人《ぜんにょにん》」と説《と》かれているように、法華経《ほけきょう》は在家《ざいけ》と出家《しゅっけ》との区別《くべつ》をそう激《はげ》しく立《た》てないのが特《とく》色《しょく》です。この思想《しそう》は日蓮聖人《にちれんしょうにん》の活動《かつどう》の上《うえ》にもよく現《あらわ》れており、聖人当時《しょうにんとうじ》の在家《ざいけ》の信者《しんじゃ》が男女何《だんじょいず》れも法華経《ほけきょう》の宣伝《せんでん》に尽力《じんりょく》を為《な》したことが明《あき》らかに伝《つた》えられています。この所《ところ》は法華経《ほけきょう》の功徳《くどく》が説《と》かれていますが、「一念随喜《ねんずいき》」と言《い》って、僅《わず》かにその一偈《げ》一句《く》を聞《き》いて「嗚呼《ああ》、そうであったか。何《なん》と有《あ》り難《がた》いことだ」と喜《よろこ》びを得《え》て、その教《おし》えに心《こころ》を委《まか》せて行《い》く者《もの》ならば、仏《ほとけ》と成《な》る記別《きべつ》は与《あた》えられる、遂《つい》には菩提《ぼだい》を成就《じょうじゅ》し得《う》ることが示《しめ》されています。法華経《ほけきょう》は決《けっ》して難行《なんぎょう》ではありません。一念随喜《ねんずいき》の成仏《じょうぶつ》といえば、それ以上《いじょう》の易行《いぎょう》は無《な》いのです。釈迦牟尼仏《しゃかむにぶつ》は、法華経《ほけきょう》の僅《わず》かに一偈《げ》一句《く》を聞《き》いて一念随喜《ねんずいき》する者《もの》ならば菩提《ぼだい》を保証《ほしょう》される、殊《こと》に日蓮聖人《にちれんしょうにん》の信行《しんぎょう》 成仏《じょうぶつ》の教《おし》えに於《お》いては、この一段《だん》が大事《だいじ》な所《ところ》となっています。

(現代語《げんだいご》)

仏《ほとけ》の如《ごと》くに此《こ》の経巻《きょうがん》を敬《うやま》い視《み》て、そして合掌《がっしょう》して謹《つつし》み敬《うやま》うならば・・・

(要文《ようもん》)

此《こ》の経巻《きょうがん》に於《お》いて敬《うやま》い視《み》ること仏《ほとけ》の如《ごと》くして、乃至合掌《ないしがっしょう》 恭敬《くぎょう》せん。

（要義《ようぎ》）

仏《ほとけ》を敬《うやま》うことは無論《むろん》のことですが、法《ほう》を敬《うやま》う方法《ほうほう》については未《いま》だ明《あき》らかではありません。そこで、仏《ほとけ》を敬《うやま》う気分《きぶん》を以《もっ》て法華経《ほけきょう》を敬《うやま》うべきことが説《と》かれています。この経文《きょうもん》から見《み》ても、先《ま》ず敬《うやま》うべきは仏《ほとけ》であることは至極明《しごくあき》らかなことです。それにも拘《かか》わらず、誤《あやま》れる法華《ほっけ》の徒《と》に於《お》いて、釈迦《しゃか》も法《ほ》華経《けきょう》によって仏《ほとけ》となった、故《ゆえ》に法華経《ほけきょう》は敬《うやま》うが仏《ほとけ》は敬《うやま》わないというような語弊《ごへい》を生《しょう》じたことは甚《はなは》だ遺憾《いかん》なことであって、それは実《じつ》に明《あき》らかなる誤解《ごかい》に基《もと》づいたものと言《い》えます。例証《れいしょう》するということは説明《せつめい》を用《もち》いずして承認《しょうにん》せられるということが特色《とくしょく》ですから、「仏《ほとけ》の如《ごと》くして」と例《れい》に引《ひ》かれた点《てん》において、仏教徒《ぶっきょうと》が第《だい》一に仏《ほとけ》を敬《うやま》うことは最早説明《もはやせつめい》を要《よう》しないことと考《かんが》えなければなりません。

（現代語《げんだいご》）

もし、この善男子《ぜんなんし》・善女人《ぜんにょにん》が私《わたし》の入滅後《にゅうめつご》に、密《ひそ》かに一人《り》のためにも法華経《ほけきょう》の一句《く》なりとも説《と》くとするならば、当《まさ》に知《し》らねばならない。この人《ひと》は則《すなわ》ち如来《にょらい》の使《つか》いであり、如来《にょらい》に遣《つか》わされて、如来《にょらい》のなすべき事《こと》を行《おこな》う者《もの》である。まして、大勢《おおぜい》の人《ひと》の中《なか》において、広《ひろ》く人々《ひとびと》のために法華経《ほけきょう》を説《と》く者《もの》についてはは言《い》うまでもない。

(要文《ようもん》)

若《も》し是《こ》の善男子《ぜんなんし》・善女人《ぜんによにん》、我《わ》が滅度《めつど》の後《のち》に、能《よ》く窃《ひそ》かに一人《にん》の為《ため》にも、法華経《ほけきょう》の乃至《ないし》一句《く》を説《と》かん。当《まさ》に知《し》るべし。是《こ》の人《ひと》は則《すなわ》ち如来《にょらい》の使《つか》いなり、如来《にょらい》の所遣《しょけん》として如来《にょらい》の事《じ》を行《ぎょう》ずるなり。何《いか》に況《いわ》んや、大衆《だいしゅ》の中《なか》に於《お》いて、広《ひろ》く人《ひと》の為《ため》に説《と》かんをや。

(要義《ようぎ》)

一人《にん》のために法華経《ほけきょう》の僅《わず》か一句《く》を説《と》くことも如来《にょらい》の仕事《しごと》を手伝《てつだ》うことである、況《いわ》や広《ひろ》く人々《ひとびと》に説《と》くことは如何《いか》にも尊《とうと》いことであると、その功徳《くどく》が述《の》べられています。僧侶《そうりょ》に限《かぎ》らずして在家《ざいけ》の善男《ぜんなん》子《し》・善女人《ぜんにょにん》が、我《わ》が釈迦牟尼仏《しゃかむにぶつ》の滅後《めつご》に於《お》いて、僅《わず》かに一人《り》のために法華経《ほけきょう》の一句《く》を説《と》き聞《き》かしても、その人《ひと》は如来《にょらい》の使《つか》いとなるのです。如来《にょらい》に遣《つか》わされて如来《にょらい》の事《じ》を行《ぎょう》ずるということは、仏教《ぶっきょう》徒《と》として非常《ひじょう》に光栄《こうえい》なることであって、これ程《ほど》に有《あ》り難《がた》い言葉《ことば》はありません。普段《ふだん》は誤《あやま》れる仕事《しごと》を多《おお》くする凡夫《ぼんぷ》であっても、法華経《ほけきょう》を説《と》く場合《ばあい》には一転《てん》して如来《にょらい》の仕事《しごと》を担《にな》う、最高《さいこう》の浄《きよ》き仕事《しごと》をする者《もの》となる訳《わけ》です。況《いわん》や、広《ひろ》く大衆《だいしゅ》の中《なか》に於《お》いて説《と》く場合《ばあい》は、言葉《ことば》を以《もっ》て誉《ほ》めることも出来《でき》ない程《ほど》に結構《けっこう》なことであると、法華経《ほけきょう》を広《ひろ》く宣伝《せんでん》することが鼓舞《こぶ》され奨励《しょうれい》されています。

(現代語《げんだいご》)

法華経《ほけきょう》を読誦《どくじゅ》する者《もの》あらば、当《まさ》に知《し》るべきである。この人《ひと》は、仏《ほとけ》の厳《おごそ》かな美《うつく》しさを以《もっ》て自《みずか》らを飾《かざ》る者《もの》である。即《すなわ》ち、この人《ひと》は如来《にょらい》の肩《かた》に担《にな》われることを得《え》る者《もの》である。この人《ひと》が至《いた》らんとする、その方角《ほうがく》には必《かなら》ず向《む》かって礼拝《らいはい》をすべきである。


(要文《ようもん》)

其《そ》れ法華経《ほけきょう》を読誦《どくじゅ》すること有《あ》らん者《もの》は、当《まさ》に知《し》るべし。是《こ》の人《ひと》は、仏《ほとけ》の荘厳《しょうごん》を以《もっ》て自《みずか》らを荘厳《しょうごん》するなり。則《すなわ》ち如来《にょらい》の肩《かた》に荷担《かたん》せらるることを為《え》ん。其《そ》の所至《しょし》の方《ほう》には随《したが》って向《む》かい礼《らい》すべし。


(要義《ようぎ》)

法華経《ほけきょう》を読誦《どくじゅ》する者《もの》は、その身《み》は凡夫《ぼんぷ》でありながら、仏《ほとけ》の広大《こうだい》なる功徳《くどく》の荘厳《しょうごん》を自《みずか》らの身《み》に飾《かざ》る者《もの》であることが述《の》べられます。しかしながら、聖人《せいじん》の服《ふく》を着《き》ても、聖人《せいじん》の事《こと》を行《おこな》わなければ聖人《せいじん》なりとは言《い》われないのと同《おな》じように、法華経《ほけきょう》を読誦《どくじゅ》するのみならず、その上《うえ》に法華経《ほけきょう》の行者《ぎょうじゃ》となる者《もの》が、真《しん》の仏《ほとけ》の荘厳《しょうごん》を以《もっ》て自《みずか》らを荘厳《しょうごん》する人《ひと》となるのは言《い》うまでもありません。日蓮聖人《にちれんしょうにん》も(1)「八巻《かん》一巻《かん》一品《ぽん》一偈《げ》の人《ひと》、乃至《ないし》題目《だいもく》を唱《とな》ふる人《ひと》、如来《にょらい》の使《つか》ひなり。始中終《しちゅうしゅう》すてずして大難《だいなん》をとをす人《ひと》、如来《にょらい》の使《つか》ひなり。」と言《い》われている通《とお》りです。その法華《ほっけ》の行者《ぎょうじゃ》を如来《にょらい》は肩《かた》に担《にな》って大切《たいせつ》にして下《くだ》さる、法華《ほっけ》の行者《ぎょうじゃ》であれば仏様《ほとけさま》が自《みずか》ら担《にな》って下《くだ》さるという、誠《まこと》に恐《おそ》れ入《い》る程《ほど》の光栄《こうえい》な言葉《ことば》が与《あた》えられています。(2)法華《ほっけ》の行者《ぎょうじゃ》となる者《もの》は、危《あや》うき時《とき》には私《わたし》が必《かなら》ず助《たす》けてやる、何《なに》も心配《しんぱい》することはない、さぁ威厳《いげん》を保《たも》って奮闘《ふんとう》して来《こ》いと励《はげ》まして下《くだ》さっているわけです。それもやはり法華経《ほけきょう》を持《たも》ち、かつ宣《せん》伝《でん》せしめようとする如来《にょらい》の思《おぼ》し召《め》しから出《で》たことです。それ故《ゆえ》に釈尊《しゃくそん》は菩薩達《ぼさつたち》に、法華《ほっけ》行者《ぎょうじゃ》の後《うし》ろ姿《すがた》を拝《おが》むのは宜《よろ》しい、法華《ほっけ》行者《ぎょうじゃ》が何《いず》れに行《い》くにしても、その行《い》く方《ほう》に向《む》かって後《うし》ろ姿《すがた》を拝《おが》むのは宜《よろ》しいことだと仰《おっしゃ》っているのです。

(現代語《げんだいご》)

当《まさ》に知《し》るべきである。このような人《ひと》は、生《う》まれようとする所《ところ》に自在《じざい》であって、敢《あ》えてこの悪《あ》しき世《よ》に於《お》いて、広《ひろ》く無上《むじょう》の教《おし》えを説《と》くのである。

（要文《ようもん》）

当《まさ》に知《し》るべし是《こ》の如《ごと》き人《ひと》は　生《しょう》ぜんと欲《ほっ》する所《ところ》に自在《じざい》なれば、能《よ》く此《こ》の悪世《あくせ》に於《おい》て広《ひろ》く無《む》上《じょう》の法《ほう》を説《と》くなり。

（要義《ようぎ》）

法華経《ほけきょう》を修行《しゅぎょう》するような人《ひと》は尋常《じんじょう》な人間《にんげん》ではない、その中《なか》には覚《さと》れる者《もの》が降《くだ》って人間《にんげん》と成《な》って、そして法華経《ほけきょう》を宣伝《せんでん》している者《もの》が多《おお》いということが説《と》かれています。法華経《ほけきょう》を弘《ひろ》めるような人《ひと》は、実《じつ》は既《すで》に大《おお》いなる功徳《くどく》があり、生《う》まれようと思《おも》う所《ところ》に自由《じゆう》に生《う》まれられる果報《かほう》を有《ゆう》しているのです。しかしながら、衆生《しゅじょう》を憐《あわ》れむが故《ゆえ》に、清浄《しょうじょう》の国土《こくど》を捨《す》てて仏《ほとけ》に成《な》るのを見合《みあ》わせ、そして悪世《あくせ》に於《お》いて迫害《はくがい》を受《う》けても法華経《ほけきょう》を弘《ひろ》めているわけです。このように法華経《ほけきょう》の行者《ぎょうじゃ》は真《まこと》に尊《とうと》い者《もの》である、(3)したがって仏《ほとけ》に対《たい》するが如《ごと》くに供養《くよう》を為《な》すべしということが説《と》かれています。

（現代語《げんだいご》）

薬王《やくおう》よ、今《いま》、汝《なんじ》に明《あき》らかに告《つ》げよう。私《わたし》が説《と》いた様々《さまざま》なる経典《きょうてん》の中《なか》で、法華経《ほけきょう》は最《もっと》も優《すぐ》れた第《だい》一の教《おし》えである。

（要文《ようもん》）

薬王《やくおう》、今汝《いまなんじ》に告《つ》ぐ。我《わ》が所説《しょせつ》の諸経《しょきょう》、而《しか》も此《こ》の経《きょう》の中《なか》に於《お》いて法華《ほっけ》最《もっと》も第《だい》一なり。

（要義《ようぎ》）

ここでは、法華経《ほけきょう》そのものを誉《ほ》め称《たた》えられ、その法《ほう》の貴《とうと》きことが説《と》かれています。天台大師《てんだいだいし》が「法妙《ほうみょう》なるが故《ゆえ》に人貴《ひとたっと》し」ということを「法華文句《ほっけもんく》」に述《の》べられていますが、法華行者《ほっけぎょうじゃ》が尊《とうと》いのも法華経《ほけきょう》が優《すぐ》れているからです。釈迦牟尼仏《しゃかむにぶつ》は薬王菩薩《やくおうぼさつ》に告《つ》げて、私《わたし》が説《と》いた経《きょう》は沢山《たくさん》あるけれども、その一切《さい》経《きょう》の中《なか》に於《お》いて法華経《ほけきょう》は最《もっと》も第《だい》一の貴《とうと》い経《きょう》であるということを明瞭《めいりょう》に宣言《せんげん》されます。已今当《いこんとう》の三説《せつ》超過《ちょうか》と言《い》って、法華経《ほけきょう》は、已《すで》に説《と》き今《いま》説《と》き当《まさ》に説《と》かんとする経《きょう》、即《すなわ》ち法華経《ほけきょう》以前《いぜん》に説《と》かれた経《きょう》、法華経《ほけきょう》と同時《どうじ》に説《と》かれる経《きょう》、法華経《ほけきょう》以降《いこう》に説《と》かんとする所《ところ》の全《すべ》ての経《きょう》の中《なか》に於《お》いて第《だい》一であると、仏御自身《ほとけごじしん》が説《と》かれているのです。

（現代語《げんだいご》）

しかも、この経《きょう》は、如来《にょらい》が現在《げんざい》に居《い》る時《とき》でさえ、恨《うら》み嫉《ねた》まれることが多《おお》いのだ。まして、如来《にょらい》の入滅《にゅうめつ》の後《のち》は尚更《なおさら》である。

如来《にょらい》の入滅《にゅうめつ》の後《のち》に、この経《きょう》を書写《しょしゃ》して持《たも》ち、読誦《どくじゅ》し、供養《くよう》し、他《た》の人々《ひとびと》に説《と》く者《もの》を、如来《にょらい》はその衣《ころも》をもって覆《おお》うのである。また、他《た》の世界《せかい》に現在居《げんざいお》られる諸仏《しょぶつ》にも護《まも》られることであろう。この人《ひと》には、大《おお》いなる信心《しんじん》の力《ちから》、志願《しがん》の力《ちから》、様々《さまざま》な善行《ぜんこう》を為《な》す力《ちから》が有《あ》るはずである。当《まさ》に知《し》らねばならない。この人《ひと》は、如来《にょらい》と共《とも》に在《あ》る者《もの》である。そして、如来《にょらい》の御手《みて》をもって、その頭《こうべ》を摩《ま》でられるのである。

(要文《ようもん》)

而《しか》も此《こ》の経《きょう》は如来《にょらい》の現在《げんざい》すら猶《な》お怨嫉《おんしつ》多《おお》し、況《いわ》んや滅後《めつご》の後《のち》をや。

如来《にょらい》の滅後《めつご》に其《そ》れ能《よ》く書持《しょじ》し読誦《どくじゅ》し供養《くよう》し、他人《たにん》の為《ため》に説《と》かん者《もの》は、如来則《にょらいすなわ》ち衣《ころも》を以《もっ》て之《これ》を覆《おお》いたもうべし。又他方《またたほう》の現在《げんざい》の諸仏《しょぶつ》に護念《ごねん》せらるることを為《え》ん。是《こ》の人《ひと》は大信力及《だいしんりきおよ》び志《し》願力《がんりき》・諸善根力《しょぜんごんりき》あらん。当《まさ》に知《し》るべし、是《こ》の人《ひと》は如来《にょらい》と共《とも》に宿《しゅく》するなり。則《すなわ》ち如来《にょらい》の手《みて》をもって其《そ》の頭《こうべ》を摩《ま》でたもうことを為《え》ん。

(要義《ようぎ》)

(4)煩悩《ぼんのう》に左右《さゆう》される者《もの》が大勢《おおぜい》いる世間《せけん》であれば、正《ただ》しき教《おし》えに反対《はんたい》が起《お》こるのは当然《とうぜん》の事《こと》と理解《りかい》せねばなりません。法華経《ほけきょう》も正《ただ》しき教《おし》えであるが故《ゆえ》に、反対《はんたい》が起《お》こります。釈迦如来《しゃかにょらい》が在世《ざいせ》の時《とき》すら、「九横《おう》の大難《だいなん》」と言《い》って大《おお》きな迫害《はくがい》が九つもあったのですから、まして滅後《めつご》の世《よ》の中《なか》は一層《そう》に世《よ》の中《なか》が悪《わる》くなり、人《ひと》の心《こころ》も拗《ねじ》けて来《き》ますから、法華経《ほけきょう》に反対《はんたい》する者《もの》は益々多《ますますおお》くなるのです。日蓮聖人《にちれんしょうにん》も「開目抄《かいもくしょう》」にその反対《はんたい》する所以《ゆえん》を示《しめ》されていますが、「良薬口《りょうやくくち》に苦《にが》し、忠言耳《ちゅうげんみみ》に逆《さか》らう」と言《い》うが如《ごと》く、峻厳《しゅんげん》に正義《せいぎ》を説《と》くが故《ゆえ》にそこには敵《てき》が起《お》こる、皆自分《みなじぶん》の誤《あやま》っているところを指摘《してき》されるが故《ゆえ》に、法華《ほっけ》行者《ぎょうじゃ》に反対《はんたい》をする訳《わけ》です。しかしながら、如来《にょらい》は法華経《ほけきょう》の行者《ぎょうじゃ》を保護《ほご》し給《たま》う、様々《さまざま》に反対《はんたい》はあるけれども、その代《か》わりに釈迦牟尼仏《しゃかむにぶつ》は法華経《ほけきょう》を弘《ひろ》める者《もの》に味方《みかた》して、そして保護《ほご》を加《くわ》えて下《くだ》さります。「衣《ころも》を以《もっ》て之《これ》を覆《おお》いたもう」とは、丁度《ちょうど》母《はは》が自分《じぶん》の子《こ》を衣《ころも》に包《つつ》んで懐《ふところ》に抱《いだ》いているように、優《やさ》しい慈愛《じあい》を以《もっ》て仏様《ほとけさま》が法華経《ほけきょう》の行者《ぎょうじゃ》を必《かなら》ずお護《まも》り下《くだ》さることを説《と》いたものです。法華経《ほけきょう》の行者《ぎょうじゃ》はこの教《おし》えに導《みちび》かれるが故《ゆえ》に、大信力及《だいしんりきおよ》び志願力《しがんりき》、種々《しゅじゅ》の善根力《ぜんごんりき》を有《ゆう》する訳《わけ》です。その信力《しんりき》は、本仏《ほんぶつ》に対《たい》しても、真如《しんにょ》の妙理《みょうり》に対《たい》しても、自己《じこ》の仏性《ぶっしょう》においても起《お》こりますが、兎《と》にも角《かく》にも仏《ほとけ》によって教《おし》えられた事《こと》は最高《さいこう》の教義《きょうぎ》である、何者《なにもの》にも破《やぶ》られないものであるという強固《きょうこ》な信念《しんねん》がそこに打《う》ち立《た》てられます。そして、一切衆生《さいしゅじょう》を救《すく》うという志願力《しがんりき》、単《たん》に一家《か》の繁盛《はんじょう》という小《ちい》さな利己的《りこてき》な希望《きぼう》ばかりでなく、個人《こじん》の解脱《げだつ》と仏教《ぶっきょう》が攻撃《こうげき》されたような卑屈《ひくつ》な精神《せいしん》でなくして、立正安国《りっしょうあんこく》というような志願力《しがんりき》を以《もっ》て、世《よ》の為《ため》・人《ひと》の為《ため》に尽《つ》くそうとする所《ところ》の大精神《だいせいしん》を有《ゆう》するのです。そして同時《どうじ》に、あらゆる善根功徳《ぜんごんくどく》を実行《じっこう》する力《ちから》を持《も》つのです。斯《か》くの如《ごと》くに、法華経《ほけきょう》の行者《ぎょうじゃ》は、大信《だいしん》力《りき》と志願力《しがんりき》と善根力《ぜんごんりき》を具《そな》えて奮闘《ふんとう》しなければなりません。今《いま》の法華《ほっけ》の信者《しんじゃ》が、単《たん》に信仰《しんこう》といって志《し》願《がん》を有《ゆう》せず、善根《ぜんごん》を行《おこな》わないというのでは、経文《きょうもん》の意味《いみ》に背《そむ》くことになります。そのように奮闘《ふんとう》する法華《ほっけ》行者《ぎょうじゃ》は、如来《にょらい》と共《とも》に宿《やど》す者《もの》である、如何《いか》に流罪《るざい》になろうと斬首《ざんしゅ》のために座《すわ》らせられようとも、如来《にょらい》とは離《はな》れない者《もの》である、如来《にょらい》はその御手《みて》を以《もっ》てその行者《ぎょうじゃ》の頭《こうべ》を撫《な》でて慰労《いろう》して下《くだ》さることが説《と》かれています。日蓮聖人《にちれんしょうにん》の信仰《しんこう》と活動《かつどう》の中《なか》には、この意味《いみ》が頗《すこぶ》る鮮《あざ》やかに現《あらわ》れているのですから、私達日蓮門下《わたしたちにちれんもんか》はこの経文《きょうもん》の意味《いみ》する所《ところ》をしっかりと身《み》に付《つ》けて、そして日蓮聖人《にちれんしょうにん》を手本《てほん》として、それに倣《なら》って行《い》かなければなりません。今《いま》の日蓮門下《にちれんもんか》の並《なみ》の坊《ぼう》さんのように、中古以来《ちゅうこいらい》の事勿《ことなか》れ主《しゅ》義的《ぎてき》な思想《しそう》で、世間《せけん》に阿《おもね》った事《こと》を寝言《ねごと》のように並《なら》べては善人《ぜんにん》ぶり、[5]一方《いっぽう》では占術《せんじゅつ》・祈祷《きとう》で宗教《しゅうきょう》を低《てい》級化《きゅうか》しているようでは、いよいよ世間《せけん》からは用無《ような》しとされます。仏教《ぶっきょう》が最高《さいこう》の宗教《しゅうきょう》であり、日蓮《にちれん》聖人《しょうにん》は仏教《ぶっきょう》の正義正統《せいぎせいとう》を発揮《はっき》した者《もの》として考《かんが》えるならば、今少《いますこ》し抱負《ほうふ》の雄大《ゆうだい》なる宗教《しゅうきょう》を以《もっ》て務《つと》めに任《にん》じていかねばならないと思《おも》うのです。

（現代語《げんだいご》）

また、如来《にょらい》の舎利《しゃり》を安置《あんち》する必要《ひつよう》はない。何故《なぜ》ならば、この経巻《きょうかん》の在《あ》る所《ところ》に建《た》てる塔《とう》には、既《すで》にその中《なか》に如来《にょらい》の全身《ぜんしん》が在《あ》るからである。

(要文《ようもん》)

復舎利《またしやり》を安《あん》ずることを須《もち》いず。所以《ゆえ》は何《いか》ん、此《こ》の中《なか》には已《すで》に如来《にょらい》の全身《ぜんしん》います。

(要義《ようぎ》)

これは法華経《ほけきょう》を信《しん》じるというのは、不滅《ふめつ》の如来《にょらい》が実在《じつざい》したまうこと、それを信《しん》じるのだということを教《おし》えています。舎利《しゃり》とは茶毘《だび》に付《ふ》した後《あと》の遺骨《いこつ》のことですが、そのような身《み》を砕《くだ》いた所《ところ》の骨《ほね》を安置《あんち》することを用《もち》いないと言《い》われています。何故《なぜ》ならば、法華経《ほけきょう》には如来《にょらい》の常住不滅《じょうじゅうふめつ》が教《おし》えられ、法華経《ほけきょう》を信《しん》じる者《もの》の其処《そこ》には、火《ひ》に焼《や》いて骨《ほね》に成《な》った欠片《かけら》のような物《もの》ではなくて、如来《にょらい》の全身《ぜんしん》が居《お》られるからです。全身不滅《ぜんしんふめつ》の完全《かんぜん》なる活《い》ける如来《にょらい》を信《しん》じ得《う》るが故《ゆえ》に、別《べつ》に舎利《しゃり》を安置《あんち》することを必《ひつ》要《よう》としないという事《こと》を教《おし》えられたのです。法華経《ほけきょう》の信仰《しんこう》は、如来《にょらい》の実在《じつざい》を信《しん》ずるのです。それは木《もく》像《ぞう》にもするし、文字《もじ》にも書《か》きますが、その木像《もくぞう》や文字《もじ》を如来《にょらい》として拝《おが》むことが法華経《ほけきょう》の精神《せいしん》ではありません。寿量品《じゅりょうほん》に於《お》いても「我《われ》、常《つね》に此《ここ》にあって滅《めつ》せず」と説《と》かれ、神力品《じんりきほん》にも、経巻修行《きょうがんしゅぎょう》の所《ところ》には、何処《どこ》であっても如来《にょらい》は在《い》ますということが教《おし》えられているように、この「如来《にょらい》の全身《ぜんしん》います」という不滅実在《ふめつじつざい》の意識《いしき》に進《すす》むことこそが法華経《ほけきょう》の理想《りそう》です。勿論《もちろん》、それを写象《しゃしょう》して木像《もくぞう》にしたり文字《もじ》にしたりすることは悪《わる》いことではありませんが、そのような物《もの》に形式的《けいしきてき》に打《う》ち込《こ》んで行《い》くということは法華経《ほけきょう》の精神《せいしん》ではありません。「舎利《しゃり》を安《あん》ずることを須《もち》いず」と言《い》われたのですから、木像《もくぞう》とするも文字《もじ》とするも、それは皆舎利《みなしゃり》と同《おな》じ意味《いみ》となります。そのような写象式《しゃしょうしき》に囚《とら》われて不滅実在《ふめつじつざい》の如来《にょらい》を忘《わす》れるようなことであれば、それは偶像崇拝《ぐうぞうすうはい》に陥《おちい》る恐《おそ》れもあるのです。そのようなことから、自分達《じぶんたち》の本山《ほんざん》に安置《あんち》している曼荼羅本尊《まんだらほんぞん》のみが正統《せいとう》であって、それに直結《ちょっけつ》しない他《ほか》のものには利益《りやく》がないなどと曲解《きょっかい》する宗派《しゅうは》も相変《あいか》わらず勢力《せいりょく》を有《ゆう》しているわけです。何故《なにゆえ》に日蓮聖人《にちれんしょうにん》が文字曼荼羅《もじまんだら》を本尊《ほんぞん》として信念堅固《しんねんけんご》なる者《もの》に授与《じゅよ》されたのかを考《かんが》えず、ただ従来《じゅうらい》の伝統的《でんとうてき》な日蓮《にちれん》教学《きょうがく》を以《もっ》て、日蓮聖人《にちれんしょうにん》が曼荼羅《まんだら》を書《か》かれたことが一番尊《ばんとうと》い事《こと》だと考《かんが》え、「仏像《ぶつぞう》か、曼荼羅《まんだら》か」というような事《こと》に頭《あたま》を突《つ》っ込《こ》んでいるならば、何時《いつ》まで経《た》っても本仏実在《ほんぶつじつざい》の意識《いしき》の方《ほう》には研究《けんきゅう》が進《すす》みません。安置《あんち》してはならぬというのではありませんから、安置《あんち》するのも宜《よろ》しい事《こと》ですけれども、寧《むし》ろこの経《きょう》に「復舎利《またしゃり》を安《あん》ずることを須《もち》いず」と言《い》われた精神《せいしん》に徹底《てってい》して、木像《もくぞう》や文字《もじ》に囚《とら》われた精神《せいしん》を今少《いますこ》し割《わ》り引《び》いて研究《けんきゅう》しなければ、法華経《ほけきょう》の精神《せいしん》とは離《はな》れたものとなり、宗教学《しゅうきょうがく》の立場《たちば》に於《お》いても将来《しょうらい》の研究《けんきゅう》に必《かなら》ず失脚《しっきゃく》する時《とき》が来《く》ると思《おも》われます。

（現代語《げんだいご》）

薬王《やくおう》よ、譬《たと》えば喉《のど》を渇《かわ》かして水《みず》を求《もと》め、ある高原《こうげん》に井戸《いど》を掘《ほ》って探《さが》す人《ひと》があるとしよう。未《いま》だ乾《かわ》ける土《つち》を見《み》ている間《あいだ》は、まだまだ水《みず》に至《いた》るに遠《とお》いと知《し》る。努力《どりょく》を怠《おこた》らずに湿《しめ》った土《つち》を見《み》、そして遂《つい》に泥《どろ》に到達《とうたつ》した時《とき》には、間違《まちが》いなく水《みず》は近《ちか》くにあると心《こころ》に知《し》るが如《ごと》くである。

（要文《ようもん》）

薬王《やくおう》、譬《たと》えば人《ひと》あって渇乏《かつぼう》して水《みず》を須《もち》いんとして、彼《か》の高原《こうげん》に於《おい》て穿鑿《せんしやく》して之《これ》を求《もと》むるに、猶《な》お乾《かわ》ける土《つち》を見《み》ては、水尚《みずな》お遠《とお》しと知《し》る。功《く》を施《ほどこ》すこと已《や》まずして、転《うた》た湿《うるお》える土《つち》を見《み》、遂《つい》に漸《よう》く泥《どろ》に至《いた》りぬれば、其《そ》の心決定《こころけつじょう》して水必《みずかなら》ず近《ちか》しと知《し》らんが如《ごと》し。

（要義《ようぎ》）

これは高原穿鑿《こうげんせんしやく》の喩《たと》えと言《い》って、井戸《いど》を掘《ほ》ることを以《もつ》て仏性論《ぶつしようろん》を巧妙《こうみよう》に譬《たと》えた教《おし》えです。非常《ひじよう》に喉《のど》を渇《かわ》かして、水《みず》を得《え》るために高原《こうげん》に井戸《いど》を掘《ほ》る、印度《いんど》のような乾《かわ》ける大地《だいち》では容易《ようい》に水《みず》は出《で》ないけれども、功《く》を施《ほどこ》すこと已《や》まず、掘《ほ》って掘《ほ》って次第《しだい》に進《すす》んで行《い》けば遂《つい》に潤《うるお》える土《つち》が出《で》て来《く》る、そうすれば最早水《もはやみず》は近《ちか》いと感《かん》じるようになり、いよいよ泥土《でいど》に至《いた》るならば、もうこれは必《かなら》ず水《みず》があると確信《かくしん》することが出来《でき》るようになります。仏性《ぶっしょう》もまさにその通《とお》りで、それ程《ほど》に功《こう》を加《くわ》えずとも仏性《しょう》が現《あらわ》れる人《ひと》もあれば、大分《だいぶん》に深《ふか》く掘《ほ》らねば現《あらわ》れない人《ひと》もあります。しかしながら、如何《いか》なる高原《こうげん》と雖《いえど》も、掘《ほ》りぬけば必《かなら》ずや水《みず》を得《う》るが如《ごと》く、一切《さい》の衆生《しゅじょう》に仏性《ぶっしょう》を有《ゆう》せざる者《もの》は無《な》いのです。また、その仏性《ぶっしょう》を開発《かいはつ》する努力《どりょく》によって、次第《しだい》に湿《しめ》った土《つち》を見《み》、遂《つい》には水《みず》を見《み》るに至《いた》るならば、これ程愉《ほどゆ》快《かい》なことはありません。即《すなわ》ち法華経《ほけきょう》は、発心《ほっしん》して菩薩《ぼさつ》の行《ぎょう》に努《つと》めることを奨励《しょうれい》し、その仏性《ぶっしょう》の活現《かつげん》を教《おし》えて、(6)人生《じんせい》に確《たし》かな手応《てごた》えと大《おお》いなる喜《よろこ》びを与《あた》えようとしています。これは仏教《ぶっきょう》を貫《つらぬ》いている所《ところ》の大精神《だいせいしん》であって、人《ひと》の本性《ほんしょう》は善《ぜん》であるということから思想《しそう》を打《う》ち立《た》てた孟子《もうし》の性善説《せいぜんせつ》の如《ごと》く、私達《わたしたち》の道徳実行《どうとくじっこう》の根拠《こんきょ》となるものです。

（現代語《げんだいご》）

一切《さい》の菩薩《ぼさつ》が得《え》るべき無上《むじょう》の悟《さと》り、阿耨多羅三藐三菩提《あのくたらさんみゃくさんぼだい》は、すべてこの経《きょう》に含《ふく》まれているのである。この経《きょう》は、方便《ほうべん》の門《もん》を開《ひら》いて、真実《しんじつ》の相《そう》を示《しめ》すものである。

（要文《ようもん》）

一切《さい》の菩薩《ぼさつ》の阿耨多羅《あのくたら》三藐《みゃく》三菩提《ぼだい》は、皆此《みなこ》の経《きょう》に属《ぞく》せり。此《こ》の経《きょう》は方便《ほうべん》の門《もん》を開《ひら》いて真《しん》実《じつ》の相《そう》を示《しめ》す。

（要義《ようぎ》）

例《たと》え他《た》の経典《きょうてん》に於《お》いて菩薩《ぼさつ》が悟《さと》りを開《ひら》いたかのような言葉《ことば》があっても、それらの菩薩《ぼさつ》は、実《じつ》は皆《みな》過去《かこ》に法華経《ほけきょう》の修行《しゅぎょう》を積《つ》んだ者《もの》に他《ほか》ならないのです。[7]それは、嘗《かつ》て行《い》ったことがある道《みち》を辿《たど》る時《とき》に「嗚呼《ああ》、ここはどこそこだ。そして、確《たし》かその奥《おく》に目的地《もくてきち》があるはずだ。そうだ、分《わ》かりました。」というようなもので、その「分《わ》かりました」というのは途中《とちゅう》の出来事《できごと》であっても、思《おも》い出《だ》しているのは奥《おく》の目的地《もくてきち》のことであるのと同《おな》じです。そのように他《た》の経典《きょうてん》で修行《しゅぎょう》している菩薩《ぼさつ》も、皆法華《みなほけ》経《きょう》のことまで考《かんが》えが及《およ》んで、法華経《ほけきょう》の諸法実相《しょほうじっそう》の妙旨《みょうし》に思《おも》い至《いた》った時《とき》に悟《さと》りを開《ひら》くのですから、一切《さい》の菩薩《ぼさつ》の菩提《ぼだい》は、皆《みな》この経《きょう》に属《ぞく》しているものである、すべては法華経《ほけきょう》の利益《りやく》であると釈尊《しゃくそん》は断言《だんげん》されます。そして、他《た》の経典《きょうてん》は方便《ほうべん》が多《おお》くて真実《しんじつ》が隠《かく》れていますが、法華経《ほけきょう》は方便《ほうべん》の門《もん》を開《ひら》いて、その奥《おく》の真実《しんじつ》の相《そう》を現《あらわ》す経典《きょうてん》なのです。このような開示《かいじ》を「開権顕実《かいごんけんじつ》」或《あ》いは「開顕《かいけん》」と言《い》いますが、方便品《ほうべんぽん》、譬喩品《ひゆほん》、薬草喩品《やくそうゆほん》に説《と》かれたことも、総《すべ》て方便《ほうべん》の門《もん》を開《ひら》いて真実《しんじつ》の相《そう》を示《しめ》したことなのです。

（現代語《げんだいご》）

如来《にょらい》の入滅後《にゅうめつご》において、比丘《びく》・比丘尼《びくに》・信士《しんじ》・信女《しんにょ》の四種《しゅ》の人々《ひとびと》のために、この法華経《ほけきょう》を説《と》こうとするならば、如何《いか》にして説《と》くべきであろうか。法華経《ほけきょう》を説《と》く善男子《ぜんなんし》・善女人《ぜんにょにん》は、如来《にょらい》の室《しつ》に入《はい》り、如来《にょらい》の衣《ころも》を着《き》て、如来《にょらい》の座《ざ》に坐《ざ》して、そしてこの四種《しゅ》の人々《ひとびと》に広《ひろ》くこの経《きょう》を説《と》くべきである。如来《にょらい》の室《しつ》とは、一切《さい》の人々《ひとびと》への大《おお》いなる慈悲《じひ》の心《こころ》である。如来《にょらい》の衣《ころも》とは、柔和《にゅうわ》にして侮辱《ぶじょく》や苦《くる》しみに耐《た》え忍《しの》ぶ心《こころ》である。如来《にょらい》の座《ざ》とは、一切《さい》の存在《そんざい》は「空《くう》」であると知《し》ることである。

（要文《ようもん》）

如来《にょらい》の滅後《めつご》に四衆《しゅ》の為《ため》に是《こ》の法華経《ほけきょう》を説《と》かんと欲《ほっ》せば、云何《いか》にしてか説《と》くべき。是《こ》の善男子《ぜんなんし》・善女人《ぜんにょにん》は、如来《にょらい》の室《しつ》に入《はい》り、如来《にょらい》の衣《ころも》を着《き》、如来《にょらい》の座《ざ》に坐《ざ》して、爾《しこう》して乃《いま》し四衆《しゅ》の為《ため》に広《ひろ》く此《こ》の経《きょう》を説《と》くべし。如来《にょらい》の室《しつ》とは、一切衆生《さいしゅじょう》の中《なか》の大慈悲心《だいじひしん》是《こ》れなり。如来《にょらい》の衣《ころも》とは、柔和忍辱《にゅうわにんにく》の心《こころ》是《こ》れなり。如来《にょらい》の座《ざ》とは、一切法空《さいほうくう》是《こ》れなり。

（要義《ようぎ》）

ここでは「衣座室《えざしつ》の三軌《き》」と言《い》って、如来《にょらい》の衣《ころも》を着《き》て、如来《にょらい》の座《ざ》に坐《ざ》して、如来《にょらい》の室《しつ》に入《はい》って説《と》くという、法華経《ほけきょう》を弘《ひろ》める者《もの》の大事《だいじ》な心得《こころえ》が説《と》かれています。ここに四衆《しゅ》というのは、比丘《びく》（僧《そう》）・比丘尼《びくに》（尼僧《にそう》）・優婆塞《うばそく》（信士《しんじ》）・優婆夷《うばい》（信女《しんにょ》）の人々《ひとびと》のことです。ここにも「善男子善女人《ぜんなんしぜんにょにん》」とあるように、法華経《ほけきょう》を説《と》く者《もの》は僧侶《そうりょ》に限《かぎ》られてはいません。そして、法華経《ほけきょう》を弘《ひろ》めようとする在家《ざいけ》出家《しゅっけ》の何《いず》れもが、先《ま》ず如来《にょらい》の室《しつ》に入《はい》り、如来《にょらい》の衣《ころも》を着《き》、如来《にょらい》の座《ざ》に坐《ざ》して、大衆《だいしゅ》のためにこの法華経《ほけきょう》を説《と》かねばならないのです。如来《にょらい》の室《しつ》とは、一切衆生《さいしゅじょう》の中《なか》の慈悲心《じひしん》をいうのであって、如来《にょらい》の室《しつ》に入《はい》れと言《い》っても別《べつ》に他《た》の所《ところ》に行《い》くのではなく、自分自身《じぶんじしん》の心《こころ》に有《ゆう》している慈悲心《じひしん》を働《はたら》かせればそこが如来《にょらい》の室《しつ》です。そして、その室《しつ》に入《はい》るということは、そこで如来《にょらい》にお目《め》に掛《かか》ることが出来《でき》るということです。また如来《にょらい》の衣《ころも》を着《き》るとは柔和忍辱《にゅうわにんにく》の心《こころ》であって、(8)怒《いか》りを鎮《しず》めて侮辱《ぶじょく》や苦《くる》しみに耐《た》え忍《しの》ぶことであり、如来《にょらい》の座《ざ》に坐《ざ》すとは、すべての事柄《ことがら》に囚《とら》われない「一切法空《さいほうくう》」の精神《せいしん》にあることです。囚《とら》われないということは我見執著《がけんしゅうぢゃく》の無《な》いことですから、宗派《しゅうは》の偏見《へんけん》に囚《とら》われるとか学問《がくもん》の弊《へい》に囚《とら》われるとか、何《なに》か為《ため》にする所《ところ》あって説《せつ》を立《た》てるというようなことであれば、それは一切法《さいほう》空《くう》に住《じゅう》せざるものとなります。一点《てん》の私心《ししん》無《な》くして公明正大《こうめいせいだい》に法華経《ほけきょう》を説《と》くのでなければ、一切法《さいほう》空《くう》とはなりません。また「空《くう》」とは、「所詮《しょせん》は何《なに》も無《な》い」というような消極的《しょうきょくてき》な意味《いみ》ではなく、囚《とら》われざる心《こころ》をいうのですから、無心《むしん》に正《ただ》しきものに打《う》ち込《こ》んでいく精神《せいしん》が「空《くう》」であることは言《い》うまでもありません。このように釈尊《しゃくそん》は、慈悲心《じひしん》と柔和忍辱《にゅうわにんにく》の心《こころ》と公明正大《こうめいせいだい》の心《こころ》があって、それによって始《はじ》めて法華経《ほけきょう》を説《と》く資格《しかく》が出来《でき》ることを教《おし》えられているのです。

（現代語《げんだいご》）
様々《さまざま》な怠《なま》け心《こころ》を捨《す》てようとするならば　当《まさ》にこの経《きょう》を聴《き》くべきである。

（要文《ようもん》）
諸《もろもろ》の懈怠《けだい》を捨《す》てんと欲《ほっ》せば、当《まさ》に此《こ》の経《きょう》を聴《き》くべし。

（要義《ようぎ》）
法華経《ほけきょう》は決《けっ》して消極的《しょうきょくてき》、悲観的《ひかんてき》な生温《なまぬる》い教《おし》えではありません。どこまでも、勇猛精進《ゆうもうしょうじん》して大志《だいし》願力《がんりき》、大善根力《だいぜんごんりき》によって進《すす》み行《い》く御経《おきょう》ですから、この法華経《ほけきょう》を聴《き》けば怠《なま》け根性《こんじょう》など無《な》くなって、非《ひ》常《じょう》に力強《ちからづよ》き希望《きぼう》に満《み》ちて奮闘《ふんとう》する生活《せいかつ》が開《ひら》かれてくるわけです。したがって、怠《なま》け心《こころ》に悩《なや》む者《もの》が、しっかりした奮闘努力《ふんとうどりょく》の精神《せいしん》になろうとするならば、何《なに》はともあれ法華経《ほけきょう》を聴《き》くが良《よ》いと説《と》かれているのです。

（現代語《げんだいご》）

もし、この深経《じんきょう》が声聞《しょうもん》の教《おし》えの意義《いぎ》を明《あき》らかにする諸経《しょきょう》の王《おう》であることを聞《き》いて、そして聞《き》き終《お》わって思惟《しい》する者《もの》あれば、この人々《ひとびと》は間違《まちが》いなく仏《ほとけ》の智慧《ちえ》に近《ちか》づいていると知《し》るべきである。

（要文《ようもん》）

若《も》し此《こ》の深経《じんきょう》の、声聞《しょうもん》の法《ほう》を決了《けつりょう》して是《こ》れ諸経《しょきょう》の王《おう》なるを聞《き》き、聞《き》き已《おわ》って諦《あきら》かに思惟《しい》せん。当《まさ》に知《し》るべし、此《こ》の人等《ひとら》は仏《ほとけ》の智慧《ちえ》に近《ちか》づきぬ。

（要義《ようぎ》）

法華経《ほけきょう》は、深《ふか》き法門《ほうもん》の経《きょう》である。これは法華経《ほけきょう》の開顕《かいけん》の意味合《いみあ》いを説《と》いたもので、この法華経《ほけきょう》が、声聞《しょうもん》の法即《ほうすなわ》ち阿含《あごん》などの教《おし》えを決了《けつりょう》して、その意義《いぎ》を顕《あきら》かにしていくことから、諸経《しょきょう》の王《おう》であることを説《と》いています。それ故《ゆえ》に、声聞《しょうもん》の法《ほう》それ自身《じしん》をその儘《まま》にして置《お》くのではなく、法華経《ほけきょう》によって聞《き》き、法華《ほけ》経的見地《きょうてきけんち》によって導《みちび》かれるのでなければなりません。阿含《あごん》の徒《と》が阿含《あごん》として教《おし》えを説《と》いたのでは、仏教《ぶっきょう》の本当《ほんとう》の真価《しんか》を発揮《はっき》することは出来《でき》ません。法華経《ほけきょう》の見地《けんち》から阿含《あごん》が説《と》かれるのを聞《き》いて、そして一切経《さいきょう》が法華経《ほけきょう》の深《ふか》い意味《いみ》に於《お》いて疎通《そつう》されたということになれば、それは仏《ほとけ》の智慧《ちえ》に近《ちか》づいた者《もの》となります。阿含《あごん》は阿含《あごん》である、法華《ほっけ》は法華《ほっけ》であると相反《あいはん》するような仏教《ぶっきょう》の研究《けんきゅう》をしている者《もの》は、仏《ほとけ》の智慧《ちえ》には遠《とお》ざかっている者《もの》である、仏《ほとけ》の思《おぼ》し召《め》しには適《かな》わんぞと如来自《にょらいみずか》らがお示《しめ》しになられているのです。

（現代語《げんだいご》）

もし、この経《きょう》を説《と》こうとする時《とき》に悪口《あっく》し罵《のの》しる者《もの》があって、刀《かたな》や杖《つえ》を以《もっ》て、或《ある》いは瓦《かわら》や石《いし》を投《な》げつけて危害《きがい》を加《くわ》えようとも、仏《ほとけ》を心《こころ》に念《ねん》じて忍《しの》ばなければならぬ。

（要文《ようもん》）

若《も》し此《こ》の経《きょう》を説《と》かん時《とき》、人《ひと》あって悪口《あっく》し罵《ののし》り、刀杖《とうじょう》・瓦石《がしゃく》を加《くわ》うとも、仏《ほとけ》を念《ねん》ずるが故《ゆえ》に忍《しの》ぶべし。

（要義《ようぎ》）

ここでは、法華経《ほけきよう》の行者《ぎようじや》が難《なん》に遭《あ》う場合《ばあい》の決心《けつしん》を教《おし》えています。この経《きよう》を弘《ひろ》める時《とき》に反対者《はんたいしや》があって、或《ある》いは罵《ののし》り或《ある》いは石《いし》を投《な》げつけることがあっても、そのような迫害《はくがい》は決《けつ》して恐《おそ》れるに足《た》らぬ、仏《ほとけ》の御恩《ごおん》を感謝《かんしや》する精神《せいしん》によって、その仏《ほとけ》を想《おも》う精神《せいしん》によって、それらの迫害《はくがい》を堪《た》えて行《い》かねばならぬと説《と》かれています。この「仏《ほとけ》を念《ねん》ずるが故《ゆえ》に」ということが、法華行者《ほつけぎようじや》が迫害《はくがい》に対抗《たいこう》する信仰《しんこう》の基礎《きそ》となるのです。今《いま》の多《おお》くの法華《ほつけ》の僧侶《そうりよ》などに信仰《しんこう》が無《な》いのは、仏《ほとけ》というものが分《わ》からないから信仰《しんこう》が無《な》いのです。色々《いろいろ》な理屈《りくつ》などを言《い》って居《お》った所《ところ》で、それで信仰《しんこう》に入《はい》ることは出来《でき》ません。やはり完全《かんぜん》な人格者《じんかくしや》を意識《いしき》して、何《なん》とも言《い》い得《え》られない有《あ》り難《がた》さを直観《ちよつかん》する所《ところ》まで進《すす》まなかったならば、十界互具《かいごぐ》がどうの、真如《しんによ》の妙体《みようたい》がどうのと言《い》っても、それは教学《きようがく》の知識《ちしき》としては多少《たしよう》の満足《まんぞく》は得《え》られても、信仰《しんこう》が力《ちから》となって発揮《はつき》されるには到底至《とうていいた》らないのです。今《いま》の一般《ぱん》の法華《ほつけ》の徒《と》というものは、堕落《だらく》すれば殆《ほとん》ど低級《ていきゆう》なる迷信淫祠《めいしんいんし》に陥《おちい》り、進《すす》んで学問《がくもん》すれば訳《わけ》の分《わ》からぬ真如論《しんによろん》を捻《ねじ》くるか、[9]禅宗《ぜんしゆう》の出来損《できそこ》ないのように人《ひと》は本来《ほんらい》から仏《ほとけ》だとか、或《ある》いは真言《しんごん》の阿字観《あじかん》のように宇宙《うちゆう》と我《われ》とが一体《たい》となるなどと言《い》って、一つも寿量品《じゆりようほん》の有《あ》り難《がた》い意味《いみ》を心《こころ》に深《ふか》く感《かん》じることがありません。進《すす》んだ者《もの》も駄目《だめ》であるし、退《しりぞ》いた者《もの》も駄目《だめ》で、全部駄目《ぜんぶだめ》、実際《じつさい》はもう滅茶苦茶《めちやくちや》になっているのが現状《げんじよう》です。これらの弊害《へいがい》は、元《もと》は何処《どこ》から来《き》たかというと、一致派《ちは》というものが本迹《ほんじやく》一致《ち》ということに依《よ》って寿量品《じゅりょうほん》の真意《しんい》を抑《おさ》えようとしたことにあります。本門《ほんもん》も迹門《しゃくもん》も同《おな》じ事《こと》にしようと思《おも》えば、寿量品《じゅりょうほん》の本仏《ほんぶつ》を抑《おさ》えなければ同《おな》じということにはなりません。そのために迹門《しゃくもん》の諸法実《しょほうじつ》相《そう》、真如《しんにょ》の妙理《みょうり》なる冷《ひ》ややかなものに本門《ほんもん》と迹門《しゃくもん》の一致点《ちてん》を見《み》ようとしたのが原因《げんいん》です。そこで彼《かれ》等《ら》の信行《しんぎょう》は鬼子母神《きしもじん》や帝釈天《たいしゃくてん》、或《ある》いは大黒天《だいこくてん》に行《い》き、[10]果《は》てには霊断《れいだん》などという、いかがわしい占《せん》術《じゅつ》・祈祷《きとう》を盛《さか》んにする輩《やから》が大《おお》きな勢力《せいりょく》を持《も》つことになってしまったわけです。また、頑迷固陋《がんめいころう》な方《ほう》では日蓮正宗《にちれんしょうしゅう》などという派《は》が誤《あやま》った勝劣《しょうれつ》を唱《とな》えて、愚《ぐ》にも付《つ》かぬ偽書《ぎしょ》などを作《つく》っては独善排他的《どくぜんはいたてき》に派別《はべつ》の観念《かんねん》を強《つよ》くし、「日蓮大聖人《にちれんだいしょうにん》が本仏《ほんぶつ》である」などと下《くだ》らないことを言《い》っては今《いま》なお醒《さ》めない。それどころか、[11]その元信仰団体《もとしんこうだんたい》の創価学会《そうかがっかい》が日本最大《にほんさいだい》の宗教団体《しゅうきょうだんたい》となり、「釈迦《しゃか》も釈迦《しゃか》の仏法《ぶっぽう》も役《やく》に立《た》たぬ」と、政治《せいじ》・経済《けいざい》・教育《きょういく》に大《おお》きな影響力《えいきょうりょく》を持《も》っている有様《ありさま》ですから、この国《くに》には何《い》時《つ》何《なに》が起《お》きても不思議《ふしぎ》ではありません。宗内《しゅうない》・宗派間《しゅうはかん》の衝突《しょうとつ》が起《お》こることを憂《うれ》いて多《おお》くはこれを言《い》わずに居《い》ますが、寿量品《じゅりょうほん》に於《お》いても開目抄《かいもくしょう》に於《お》いても、その他《た》の日蓮聖人《にちれんしょうにん》の御遺文《ごいぶん》を見《み》ても、法《ほ》華経全部《けきょうぜんぶ》について見《み》ても、一切経《さいきょう》について見《み》ても、或《ある》いは宗教学《しゅうきょうがく》の根本《こんぽん》から見《み》ても、心理学《しんりがく》の教《おし》える所《ところ》について考《かんが》えても、色々《いろいろ》な事《こと》を言《い》って結構《けっこう》な寿量品《じゅりょうほん》の教《おし》えを傷付《きずつ》け、本仏釈尊《ほんぶつしゃくそん》を念《ねん》じる所《ところ》の意識信念《いしきしんねん》を失《うしな》ったということは、仏教《ぶっきょう》として実《じつ》に怪《けし》からぬ事《こと》であるのです。日蓮聖人《にちれんしょうにん》は、刀《とう》杖瓦石《じょうがしゃく》の難《なん》に値《あ》う時《とき》でも、この「仏《ほとけ》を念《ねん》ずるが故《ゆえ》に忍《しの》ぶべし」という釈尊《しゃくそん》の教《おし》えの通《とお》りを身読《しんどく》なさった聖者《せいじゃ》です。[12]「世《よ》を恐《おそ》れてこれを言《い》わずんば仏敵《ぶつてき》とならんか」と、世間《せけん》の謗《そし》りや迫害《はくがい》を恐《おそ》れて誤《あやま》りを正《ただ》さなければ、仏法《ぶっぽう》の敵《てき》となってしまうと言《い》われた日蓮聖人《にちれんしょうにん》の門下《もんか》でありながら、ここに大《おお》いに教学《きょうがく》の改善《かいぜん》を叫《さけ》ばないのならば、それは実《じつ》にすべて日蓮聖人《にちれんしょうにん》の思《おぼ》し召《め》しに逆行《ぎゃっこう》している者《もの》となる訳《わけ》です。

見宝塔品第十一《けんほうとうほんだい》

(現代語《げんだいご》)

その時《とき》、大地《だいち》より涌出《ゆじゅつ》して空中《くうちゅう》に留《とど》まった宝塔《ほうとう》の中《なか》から、大音声《だいおんじょう》を以《もっ》て讃歎《さんたん》の言葉《ことば》が発《はっ》せられました。「誠《まこと》に素晴《すば》らしきことである、釈迦牟尼世尊《しゃかむにせそん》よ。よくぞ、平等《びょうどう》なる仏《ほとけ》の大智慧《だいちえ》であり、菩薩《ぼさつ》を教《おし》える法《ほう》であり、仏《ほとけ》に護持《ごじ》せられる妙法蓮華経《みょうほうれんげきょう》を人々《ひとびと》のために説《と》かれた。その通《とお》りである、正《まさ》しくその通《とお》りである。釈迦牟尼世尊《しゃかむにせそん》の説《と》かれたことは、皆《みな》すべて真実《しんじつ》である。」

(要文《ようもん》)

爾《そ》の時《とき》に宝塔《ほうとう》の中《うち》より大音声《だいおんじょう》を出《いだ》して、歎《ほ》めて言《のたま》わく、善哉善哉《ぜんざいぜんざい》、釈迦牟尼世尊《しゃかむにせそん》、能《よ》く平等大慧《びょうどうだいえ》・教菩薩法《きょうぼさつほう》・仏所護念《ぶつしょごねん》の妙法蓮華経《みょうほうれんげきょう》を以《もっ》て大衆《だいしゅ》の為《ため》に説《と》きたもう。是《かく》の如《ごと》し、是《かく》の如《ごと》し。釈迦牟尼世尊所説《しゃかむにせそんしょせつ》の如《ごと》きは皆是《みなこ》れ真実《しんじつ》なり。

（要義《ようぎ》）

この宝塔品《ほうとうほん》には三つの大切《たいせつ》な教義《きょうぎ》が説《と》かれています。一には多宝如来《たほうにょらい》が法華経《ほけきょう》の証明《しょうめい》に立《た》たれたこと、二には十方分身《ぽうふんじん》の諸仏《しょぶつ》が来集《らいしゅう》せられたこと、そして三には法華経《ほけきょう》を後《のち》の世《よ》に弘《ひろ》める導師《どうし》を求《もと》められたことです。(1)多宝如来《たほうにょらい》は、入滅《にゅうめつ》の後《のち》に法華経《ほけきょう》が説《と》かれるところがあれば何処《どこ》であれ、仏塔《ぶっとう》と共《とも》に現《あらわ》れて、そして真実《しんじつ》であるとの証明《しょうめい》と称賛《しょうさん》をすると誓願《せいがん》された仏《ほとけ》です。その多宝如来《たほうにょらい》が、今《いま》ここに釈迦牟尼仏《しゃかむにぶつ》が開権顕実《かいごんけんじつ》として説《と》かれたことは、本当《ほんとう》の大事《だいじ》な教《おし》えであるとの証明《しょうめい》にお立《た》ちになったのです。天台大師《てんだいだいし》が「多宝《たほう》は法仏《ほうぶつ》を表《あらわ》し」と言《い》われているように、(2)法身《ほっしん》は真理《しんり》を体《たい》としますから、法華経《ほけきょう》は真理《しんり》の側《がわ》より証明《しょうめい》される教《おし》えであると言《い》えます。人々《ひとびと》はこの宝塔《ほうとう》の内《うち》の多宝如来《たほうにょらい》を礼拝《らいはい》したいと申《もう》し出《で》ますが、宝塔《ほうとう》を開《ひら》くには十方《ぽう》の世界《せかい》において説法《せっぽう》をしている沢山《たくさん》の釈尊《しゃくそん》の分身《ふんじん》仏《ぶつ》を集《あつ》めなければなりません。そこで「三変《ぺん》土田《どでん》」と言《い》って、釈尊《しゃくそん》は三度《たび》この世界《せかい》を神通《じんづう》の力《ちから》を以《もっ》て広《ひろ》げて荘厳《しょうごん》し、そこに入《はい》り切《き》れぬ程《ほど》の仏《ほとけ》を来集《らいしゅう》させるのです。

（現代語《げんだいご》）

この時《とき》、十方《ぽう》の世界《せかい》より来集《らいしゅう》した釈尊分身《しゃくそんふんじん》の仏達《ほとけたち》は各々宝樹《おのおのほうじゅ》の下《もと》の獅子座《ししざ》に坐《すわ》り、皆侍者《みなじしゃ》を遣《つか》わせて釈迦牟尼仏《しゃかむにぶつ》の安否《あんぴ》を尋《たず》ねさせようと、仏《ほとけ》に散《さん》ずる宝《たから》の華《はな》を両手《りょうて》一杯《ぱい》に盛《も》った侍者《じしゃ》に次《つぎ》のように告《つ》げました。「善男子《ぜんなんし》よ、汝《なんじ》は霊鷲山《りようじゆせん》の釈迦牟尼仏《しやかむにぶつ》の所《ところ》に詣《もう》でて、私《わたし》の言葉《ことば》の如《ご》くに申《もう》し上《あ》げなさい。病等《やまいとう》に悩《なや》まされること無《な》くお元気《げんき》にお過《す》ごしでございましょうか。そして、菩薩《ぼさつ》や声聞《しようもん》の人々《ひとびと》も、皆安穏《みなあんのん》でありましょうかと。」

(要文《ようもん》)

是《こ》の時《とき》に諸仏《しよぶつ》各《おのおの》宝樹下《ほうじゆげ》に在《まし》まして獅子座《ししざ》に坐《ざ》し、皆侍者《みなじしや》を遣《つか》わして釈迦牟尼仏《しやかむにぶつ》を問訊《もんじん》したもう。各《おのおの》宝華《ほうけ》をもち掬《きく》に満《み》てて、之《これ》に告《つ》げて言《のたま》わく、善男子《ぜんなんし》、汝耆闍崛山《なんじぎしやくせん》の釈迦牟尼仏《しやかむにぶつ》の所《ところ》に往詣《おうけい》して、我《わ》が辞《ことば》の如《ご》く曰《もう》せ、少病少悩《しようびようしようのう》、気力安楽《けりきあんらく》にましますや。及《およ》び菩薩《ぼさつ》・声聞衆《しようもんしゆ》悉《ことごと》く安穏《あんのん》なりや不《いな》やと。

(要義《ようぎ》)

十方《ぽう》の世界《せかい》で法《ほう》を説《と》いている沢山《たくさん》の釈迦牟尼仏《しやかむにぶつ》の分身《ふんじん》が来集《らいしゆう》し、各々《おのおの》がその侍者《じしや》に次《つぎ》のように告《つ》げます。お前《まえ》は霊鷲山《りようじゆせん》（耆闍山《ぎしやくせん》）の釈尊《しやくそん》の所《ところ》へ行《い》って、我《わ》が辞《ことば》の通《とお》りに御挨拶《ごあいさつ》を申《もう》して来《こ》い。釈《しや》迦牟尼世尊《かむにせそん》よ、教化《きようけ》に難儀《なんぎ》な衆生《しゆじよう》で溢《あふ》れる娑婆世界《しやばせかい》に御出《おで》ましになられ、病《やまい》少《すく》なく悩《なや》み少《すく》なく、お元気《げんき》で安楽《あんらく》にされていますでしょうか。誠《まこと》に御苦労《ごくろう》な事《こと》で御座《ござ》います、またお弟子達《でしたち》も安穏《あんのん》でありましょうか、迫害《はくがい》を受《う》けるような事《こと》はありませぬかと。この御挨拶《ごあいさつ》を申《もう》し上《あ》げるために、十方《ぽう》の分《ふん》身諸仏《じんしょぶつ》が来集《らいしゅう》して、そして釈尊《しゃくそん》に敬意《けいい》を表《あらわ》すべき地位《ちい》に居《い》ると示《しめ》すことは、密《ひそ》かに釈尊《しゃくそん》が本仏《ほんぶつ》であることを顕《あら》わしています。天台大師《てんだいだいし》が「分身《ふんじん》すでに多《おお》し、当《まさ》に知《し》るべし成仏《じょうぶつ》の久《ひさ》しきを」と述《の》べられているように、寿量品《じゅりょうほん》の「顕本《けんぽん》」に対《たい》して密《ひそ》かに本仏《ほんぶつ》であることが示《しめ》されていることから、日《にち》蓮聖人《れんしょうにん》が開目抄《かいもくしょう》に[3]「寿量品《じゅりょうほん》の遠序《おんじょ》なり」、遠《とお》い序文《じょぶん》であると言《い》われている所《ところ》です。

（現代語《げんだいご》）

その時《とき》に多宝仏《たほうぶつ》は、宝塔《ほうとう》の中《なか》において釈迦牟尼仏《しゃかむにぶつ》に半座《はんざ》を譲《ゆず》って、次《つぎ》のように言《い》われました。「釈迦牟尼仏《しゃかむにぶつ》よ、どうかこの座《ざ》に座《すわ》られよ」と。すると、釈迦牟尼仏《しゃかむにぶつ》は速《すみ》やかに塔《とう》の中《なか》に入《はい》って座《ざ》の半分《はんぶん》に座《すわ》り、そして結跏趺坐《けっかふざ》をされたのです。

（要文《ようもん》）

爾《そ》の時《とき》に多宝仏《たほうぶつ》、宝塔《ほうとう》の中《うち》に於《お》いて、半座《はんざ》を分《わ》かち釈迦牟尼仏《しゃかむにぶつ》に与《あた》えて、是《こ》の言《ことば》をなしたまわく、釈迦牟尼仏《しゃかむにぶつ》此《こ》の座《ざ》に就《つ》きたもうべし。即時《そくじ》に釈迦牟尼仏《しゃかむにぶつ》其《そ》の塔中《たっちゅう》に入《はい》り、其《そ》の半座《はんざ》に

坐《ざ》して結跏趺坐《けっかふざ》したもう。

(要義《ようぎ》)

多宝仏《たほうぶつ》が半座《はんざ》を分《わ》かって釈尊《しゃくそん》を迎《むか》え、釈尊《しゃくそん》は即時《そくじ》にその宝塔《ほうとう》の中《なか》にお入《はい》りになったことを二仏《ぶつ》並座《びょうざ》の式《しき》と言《い》いますが、これは釈尊《しゃくそん》と多宝仏《たほうぶつ》が肩《かた》を並《なら》べた仏《ほとけ》だという意味《いみ》ではありません。宝塔《ほうとう》品《ほん》では未《いま》だ分《わ》かり難《にく》いですが、日蓮聖人《にちれんしょうにん》が[4]「多宝仏《たほうぶつ》の上座《かみざ》に教主釈尊《きょうしゅしゃくそん》居《い》せさせ給《たま》う。」「多宝仏《たほうぶつ》も寿量品《じゅりょうほん》の教主釈尊《きょうしゅしゃくそん》の所従《しょじゅう》なり」と述《の》べられているように、釈尊《しゃくそん》が絶対《ぜったい》の仏《ほとけ》であることは寿量品《じゅりょうほん》において顕《あきら》かにされて行《い》きます。したがって、釈迦《しゃか》と多宝《たほう》を境智冥合《きょうちみょうごう》などといって実相《じっそう》との一致《ち》を説《と》くことは迹門《しゃくもん》の意《い》であって、本門《ほんもん》の迹仏《しゃくぶつ》を開《ひら》いて本仏《ほんぶつ》を顕《あらわ》す、釈尊《しゃくそん》の絶対《ぜったい》を説《と》く寿量品《じゅりょうほん》の経《きょう》文《もん》を見《み》るならば、別段《べつだん》多宝《たほう》と釈尊《しゃくそん》との関係《かんけい》などを疑《うたが》うことはありません。

(現代語《げんだいご》)

釈迦牟尼仏《しゃかむにぶつ》は、即時《そくじ》に神通力《じんづうりき》によって「我等《われら》も虚空中《こくうちゅう》に」と願《ねが》う人々《ひとびと》を皆空中《みなくうちゅう》に迎《むか》えて留《とど》まらせました。そして、大音声《だいおんじょう》で四衆《しゅ》の人々《ひとびと》に普《あまね》く告《つ》げられたのです。「この娑婆世界《しゃばせかい》において広《ひろ》く妙法《みょうほう》蓮華経《れんげきょう》を説《と》くことが出来《でき》るのは誰《だれ》か。今《いま》こそ、その大事《だいじ》の時《とき》である。如来《にょらい》の私《わたし》は、程無《ほどな》く涅槃《ねはん》に入《はい》ろうとしている。私《わたし》は仏《ほとけ》として、この妙法蓮華経《みょうほうれんげきょう》を託《たく》して、そして世《よ》に存続《そんぞく》せることを望《のぞ》んでいるのだ。」

（要文《ようもん》）

即時《そくじ》に釈迦牟尼仏《しゃかむにぶつ》、神通力《じんづうりき》を以《もっ》て諸《もろもろ》の大衆《だいしゅ》を接《せっ》して皆《みな》虚空《こくう》に在《お》きたもう。大音声《だいおんじょう》を以《もっ》て普《あまね》く四衆《しゅ》に告《つ》げたまわく、誰《だれ》か能《よ》く此《こ》の娑婆国土《しゃばこくど》に於《おい》て広《ひろ》く妙法華経《みょうほけきょう》を説《と》かん。今正《いままさ》しく是《こ》れ時《とき》なり。如来久《にょらいひさ》しからずして当《まさ》に涅槃《ねはん》に入《はい》るべし。仏《ほとけ》、此《こ》の妙法華経《みょうほけきょう》を以《もっ》て付属《ふぞく》して在《あ》ることをあらしめんと欲《ほっ》す。

（要義《ようぎ》）

これは付嘱《ふぞく》の文《もん》で、釈尊《しゃくそん》は宝塔《ほうとう》に入《はい》るや否《いな》や大衆《だいしゅ》を虚空《こくう》に導《みちび》き上《あ》げ、釈迦如来《しゃかにょらい》は程遠《ほどとお》からずして涅槃《ねはん》に入《はい》るものであるから、この娑婆世界《しゃばせかい》で法華経《ほけきょう》を説《と》こうと思《おも》うならば、誰《だれ》でもここに誓《ちか》いを立《た》てよと、法華経《ほけきょう》を弘《ひろ》める人《ひと》を求《もと》められたものです。[5]「今《いま》、仏前《ぶつぜん》に於《お》いて自《みずか》ら誓言《せいごん》を説《と》け。」との、その釈尊《しゃくそん》の熱心《ねっしん》なる宣言《せんげん》は一度《ど》でなくして三度繰《たびく》り返《かえ》して説《と》かれるが故《ゆえ》に、これを「三箇《か》の勅宣《ちょくせん》」或《ある》いは「三箇《か》の鳳詔《ほうしょう》」と言《い》っています。この見宝塔品《けんほうとうほん》の「三箇《か》の勅宣《ちょくせん》」と、提婆達多品《だいばだったほん》の「二箇《か》の諫《かん》暁《ぎょう》」に驚《おどろ》いて、大衆《だいしゅ》は勧持品《かんじほん》において弘経《ぐきょう》の誓《ちか》いを立《た》てるという順序《じゅんじょ》になるのです。

(現代語《げんだいご》)

他《た》に経典《きょうてん》はガンジス河《がわ》の砂程《すなほど》にあるが、これらを説《と》くことは未《いま》だ難《むずか》しき事《こと》ではない。もし須弥山《しゅみせん》を手《て》に取《と》って、他《た》の無数《むすう》の仏国土《ぶつこくど》に投《な》げ置《お》いたとしても未《いま》だ難《むずか》しき事《こと》とは言《い》えない。また足《あし》の指《ゆび》を以《もっ》てこの大《だい》千世界《せかい》を動《うご》かし、遠《とお》くの他世界《たせかい》に投《な》げ打《う》ったとしても未《いま》だ難《むずか》しき事《こと》ではない。もし有頂《うちょうてん》天に立《た》って、人々《ひとびと》のために無量《むりょう》の他経《たきょう》を演説《えんぜつ》したとしても、それは未《いま》だ難《むずか》しき事《こと》ではないのだ。しかしながら、仏《ほとけ》の入滅後《にゅうめつご》、悪《あ》しき世《よ》の中《なか》において、よくこの経《きょう》を説《と》くならば、それは正《まさ》に難《むずか》しき事《こと》である。

(要文《ようもん》)

諸余《しょよ》の経典《きょうでん》、数恒沙《かずごうしゃ》の如《ごと》し。此《こ》れ等《ら》を説《と》くと雖《いえど》も、未《いま》だ難《かた》しと為《な》すに足《た》らず。若《も》し須弥《しゅみ》を接《と》って他方《たほう》の無数《むしゅ》の仏土《ぶつど》に投《な》げ置《お》かんも、また未《いま》だ難《かた》しとせず。若《も》し足《あし》の指《ゆび》を以《もっ》て大千界《だいかい》を動《うご》かし、遠《とお》く他国《たこく》に投《な》げんも、また未《いま》だ難《かた》しとせず。若《も》し有頂《うちょう》に立《た》って、衆《しゅ》の為《ため》に無量《むりょう》の余《よ》

経《きょう》を演説《えんぜつ》せんも、また未《いま》だ難《かた》しとせず。若《も》し仏《ほとけ》の滅度《めつど》に、悪世《あくせ》の中《なか》に於《お》て能《よ》く此《こ》の経《きょう》を説《と》かん、是《こ》れ則《すなわ》ち難《かた》しとす。

(要義《ようぎ》)

この所《ところ》では、法華経《ほけきょう》を説《と》くことの「六難《なん》九易《い》」を挙《あ》げています。法華経《ほけきょう》以外《いがい》の経典《きょうてん》は沢山《たくさん》あるけれども、それらを説《と》くことは全《まった》く難《むずか》しい事《こと》ではない、また世界最高峰《せかいさいこうほう》の須弥山《しゅみせん》を手《て》に取《と》って他方《たほう》の仏土《ぶつど》に擲《なげう》つことも難《むずか》しい事《こと》ではない、足《あし》の指《ゆび》を以《もっ》て大千世界《だいせんせかい》を動《うご》かすことも難《むずか》しい事《こと》ではない、天界最高《てんかいさいこう》の有頂天《うちょうてん》に立《た》って多《おお》くの経《きょう》を説《と》くことも難《むずか》しい事《こと》ではない。しかしながら、悪世末法《あくせまっぽう》に法華経《ほけきょう》を説《と》こうとするならば、それは実《じつ》に難《むずか》しき事《こと》である。その他《た》にも困難《こんなん》である事《こと》を挙《あ》げて、それを九つの易《やす》き事《こと》とし、そして法華経《ほけきょう》を説《と》いたり研究《けんきゅう》したりする事《こと》を六つの難《むずか》しき事《こと》として述《の》べています。要《よう》するに、法華経《ほけきょう》の為《ため》に力《ちから》を尽《つ》くすことは非常《ひじょう》に困難《こんなん》であることを述《の》べて、そして法華経《ほけきょう》が大変《たいへん》に結構《けっこう》な教《おし》えだということを説《と》いているわけです。難《むずか》しいという事《こと》は止《と》めておいた方《ほう》がよいと言《い》うことではなく、一方《ぽう》からいえば非常《ひじょう》に尊《とうと》い事《こと》を意味《いみ》しています。日本《にほん》で「有《あ》り難《がた》い」と言《い》うことが、丁度《ちょうど》尊《とうと》い事《こと》を表《あらわ》す言葉《ことば》になっているように、「有《あ》り難《がた》し」「容易《ようい》ではない」ということは、大変《たいへん》に結構《けっこう》なことである、尊《とうと》いことであるという意味《いみ》を表《あらわ》しているのです。

（現代語《げんだいご》）

この経《きょう》を持《たも》つのは難《むずか》しき事《こと》である。もし暫《しばら》くの間《あいだ》でも持《たも》つ者《もの》があるならば、私《わたし》は直《す》ぐさまに歓喜《かんぎ》するであろう。他《た》の仏達《ほとけたち》も、また同様《どうよう》である。そのような人《ひと》は、諸々《もろもろ》の仏《ほとけ》が誉《ほ》めたまう者《もの》である。それ則《すなわ》ち勇猛《ゆうもう》なる者《もの》、精進《しょうじん》の者《もの》である。

（要文《ようもん》）

此《こ》の経《きょう》は持《たも》ち難《がた》し。若《も》し暫《しばら》くも持《たも》つ者《もの》は、我即《われすなわ》ち歓喜《かんぎ》す。諸仏《しょぶつ》もまた然《しか》りなり。是《かく》の如《ごと》き人《ひと》は、諸仏《しょぶつ》の歎《ほ》めたもう所《ところ》なり。是《こ》れ則《すなわ》ち勇猛《ゆうみょう》なり、是《こ》れ則《すなわ》ち精進《しょうじん》なり。

（要義《ようぎ》）

ここでは、法華経《ほけきょう》を持《たも》つことが実《じつ》に広大《こうだい》な修行《しゅぎょう》であり功徳《くどく》である事《こと》が説《と》かれています。法華経《ほけきょう》は持《たも》ち難《がた》いけれども、少《すこ》しでも持《たも》てば釈迦如来《しゃかにょらい》もお喜《よろこ》びになり、十方《ぽう》の諸仏《しょぶつ》も皆《みな》お喜《よろこ》びなされる、また仏法守護《ぶっぽうしゅご》の神々《かみがみ》も喜《よろこ》ばれるわけです。法華経《ほけきょう》を持《たも》つ者《もの》は仏《ほとけ》に称賛《しょうさん》される、法華経《ほけきょう》を持《たも》って行《い》く事《こと》が真《しん》の勇猛《ゆうもう》である、そのような意味《いみ》によって信仰《しんこう》が導《みちび》かれていなければ、ただ勇気《ゆうき》といっても、その勇気《ゆうき》には価値《かち》がありません。そして、精進《しょうじん》といっても法華経《ほけきょう》の信念《しんねん》を本《もと》として進《すす》み行《い》くものでなければなりません。何処《どこ》までも法華経《ほけきょう》の経文《きょうもん》を根拠《こんきょ》として、それに精神《せいしん》を遵《したが》えて行《い》く、法華経《ほけきょう》の教《おし》えを基準《きじゅん》に置《お》いて、それに依《よ》って精神行動《せいしんこうどう》が導《みちび》かれて行《い》くことが大事《だいじ》です。日蓮聖人《にちれんしょうにん》も法華経《ほけきょう》を色読《しきどく》された、身《み》に読《よ》まれたと言《い》われるように、(6)教外別伝《きょうげべつでん》などという禅宗《ぜんしゅう》とは違《ちが》って、教《おし》えと修行《しゅぎょう》が離《はな》れないように行《い》く所《ところ》が法華経《ほけきょう》の尊《とうと》さであって、教《おし》えを軽《かろ》んじて自己流《じこりゅう》の行《ぎょう》を勧《すす》めるようなことはないのです。斯《か》くして次《つぎ》の提婆達多品《だいばだったほん》になって悪人女人《あくにんにょにん》の成仏《じょうぶつ》を説《と》いて、法華経《ほけきょう》を弘《ひろ》めれば是《かく》の如《ごと》き功徳利益《くどくりやく》がある、それ故《ゆえ》に汝等《なんじら》はこれを弘《ひろ》める志《こころざし》を立《た》てよと、その宣伝《せんでん》の精神《せいしん》を鼓舞《こぶ》奨励《しょうれい》せられるのです。

提婆達多品第十二《だいばだったほんだい》

(現代語《げんだいご》)
王位《おうい》を捨《す》てて「法《ほう》」を求《もと》めていた王《おう》は、大乗《だいじょう》の妙法蓮華経《みょうほうれんげきょう》を説《と》くと言《い》う仙人《せんにん》の言葉《ことば》に歓喜《かんぎ》し、この仙人《せんにん》に仕《つか》えて、果《このみ》を採《と》り、水《みず》を汲《く》み、薪《たきぎ》を拾《ひろ》い、食事《しょくじ》を用意《ようい》し、その身《み》を以《もっ》て仙人《せんにん》の床座《しょうざ》とも為《な》したが、身心《しんしん》共《とも》に倦《う》み疲《つか》れることはなかった。その時《とき》の王《おう》とは、他《ほか》ならぬ我《わ》が身《み》のことである。その時《とき》の仙人《せんにん》とは、今《いま》の提婆達多《だいばだった》のことである。

(要文《ようもん》)
果《このみ》を採《と》り、水《みず》を汲《く》み、薪《たきぎ》を拾《ひろ》い、食《しょく》を設《もう》け、乃至《ないし》身《み》を以《もっ》て床座《しょうざ》と作《な》せしに、身心《しんじん》倦《もの》きことなかりき。

その時《とき》の王《おう》とは則《すなわ》ち我《わ》が身《み》是《こ》れなり。時《とき》の仙人《せんにん》とは今《いま》の提婆達多《だいばだった》是《こ》れなり。

（要義《ようぎ》）

この法華経《ほけきょう》を後《のち》の世《よ》に弘《ひろ》めるならば、悪人《あくにん》でも女人《にょにん》でも救《すく》われることを説《と》く提婆達多品《だいばだったほん》は、(1)釈《しゃく》尊《そん》を亡《な》き者《もの》にして仏教《ぶっきょう》教団《きょうだん》を乗《の》っ取《と》ろうとした従兄弟《いとこ》の提婆達多《だいばだった》、その提婆達多《だばだった》に関《かん》して説《と》かれた前半分《ぜんはんぶん》によって標題《ひょうだい》が付《つ》けられています。後半《こうはん》の内容《ないよう》は女人成仏《にょにんじょうぶつ》に関《かん》して説《と》かれたものですから、もし後半《こうはん》によって名《な》を付《つ》ければ「女人成仏品《にょにんじょうぶつほん》」とも言《い》うべきでありましょう。

この経文《きょうもん》は、政治《せいじ》を太子《たいし》に委《ゆだ》ねて、仏道修行《ぶつどうしゅぎょう》の為《ため》に善《よ》き師《し》を求《もと》めて廻《まわ》った国王《こくおう》が、幸《さいわ》いにして善《よ》き一人《り》の師匠《ししょう》を得《え》た、その師匠《ししょう》に仕《つか》えて修行《しゅぎょう》する時《とき》の光景《こうけい》が説《と》かれたものです。今《いま》まで一国《こく》の王様《おうさま》として何等《なんら》の不自由《ふじゆう》もなく生活《せいかつ》していたにも拘《かか》わらず、法《ほう》を求《もと》める為《ため》に自《みずか》ら労役《ろうえき》に服《ふく》し、師匠《ししょう》の為《ため》に果《このみ》を採《と》り、水《みず》を汲《く》み、薪《たきぎ》を拾《ひろ》い、食《しょく》を設《もう》け、身《み》を以《もっ》て床座《しょうざ》とし、身《み》にも心《こころ》にも倦怠《けんたい》を生《しょう》じないで、しかも非常《ひじょう》に長《なが》い間《あいだ》、一心《しん》に法《ほう》を求《もと》めて進《すす》んで行《い》ったことが述《の》べられています。これは「採果汲《さいかぎっ》水《すい》」といって、法《ほう》を求《もと》める熱誠《ねっせい》を示《しめ》した経文《きょうもん》として名高《なだか》いものです。そして、その師匠《ししょう》が生《う》まれ変《か》わって今《いま》の提婆達多《だいばだった》となり、その国王《こくおう》が今《いま》の釈尊《しゃくそん》であるという、過去《かこ》の因縁《いんねん》が説《と》かれています。それ故《ゆえ》に、提婆達多《だいばだった》は真《しん》の悪人《あくにん》ではなくして、実《じつ》は釈尊《しゃくそん》の徳《とく》を現《あら》わさんが為《ため》に出《で》て来《き》た者《もの》だというわけです。提婆達多《だいばだった》が極端《きょくたん》に反対《はんたい》するにつけて、釈尊《しゃくそん》の慈悲《じひ》の強《つよ》き事《こと》、また忍耐《にんたい》の強《つよ》き事《こと》、そういう徳《とく》を叩《たた》き出《だ》すことが出来《でき》たのですから、提婆《だいば》は却《かえ》って釈尊《しゃくそん》の化導《けどう》を助《たす》けていることになる。そこで、この法華経《ほけきょう》に於《お》いて釈尊《しゃくそん》より「天王如来《てんのうにょらい》」という未来成仏《みらいじょうぶつ》の許《ゆる》しを受《う》けるのです。

(現代語《げんだいご》)

妙法蓮華経《みょうほうれんげきょう》の提婆達多品《だいばだったほん》を聞《き》いて、浄《きよ》らかなる心《こころ》で信《しん》じ敬《うやま》い、疑惑《ぎわく》を生《しょう》じることのない者達《ものたち》は、地獄《じごく》・餓鬼《がき》・畜生《ちくしょう》の世界《せかい》に堕《お》ちることなく、十方《ぽう》の仏《ほとけ》の面前《めんぜん》に生《う》まれて常《つね》にこの経《きょう》を聞《き》くであろう。もし、人間界《にんげんかい》・天上界《てんじょうかい》に生《う》まれるならば、妙《たえ》なる楽《らく》を享受《きょうじゅ》するであろう。

(要文《ようもん》)

妙法華経《みょうほけきょう》の提婆達多品《だいばだったほん》を聞《き》いて、浄心《じょうしん》に信敬《しんきょう》して疑惑《ぎわく》を生《しょう》ぜざらん者《もの》は、地獄《じごく》・餓鬼《がき》・畜生《ちくしょう》に堕《お》ちずして十方《ぽう》の仏前《ぶつぜん》に生《しょう》ぜん。所生《しょしょう》の処《ところ》には、常《つね》に此《こ》の経《きょう》を聞《き》かん。若《も》し人《にん》・天《でん》の中《なか》に生《う》まれては、勝妙《しょうみょう》の楽《らく》を受《う》く。

(要義《ようぎ》)

この法華経《ほけきょう》の提婆品《だいばほん》を聞《き》き、信心《しんじん》を起《お》こして疑《うたが》いを生《しょう》じない者《もの》ならば、地獄《じごく》・餓鬼《がき》・畜生《ちくしょう》の三悪《あく》道《どう》に堕《お》ちないのみならず、十方《ぽう》の仏《ほとけ》の前《まえ》に生《う》まれることが出来《でき》る、自《みずか》らが生《しょう》ぜんと欲《ほっ》する所《ところ》、何《いず》れにも自在《じざい》に生《う》まれることが出来《でき》る、そしてその生《う》まれた所《ところ》に於《お》いて常《つね》に法華経《ほけきょう》を聞《き》き、益々《ますます》精進《しょうじん》して遂《つい》に仏《ほとけ》になることが出来《でき》るのです。また、もし仏《ほとけ》に成《な》らずして人間界《にんげんかい》または天上界《てんじょうかい》に生《う》まれるならば、殊《こと》に優《すぐ》れた果報《かほう》を以《もっ》て幸福《こうふく》を享受《きょうじゅ》することが出来《でき》ると説《と》かれています。(2)酷《ひど》い目《め》に遭《あ》わされた、悔《くや》しい思《おも》いをさせられた、そのようなことに思《おも》い煩《わずら》うことなく、そのような試練《しれん》を肯定《こうてい》して糧《かて》となし、私達《わたしたち》は人生《じんせい》を前向《まえむ》きに臨《のぞ》む力《ちから》を得《え》なければなりません。もし我《わ》が身《み》にとって怨敵《おんてき》なる者《もの》を、善《ぜん》に導《みちび》く師《し》であったと捉《とら》え直《なお》すことが出来《でき》るならば、私達《わたしたち》は心《こころ》に自在《じざい》を得《え》ることも出来《でき》る訳《わけ》です。法華経《ほけきょう》を信《しん》じて、物事《ものごと》の見方《みかた》・考《かんが》え方《かた》を変《か》えるならば、如何《いか》なる境遇《きょうぐう》も変《か》えて行《い》くことが出来《でき》るようになるのです。

(現代語《げんだいご》)

龍王《りゅうおう》の娘《むすめ》は智慧《ちえ》に優《すぐ》れ、衆生《しゅじょう》の様々《さまざま》な性質《せいしつ》によって為《な》される行為《こうい》を知《し》り、陀羅尼《だらに》を得《え》て、仏達《ほとけたち》の説《と》かれた奥深《おくふか》き秘蔵《ひぞう》を悉《ことごと》く受《う》け持《たも》ち、深《ふか》く禅定《ぜんじょう》に入《はい》ってあらゆる存在《そんざい》の真実《しんじつ》に達《たっ》し、瞬《また》く間《ま》に菩提《ぼだい》心《しん》を発《おこ》して不退転《ふたいてん》の境地《きょうち》を得《え》ました。その弁舌《べんぜつ》は自由自在《じゆうじざい》であり、人々《ひとびと》を慈《いつく》しむことは、恰《あたか》も赤《あか》ん坊《ぼう》に対《たい》するが如《ごと》くです。功徳《くどく》を具《そな》え、心《こころ》に念《ねん》じ、口《くち》に説《と》くことは、非常《ひじょう》に優《すぐ》れていて広大《こうだい》です。その慈悲《じひ》は思《おも》いやりに溢《あふ》れ、真心《まごころ》は優《やさ》しく雅《みやび》やかであり、そして仏《ほとけ》の悟《さと》りを得《え》ることが出来《でき》たのです。

(要文《ようもん》)

智慧利根《ちえりこん》にして、善《よ》く衆生《しゅじょう》の諸根《しょこん》の行業《ぎょうごう》を知《し》り、陀羅尼《だらに》を得《え》、諸仏《しょぶつ》の所説《しょせつ》・甚深《じんじん》の秘蔵《ひぞう》、悉《ことごと》く能《よ》く受持《じゅじ》し、深《ふか》く禅定《ぜんじょう》に入《はい》って諸法《しょほう》を了達《りょうだつ》し、刹那《せつな》の頃《あいだ》に於《おい》て菩提心《ぼだいしん》を発《おこ》して不退転《ふたいてん》を得《え》たり。弁才無礙《べんざいむげ》にして、衆生《しゅじょう》を慈念《じねん》すること、猶《な》お赤子《しゃくし》の如《ごと》し。功徳具足《くどくぐそく》して、心《こころ》に念《おも》ひ口《くち》に演《の》ぶること微妙《みみょう》広大《こうだい》なり。慈悲仁譲《じひにんじょう》・志意和雅《しいわげ》にして能《よ》く菩提《ぼだい》に至《いた》れり。

(要義《ようぎ》)

智積《ちしゃく》菩薩《ぼさつ》は、海中《かいちゅう》の竜宮《りゅうぐう》において多《おお》くの菩薩《ぼさつ》を教化《きょうけ》してきた文殊《もんじゅ》菩薩《ぼさつ》に、妙法蓮華経《みょうほうれんげきょう》を修行《しゅぎょう》して速《すみ》やかに仏《ほとけ》と成《な》った者《もの》は有《あ》るのかと問《と》います。そして、龍王《りゅうおう》の娘《むすめ》について答《こた》えたものが、この女人成仏《にょにんじょうぶつ》の証文《しょうもん》です。智積《ちしゃく》菩薩《ぼさつ》は、仏《ほとけ》になるためには相当《そうとう》の難行《なんぎょう》苦行《くぎょう》と徳《とく》を積《つ》まねばならぬから、女人《にょにん》が仏《ほとけ》に成《な》るということは信《しん》じられないと述《の》べ、そして舎利弗尊者《しゃりほつそんじゃ》は小乗仏教《しょうじょうぶっきょう》の意見《いけん》から、五つの障《さわ》りを説《と》いて、女人《にょにん》が仏《ほとけ》に成《な》ることは有《あ》り得《え》ないと疑《うたが》います。しかしながら、教化《きょうけ》を受《う》けて法《ほ》華経《けきょう》を信《しん》じた龍王《りゅうおう》の娘《むすめ》が、仏前《ぶつぜん》に現《あら》われて成仏《じょうぶつ》を示《しめ》すことによって、これらの人々《ひとびと》は皆感心《みなかんしん》して、自分達《じぶんたち》の今《いま》までの考《かんが》えが誤《あやま》りであったことを悟《さと》るのです。他《た》の経典《きようてん》では、女人《によにん》は智慧《ちえ》が愚《おろ》かである、教《おし》えに関《かん》しては鈍根《どんこん》である、自分《じぶん》の考《かんが》えをただ喋《しやべ》るばかりで、相手《あいて》を見《み》て教《おし》えを説《と》くというような能力《のうりよく》はない、また喋《しやべ》っても意味《いみ》が整《ととの》っていないなど、その欠点《けつてん》が沢山《たくさん》に論《ろん》じられてきました。種々《しゆじゆ》の事情《じじよう》によって、そのような女性《じよせい》が多《おお》くなっているのかも知《し》れませんが、法華経《ほけきよう》ではそれ等《ら》の一つ一つを挙《あ》げて、女人《によにん》の本質《ほんしつ》が必《かなら》ずしもそのような欠点《けつてん》のあるべきものではない、龍女《りゆうによ》を婦人代表《ふじんだいひよう》として、女人《によにん》の人格及《じんかくおよ》び能力《のうりよく》の侮《あなど》るべからざることを纏《まと》めて教《おし》えています。仏教《ぶつきよう》は婦人《ふじん》を差別《さべつ》したものと考《かんが》えている人《ひと》もありますが、それは非常《ひじよう》な間違《まちが》いで、大蔵経《だいぞうきよう》によって婦人《ふじん》に関《かん》する経文《きようもん》を総合《そうごう》して観察《かんさつ》するならば、仏教《ぶつきよう》が婦人《ふじん》を圧迫《あつぱく》したり排斥《はいせき》したりする所《ところ》は殆《ほとん》どないことが分《わ》かります。そもそも仏教《ぶつきよう》は、最初《さいしよ》から婦人《ふじん》を啓発《けいはつ》し、婦人《ふじん》をして希望《きぼう》を懐《いだ》かしめてきた教《おし》えです。それ故《ゆえ》に、釈《しやく》尊《そん》に帰依《きえ》している婦人《ふじん》が非常《ひじよう》に多《おお》いのです。阿含経典《あごんきようてん》の中《なか》には、在家《ざいけ》にして仏教《ぶつきよう》の為《ため》に働《はたら》いた婦人《じん》、または比丘尼《びくに》として立派《りつぱ》な仕事《しごと》をした人《ひと》が非常《ひじよう》に沢山《たくさん》おられるのであって、婦人《ふじん》は宗教《しゆうきよう》の為《ため》に働《はたら》くのが一番良《ばんよ》いということは、釈尊《しやくそん》のお考《かんが》えの中《なか》にもあったことです。これは法華経《ほけきよう》のみが、他《た》経《きよう》と逆行《ぎやつこう》して斯様《かよう》なことを説《と》いているのではありません。法華経《ほけきよう》が秀《ひい》でているのは、他《た》の経典《きようてん》に部《ぶ》分《ぶん》々に現《あらわ》れてはいるが、浅《あさ》く整頓《せいとん》されていない思想《しそう》を総合《そうごう》して、これに統《とう》一を与《あた》えた所《ところ》にあります。

龍王《りゆうおう》の娘《むすめ》は、賢《かしこ》くもあり聡《さと》いものであって、それぞれの人《ひと》の気風《きふう》をよく知《し》って、適当《てきとう》とする話《はなし》を以《もつ》て教《おし》え諭《さと》すことが出来《でき》る、その話《はなし》には陀羅尼《だらに》といって含蓄的《がんちくてき》な意味深《いみぶか》い言葉《ことば》を以《もつ》て説《と》くことも出《で》来《き》る、また仏《ほとけ》の大切《たいせつ》にしている所《ところ》の宇宙《うちゆう》の真理《しんり》、宇宙全体《うちゆうぜんたい》の事柄《ことがら》に関《かん》しても了解《りようげ》している、そしてそこから説《と》かれる法華経《ほけきよう》の尊《とうと》く深《ふか》い教《おし》えをよく覚《おぼ》え、その意味《いみ》を忘《わす》れぬようにし、非常《ひじよう》に落《お》ち着《つ》いた精神《せいしん》を得《え》て、諸法《しよほう》の妙理《みようり》を覚《さと》るのみならず、短《みじか》い時間《じかん》に於《お》いて最高《さいこう》の理想《りそう》を定《さだ》めて、その決心《けつしん》が退転《たいてん》しない強《つよ》い力《ちから》を持《も》っている。これは皆《みな》、善《よ》い考《かんが》えを起《お》こすにしても暇《ひま》が要《い》る、その善《よ》い考《かんが》えも浅《あさ》いものであるというような、女《おんな》を見《み》くびったことに対《たい》して正反対《せいはんたい》のことを並《なら》べたものです。女《じよ》性《せい》は、考《かんが》えがあっても人《ひと》の中《なか》では話《はな》し得《え》ないというけれども、そうではない、自分《じぶん》が語《かた》らんと欲《ほつ》することは自由《じゆう》に話《はなし》をしても少《すこ》しも差《さ》し障《さわ》りがない、そして衆生《しゆじよう》を慈《いつく》しみ憐《あわ》れむ心《こころ》は、母《はは》の子《こ》を愛《あい》するが如《ごと》くである。婦人《ふじん》の第《だい》一の長所《ちようしよ》は、この点《てん》に存《そん》します。子《こ》に対《たい》する愛《あい》を以《もつ》てそれを人々《ひとびと》に拡大《かくだい》するならば、婦人《ふじん》は実《じつ》に立派《りつぱ》なものであるのです。そして自分《じぶん》の身《み》には種々《しゆじゆ》な徳《とく》が備《そな》わり、心《こころ》に考《かんが》えていることも口《くち》に言《い》うことも何《いず》れも結構《けつこう》なことであって、詰《つ》まらぬことを考《かんが》えたり意味《いみ》の無《な》いことを話《はな》したりはしない、しかも優《やさ》しさと謙虚《けんきよ》さを持《も》ち、決《けつ》して慢心《まんしん》な考《かんが》えは持《も》たず、その心《こころ》は和《やわ》らいで気品《きひん》が備《そな》わっている。そうして結局《けつきよく》は菩提《ぼだい》に至《いた》り仏様《ほとけさま》になることを得《え》るのだと、法華経《ほけきよう》は仏《ぶつ》教《きよう》に於《お》いて盛《さか》んに論議《ろんぎ》されてきた婦人《ふじん》の問題《もんだい》について一々の解決《かいけつ》を与《あた》えているのです。

（現代語《げんだいご》）

この三千大千世界《だいせかい》に、釈迦牟尼仏《しやかむにぶつ》が菩薩《ぼさつ》として身命《しんみよう》を捨《す》てなかったところは芥子粒程《けしつぶほど》もありません。それは、すべて衆生《しゆじよう》の為《ため》であるからです。

（要文《ようもん》）

三千大千世界《だいせかい》を観《み》るに、乃至芥子《ないしけし》の如《ごと》きばかりも、是《こ》れ菩薩《ぼさつ》にして、身命《しんみよう》を捨《す》てたまふ処《ところ》に非《あら》ざることあることなし。衆生《しゆじよう》の為《ため》の故《ゆえ》なり。

（要義《ようぎ》）

この経文《きようもん》は智積菩薩《ちしやくぼさつ》が反対《はんたい》した言葉《ことば》です。今《いま》、娘《むすめ》が僅《わず》かな信仰《しんこう》で仏《ほとけ》になったというけれども、そういう訳《わけ》には行《い》くはずはない。何故《なぜ》ならば釈迦牟尼仏《しやかむにぶつ》が仏《ほとけ》に成《な》られた因縁《いんねん》を見《み》ると、この広《ひろ》い三千大千世界《だいせかい》に於《お》いて、芥子粒《けしつぶ》ばかりの場所《ばしよ》でも命《いのち》を捨《す》てなかった所《ところ》はないからである。釈迦牟尼仏《しやかむにぶつ》は、この広《ひろ》い世界《せかい》の至《いた》る所《ところ》に身命《しんみよう》を抛《なげう》って菩薩《ぼさつ》の修行《しゆぎよう》を積《つ》まれたのである。それは皆《みな》、衆生《しゆじよう》を憐《あわ》れむ精神《せいしん》からの尊《とうと》い修行《しゆぎよう》であって、その結果《けつか》として仏《ほとけ》に成《な》られたのである。したがって、女人《によにん》が発心《ほつしん》して、しかも速《すみ》やかに成仏《じようぶつ》するようなことは、信《しん》じる訳《わけ》には行《い》かないと述《の》べています。これ[3]は三祇百劫《ぎこう》と言《い》って、仏《ほとけ》に成《な》るには非常《ひじょう》に長《なが》い年数《ねんすう》の修行《しゅぎょう》が必要《ひつよう》であるという思想《しそう》から反対《はんたい》したものです。

（現代語《げんだいご》）

龍王《りゅうおう》の娘《むすめ》は忽《たちま》ちにして仏《ほとけ》の前《まえ》に現《あらわ》れると礼拝《らいはい》し、詩《うた》を以《もっ》て如来《にょらい》を讃歎《さんたん》しました。「優《すぐ》れて浄《きよ》らかなる如来《にょらい》の法身《ほっしん》は、三十二と八十種《しゅ》の相好《そうごう》をもって厳《おごそ》かに飾《かざ》られています。」

（要文《ようもん》）

微妙《みみょう》の浄《きよ》き法身《ほっしん》、相《そう》を具《ぐ》せること三十二、八十種好《しゅこう》を以《もっ》て用《も》つて法身《ほっしん》を荘厳《しょうごん》せり。

（要義《ようぎ》）

多《おお》くの人《ひと》は、法身《ほっしん》と言《い》えば真理《しんり》を体《たい》とするのだから姿《すがた》もなければ形《かたち》もない、報身以下《ほうじんいか》には姿《すがた》があるが、姿《すがた》のあるものは実在《じつざい》の仏《ほとけ》ではないと考《かんが》えています。そこを今龍女《いまりゅうにょ》は、仏《ほとけ》の法身《ほっしん》に対《たい》して微妙《みみょう》の美《うつく》しき姿《すがた》を見《み》ているのです。真理《しんり》としての実在《じつざい》に、智慧《ちえ》と慈悲《じひ》としての実在《じつざい》を重《かさ》ね合《あ》わせて、そして真善美《しんぜんび》の結晶《けっしょう》した不滅《ふめつ》の釈迦如来《しゃかにょらい》を拝《はい》しているのです。これは、釈迦《しゃか》は応身《おうじん》、弥陀《みだ》は報《ほう》身《じん》、大日《だいにち》は法身《ほっしん》などというように、それぞれの仏身《ぶっしん》に区別《くべつ》を立《た》てて見《み》る隔歴《きゃくりゃく》三身《じん》の思想《しそう》を否定《ひてい》しています。弘法大師《こうぼうだいし》や法然上人《ほうねんしょうにん》などよりも、この龍女《りゅうにょ》の言《い》っていることの方《ほう》が仏身観《ぶっしんかん》において尤《もっと》も整《ととの》っているのです。法華経《ほけきょう》には簡単《かんたん》に説《と》いてあるようですけれども、この経文《きょうもん》の深遠《しんえん》なる意味《いみ》は、仏教《ぶっきょう》の仏身観《ぶっしんかん》の全体《ぜんたい》を研究《けんきゅう》し終《お》わった時《とき》に初《はじ》めて了解出来《りょうげでき》るものです。真言宗《しんごんしゅう》のように、山《やま》でも河《かわ》でも何《なん》でも法身《ほっしん》だ、皆《みな》すべて大日如来《だいにちにょらい》の現《あらわ》れだとか、禅宗《ぜんしゅう》のように向《む》かう所《ところ》触《ふ》れる所《ところ》、仏《ほとけ》ならざるなしだとか言《い》うのは一見高《けんたか》い思想《しそう》のようですが、人格的実在《じんかくてきじつざい》の仏《ほとけ》を傍《かたわ》らに置《お》いて真理《しんり》の法身云々《ほっしんうんぬん》を論《ろん》じるようなものは、決《けっ》して信仰《しんこう》を導《みちび》きたる所以《ゆえん》とはなりません。それは冷《ひ》ややかな理智《りち》に落《お》ち込《こ》んで、宗教《しゅうきょう》を壊《こわ》す思想《しそう》ともなります。それ故《ゆえ》に真言宗《しんごんしゅう》は今《いま》では大日如来《だいにちにょらい》に対《たい》する信仰《しんこう》を忘《わす》れて、不《ふ》動明王《どうみょうおう》を信《しん》じたり弘法大師《こうぼうだいし》を奉《たてまつ》ったりしているわけです。[4]そのようなことに影響《えいきょう》されて、日蓮門《にちれんもん》下《か》でも釈迦如来《しゃかにょらい》に対《たい》する信仰《しんこう》を忘《わす》れて、鬼子母神《きしもじん》を頼《たよ》ったり、日蓮聖人《にちれんしょうにん》を本仏《ほんぶつ》だと崇《あが》めたりすることが起《お》きているのです。情意《じょうい》が理智《りち》と離《はな》れずに動《うご》くというような事《こと》を忘《わす》れた宗教《しゅうきょう》は、けっして効力《こうりょく》を持《も》ちません。智積菩薩《ちしゃくぼさつ》とか舎利弗《しゃりほつ》の智慧《ちえ》の優《すぐ》れた哲学者《てつがくしゃ》のような二人《り》が反対《はんたい》している所《ところ》に、八歳《さい》の可愛《かわい》い娘《むすめ》が出《で》て来《き》て讃仏偈《さんぶつげ》を歌《うた》って成仏《じょうぶつ》を示《しめ》す、そこが非常《ひじょう》に面白《おもしろ》いことであると私《わたし》は考《かんが》えます。

(現代語《げんだいご》)

「私《わたし》は宝珠《ほうじゅ》を世尊《せそん》に献上《けんじょう》しました。世尊《せそん》がお受《う》け取《と》りになられたこと、速《すみ》やかであったでしょうか、そうではなかったでしょうか。」二人《り》は「甚《はなは》だ速《すみ》やかであった」と答《こた》えます。すると龍女《りゅうにょ》は言《い》いました。「汝《なんじ》の神通《じんづう》の力《ちから》を以《もっ》て、私《わたし》が仏《ほとけ》と成《な》る姿《すがた》を御覧《ごらん》なされよ。また、これよりも速《すみ》やかなることを」と。


(要文《ようもん》)

我宝珠《われほうじゅ》を献《たてま》る。世尊《せそん》の納受《のうじゅ》是《こ》の事《じ》疾《と》しや不《いな》や。答《こた》えて言《い》わく、甚《はなは》だ疾《と》し。女《にょ》の言《い》わく、汝《なんじ》が神力《じんりき》を以《もっ》て我《わ》が成仏《じょうぶつ》を観《み》よ。復此《またこ》れよりも速《すみ》やかならん。


(要義《ようぎ》)

釈尊《しゃくそん》が宝珠《ほうじゅ》をお受《う》け取《と》られたことよりも、これから示《しめ》す私《わたし》の成仏《じょうぶつ》は更《さら》に速《はや》い、汝達《なんじたち》の神通《じんづう》の力《ちから》を以《もっ》て見損《みそこ》なわないようにしなければならぬ、横見《よこみ》をしたり瞬《まばた》きしたりしていると、仏《ほとけ》が現《あらわ》れても余《よ》所《そ》から来《き》たかと思《おも》うような間違《まちが》いを起《お》こすから、私《わたし》の身体《からだ》を見《み》つめて、その仏《ほとけ》になる速《はや》さがどの位《くらい》のものかを驚《おどろ》かずに見《み》るべきであると龍女《りゅうにょ》は注意《ちゅうい》を与《あた》えています。速《すみ》やかに悟《さと》るに至《いた》ることを頓《とん》証《しょう》菩提《ぼだい》と言《い》いますが、これは法華経《ほけきょう》の大切《たいせつ》な思想《しそう》の一つであって、提婆品《だいばほん》には、この速《はや》いということが非常《ひじょう》に力強《ちからづよ》く説《と》かれています。成仏《じょうぶつ》の速《すみ》やかなることが証明《しょうめい》される、この女人成仏《にょにんじょうぶつ》の一節《せつ》は法華経《ほけきょう》の中《なか》にも大切《たいせつ》な教義《きょうぎ》で、この事《こと》は私達《わたしたち》が成仏《じょうぶつ》する時《とき》についても大《おお》いに信仰《しんこう》の力《ちから》となるものです。(5)龍女《りゅうにょ》が成仏《じょうぶつ》を示《しめ》す時《とき》に「変成男子《へんじょうなんし》」と言《い》って一旦男性《たんだんせい》に変化《へんげ》することから、相変《あいか》わらず女《じょ》性《せい》の身《み》そのものでは仏《ほとけ》に成《な》ることが出来《でき》ないと勘違《かんちが》いする者《もの》がありますが、それはそのような性差《せいさ》別《べつ》の意識《いしき》を持《も》つ者《もの》に対《たい》して、男《おとこ》も女《おんな》も関係《かんけい》ない、拘《こだわ》るなら男《おとこ》になど何時《いつ》でも変化出来《へんげでき》るということを示《しめ》したものと見《み》るべきです。そもそも宗教《しゅうきょう》は婦人《ふじん》の信仰及《しんこうおよ》び努力《どりょく》を非常《ひじょう》に要《よう》するものですから、その宗教《しゅうきょう》が婦人《ふじん》に感激《かんげき》を与《あた》えないものであったならば、それは家庭《かてい》に入《はい》ることはなかなか出来《でき》ません。法華経《ほけきょう》は、尤《もっと》も婦人《ふじん》が一般《ぱん》に信仰《しんこう》すべき教《おし》えであるのに今《いま》まで家庭《かてい》に十分《ぶん》に入《はい》らなかったのは、この提婆品《だいばほん》の女人成仏《にょにんじょうぶつ》の意味《いみ》を宣伝《せんでん》しないからです。婦人《ふじん》はただ愚鈍《ぐどん》だとか言《い》われてそう容易《たやす》く思《おも》い込《こ》んでいるというのは、教育《きょういく》が無《な》く研究《けんきゅう》が無《な》く、法華経《ほけきょう》の真意《しんい》を知《し》らぬからです。日蓮聖人《にちれんしょうにん》が(6)「法華経《ほけきょう》は女人《にょにん》の成仏《じょうぶつ》をさきとする」と言《い》われて多《おお》くの婦人《ふじん》に手紙《てがみ》を認《したた》められてきたように、法《ほ》華経《けきょう》は、婦人《ふじん》の自覚《じかく》を促《うなが》して成仏《じょうぶつ》の理想《りそう》を与《あた》えるものです。そして他《た》の経典《きょうてん》にある婦人観《ふじんかん》を総合《そうごう》し来《き》たるならば、仏教《ぶっきょう》が如何《いか》に婦人《ふじん》の味方《みかた》であって、その為《ため》に釈尊《しゃくそん》が如何《いか》に努力《どりょく》せられたかが分《わ》かり、感激《かんげき》に堪《た》えないでありましょう。

勧《かん》持《じ》品《ほん》第《だい》十三

(現代語《げんだいご》)

その時《とき》に薬王《やくおう》菩薩《ぼさつ》と大楽説《だいぎょうせつ》菩薩《ぼさつ》は、従者《じゅうしゃ》二万の菩薩《ぼさつ》と共《とも》に仏《ほとけ》の前《まえ》に於《お》いて誓《ちか》いの言葉《ことば》をなしました。どうか世尊《せそん》、憂慮《ゆうりょ》なきようにお願《ねが》い申《もう》し上《あ》げます。私達《わたしたち》は仏《ほとけ》の入滅《にゅうめつ》後《ご》もこの経《きょう》を敬《うやま》い持《も》ち、読誦《どくじゅ》し、人々《ひとびと》に説《と》いて参《まい》ります。後《のち》の悪《あ》しき世《よ》の人々《ひとびと》は、善行《ぜんこう》を為《な》す根本《こんぽん》の心《こころ》を次第《しだい》に弱《よわ》くして驕《おご》り高《たか》ぶる者多《ものおお》く、他《た》からの供養《くよう》を貪《むさ》ぼり、不善《ふぜん》の心《こころ》を増《ま》して、解脱《げだつ》することから遠《とお》く離《はな》れてしまうでありましょう。彼等《かれら》を教化《きょうけ》することは困難《こんなん》ですが、私達《わたしたち》は大《おお》いに忍耐《にんたい》の力《ちから》を起《お》こして、この経《きょう》を読誦《どくじゅ》し、受《う》け持《たも》ち、説《と》き、書写《しょしゃ》し、種々《しゅじゅ》に供養《くよう》して身命《しんみょう》を惜《お》しまぬ所存《しょぞん》でございます。

(要文《ようもん》)

その時《とき》に薬王《やくおう》菩薩《ぼさつ》摩訶薩《まかさつ》及《およ》び大楽説《だいぎょうせつ》菩薩《ぼさつ》摩訶薩《まかさつ》、二万《まん》の菩薩《ぼさつ》眷属《けんぞく》と倶《とも》に、皆《みな》仏前《ぶつぜん》に於《おい》て是《こ》の誓言《せいごん》を作《な》さく、唯《ただ》願《ねが》わくは世尊《せそん》、以《もっ》て慮《うらおも》いしたもうべからず。我等《われら》仏《ほとけ》の滅後《めつご》に於《おい》て当《まさ》に

此《こ》の経典《きようでん》を奉持《ぶじ》し読誦《どくじゆ》し説《と》きたてまつるべし。後《のち》の悪世《あくせ》の衆生《しゆじよう》は善根《ぜんごん》転《うた》た少《すく》なくして増上慢《ぞうじようまん》多《おお》く、利供養《りくよう》を貪《むさぼ》り、不善根《ふぜんごん》を増《ま》し、解脱《げだつ》を遠離《おんり》せん。教化《きようけ》すべきこと難《かた》しと雖《いえど》も、我等《われら》当《まさ》に大忍力《だいにんりき》を起《お》こして、此《こ》の経《きよう》を読誦《どくじゆ》し持説《じせつ》し書写《しよしや》し、種々《しゆじゆ》に供養《くよう》して身命《しんみよう》を惜《お》しまざるべし。

（要義《ようぎ》）

此処《ここ》では、薬王菩薩《やくおうぼさつ》を代表者《だいひようしや》として大勢《おおぜい》の菩薩達《ぼさつたち》が熱心《ねつしん》に誓《ちか》いを立《た》てます。どうか法華経《ほけきよう》の事《こと》は御心配《ごしんぱい》されぬように、世尊《せそん》が御入滅《ごにゆうめつ》の後《のち》は、必《かなら》ず私共《わたしども》が法華経《ほけきよう》を持《たも》ち、読誦《どくじゆ》して世《よ》に弘《ひろ》めます。勿論《もちろん》、悪世《あくせ》の人々《ひとびと》は善根《ぜんごん》の方《ほう》は少《すく》なく、慢心《まんしん》の方《ほう》が多《おお》く、そして多《おお》くの僧侶《そうりよ》は利益《りえき》を貪《むさぼ》ろうと良《よ》からぬ事《こと》を考《かんが》え、真《しん》の解脱《げだつ》を求《もと》めず、精神《せいしん》の苦悩《くのう》を脱《だつ》し、罪悪《ざいあく》を脱《だつ》して、心広《こころひろ》く体裕《たいゆたか》にして世《よ》の人《ひと》を救《すく》うというような事《こと》から遠《とお》ざかり、世俗《せぞく》の利益《りえき》を貪《むさぼ》るのと少《すこ》しも違《ちが》わぬような状態《じようたい》になって来《く》るでありましょう。斯様《かよう》な者《もの》を教化《きようけ》することは甚《はなは》だ困難《こんなん》ではありますが、私達《わたしたち》は大《おお》いに忍耐《にんたい》の精神《せいしん》を発揮《はつき》して、そしてこの法華経《ほけきよう》を読《よ》みもし持《たも》ちもし説《と》きもし、また写《うつ》しもし、そして法華経《ほけきよう》の為《ため》に色々《いろいろ》な御奉公《ごほうこう》をし、命《いのち》に関《かか》わる事《こと》があっても決《けつ》して後《あと》へは引《ひ》かぬ考《かんが》えであります。ここに「種々《しゆじゆ》に供養《くよう》する」とあるのは、法《ほう》に対《たい》するものですから、御経《おきよう》を読《よ》んだり説《と》いたりする事《こと》が供養《くよう》となります。人《ひと》に対《たい》すれば御馳走《ごちそう》を食《た》べさせたりする事《こと》にもなりますが、法華経《ほけきよう》の為《ため》にはそのような食事《しよくじ》などは用《よう》をなさないのですから、法華経《ほけきょう》の意味《いみ》を世《よ》に弘布《ぐふ》することが「法供養《ほうくよう》」となるのです。

(現代語《げんだいご》)

「仏《ほとけ》は、今《いま》ただ黙《もく》して仰《おお》せつけにならない。我等《われら》は一体《たい》如何《いか》にすべきであろうか。」その時《とき》菩薩達《ぼさつたち》は、仏《ほとけ》の心《こころ》を敬《うやま》い従《したが》って、自《みずか》らの誓願《せいがん》を満《み》たすために、獅子《しし》の如《ごと》くに声《こえ》を轟《とどろ》かせて誓《ちか》いを立《た》てました。「世尊《せそん》、我等《われら》は如来《にょらい》の入滅《にゅうめつ》の後《のち》に十方《ぽう》の世界《せかい》を往来《おうらい》し、人々《ひとびと》がこの経《きょう》を書写《しょしゃ》し、受持《じゅじ》し、読誦《どくじゅ》し、その意義《いぎ》を解説《かいせつ》し、教《おし》えの如《ごと》くに修行《しゅぎょう》し、心《こころ》に正《ただ》しく念《ねん》じることを得《え》させましょう。それらは皆《みな》、仏《ほとけ》の威徳《いとく》の力《ちから》によるものでございます。どうか世尊《せそん》、他《た》の国土《こくど》にあっても、遠《とお》きに所《ところ》より我等《われら》をお護《まも》り下《くだ》さりますように。」

(要文《ようもん》)

仏今黙然《ほとけいまもくねん》として告勅《ごうちょく》せられず。我《わ》れ当《まさ》に云何《いかん》がすべき。時《とき》に諸《もろもろ》の菩薩《ぼさつ》、仏意《ぶつい》に敬順《きょうじゅん》し並《なら》びに自《みずか》ら本願《ほんがん》を満《まん》ぜんと欲《ほっ》して、便《すなわ》ち仏前《ぶつぜん》に於《おい》て師子吼《ししく》を作《な》して、誓言《せいごん》を発《おこ》さく。世尊《せそん》、我等《われら》如来《にょらい》の滅後《めつご》に於《おい》て、十方《ぽう》世界《せかい》に周旋往返《しゅうせんおうへん》して、能《よ》く衆生《しゅじょう》をして此《こ》の経《きょう》を書写《しょしゃ》し、受持《じゅじ》し、読《どく》

誦《じゅ》し、其《そ》の義《ぎ》を解説《げせつ》し、法《ほう》の如《ごと》く修行《しゅぎょう》し、正憶念《しょうおくねん》せしめん。皆是《みなこ》れ仏《ほとけ》の威力《いりき》ならん。唯願《ただねが》わくは世尊《せそん》、他方《たほう》に在《まし》ますとも遥《はる》かに守護《しゅご》せられよ。

(要義《ようぎ》)

法華経《ほけきょう》を受持《じゅじ》し弘《ひろ》めることを喜《よろこ》んで許《ゆる》して下《くだ》さると思《おも》ったのに、釈尊《しゃくそん》からは何等《なんら》の御返事《ごへんじ》もない。そこで菩薩達《ぼさつたち》は、まだまだ自分達《じぶんたち》の精神《せいしん》が足《た》らぬからであろうと思《おも》い、「師子吼《ししく》を作《な》して」、熱誠《ねっせい》の声《こえ》を振《ふ》り絞《しぼ》って更《さら》に誓《ちか》いを申《もう》し上《あ》げます。「私達《わたしたち》は一つ所《ところ》に畏《かしこ》まっていることなく、十方《ぽう》世界《せかい》の此方彼方《こちらかなた》を行《い》き巡《めぐ》り、多《おお》くの者《もの》がこの法華経《ほけきょう》を写《うつ》し、持《たも》ち、読《よ》み、その意義《いぎ》を解説《かいせつ》し、説《と》かれた通《とお》りに修行《しゅぎょう》を為《な》し、法華経《ほけきょう》の教《おし》えを正《ただ》しく心《こころ》に念《ねん》じるようにさせて参《まい》ります。無論《むろん》、私達《わたしたち》が法華経《ほけきょう》の為《ため》に尽《つ》くすことが出来《でき》るのは、仏《ほとけ》の加護《かご》の力《ちから》でございます。仏《ほとけ》の威徳《いとく》の力《ちから》をお借《か》りして法《ほう》の為《ため》に尽《つ》くすのであって、ただ自分《じぶん》の力《ちから》のみを頼《たの》みにしては叶《かな》いませぬ。それ故《ゆえ》にどうか遠方《えんぽう》にお出《い》でになっていても、自分達《じぶんたち》が法華経《ほけきょう》を弘《ひろ》めることを守《まも》って頂《いただ》きたい」と。菩薩達《ぼさつたち》は自分《じぶん》の決心《けっしん》を述《の》べ、そして守護《しゅご》を受《う》けることを願《ねが》って誓《ちか》いを立《た》てました。その誓《ちか》いの精神《せいしん》、方法《ほうほう》に於《お》いて何等《なんら》の欠点《けってん》が無《な》いにも拘《かか》わらず、釈尊《しゃくそん》がこの菩薩達《ぼさつたち》に直《ただ》ちに法華経《ほけきょう》の弘通《ぐづう》を命《めい》じ給《たま》わないのは、これらの菩薩達《ぼさつたち》が誓《ちか》いを立《た》てる時《とき》には確実《かくじつ》なる決心《けっしん》をしても、これまで法難重《ほうなんかさ》なり来《きた》る時《とき》には退転《たいてん》をした事《こと》があるからです。この過去《かこ》に決心《けっしん》のぐらついた者《もの》を迹化《しゃっけ》の菩薩《ぼさつ》と称《しょう》し、後《のち》に出現《しゅつげん》する、本仏釈尊《ほんぶつしゃくそん》に従《したが》って道心《どうしん》を発《はっ》してより一度《ど》も法華経《ほけきょう》の伝道《でんどう》に失敗《しっぱい》をしない者《もの》を本化《ほんげ》の菩薩《ぼさつ》と言《い》います。釈尊《しゃくそん》は此《こ》の本化《ほんげ》の菩薩《ぼさつ》を召《め》し出《だ》して命《めい》じ給《たま》わんとのお考《かんが》えがあるために、迹化《しゃっけ》の菩薩《ぼさつ》には此処《ここ》では御許《おゆる》しにはならなかったのです。

（現代語《げんだいご》）

様々《さまざま》の無智《むち》なる人々《ひとびと》が悪口罵詈《あっくめり》し、そして刀杖《とうじょう》を加《くわ》える者《もの》もあるでしょう。されど、私達《わたしたち》は皆耐《みなた》え忍《しの》びます。悪《あ》しき世《よ》の比丘達《びくたち》は、邪《よこしま》な智慧《ちえ》を持《も》ち、その心《こころ》には諂《へつら》いを有《ゆう》し、未《いま》だ会得《えとく》せずものを得《え》たと思《おも》って慢心《まんしん》に満《み》ちているでありましょう。或《ある》いは静《しず》かなる修行《しゅぎょう》の場《ば》に、糞掃衣《ふんぞうえ》を纏《まと》って自分《じぶん》は真《しん》の仏道《ぶつどう》を行《ぎょう》じていると思《おも》い込《こ》み、世間《せけん》の人《ひと》を軽《かろ》んじ賤《いや》しむ者《もの》もあるでしょう。国王《こくおう》・大臣《だいじん》、婆羅門《ばらもん》や資産家《しさんか》、そして他《た》の比丘達《びくたち》に向《む》かって、誹謗《ひぼう》して我等《われら》は悪《あく》であると説《と》き、この者達《ものたち》は邪《よこしま》な見解《けんかい》を持《も》つ者《もの》である、外道《げどう》の教義《きょうぎ》を説《と》いていると言《い》うでありましょう。

（要文《ようもん》）

諸《もろもろ》の無智《むち》の人《ひと》、悪口罵詈《あっくめり》等《とう》し及《およ》び刀杖《とうじょう》を加《くわ》うる者《もの》あらん。我等《われら》皆当《みなまさ》に忍《しの》ぶべし。悪世《あくせ》の中《なか》

の比丘《びく》は、邪智《じゃち》にして心諂曲《こころてんごく》に、未《いま》だ得《え》ざるを為《こ》れ得《え》たりと謂《おも》い、我慢《がまん》の心充満《こころじゅうまん》せん。或《ある》いは阿練若《あれんにゃ》に納衣《のうえ》にして空閑《くうげん》に在《あ》りて、自《みずか》ら真《しん》の道《みち》を行《ぎょう》ずと謂《おも》うて人間《にんげん》を軽賤《きょうせん》する者《もの》あらん。国王《こくおう》・大臣《だいじん》・婆羅門《ばらもん》・居士《こじ》及《およ》び余《よ》の比丘衆《びくしゅう》に向《む》かって、誹謗《ひぼう》して我《わ》が悪《あく》を説《と》いて、是《こ》れ邪見《じゃけん》の人《ひと》、外道《げどう》の論議《ろんぎ》を説《と》くと謂《い》わん。

（要義《ようぎ》）

ここに「三類《るい》の怨敵《おんてき》」と言《い》われる、日蓮聖人《にちれんしょうにん》も悉《ことごと》く体験《たいけん》された三通《とお》りの法華経《ほけきょう》の反対者《はんたいしゃ》が挙《あ》げられています。一つは、一般《ぱん》の民衆《みんしゅう》の無智《むち》なる者《もの》が反対《はんたい》する。次《つぎ》に「悪世《あくせ》の中《なか》の比丘《びく》」という所《ところ》から下《した》は、がらくた坊主《ぼうず》が反対《はんたい》をする。そして阿練若以下《あれんにゃいか》には、「生《い》き如来《にょらい》」のような偽善者《ぎぜんしゃ》が、法《ほ》華経《けきょう》の行者《ぎょうじゃ》に反対《はんたい》をすることが説《と》かれています。一般《ぱん》の無智《むち》なる者《もの》は、悪口《わるくち》を言《い》ったり、首《くび》を斬《き》ろうとしたりするけれども、我々《われわれ》が法華経《ほけきょう》を弘《ひろ》めるためには、そのような迫害《はくがい》を忍《しの》ばなければなりません。そして、悪世《あくせ》の僧侶《そうりょ》は悪《わる》い方《ほう》に智慧《ちえ》が働《はたら》き、心《こころ》は拗《ねじ》け、百般《ぱん》の事《こと》において未《いま》だ解脱《げだつ》しないにも拘《かか》わらず解脱《げだつ》したかの如《ごと》く態度《たいど》で、詰《つ》まらない経文《きょうもん》の一角《かく》に囚《とら》われては慢心《まんしん》のみを発達《はったつ》させ、寄《よ》って集《たか》って法華経《ほけきょう》の行者《ぎょうじゃ》に反対《はんたい》をします。また、阿練若《あれんにゃ》とは静《しず》かなる所《ところ》と訳《やく》され、即《すなわ》ち修行《しゅぎょう》のためのお寺《てら》の事《こと》ですが、そのような静《しず》かなる所《ところ》で、納衣《のうえ》という木蘭《もくらん》のような質素《しっそ》な衣《ころも》を着《き》て、自《みずか》らは真《しん》の道《みち》を行《ぎょう》ずる者《もの》だと行《おこな》い澄《す》まし、人間《にんげん》とは愚《おろ》かであると軽《かろ》しめ賤《いや》しむ者《もの》が出《で》て来《き》ます。そして、そのような者《もの》が、あんな奴《やつ》の話《はなし》は聞《き》くな、関《かか》わり合《あ》うなと言《い》って法華《ほっけ》の行者《ぎょうじゃ》の悪口《わるくち》を言《い》う、国王大臣《こくおうだいじん》その他《た》の者《もの》に向《む》かって、仏法《ぶっぽう》に方便《ほうべん》と真実《しんじつ》があるなどと言《い》って騒《さわ》ぐ者《もの》は外道《げどう》の輩《やから》であると讒言《ざんげん》をするのです。これらは日蓮聖人《にちれんしょうにん》の身《み》の上《うえ》に悉《ことごと》く現《あらわ》れたものですが、[1]当時《とうじ》でも今日《こんにち》でも三類《るい》の怨敵《おんてき》が法華《ほっけ》の行者《ぎょうじゃ》に反対《はんたい》する点《てん》に於《お》いては全《まった》く同《おな》じ事《こと》であるのです。

(現代語《げんだいご》)
悪鬼《あっき》が人々《ひとびと》のその身《み》に入《はい》り、私達《わたしたち》を罵《のの》り謗《そし》り、辱《はずかし》めることでありましょう。私達《わたしたち》は仏《ほとけ》を敬《うやま》い信《しん》じて、常《つね》に忍辱《にんにく》の鎧《よろい》を着《き》ます。そして、この経《きょう》を説《と》くために、これ等《ら》の様々《さまざま》な難事《なんじ》を耐《た》え忍《しの》びます。私達《わたしたち》は身命《しんみょう》を惜《お》しみませぬ。ただ、この上《うえ》なき道《みち》を惜《お》しむのです。

(要文《ようもん》)
悪鬼其《あっきそ》の身《み》に入《はい》って、我《われ》を罵詈毀辱《めりきにく》せん。我等《われら》仏《ほとけ》を敬信《きょうしん》して、常《つね》に忍辱《にんにく》の鎧《よろい》を着《き》るべし。是《こ》の経《きょう》を説《と》かんが為《ため》の故《ゆえ》に、此《こ》の諸《もろもろ》の難事《なんじ》を忍《しの》ばん。我身命《われしんみょう》を愛《あい》せず、但無上道《ただむじょうどう》を惜《お》しむ。

（要義《ようぎ》）

(2)私達《わたしたち》の精神世界《せいしんせかい》には悪魔《あくま》があって、それが反対者《はんたいしや》の中《なか》に入《はい》って法華経《ほけきよう》の行者《ぎようじや》を誹《そし》り辱《はずか》めます。その人《ひと》だけならば取《と》るに足《た》らぬ者《もの》であっても、我々《われわれ》は強《つよ》い悪魔《あくま》を相手《あいて》にしている訳《わけ》ですから、けっして油断《ゆだん》はなりません。如何《いか》に自分《じぶん》の決心《けつしん》が強《つよ》くとも、自分《じぶん》の力《ちから》だけで戦《たたか》っていたならば、或《ある》いは悪魔《あくま》のためにやられるかも知《し》れません。だからこそ、我々《われわれ》の方《ほう》も自分《じぶん》が努力《どりよく》する以上《いじよう》に仏様《ほとけさま》を信《しん》じ、そして仏様《ほとけさま》の心《こころ》から離《はな》れぬようにして、忍辱《にんにく》の鎧《よろい》を着《き》て如何《いか》なる困難《こんなん》にも堪《た》え忍《しの》んで行《い》くべきなのです。この法華経《ほけきよう》を説《と》くという一念《ねん》の為《ため》には、「身《み》は軽《かる》く法《ほう》は重《おも》し」という決心《けつしん》をして、如何《いか》なる事《こと》が起《お》こってもそれを忍《しの》んで行《い》かねばなりません。日蓮聖人《にちれんしようにん》は当《まさ》に、この身命《しんみよう》を愛《あい》せず無上道《むじようどう》を惜《お》しむという精神《せいしん》に依《よ》って法華経《ほけきよう》を弘《ひろ》めることを為《な》されたのです。此処《ここ》に言《い》い表《あらわ》された菩薩達《ぼさつたち》の決心《けつしん》には何等《なんら》の濁《にご》りもなく、そして何《なん》の足《た》らぬこともありませんが、釈尊《しやくそん》はこの迹化菩薩《しやつけぼさつ》の誓願《せいがん》は依然《いぜん》として制止《せいし》されます。今《いま》は立派《りつぱ》な精神《せいしん》であっても果《は》たして最後《さいご》までその通《とお》り行《い》けるかどうか分《わ》からないために、迹化《しやつけ》の菩薩《ぼさつ》を斥《しりぞ》けたのです。そして、この言《い》い表《あらわ》した事《こと》をそのままに実行《じつこう》したのが、本化菩薩《ほんげぼさつ》の自覚《じかく》に至《いた》った日蓮聖人《にちれんしようにん》である訳《わけ》です。

（現代語《げんだいご》）

濁《にご》った世《よ》の悪《あ》しき比丘《びく》は、仏《ほとけ》に方便《ほうべん》という人々《ひとびと》の意《こころ》に随《したが》って説《と》く教《おし》えがあるということを知《し》らず、悪口《わるくち》し眉《まゆ》を顰《しか》めて私達《わたしたち》を数々《しばしば》追《お》い出《だ》し、仏塔《ぶっとう》や寺《てら》から遠《とお》ざけるでありましょう。このような数多《あまた》の悪《あ》しき事《こと》があっても、仏《ほとけ》の仰《おお》せつけを念《ねん》じて、皆《みな》は必《かなら》ずこれらを耐《た》え忍《しの》んで参《まい》ります。

（要文《ようもん》）

濁世《じょくせ》の悪比丘《あくびく》は、仏《ほとけ》の方便《ほうべん》・随宜《ずいぎ》の所説《しょせつ》の法《ほう》を知《し》らず、悪口《あっく》して顰蹙《びんじゅく》し数数《しばしば》擯出《ひんずい》せられ、塔寺《とうじ》を遠離《おんり》せん。是《かく》の如《ごと》き衆悪《しゅあく》をも、仏《ほとけ》の告勅《ごうちょく》を念《おも》うが故《ゆえ》に、皆当《みなまさ》に是《こ》の事《じ》を忍《しの》ぶべし。

（要義《ようぎ》）

何故《なにゆえ》に法華《ほっけ》の行者《ぎょうじゃ》に反対《はんたい》するかといえば、多《おお》くの僧侶《そうりょ》は仏《ほとけ》が一切経《さいきょう》の中《なか》において種々《しゅじゅ》の方便《ほうべん》を説《と》き、一時《じ》の宜《よろ》しきに従《したが》って説《と》かれた教《おし》え、真実《しんじつ》ならざる教《おし》えがあるということを知《し》らぬからです。地蔵経《じぞうきょう》を読《よ》んでは地蔵様《じぞうさま》が有《あ》り難《がた》い、阿弥陀経《あみだきょう》を読《よ》んでは阿弥陀様《あみださま》が有《あ》り難《がた》いと軽率《けいそつ》に仏法《ぶっぽう》を有《あ》り難《がた》がっているものですから、法華経《ほけきょう》のように方便《ほうべん》と真実《しんじつ》を明《あき》らかにし、一切経《さいきょう》に亘《わた》って総合《そうごう》と分類《ぶんるい》とを示《しめ》すものの説《せつ》を持《も》って来《こ》られると自分《じぶん》の立場《たちば》が無《な》くなる、それが為《ため》に反対《はんたい》して、悪口《あくこう》をしたり、顔《かお》を顰《しか》めたり、また数々《しばしば》法華《ほっけ》の行者《ぎょうじゃ》を追《お》い出《だ》そうとする事《こと》がある訳《わけ》です。清澄山《きよすみやま》で最初《さいしょ》の説法《せっぽう》をした時《とき》は直《ただ》ちに立《た》ち退《の》かねばならぬ、松葉ケ谷《まつばやつ》では焼《や》き討《う》ちに遭《あ》う。他《た》に浴《あ》びせられる悪口《あくこう》や何《なに》かは沢山《たくさん》ありますが、この「数数見擯出《さくさくけんひんずい》」と数々国《しばしばくに》を追放《ついほう》されることは、日蓮聖人《にちれんしょうにん》の経歴《けいれき》には一番重《ばんおも》いことであり、前《まえ》の伊豆流罪《いずるざい》と後《のち》の佐渡流罪《さどるざい》が重《かさ》なって勧持品《かんじほん》二十行《ぎょう》の偈文《げもん》を余《あま》すことなく身《み》に読《よ》んだ事《こと》によって、いよいよ自分《じぶん》が一点欠《てんか》け目《め》の無《な》い法華《ほっけ》の行者《ぎょうじゃ》である、「上行菩薩《じょうぎょうぼさつ》の再身《さいしん》」であるということを「開目抄《かいもくしょう》」に発表《はっぴょう》されるのです。法華経《ほけきょう》を弘《ひろ》めようとすれば、そのようなことは度々《たびたび》ある。しかしながら、そのような色々《いろいろ》な事《こと》があっても、仏《ほとけ》の威信《いしん》や法華経《ほけきょう》を傷《きず》つけてはならぬという決心《けっしん》によって、必《かなら》ずや法華経《ほけきょう》を弘《ひろ》めることに力《ちから》を尽《つ》くす、これ等《ら》の迫害《はくがい》に耐《た》えて行《い》きますということが、ここに強《つよ》く申《もう》し上《あ》げられています。

(現代語《げんだいご》)

私《わたし》どもは、世尊《せそん》の使《つか》いであります。如何《いか》なる者達《ものたち》に対《たい》しても畏《おそ》れる所《ところ》はありませぬ。私達《わたしたち》は、必《かなら》ずこの法《ほう》を立派《りっぱ》に説《と》きましょう。どうか御仏《みほとけ》よ、御安心下《ごあんしんくだ》され。

(要文《ようもん》)

我《われ》は是《こ》れ、世尊《せそん》の使《つか》いなり。衆《しゅ》に処《しょ》するに畏《おそ》るる所《ところ》なし。我《わ》れ当《まさ》に善《よ》く法《ほう》を説《と》くべし。願《ねが》わくは仏《ほとけ》、安穏《あんのん》に住《じゅう》したまえ。

(要義《ようぎ》)

ただ自分自身《じぶんじしん》の事《こと》として対処《たいしょ》しようと思《おも》うならば弱《よわ》い所《ところ》があるかも知《し》れませんが、武士《ぶし》が主君《しゅくん》に命《いのち》を捨《す》てて仕《つか》えた以上《いじょう》に、「我《われ》は是《こ》れ世尊《せそん》の使《つか》いなり」、法華経《ほけきょう》の行者《ぎょうじゃ》なりとの決心《けっしん》があれば、どんな所《ところ》へ出《で》ようとも何《なに》も畏《おそ》れることはありません。世尊《せそん》というのは、文字通《もじどお》り世間《せけん》の中《なか》で最《もつと》も尊《とうと》きものです。その世尊《せそん》の使《つか》いとして、如来《にょらい》の使《つか》いとして、法華経《ほけきょう》を弘《ひろ》め法華経《ほけきょう》を説《と》く任務《にんむ》を持《も》つのですから、どんな困難《こんなん》があっても法《ほう》に傷《きず》をつけることはしない、宝塔《ほうとう》・提婆品《だいばほん》に於《お》いては御心配《ごしんぱい》のお話《はなし》がありましたけれども、どうぞ御安心《ごあんしん》を下《くだ》さりますようにということが申《もう》し上《あ》げられています。この二十行《ぎょう》の偈《げ》には法華経《ほけきょう》の行者《ぎょうじゃ》の決心《けっしん》がよく現《あら》わされ、そして日蓮聖人《にちれんしょうにん》は総《すべ》てこれを実行《じっこう》せられました。私達《わたしたち》は日蓮聖人《にちれんしょうにん》のように一々を実行《じっこう》することは出来《でき》ないまでも、この精神《せいしん》を学《まな》んで法華経《ほけきょう》に尽《つ》くす決心《けっしん》を持《も》ち、そして正《ただ》しく強《つよ》く生《い》きなければならないと思《おも》うのです。

安楽行品第十四《あんらくぎょうほんだい》

（現代語《げんだいご》）

仏《ほとけ》は、文殊菩薩《もんじゅぼさつ》に告《つ》げました。もし、菩薩《ぼさつ》が後《のち》の悪《あ》しき世《よ》においてこの経《きょう》を説《と》こうとするならば、四つの行法《ぎょうぼう》に基《もと》づかねばならぬ。一には菩薩《ぼさつ》の行《おこな》うべきこと、親《した》しむべき所《ところ》に留《とど》まって、人々《ひとびと》のためにこの経《きょう》を説《と》くべきである。

（要文《ようもん》）

仏《ほとけ》、文殊師利《もんじゅしり》に告《つ》げたまはく、若《も》し菩薩摩訶薩《ぼさつまかさつ》、後《のち》の悪世《あくせ》に於《お》いて是《こ》の経《きょう》を説《と》かんと欲《ほっ》せば、当《まさ》に四法《ほう》に安住《あんじゅう》すべし。一には菩薩《ぼさつ》の行処《ぎょうしょ》・親近処《しんごんしょ》に安住《あんじゅう》して、能《よ》く衆生《しゅじょう》のために是《こ》の経《きょう》を説《と》くべし。

（要義《ようぎ》）

勧持品《かんじほん》においては、法華経《ほけきょう》を弘《ひろ》める為《ため》には如何《いか》なる迫害《はくがい》が起《お》こっても屈《くっ》せず弛《ひる》まぬことを多《おお》くの者《もの》が誓《ちか》いましたが、その法座《ほうざ》に列《つら》なる者《もの》の中《なか》には、それ程《ほど》に決心《けっしん》の無《な》い気《き》の弱《よわ》い者《もの》もあります。そこで釈迦如来《しやかにょらい》は、その心《こころ》の弱《よわ》い者達《ものたち》の為《ため》に安楽行《あんらくぎょう》を説《と》かれたのです。勧持品《かんじほん》では折伏行《しやくぶくぎょう》の者《もの》に起《お》こる迫害《はくがい》が説《と》かれましたが、安楽行品《あんらくぎょうほん》では摂受行《しょうじゅぎょう》によるならば無難《ぶなん》に法華経《ほけきょう》を修行《しゅぎょう》し得《う》ることが説《と》かれることから、滅後《めつご》の天台《てんだい》一流《りゅう》の法華経《ほけきょう》修行《しゅぎょう》は安楽行《あんらくぎょう》の方針《ほうしん》に依《よ》り、そして日蓮聖人《にちれんしょうにん》の修行《しゅぎょう》は勧持品《かんじほん》に依《よ》ったとされています。勧持品《かんじほん》と安楽行品《あんらくぎょうほん》とは殆《ほとん》ど水火《すいか》の相違《そうい》があって、一方《ぽう》では如何《いか》なる迫害《はくがい》の中《なか》にも法華経《ほけきょう》の真実《しんじつ》を真《ま》っ向《こう》から説《と》き勧《すす》めて行《い》くこととなり、一方《ぽう》は他《た》の気分《きぶん》を量《はか》って穏《おだ》やかに法華経《ほけきょう》を弘《ひろ》めるということとなります。その結果《けっか》、安楽行品《あんらくぎょうほん》の修行《しゅぎょう》でやって来《き》た日本《にほん》の天台宗《てんだいしゅう》は、方便《ほうべん》の教《おし》えによって様々《さまざま》な宗派《しゅうは》に分立《ぶんりつ》し、浄土宗《じょうどしゅう》が現《あらわ》れ、禅宗《ぜんしゅう》が現《あらわ》れ、真言《しんごん》が現《あらわ》れて、遂《つい》に伝教大師《でんぎょうだいし》の法華経《ほけきょう》による仏教統《ぶつきょうとう》一の尽力《じんりょく》を空《むな》しくしてしまったわけです。そこで日蓮聖人《にちれんしょうにん》は、経文《きょうもん》の折伏《しやくぶく》の教《おし》えと歴史《れきし》の事実《じじつ》とを顧《かえり》みて、飽《あ》く迄《まで》も折伏立行《しやくぶくりつぎょう》の態度《たいど》に出《で》たのです。一般的《ぱんてき》には、安楽行品《あんらくぎょうほん》の方式《ほうしき》が仏教《ぶつきょう》には非常《ひじょう》に宜《よろ》しいように見《み》えますが、時代《じだい》の赴《おもむ》く所《ところ》、思想《しそう》が乱《みだ》れて人《じん》心《しん》が険悪《けんあく》に赴《おもむ》くような場合《ばあい》には、到底安楽行《とうていあんらくぎょう》の態度《たいど》では当《とう》を得《え》たものとはならないからです。但《ただ》し折伏《しやくぶく》を行《おこ》なうにあたっては、その折伏行《しやくぶくぎょう》の真価《しんか》を傷《きず》つけない為《ため》にも、余程《よほど》主張《しゅちょう》を公明正大《こうめいせいだい》にして、そして狭隘《きょうあい》な観念《かんねん》に囚《とら》われないようにしなければなりません。今《いま》の日蓮門下《にちれんもんか》に度々《たびたび》見《み》られるように、自己《じこ》の人格《じんかく》と主張《しゅちょう》とに修養《しゅうよう》が足《た》らざるが為《ため》に、他《た》を中傷非難《ちゅうしょうひなん》することが無《な》いように留意《りゅうい》せねばなりません。日蓮門下《にちれんもんか》の主義《しゅぎ》として、態度《たいど》としての原則《げんそく》は折伏《しゃくぶく》ですけれども、そのような弊害《へいがい》があれば、その欠陥《けっかん》を指摘《してき》して、これを補正《ほせい》して行《い》くこととすれば、今《いま》の摂受《しょうじゅ》か折伏《しゃくぶく》かという議論《ぎろん》も解決《かいけつ》がつくであろうと私《わたし》は信《しん》じます。

安楽行品《あんらくぎょうほん》には、四安楽《あんらく》と称《しょう》して身《しん》・口《く》・意《い》・誓願《せいがん》の四つの修行《しゅぎょう》が説《と》かれています。そしてその四安楽《あんらく》に関《かん》して、行処《ぎょうしょ》・親近処《しんごんしょ》という二つを挙《あ》げて、菩薩《ぼさつ》が為《な》すべき態度《たいど》と、近付《ちかづ》いて宜《よろ》しい所《ところ》、近付《ちかづ》くべからず所《ところ》の注意《ちゅうい》が与《あた》えられます。その第一《だい》が身《み》に行《おこ》なう所《ところ》の事《こと》であって、余《あま》り巷《ちまた》に出《で》て盛《さか》んに宣伝《せんでん》するというような態度《たいど》には出《で》ないで、教《おし》えを聴《き》きたいと求《もと》めて来《く》る者《もの》があれば静《しず》かに話《はなし》をする、日蓮聖人《にちれんしょうにん》のように町《まち》に出《で》て辻説法《つじせっぽう》をやるというような態度《たいど》に出《で》れば反対《はんたい》が起《お》こるけれども、静《しず》かな所《ところ》に居《きょ》を占《し》めて穏《おだ》やかに法華経《ほけきょう》を修行《しゅぎょう》さえすれば迫害《はくがい》は起《お》こらない。また、権勢名利《けんせいみょうり》のある人《ひと》や政治家《せいじか》に向《む》かって「風教《ふうきょう》を確立《かくりつ》するためには、こうしなければならないのでは」というようなことを迫《せま》るならば、それを実行《じっこう》し得《え》ない場合《ばあい》には相手《あいて》は却《かえ》って怒《いか》りもするし、もし自分《じぶん》が信任《しんにん》を受《う》けた場合《ばあい》には、嫉妬《しっと》して悪口《わるくち》を言《い》うような者《もの》も出《で》てくる。それ故《ゆえ》に、まず勢力《せいりょく》ある者《もの》、富《と》める者《もの》、栄《さか》える者《もの》などに近付《ちかづ》かないでおりさえすれば、左様《さよう》なことも起《お》こって来《こ》ないという注意《ちゅうい》が与《あた》えられています。即《すなわ》ち身《み》の安楽行《あんらくぎょう》とは、(1)今《いま》の坊《ぼう》さんの多《おお》くが寺《てら》の中《なか》に引《ひ》っ込《こ》んで、頼《たの》まれた葬式《そうしき》と法《ほう》事以外《じいがい》には何《なん》らの活動《かつどう》もしない、面倒《めんどう》を起《お》こさないことに越《こ》したことはないという態度《たいど》と同《おな》じであると言《い》えましょう。

（現代語《げんだいご》）

この経《きょう》を口《くち》に述《の》べて説明《せつめい》し、或《あ》るいは読《よ》もうとする時《とき》は、他《た》の人及《ひとおよ》び他《た》の経典《きょうてん》の過《あやま》ちを説《と》いてはならない。また、他《た》の法師達《ほっしたち》を軽《かろ》んじて驕《おご》ってはならない。

（要文《ようもん》）

若《も》しは口《くち》に宣説《せんぜつ》し、若《も》しは経《きょう》を読《よ》まん時《とき》、楽《ねが》って人及《ひとおよ》び経典《きょうでん》の過《とが》を説《とか》ざれ。亦諸余《またしょよ》の法師《ほっし》を軽慢《きょうまん》せざれ。

（要義《ようぎ》）

口《くち》の安楽行《あんらくぎょう》とは、この経《きょう》を説《と》く場合《ばあい》にも、経《きょう》を読《よ》む場合《ばあい》に於《お》いても、他《た》の経《きょう》を修行《しゅぎょう》している人《ひと》に向《む》かって、汝《なんじ》は浅《あさ》い仏教《ぶっきょう》に居《い》る人《ひと》である、あれは方便《ほうべん》の経《きょう》である、そんな経《きょう》に依《よ》って修行《しゅぎょう》するのはいけない等《など》と指摘《してき》してはならないというものです。所謂折伏《いわゆるしゃくぶく》を法《ほう》と人《ひと》に対《たい》してしないようにやって行《い》け、そして一般《ぱん》の僧侶《そうりょ》に対《たい》しては、やり損《そこ》なっていようが理解《りかい》の浅《あさ》い者《もの》であろうが、そんなことには構《かま》わず、兎《と》に角尊敬《かくそんけい》を払《はら》って「結構《けっこう》ですな～」という風《ふう》にやって行《い》けば、決《けっ》して説教《せっきょう》をしたからといって迫害《はくがい》が起《おこ》り攻撃《こうげき》も起《お》こるということはない、そうすれば安楽《あんらく》に法華経《ほけきょう》を修行《しゅぎょう》することが出来《でき》るという事《こと》を説《と》いています。

（現代語《げんだいご》）

嫉妬《しっと》や諂《へつら》いの心《こころ》を懐《いだ》いてはならない。一切《さい》の衆生《しゅじょう》に大《おお》いなる慈悲《じひ》の想《おも》いを起《お》こし、諸々《もろもろ》の如来《にょらい》に慈父《じふ》の想《おも》いを起《お》こし、諸々《もろもろ》の菩薩《ぼさつ》に偉大《いだい》なる師《し》との想《おも》いを起《お》こさねばならぬ。そして、十方《ぽう》の偉大《いだい》なる菩薩達《ぼさつたち》を常《つね》に心《こころ》の底《そこ》から敬《うやま》い礼拝《らいはい》すべきである。

（要文《ようもん》）

嫉妬《しっと》・諂誑《てんのう》の心《こころ》を懐《いだ》くことなかれ。当《まさ》に一切衆生《さいしゅじょう》に於《おい》て大悲《だいひ》の想《おも》いを起《お》こし、諸《もろもろ》の如来《にょらい》に於《おい》て慈父《じふ》の想《おも》いを起《おこ》し、諸《もろもろ》の菩薩《ぼさつ》に於《おい》て大師《だいし》の想《おも》いを起《おこ》すべし。十方《ぽう》の諸《もろもろ》の大菩薩《だいぼさつ》に於《おい》て常《つね》に深心《じんしん》に恭敬《くぎょう》・礼拝《らいはい》すべし。

（要義《ようぎ》）

そして、次《つぎ》に意《こころ》の安楽行《あんらくぎょう》が説《と》かれます。嫉妬心《しっとしん》を募《つの》らせたり、諂《へつら》ったりするような拗《ねじ》けた考《かんが》えを第一《だい》に戒《いまし》めて、精神《せいしん》の修養《しゅうよう》を積《つ》み、平和《へいわ》な生活《せいかつ》を理想《りそう》して一切衆生《さいしゅじょう》に対《たい》して大悲《だいひ》の想《おも》いを起《お》こし、彼《かれ》らは様々《さまざま》なる苦《くる》しみを懐《いだ》いている、如何《いか》にも可哀想《かわいそう》な者《もの》だという、その心《こころ》を以《もっ》て人々《ひとびと》に対《たい》して行《い》け。また、すべての仏様《ほとけさま》に対《たい》して慈父《じふ》を慕《した》うが如《ごと》くに渇仰《かつごう》の心《こころ》を持《も》ち、菩薩《ぼさつ》には先輩《せんぱい》として大先生《だいせんせい》に仕《つか》えるように尊敬《そんけい》を払《はら》い、そして縁《えん》の無《な》い仏教徒《ぶつきょうと》に対《たい》しても、常《つね》に心《こころ》の底《そこ》から尊敬《そんけい》をして行《い》くというようにすれば、「あれは人格《じんかく》の良《よ》い者《もの》だ」と褒《ほ》めて貰《もら》えるようになって何時《いつ》も精神《せいしん》に面倒《めんどう》な事《こと》は起《お》こらない、そのようにやって行《い》けば意《こころ》の安楽行《あんらくぎょう》が得《え》られるという訳《わけ》です。

（現代語《げんだいご》）

在家《ざいけ》の人《ひと》にも出家《しゅっけ》の人《ひと》にも大《おお》いなる慈《いつく》しみの心《こころ》を生《しょう》じ、菩薩《ぼさつ》でない人々《ひとびと》には大《おお》いなる悲《かな》しみの心《こころ》を生《しょう》じて、このように念《ねん》じるべきである。「これ等《ら》の人々《ひとびと》は、如来《にょらい》が方便《ほうべん》を以《もっ》て人々《ひとびと》の心《こころ》に随《したが》って説《と》いた教《おし》えの本質《ほんしつ》を失《うしな》っている。それを聞《き》かず、知《し》らず、覚《さと》らず、問《と》わず、信《しん》ぜず、理解《りかい》しようとはしない。これ等《ら》の人々《ひとびと》が、この経《きょう》を問《と》わず、信《しん》ぜず、理解《りかい》せずと雖《いえど》も、私《わたし》が無上《むじょう》の正《ただ》しい悟《さと》りを得《え》た時《とき》には、彼等《かれら》が何処《どこ》の地《ち》に在《あ》っても、神通《じんづう》の力《ちから》と智慧《ちえ》の力《ちから》を以《もっ》て導《みちび》き、この法《ほう》の中《なか》に安住《あんじゅう》することを得《え》させよう。」と。

（要文《ようもん》）

在家《ざいけ》・出家《しゅつけ》の人《ひと》の中《なか》に於《お》いて大慈《だいじ》の心《こころ》を生《しょう》じ、菩薩《ぼさつ》に非《あら》ざる人《ひと》の中《なか》に於《お》いて大悲《だいひ》の心《こころ》を生《しょう》じて、是《こ》の念《ねん》を作《な》すべし。是《か》の如《ごと》き人《ひと》は則《すなわ》ちこれ大《おお》いに如来《にょらい》の方便随宜《ほうべんずいぎ》の説法《せつぽう》を失《うしな》えり。聞《き》かず覚《さと》らず、問《と》わず信《しん》ぜず解《げ》せず。其《そ》の人《ひとこ》是の経《きょう》を問《と》わず信《しん》ぜず解《げ》せずと雖《いえど》も、我阿耨多羅三藐《われあのくたらみゃく》三菩提《ぼだい》を得《え》ん時《とき》、随《したが》って何《いず》れの地《ち》に在《あ》っても神通力《じんづうりき》・智慧力《ちえりき》を以《もつ》て、之《これ》を引《ひ》いて是《こ》の法《ほう》の中《なか》に住《じゅう》することを得《え》せしめん。

（要義《ようぎ》）

次《つぎ》は誓願《せいがん》の安楽行《あんらくぎょう》で、国《くに》に道徳《どうとく》の規範《きはん》となる教《おし》えを打《う》ち立《た》てるとか、誤《あやま》れる思想《しそう》を撃退《げきたい》するとか、命《いのち》に代《か》えても法《ほう》を説《と》くというような事《こと》を誓《ちか》うと迫害《はくがい》が起《お》こって来《く》るけれども、現在《げんざい》には大《たい》した事業《じぎょう》も出来《でき》そうもないから、目的《もくてき》を未来《みらい》に置《お》いて、成仏《じょうぶつ》した暁《あかつき》には偉大《いだい》な力《ちから》を得《え》るだろうから、その時《とき》に神通力及《じんづうりきおよ》び智慧力《ちえりき》を以《もつ》て彼等《かれら》を救《すく》ってやろうと誓願《せいがん》をすれば良《よ》い。即《すなわ》ち、まず自分《じぶん》の成仏《じょうぶつ》をやり損《そこ》なわないようにして、それ以降《いこう》に十分《ぶん》な活動《かつどう》をしようと誓願《せいがん》をするならば、反対《はんたい》は起《お》こらないという事《こと》が説《と》かれます。在家出家《ざいけしゅっけ》の人《ひと》には、どこそこが誤《あやま》っているというような事《こと》は見《み》ないで、大慈《だいじ》の心《こころ》を起《お》こして彼等《かれら》に対《たい》し、また菩薩《ぼさつ》にあらざる人《ひと》、大乗《だいじょう》の法華経《ほけきょう》で菩薩《ぼさつ》とは仏教《ぶっきょう》を信《しん》じて菩薩行《ぼさつぎょう》を行《おこな》う人《ひと》ですから、即《すなわ》ち仏教徒《ぶっきょうと》でない者《もの》、極端《きょくたん》に言《い》えば無宗教《むしゅうきょう》とか誤《あやま》った思想《しそう》、危険思想《きけんしそう》に居《い》る所《ところ》の者《もの》にも、「あれは悪《わる》い奴《やつ》だ」とか「どうしても矯《た》め直《なお》さねばならぬ」というようには考《かんが》えないで、「可哀想《かわいそう》だ、気《き》の毒《どく》に、彼《かれ》も思想《しそう》の誤解《ごかい》を懐《いだ》いているのであろう」と自分《じぶん》の心《こころ》の中《なか》に考《かんが》えてさえおけば良《よ》い。彼《か》の人々《ひとびと》は仏教《ぶっきょう》を学《まな》んでも、方便《ほうべん》の教《おし》えを真実《しんじつ》と誤解《ごかい》して仏《ほとけ》の本懐《ほんかい》であるかのように考《かんが》え、仏教《ぶっきょう》の方便《ほうべん》と真実《しんじつ》との関係《かんけい》を聞《き》きもせず、知《し》りもせず、覚《さと》りもせず、問《と》いもせず、信《しん》じもせず、理解《りかい》もせず、仏教《ぶっきょう》の真髄《しんずい》に到達《とうたつ》することは出来《でき》ないかも知《し》れない。その結果《けっか》は不憫《ふびん》に思《おも》うけれども、それを気《き》にして、今直《いまなお》してやろうとしても自分《じぶん》の力《ちから》は及《およ》ばず、また反対《はんたい》も起《お》こって面倒《めんどう》であるから、現世《げんせ》では余計《よけい》なことは言《い》わずして、自分《じぶん》が悟《さと》りを開《ひら》いて仏《ほとけ》と成《な》った時《とき》には、彼《かれ》が何処《どこ》に生《う》まれていようとも其処《そこ》に行《い》って、神通力《じんづうりき》・智慧力《ちえりき》を以《もっ》て導《みちび》き、そして法華経《ほけきょう》の教《おし》えに来《き》たらしめて救《すく》ってやりたいものである。斯様《かよう》に誓願《せいがん》を置《お》くならば、勧持品《かんじほん》に説《と》かれたような迫害《はくがい》は現在《げんざい》には起《お》こらないと説《と》かれている訳《わけ》です。以上《いじょう》の四つが、四安楽行《あんらくぎょう》の必要《ひつよう》なる点《てん》を簡単《かんたん》に抜粋《ばっすい》した経文《きょうもん》です。

(現代語《げんだいご》)

天《てん》の神々《かみがみ》は、法《ほう》のために昼《ひる》となく夜《よる》となく常《つね》に彼《かれ》を護衛《ごえい》し、教《おし》えを聴《き》く者《もの》の皆《みな》が歓喜《かんぎ》するように仕向《しむ》けるであろう。


(要文《ようもん》)

諸天《しょてん》は昼夜《ちゅうや》に常《つね》に法《ほう》の為《ため》の故《ゆえ》に而《しか》も之《これ》を衛護《えいご》し、能《よ》く聴《き》く者《もの》をして皆歓喜《みなかんぎ》することを得《え》せしめん。


(要義《ようぎ》)

この名高《なだか》い経文《きょうもん》は、別段《べつだん》四安楽行《あんらくぎょう》のみに関係《かんけい》したものではありませんが、諸天善神《しょてんぜんじん》は法《ほう》の為《ため》に法華経《ほけきょう》の行者《ぎょうじゃ》を昼夜《ちゅうや》に常《つね》に護《まも》って下《くだ》さる、法華経《ほけきょう》の行者《ぎょうじゃ》の目的《もくてき》は教《おし》えを宣伝《せんでん》することに有《あ》るのですから、例《たと》え教《おし》えを説《と》く者《もの》の力《ちから》が足《た》りなくとも、諸天善神《しょてんぜんじん》は聴《き》く方《ほう》の心《こころ》を導《みちび》いて歓喜《かんぎ》の心《こころ》を懐《いだ》かしめ、「嗚呼《ああ》、有《あ》り難《がた》い」との気分《きぶん》にするように護《まも》るということが説《と》かれています。これは教《おし》えの宣伝《せんでん》について説《と》かれているのであって、諸天善神《しょてんぜんじん》の御加護《ごかご》があるのは、あくまでも「法《ほう》の為《ため》の故《ゆえ》に」であることを忘《わす》れてはなりません。今《いま》の日蓮門下《にちれんもんか》の混乱《こんらん》した者《もの》のように、ただ(2)自身《じしん》の現世利益《げんぜりやく》のために題目《だいもく》を唱《とな》えたり、ただ或《あ》る諸天善神《しょてんぜんじん》に頭《あたま》を下《さ》げて頼《たの》み込《こ》んだりすれば宜《よ》いと思《おも》い、自分自身《じぶんじしん》の信仰《しんこう》及《およ》び実行《じっこう》が法華経《ほけきょう》の教《おし》えから離《はな》れたことをやっているのであれば、諸天善神《しょてんぜんじん》が守護《しゅご》をする精神《せいしん》とは全《まった》く違《ちが》うものとなります。この点《てん》は日蓮聖人《にちれんしょうにん》も盛《さか》んに論《ろん》ぜられてきたことですから、正義《せいぎ》を以《もっ》て任《にん》じている者《もの》は、この「法《ほう》の為《ため》の故《ゆえ》に」という点《てん》に背《そむ》かぬようにということに苦心《くしん》をして、そして終始厳正《しゅうしげんせい》なる議論《ぎろん》もして行《い》かなければなりません。

（現代語《げんだいご》）

この法華経《ほけきょう》は衆生《しゅじょう》を一切《さい》智《ち》に至《いた》らしめるが、一切《さい》の世間《せけん》から怨《うら》まれること多《おお》く信《しん》じ難《がた》きものである。それ故《ゆえ》に未《いま》だ説《と》かずに来《き》たのであるが、それを今《いま》ここに敢《あ》えて説《と》くのだ。文殊師利《もんじゅしり》よ、この法《ほ》華経《けきょう》は、諸々《もろもろ》の如来《にょらい》が第《だい》一とする経説《きょうせつ》であり、諸々《もろもろ》の経説《きょうせつ》の中《なか》に於《お》いて最《もっと》も深遠《しんえん》なるものである。この経《きょう》を最後《さいご》に与《あた》えることは、彼《か》の強《つよ》き力《ちから》を持《も》つ転輪聖王《てんりんじゅうおう》が長《なが》く護《まも》ってきた宝珠《ほうじゅ》を、今《いま》ここに与《あた》えるが如《ごと》くである。この法華経《ほけきょう》は、諸仏《しょぶつ》・如来《にょらい》の秘密《ひみつ》の蔵《くら》である。諸々《もろもろ》の経典中《きょうてんちゅう》において最《もっと》も上位《じょうい》のものである。その長《なが》きにわたって護《まも》り、妄《みだ》りには説《と》かなかったものを、私《わたし》は今日始《こんにちはじ》めて汝等《なんじら》のために広《ひろ》く説《と》き明《あ》かすのである。

（要文《ようもん》）

此《こ》の法華経《ほけきよう》は能《よ》く衆生《しゆじよう》をして一切智《さいち》に至《いた》らしめ、一切世間《さいせけん》には怨多《あだおお》くして信《しん》じ難《がた》く、先《さき》に未《いま》だ説《と》かざる所《ところ》なるを而《しか》も今之《いまこれ》を説《と》く。文殊師利《もんじゆしり》よ、此《こ》の法華経《ほけきよう》は是《こ》れ諸《もろもろ》の如来《によらい》の第《だい》一の説《せつ》、諸説《しよせつ》の中《なか》に於《おい》て最《もつと》もこれ甚深《じんじん》なり。末後《まつご》に賜与《しよ》すること、彼《か》の強力《ごうりき》の王《おう》の久《ひさ》しく護《まも》れる明珠《みようじゆ》を今乃《いますなわ》ち之《これ》を与《あた》うるが如《ごと》し。文殊師利《もんじゆしり》よ、此《こ》の法華経《ほけきよう》は諸仏如来《しよぶつによらい》の秘密《ひみつ》の蔵《ぞう》なり。諸《しよ》経《きよう》の中《なか》に於《おい》て最《もつと》も其《そ》の上《かみ》に在《あ》り。長夜《じようや》に守護《しゆご》して妄《みだ》りに宣説《せんぜつ》せざるを、始《はじ》めて今日《こんにち》に於《おい》て乃《すなわ》ち汝等《なんだち》がために而《しか》も之《これ》を敷演《ふえん》す。

（要義《ようぎ》）

ここには、法華《ほつけ》七喩《ゆ》の一つである髻中明珠《けいちゆうみようじゆ》の譬《たと》えが説《と》かれています。この法華経《ほけきよう》は、如何《いか》なる者《もの》でも一切智《さいち》という仏《ほとけ》の覚《さと》りに至《いた》らしめる力《ちから》がある、如何《いか》なる者《もの》でも仏《ほとけ》に成《な》れる力《ちから》があります。ただ、それが為《ため》に却《かえ》って良薬口《りようやくくち》に苦《にが》しというか、寸善尺魔《すんぜんしやくま》というような訳《わけ》で、非常《ひじよう》に善《よ》き教《おし》えなるが故《ゆえ》に世間《せけん》に反対《はんたい》する者《もの》が多《おお》く現《あらわ》れるのです。また、釈尊《しやくそん》の今《いま》まで説《と》かなかった最高《さいこう》の教義《きようぎ》、仏陀《ぶつだ》の本懐《ほんかい》が法華経《ほけきよう》に於《お》いて説《と》かれるということから、法華経《ほけきよう》を知《し》らない者《もの》、法華経《ほけきよう》を信《しん》じない者《もの》は顔《かお》色《いろ》を失《うしな》う事《こと》が多《おお》い、故《ゆえ》にそこから反対《はんたい》が起《お》こるのです。法華経《ほけきよう》は如来《によらい》の第《だい》一の説《せつ》であり、諸経《しよきよう》の中《なか》で一番深《ばんふか》い意味《いみ》が現《あらわ》されています。譬《たと》えを以《もっ》て言《い》えば、転輪聖王《てんりんじゅうおう》が戦《いくさ》において、功労《こうろう》のありし者《もの》に賞与《しょうよ》を与《あた》えられる時《とき》に、最高《さいこう》の偉勲者《いくんしゃ》に対《たい》しては、自分《じぶん》の髻《もとどり》の中《なか》に入《い》れて大切《たいせつ》に護《まも》っていた珠《たま》を最後《さいご》に与《あた》えるようなものであり、数々《かずかず》の反対《はんたい》があり困難《こんなん》がある代《か》わりに、法華経《ほけきょう》を修行《しゅぎょう》する者《もの》には釈迦牟尼仏《しゃかむにぶつ》の一番大事《ばんだいじ》な覚《さと》りを与《あた》え給《たま》うのです。それ故《ゆえ》に法華経《ほけきょう》は一切《さい》の仏《ほとけ》の秘密《ひみつ》の蔵《ぞう》である、最《もっと》も大事《だいじ》にしている奥《おく》の奥《おく》に蔵《しま》ってあるものだと言《い》われます。

天台流《てんだいりゅう》に解釈《かいしゃく》すれば、この秘密《ひみつ》の蔵《くら》は宇宙《うちゅう》の真理《しんり》、実相《じっそう》の奥《おく》を指《さ》しているとされますが、日蓮《にちれん》聖人《しょうにん》はその真理《しんり》に仏《ほとけ》の積《つ》みし広大《こうだい》なる功徳《くどく》を併《あわ》せて秘密《ひみつ》の蔵《くら》と言《い》っています。それは信解品《しんげほん》の長《ちょう》者《じゃ》の蔵《くら》に様々《さまざま》な宝《たから》があったように、ただ真理《しんり》だけでなくして、そこには積《つ》み重《かさ》ねたる一切《さい》のものがあるからです。ですから、日蓮聖人《にちれんしょうにん》が観心本尊抄《かんじんほんぞんしょう》に「この珠《たま》を裹《つつ》みて」という時分《じぶん》には、真理《しんり》だけでなくして、仏《ほとけ》の智慧《ちえ》も慈悲《じひ》も働《はたら》きも功徳《くどく》も一切《さい》を包《つつ》んでいます。殊《こと》に功徳《くどく》ということは大事《だいじ》であるので、観心本尊抄《かんじんほんぞんしょう》の前《まえ》の文《もん》にも「釈尊《しゃくそん》の因行果徳《いんぎょうかとく》の二法《ほう》は妙法蓮華経《みょうほうれんげきょう》の五字《じ》に具足《ぐそく》す。我等《われら》この五字《じ》を受持《じゅじ》すれば自然《じねん》に彼《か》の因果《いんが》の功徳《くどく》を譲《ゆず》り与《あた》えたもう。四大声聞《だいしょうもん》の了解《りょうげ》に云《いわ》く、無上《むじょう》の宝珠求《ほうじゅもと》めざるに自《みずか》ら得《え》たり」と解釈《かいしゃく》されています。その無上《むじょう》の宝珠《ほうじゅ》とは、即《すなわ》ち功徳《くどく》という事《こと》です。これは大事《だいじ》な問題《もんだい》で、ただ観念《かんねん》を以《もっ》て進《すす》み行《い》く時《とき》には、真理《しんり》が一番《ばん》の尊《とうと》い事《こと》になるかも知《し》れませんが、私達《わたしたち》が信念《しんねん》の行《ぎょう》を以《もっ》て進《すす》む時《とき》には、無論真理《むろんしんり》を離《はな》れてはなりませんけれども、仏《ほとけ》に成《な》ろうとしても功徳《くどく》が十分《ぶん》に足《た》らない、善根《ぜんごん》が足《た》らない訳《わけ》です。それ故《ゆえ》に信仰《しんこう》の目的《もくてき》から言《い》えば、ただ真理《しんり》を貰《もら》うだけでは足《た》りない、仏《ほとけ》の積《つ》まれた功徳《くどく》を譲《ゆず》り受《う》けて、我《わ》が積《つ》み行《い》く功徳《くどく》の足《た》らざる点《てん》を補《おぎな》って、そして自分《じぶん》は未熟《みじゅく》な者《もの》だけれども、その功徳《くどく》の力《ちから》に依《よ》って覚《さと》りを開《ひら》くことになるのです。

ところが天台学《てんだいがく》、また日蓮教学《にちれんきょうがく》でも信仰《しんこう》に生温《なまぬる》い手合《てあ》いは、真理《しんり》という事《こと》を非常《ひじょう》に偉《えら》い事《こと》に思《おも》って「功徳云々《くどくうんぬん》というのは俗物《ぞくぶつ》が言《い》う事《こと》だ」と仏教《ぶっきょう》を了解《りょうかい》しようとしない、哲学者《てつがくしゃ》のように分析《ぶんせき》ばかりしようとして、宗教的真理《しゅうきょうてきしんり》は功徳《くどく》の授受《じゅじゅ》を考《かんが》えなければならないということを分《わ》かろうとしません。この経《きょう》が一切経《さいきょう》の中《なか》の一番上《ばんうえ》にあるのは、真理《しんり》も極所《きょくしょ》をつき、如来《にょらい》の智慧《ちえ》も全分《ぜんぶん》を現《あらわ》し、慈悲《じひ》も全分《ぜんぶん》を働《はたら》かしている、即《すなわ》ち如来《にょらい》の持《も》っている徳《とく》が残《のこ》らず現《あらわ》れているからです。そして、それを授与《じゅよ》する方式《ほうしき》は簡単《かんたん》なる修行《しゅぎょう》の方法《ほうほう》によって得《え》られる、即《すなわ》ち行者《ぎょうじゃ》は信仰《しんこう》の熱誠《ねっせい》によってこれを受《う》け取《と》ることが出来《でき》ます。それは恰《あたか》も母親《ははおや》の乳《ちち》を要求《ようきゅう》する赤子《あかご》の如《ごと》きものであって、乳《ちち》に含《ふく》まれる成《せい》分《ぶん》の一々を分析《ぶんせき》しなければならないという訳《わけ》ではありません。それ故《ゆえ》に日蓮聖人《にちれんしょうにん》は観心本尊抄《かんじんほんぞんしょう》の最後《さいご》にも「仏大慈悲《ほとけだいじひ》を起《おこ》して、五字《じ》の内《うち》にこの珠《たま》を裹《つつ》み、末代幼稚《まつだいようち》の頸《くび》に懸《か》けさしめたもう」と言《い》われているのです。我等《われら》は立派《りっぱ》な大人《おとな》だ、幼稚《ようち》などではないと言《い》う者《もの》もあるかも知《し》れませんが、絶《ぜっ》対《たい》の仏《ほとけ》からすれば、私達《わたしたち》は如何《いか》に努力《どりょく》しても幼稚《ようち》であると言《い》わなければなりません。その幼稚《ようち》であるとの反省《はんせい》があるからこそ宗教《しゅうきょう》なのです。それ故《ゆえ》に、この経《きょう》は仏《ほとけ》が夜《よる》も昼《ひる》も大切《たいせつ》に護《まも》って妄《みだ》りに説《と》かない、何処《どこ》でも説《と》くという訳《わけ》ではない、四十余年《よねん》汝等《なんじら》の機根《きこん》を整《ととの》えて、今日《こんにち》に時至《ときいた》って初《はじ》めて汝等《なんじら》の為《ため》に法華経《ほけきょう》を説《と》いたという訳《わけ》です。転輪聖王《てんりんじゅうおう》の髻《もとどり》の珠《たま》は、何時《いつ》でも誰《だれ》にでもやるという訳《わけ》ではない、最高《さいこう》の殊勲者《しゅくんしゃ》を得《え》てこれを授与《じゅよ》するのと同《おな》じで、法華《ほっけ》の行者《ぎょうじゃ》は仏教《ぶっきょう》の功徳《くどく》の上《うえ》に於《お》いて、世《よ》の中《なか》の善《ぜん》と悪《あく》の闘《たたか》い、正邪《せいじゃ》の闘《たたか》いに於《お》いて最高《さいこう》の殊勲者《しゅくんしゃ》であるとして、仏《ほとけ》の髻《もとどり》の珠《たま》が与《あた》えられることとなります。これ等《ら》は宗教的情操《しゅうきょうてきじょうそう》の発達《はったつ》した上《うえ》から考《かんが》えたならば如何《いか》にも有《あ》り難《がた》い事《こと》であり、日蓮聖人《にちれんしょうにん》もこの明珠《みょうじゅ》を自《みずか》ら受《う》け取《と》るには、やはり命《いのち》を懸《か》けなければならないと考《かんが》えて奮闘努力《ふんとうどりょく》されたのです。

従地涌出品第十五《じゅうぢゆじゅっぽんだい》

（現代語《げんだいご》）

その時《とき》、仏《ほとけ》は娑婆世界《しゃばせかい》で法華経《ほけきょう》を説《と》くことを申《もう》し出《で》た他方国土《たほうこくど》の菩薩達《ぼさつたち》に告《つ》げました。「止《や》みね、善男子《ぜんなんし》よ。汝等《なんじら》がこの経《きょう》を護持《ごじ》するには及《およ》ばぬ。何故《なぜ》ならば、我《わ》が娑婆世界《しゃばせかい》には、元《もと》より六万のガンジス河《がわ》の砂《すな》の数《かず》に等《ひと》しい菩薩達《ぼさつたち》がいる。そして、その各々《おのおの》の菩薩《ぼさつ》には、さらに六万のガンジス河《がわ》の砂《すな》の数《かず》に等《ひと》しい従者《じゅうしゃ》がいるのである。これ等《ら》の者達《ものたち》が私《わたし》の入滅《にゅうめつ》の後《のち》に、この経《きょう》を護持《ごじ》し、読誦《どくじゅ》し、広《ひろ》く説《と》くであろう。」と。

（要文《ようもん》）

その時《とき》に仏《ほとけ》、諸《もろもろ》の菩薩摩訶薩《ぼさつまかさつ》に告《つ》げたまわく、止《や》みね善男子《ぜんなんし》、汝等《なんだち》が此《こ》の経《きょう》を護持《ごじ》せんことを須《もち》いじ。所以《ゆえ》は何《いか》ん、我《わ》が娑婆世界《しゃばせかい》には自《おのず》から六万恒河沙等《まんごうがしゃとう》の菩薩摩訶薩《ぼさつまかさつ》あり。一一の菩薩《ぼさつ》に各《おのおの》六万恒河沙《まんごうがしゃ》の眷属《けんぞく》あり。是《こ》の諸人等《しょじんら》よく我《わ》が滅後《めつご》に於《おい》て、護持《ごじ》し読誦《どくじゅ》し広《ひろ》くこの

経《きょう》を説《と》かん。

（要義《ようぎ》）

この従地涌出品《じゅうちゆじゅっぽん》は、始《はじ》めに本化《ほんげ》の菩薩《ぼさつ》[1]（本仏《ほんぶつ》によって教化《きょうけ》された菩薩《ぼさつ》）の出現《しゅつげん》が説《と》かれ、そして後半《こうはん》では弥勒菩薩《みろくぼさつ》の疑《うたが》いに託《たく》して釈尊《しゃくそん》が簡単《かんたん》に自《みずか》らの顕本《けんぽん》をされます。法華経《ほけきょう》は安楽行品《あんらくぎょうほん》までを迹門《しゃくもん》と言《い》い、この品以下《ほんいか》を本門《ほんもん》と称《しょう》していますが、[2]迹門《しゃくもん》とはインドに応現《おうげん》した釈尊《しゃくそん》が迹仏《しゃくぶつ》（垂《すい》迹《じゃく》の仏《ほとけ》）として説《と》かれたものであり、本門《ほんもん》というのは釈尊自《しゃくそんみずか》らが久遠《くおん》の本仏《ほんぶつ》であることを顕《あらわ》して説《と》かれたもの、即《すなわ》ち本仏《ほんぶつ》の思想《しそう》を根底《こんてい》として説《と》かれているものです。仏教《ぶっきょう》の三つの大《おお》きな教義《きょうぎ》、宇《う》宙《ちゅう》の実相《じっそう》と、個人《こじん》の本体《ほんたい》と、そして超人的《ちょうじんてき》の本仏《ほんぶつ》というものについて、既《すで》に前《まえ》の二つは今《いま》までに説《と》かれましたが、仏《ほとけ》についての大事《だいじ》が未《いま》だ顕《あらわ》れていない。日蓮聖人《にちれんしょうにん》は、開目抄《かいもくしょう》に「発迹顕本《ほっしゃくけんぽん》せざれば真《しん》の一念《ねん》三千も顕《あら》われず」と言《い》われていますが、この仏身観《ぶっしんかん》の大事《だいじ》が顕《あらわ》れないと、宇宙《うちゅう》の真実《しんじつ》も個人《こじん》の真実《しんじつ》も皆分《みなわ》からぬことになる、仏性《ぶっしょう》という事《こと》を説《と》いても仏《ほとけ》というものが分《わ》からなければ人間《にんげん》の本質《ほんしつ》は分《わ》からなくなる、そして宇宙《うちゅう》に本仏《ほんぶつ》の存在《そんざい》を認《みと》めなければ、宇宙《うちゅう》を説《と》いても哲学的《てつがくてき》に冷《ひ》ややかなものとなって、本当《ほんとう》の事《こと》が全《まった》く分《わ》からくなってしまうからです。そこでこの涌出品以下《ゆじゅっぽんいか》の本門《ほんもん》が一段《だん》と大事《だいじ》になる訳《わけ》ですが、所謂宗教的智識《いわゆるしゅうきょうてきちしき》、[3]外界《がいかい》に実在《じつざい》を認《みと》める心《こころ》の働《はたら》きが発達《はったつ》しないと、宇宙《うちゅう》の真理《しんり》とか人間《にんげん》の本体《ほんたい》とかいう方《ほう》が有《あ》り難《がた》い事《こと》のように思《おも》って、仏《ほとけ》の事《こと》などはどうでも良《よ》いというような感《かん》じが起《お》こります。そして今《いま》の多《おお》くの学者《がくしゃ》がそうですが、昔《むかし》からの仏教徒《ぶっきょうと》にもそういう傾向《けいこう》があった、そして近代《きんだい》の西洋思想《せいようしそう》でも宇宙万物《うちゅうばんぶつ》に内在《ないざい》する神《かみ》というような仏性論《ぶっしょうろん》みたいな事《こと》を盛《さか》んに言《い》い、また宇宙《うちゅう》の大生命《だいせいめい》というような事《こと》を言《い》っていますが、それは仏教《ぶっきょう》に於《お》ける所謂《いわゆる》阿頼耶識《あらやしき》ぐらいのものであって、(4)殊更《ことさら》に大風呂敷《おおぶろしき》を広《ひろ》げるような高《たか》い思想《しそう》ではありません。そのような世間《せけん》の思想《しそう》や仏教史《ぶっきょうし》に現《あらわ》れた学者《がくしゃ》の思想《しそう》に影響《えいきょう》されて、それを標準《ひょうじゅん》としてはいけません。私達《わたしたち》は直《ただ》ちに法華経《ほけきょう》の本門《ほんもん》を最高指針《さいこうししん》に置《お》いて、そして日蓮聖人《にちれんしょうにん》の開目抄《かいもくしょう》などの指導《しどう》を本《もと》にして仏教《ぶっきょう》を理解《りかい》し、それを思想《しそう》の中堅《ちゅうけん》に置《お》いて研究《けんきゅう》することこそが大事《だいじ》であると思《おも》います。

前《まえ》の安楽行品《あんらくぎょうほん》では平和《へいわ》に法華経《ほけきょう》を修行《しゅぎょう》することを一時的《じてき》に説《と》かれましたが、涌出品《ゆじゅっぽん》の始《はじ》めに来《く》ると、再《ふたた》び勧持品《かんじほん》の精神《せいしん》を引《ひ》き続《つづ》いて「どうか私達《わたしたち》に法華経《ほけきょう》の宣伝《せんでん》を任《まか》せて頂《いただ》きたい」と他方《たほう》から来《き》ている大勢《おおぜい》の菩薩《ぼさつ》が請願《せいがん》します。しかしながら、釈尊《しゃくそん》は「止《や》みね、善男子《ぜんなんし》よ」と言《い》ってこれを制《せい》止《し》し、特《とく》に本化《ほんげ》の菩薩《ぼさつ》を召《め》し出《だ》されます。これは、如何《いか》に世《よ》の中《なか》の尊敬《そんけい》を受《う》けたる菩薩《ぼさつ》であっても、本化菩薩《ほんげぼさつ》の自覚《じかく》を持《も》つに至《いた》らぬ者《もの》は駄目《だめ》だ、本化《ほんげ》の菩薩《ぼさつ》の自覚《じかく》を持《も》つためには、余程《よほど》の決心《けっしん》をしなければならぬということです。この覚悟《かくご》を日蓮聖人《にちれんしょうにん》は、(5)「三障《しょう》四魔《ま》紛然《ふんぜん》として競《きそ》い起《おこ》る。随《したが》うべからず、畏《おそ》るべからず」と摩訶止観《まかしかん》の文《もん》を引用《いんよう》して、これを門下《もんか》の明鏡《めいきょう》なり、習《なら》ひ伝《つた》へて未来《みらい》の資糧《かて》とせよと言《い》われているのです。今《いま》の一般《ぱん》の日蓮門下《にちれんもんか》において、呪《まじな》いや占《うらな》いの類《たぐい》に堕落《だらく》し、鬼《き》子母神《しもじん》を拝《おが》んでいるとか、(6)倶生神《ぐしょうしん》を頼《たの》みにしているような者《もの》では、この「止《や》みね」の言葉《ことば》を以《もっ》て特《とく》に本化《ほんげ》の菩薩《ぼさつ》が召《め》し出《だ》されるということ、そして本仏《ほんぶつ》に私淑《ししゅく》して本仏《ほんぶつ》の絶対的価値《ぜったいてきかち》を顕《あら》わさんとするが為《ため》に迫害《はくがい》を受《う》けるのだという、この大《おお》きな問題《もんだい》は分《わ》からなくなってしまいます。日蓮聖人《にちれんしょうにん》が「上野殿御返事《うえのどのごへんじ》」に言《い》われたように、驢馬《ろば》や兎《うさぎ》のような者《もの》が法華経《ほけきょう》を説《と》いた所《ところ》が迫害《はくがい》も起《お》こらない、日蓮《にちれん》の門下《もんか》ならば「龍吟《りゅうぎん》ずれば雲起《くもお》こり虎嘯《とらうそぶ》けば風生《かぜしょう》ず」という風《ふう》に、法華経《ほけきょう》の宣伝《せんでん》には龍《りゅう》を任《にん》じ、虎《とら》を以《もっ》て任《にん》ずるという事《こと》から出発《しゅっぱつ》せねばなりません。この「止《や》みね」ということを忘《わす》れさえしなければ、本化菩薩《ほんげぼさつ》としての光栄《こうえい》な仲間《なかま》に加《くわ》えて頂《いただ》ける、それだけの自信力《じしんりょく》が其処《そこ》に起《お》こるということを日蓮聖人《にちれんしょうにん》は教《おし》えているのです。

(現代語《げんだいご》)

そう仏《ほとけ》が語《かた》るや否《いな》や、大地《だいち》は大《おお》きく振動《しんどう》して裂《さ》け、その中《なか》より無量《むりょう》千万億の菩薩《ぼさつ》が同時《どうじ》に涌《わ》き現《あらわ》れたのです。この菩薩達《ぼさつたち》の中《なか》に、四人《にん》の導師《どうし》がおりました。一を上行《じょうぎょう》、二を無辺行《むへんぎょう》、三を浄行《じょうぎょう》、四を安立行《あんりゅうぎょう》といい、この菩薩達《ぼさつたち》の中《なか》において最《もっと》も上首《じょうしゅ》にある唱導師《しょうどうし》です。彼等《かれら》は大衆《だいしゅ》の前《まえ》において各々合掌《おのおのがっしょう》して釈迦牟尼仏《しゃかむにぶつ》を拝《はい》すると、その安否《あんぴ》を伺《うかが》って申《もう》し上《あ》げました。「世尊《せそん》、病《やまい》少《すく》なく悩《なや》み少《すく》なく、安楽《あんらく》にお過《す》ごしでしょうか。救《すく》うべき所《ところ》の者《もの》は、教《おし》えを素直《すなお》に受《う》けますでしょうか。世尊《せそん》に疲労《ひろう》を生《しょう》じさせることはないでしょうか。」と。

その時《とき》に世尊《せそん》は、上首《じょうしゅ》の大菩薩達《だいぼさつたち》を各々《おのおの》誉《ほ》め讃《たた》えられました。「宜《よろ》しい、宜《よろ》しいことである、善《ぜん》男子《なんし》よ。汝等《なんじら》は如来《にょらい》に随《したが》って、よくぞ喜《よろこ》びの心《こころ》を起《お》こしておる」と。

（要文《ようもん》）

是《こ》の菩薩衆《ぼさつしゅ》の中《なか》に四導師《どうし》あり。一を上行《じょうぎょう》と名《なづ》け、二を無辺行《むへんぎょう》と名《なづ》け、三を浄行《じょうぎょう》と名《なづ》け、四を安立行《あんりゅうぎょう》と名《なづ》く。この四菩薩《ぼさつ》、その衆中《しゅちゅう》に於《お》いて最《もっと》もこれ上首唱導《じょうしゅしょうどう》の師《し》なり。大衆《だいしゅ》の前《まえ》にあって、各《おのおの》共《とも》に合掌《がっしょう》し、釈迦牟尼仏《しゃかむにぶつ》を観《み》たてまつりて問訊《もんじん》して言《もう》さく、世尊《せそん》、少病《しょうびょう》少悩《しょうのう》にして安楽《あんらく》に行《ぎょう》じたもうや不《いな》や。度《ど》すべき所《ところ》の者《もの》、教《おし》えを受《う》くること易《やす》しや不《いな》や。世尊《せそん》をして疲《ひ》労《ろう》を生《な》さしめざるや。　時《とき》に世尊《せそん》、上首《じょうしゅ》の諸《もろもろ》の大菩薩《だいぼさつ》を讃歎《さんたん》したまわく、善《よ》い哉《かな》・善《よ》い哉《かな》、善男子《ぜんなんし》、汝等《なんだち》能《よ》く如来《にょらい》において随喜《ずいき》の心《こころ》を発《おこ》せり。

（要義《ようぎ》）

「迹化《しやっけ》」とは釈尊《しやくそん》が垂迹中《すいじやくちゆう》に教化《きようけ》されて発心《ほっしん》した者《もの》、他方来《たほうらい》とは他《た》の仏《ほとけ》の弟子《でし》、そして「本化《ほんげ》」とは釈尊《しやくそん》の最初《さいしよ》からの弟子《でし》、釈尊《しやくそん》の本地《ほんじ》に教化《きようけ》された者《もの》です。法華経《ほけきよう》には、この三つの菩薩《ぼさつ》が登場《とうじよう》し、勧持品《かんじほん》は迹化《しやっけ》の菩薩《ぼさつ》が誓《ちか》いを立《た》て、涌出品《ゆじゆっぽん》の始《はじ》めは他方《たほう》の菩薩《ぼさつ》が誓《ちか》いを立《た》て、そして此処《ここ》に遂《つい》に本化《ほんげ》の菩薩《ぼさつ》が出現《しゆつげん》します。ここに弥勒菩薩《みろくぼさつ》が「この非常《ひじよう》に立派《りっぱ》な人達《ひとたち》は誰《だれ》のお弟子《でし》であるのか、誰《だれ》に教化《きようけ》されたのでしょうか」と尋《たず》ね、そして釈尊《しやくそん》が「皆自分《みなじぶん》が教化《きようけ》した者達《ものたち》である」とお答《こた》えになられているにも拘《かか》わらず、「本化《ほんげ》の菩薩《ぼさつ》の方《ほう》が釈尊《しやくそん》より上《うえ》だ」などということになれば、この涌出品《ゆじゆっぽん》も寿量品《じゆりようほん》も神力品《じんりきほん》も皆壊《みなこわ》れてしまうことになります。如何《いか》に日蓮聖人《にちれんしようにん》が偉《えら》くとも、本化《ほんげ》の菩薩《ぼさつ》が偉《えら》くとも、本仏《ほんぶつ》を冒涜《ぼうとく》するようなことは出来《でき》ない、そういう秩序破壊《ちつじよはかい》ということは非常《ひじよう》に恐《おそ》ろしい事《こと》です。ところが、「釈迦《しやか》なんぞは役《やく》に立《た》たぬ」と本化《ほんげ》が本仏《ほんぶつ》を冒《おか》すようなことを興門派《こうもんは》の日蓮正宗《にちれんしようしゆう》が第《だい》一に言《い》い出《だ》し、(7)その信徒団体《しんとだんたい》であった創価学会《そうかがっかい》が勢力《せいりよく》を拡大《かくだい》し、今《いま》や国政《こくせい》にも影響《えいきよう》を及《およ》ぼす日本最大《にほんさいだい》の宗教団体《しゆうきようだんたい》となってしまったのです。

彼等《かれら》は世俗的《せぞくてき》な御利益《ごりやく》を謳《うた》って「他宗《たしゆう》は害毒《がいどく》」と大衆《たいしゆう》を扇動《せんどう》し、平和《へいわ》であるとか弱者救済《じやくしやきゆうさい》であるとか美辞麗句《びじれいく》を並《なら》べては、「釈迦《しやか》を本仏《ほんぶつ》とするような狂学《きようがく》で、天下《てんか》の創価学会《そうかがっかい》に太刀打《たちう》ちしようとしても、労多《ろうおお》くして益《えき》なきことを知《し》るべきだ」などと言《い》い放《はな》ってきました。経文《きようもん》は明々白々《めいめいはくはく》、釈《しやく》尊《そん》に対《たい》して実《じつ》に丁重《ていちよう》なる日蓮聖人《にちれんしようにん》の御遺文《ごいぶん》が現存《げんぞん》し、また仏教《ぶつきよう》の常識《じようしき》からしても本来《ほんらい》は彼等《かれら》の言《い》うようなことは全《まつた》く問題《もんだい》にはなりません。ところが何処《どこ》で話《はな》しても「いや～、君《きみ》の方《ほう》ではそう批判《ひはん》するけれども」というようなことを必《かなら》ず言《い》い出《だ》す無学《むがく》の者《もの》が日蓮門下《にちれんもんか》に居《い》る有様《ありさま》で、門下最大《もんかさいだい》の日《にち》蓮宗《れんしゆう》もこれに極力《きよくりよく》反対《はんたい》していたにも拘《かか》わらず、どうも近頃《ちかごろ》は疑《うたが》わしくなってきた、近来《きんらい》の人《ひと》はそんな事《こと》に少《すこ》しも規矩《きく》を立《た》てない、実《じつ》に怪《けし》からん事《こと》になっています。本化《ほんげ》の菩薩《ぼさつ》は「各共《おのおのとも》に合掌《がつしよう》し、釈迦牟尼仏《しやかむにぶつ》を観《み》たてまつりて」と、それは「目暫《めしばら》くも捨《す》てず」と度々経文《たびたびきようもん》に説《と》かれてあるように、仏《ほとけ》の尊顔《そんがん》を仰《あお》ぎ見《み》て敬意《けいい》を表《あらわ》しているのです。そういう所《ところ》に、「日蓮《にちれん》と釈尊《しやくそん》と、どっちが偉《えら》いのだろうか」という事《こと》を仮《かり》にも問題《もんだい》にするというのは不敬極《ふけいきわ》まった話《はなし》ではないのか、そこを私達《わたしたち》は極力力説《きよくりよくりきせつ》しているが為《ため》に、顕本法華宗《けんぽんほつけしゆう》という宗号《しゆうごう》をも公称《こうしよう》している訳《わけ》です。お見舞《みま》いを申《もう》し上《あ》げた本化《ほんげ》の菩薩《ぼさつ》に対《たい》する釈尊《しやくそん》のお言葉《ことば》は、「よく如来《によらい》において随喜《ずいき》の心《こころ》を発《おこ》せり」と実《じつ》に師弟《してい》の秩《ちつ》序《じよ》が明《あき》らかなるものであって、釈迦如来《しやかによらい》の化導《けどう》を助《たす》けんが為《ため》に出《で》て来《き》て、そして如来《によらい》を忘《わす》れずして如来《によらい》のために尽《つく》すという精神《せいしん》は、実《じつ》に感心《かんしん》であると褒《ほ》められたものです。随喜《ずいき》というのは、釈迦如《しやかによ》来《らい》に対《たい》して自己《じこ》の心《こころ》を随《したが》え、そして仏様《ほとけさま》の為《ため》になろうと思《おも》う心《こころ》をいいます。それは日本《にほん》の道徳《どうとく》でいえば、主君《しゆくん》に忠節《ちゆうせつ》の心《こころ》を以《もつ》て対《たい》するというが如《ごと》きものです。

(現代語《げんだいご》)

私《わたし》は、この人々《ひとびと》の中《なか》に誰《だれ》一人《り》として知《し》る者《もの》がおりません。彼等《かれら》は忽然《こつぜん》として大地《だいち》より出現《しゅつげん》しました。どうか、その因縁《いんねん》をお聞《き》かせ下《くだ》さい。

汝等《なんじら》は共《とも》に一心《しん》にして、精進《しょうじん》の鎧《よろい》を着《き》て、堅固《けんご》なる意志《いし》を起《お》こさねばならぬ。如来《にょらい》は今《いま》、仏達《ほとけたち》の持《も》つ智慧《ちえ》と、仏達《ほとけたち》の自在《じざい》な神通力《じんづうりき》と、仏達《ほとけたち》の獅子奮迅《ししふんじん》の力《ちから》、仏達《ほとけたち》の勇猛《ゆうもう》な威勢《いせい》の力《ちから》を明《あき》らかに説《と》き示《しめ》そうとしているのだ。

(要文《ようもん》)

我此《われこ》の衆《しゅ》の中《なか》に於《おい》て乃《いま》し一人《にん》をも識《し》らず、忽然《こつねん》に地《ち》より出《い》でたり。願《ねが》わくは其《そ》の因縁《いんねん》を説《と》きたまえ。

汝等《なんだち》当《まさ》に共《とも》に一心《しん》に精進《しょうじん》の鎧《よろい》を被《き》、堅固《けんご》の意《こころ》を発《おこ》すべし。如来《にょらい》、今《いま》、諸仏《しょぶつ》の智慧《ちえ》・諸仏《しょぶつ》の自在神通力《じざいじんづうりき》の力《ちから》・諸仏《しょぶつ》の獅子奮迅《ししふんじん》の力《ちから》・諸仏《しょぶつ》の威猛大勢《いみょうだいせい》の力《ちから》を顕発《けんぽつ》し宣示《せんじ》せんと欲《ほっ》す。

（要義《ようぎ》）

この所《ところ》では、本化菩薩《ほんげぼさつ》の出現《しゅつげん》に驚《おどろ》く菩薩達《ぼさつたち》を代表《だいひょう》して弥勒菩薩《みろくぼさつ》が、「私《わたし》は諸国《しょこく》を巡《めぐ》って参《まい》りましたが、この大勢《おおぜい》の菩薩《ぼさつ》の誰《だれ》一人《り》も知りませぬ。何故《なにゆえ》に斯様《かよう》な菩薩《ぼさつ》が大地《だいち》から出現《しゅつげん》せられたのか、どうかその訳《わけ》を聞《き》かせて頂《いただ》きたい」と願《ねが》い出《で》ます。この弥勒菩薩《みろくぼさつ》の疑問《ぎもん》が本《もと》となって、段々《だんだん》と進《すす》んで遂《つい》に寿量品《じゅりょうほん》の本仏開顕《ほんぶつかいけん》という事《こと》の説明《せつめい》に入《はい》って行《い》きます。この問《とい》は、誰《だれ》の御弟子《おでし》であるか、何故《なにゆえ》に出現《しゅつげん》されたのかという簡単《かんたん》な疑《うたが》いのようですが、この本化《ほんげ》の菩薩《ぼさつ》は我釈迦如来《われしゃかにょらい》が教化《きょうけ》したのであるということと同時《どうじ》に、「本仏《ほんぶつ》」という問題《もんだい》にぶつかって来《く》るものですから、そこで仏《ほとけ》の方《ほう》ではこれを非常《ひじょう》に重大《じゅうだい》な事《こと》に考《かんが》えて答弁《とうべん》をされます。

大抵《たいてい》の仏法《ぶっぽう》の事《こと》は心得《こころえ》ている、自分等《じぶんら》は偉《えら》い菩薩《ぼさつ》である等《など》と自惚《うぬぼ》れた了見《りょうけん》があってはならぬ、「一心《しん》に精進《しょうじん》の鎧《よろい》を被《き》て」、益々《ますます》進《すす》んで優《すぐ》れた教《おし》えを聴《き》き、どのような問題《もんだい》が起《お》こっても立派《りっぱ》な精神《せいしん》に昇《のぼ》っていこうとする堅固《けんご》な心《こころ》を発《おこ》さねばならぬ。何故《なぜ》ならば、如来《にょらい》は今《いま》、諸仏《しょぶつ》の智慧《ちえ》、諸仏《しょぶつ》の自在《じざい》神通《じんづう》の力《ちから》、即《すなわ》ち一切《さい》の仏《ほとけ》の智慧《ちえ》と働《はたら》きと、獅子奮迅《ししふんじん》の力《ちから》、威猛大勢《いみょうだいせい》の力《ちから》という広大《こうだい》なものを説《と》き示《しめ》そうとするからである。他《た》の言葉《ことば》を以《もっ》てすれば、汝達《なんじたち》は今《いま》までは仏《ほとけ》といふものを真如《しんにょ》の下《した》に置《お》いて、何《なに》か仏以上《ほとけいじょう》のものがあるように考《かんが》えていた。ところが今《いま》はそうでなくして、仏《ほとけ》こそが最高絶対《さいこうぜったい》のものである、仏《ほとけ》によって一切《さい》の真理《しんり》は動《うご》いている、宇宙全体《うちゅうぜんたい》が動《うご》いている、全法界《ぜんほうかい》この仏《ほとけ》の偉《い》大《だい》なる力《ちから》に及《およ》ぶものはないというような、所謂如来秘密神通《いわゆるにょらいひみつじんづう》の力《ちから》を顕《あらわ》そうというのである。それ故《ゆえ》に、汝等《なんじら》は余程《よほど》の決心《けっしん》をして懸《か》からねばならぬぞという一つの警告《けいこく》を与《あた》えたのです。未《いま》だそれ程《ほど》に思《おも》っていなかった聴衆《ちょうしゅう》に対《たい》して、寿量品《じゅりょうほん》に進《すす》んで更《さら》に三度《ど》戒《いまし》めてその決心《けっしん》を促《うなが》すことになりますが、仏《ほとけ》の智慧《ちえ》なり力《ちから》なりを顕《あらわ》すことは大事《だいじ》な問題《もんだい》である、哲学上《てつがくじょう》の問題《もんだい》は今《いま》までに済《す》んだとしても、宗教《しゅうきょう》の妙致《みょうち》はこれからであるぞという事《こと》が、ここに言《い》い表《あらわ》されています。

(現代語《げんだいご》)

私《わたし》は今《いま》、真実《しんじつ》を説《と》こう。汝等《なんじら》よ、一心《しん》に信《しん》じよ。私《わたし》は遥《はる》かに遠《とお》き過去《かこ》より、この者達《ものたち》を教化《きょうけ》してきたのである。

即座《そくざ》に弥勒《みろく》は仏《ほとけ》に申《もう》しました。世尊《せそん》よ、如来《にょらい》は太子《たいし》であった時《とき》に釈迦族《しゃかぞく》の宮殿《きゅうでん》を出《で》られ、伽耶《がや》の都城《とじょう》より遠《とお》からざる所《ところ》を道場《どうじょう》として坐《すわ》られ、無上《むじょう》の悟《さと》りを成就致《じょうじゅいた》しました。その時《とき》より今日《こんにち》まで、四十年程《ねんほど》を過《す》ぎたばかりでございます。世尊《せそん》よ、如何《いか》にしてこの短《みじか》き間《あいだ》において、このように大《おお》いなる仏《ほとけ》の仕事《しごと》を為《な》されたというのでしょうか。

(要文《ようもん》)

我今実語《われいまじつご》を説《と》く、汝等《なんだち》一心《しん》に信《しん》ぜよ。我《われ》久遠《くおん》より来《このかた》是《こ》れ等《ら》の衆《しゅ》を教化《きょうけ》せり。

その時《とき》に弥勒菩薩《みろくぼさつ》、即《すなわ》ち仏《ほとけ》に白《もう》して言《もう》さく、世尊《せそん》、如来《にょらい》の太子《たいし》たりし時《とき》、釈《しゃく》の宮《みや》を出《い》でて、伽耶城《がやじょう》を去《さ》ること遠《とお》からず、道場《どうじょう》に坐《ざ》して阿耨多羅《あのくたら》三藐《みゃく》三菩提《ぼだい》を成《じょう》ずることを得《え》たまえり。是《こ》れより已来《このかた》始《はじ》めて四十余年《よねん》を過《す》ぎたり。世尊《せそん》、云何《いかん》ぞ此《こ》の少時《しょうじ》に於《おい》て大《おお》いに仏事《ぶつじ》を作《な》したまえる。

(要義《ようぎ》)

弥勒菩薩《みろくぼさつ》は(8)「補処《ほしょ》の菩薩《ぼさつ》」と言《い》って、釈尊《しゃくそん》の次《つぎ》に仏《ほとけ》と成《な》るとされていた非常《ひじょう》に位《くらい》の高《たか》い菩薩《ぼさつ》です。その高位《こうい》の菩薩《ぼさつ》でさえ、本化《ほんげ》の菩薩《ぼさつ》のことを知《し》りません。「この大勢《おおぜい》の菩薩《ぼさつ》はどうして出《で》て来《こ》られたのか」という問《と》いに対《たい》して、釈尊《しゃくそん》は「私《わたし》が久遠《くおん》の過去《かこ》から教化《きょうけ》してきたものである」と簡単《かんたん》に真《しん》実《じつ》を答《こた》えられますが、久遠《くおん》ということが突然《とつぜん》と語《かた》られるものの、聴衆《ちょうしゅう》の方《ほう》では如何《いか》なることか、未《いま》だボンヤリとして理解《りかい》出来《でき》ません。そこで弥勒菩薩《みろくぼさつ》は、「仏《ほとけ》が悉達太子《しったたいし》であられて、釈氏《しゃくし》の宮《みや》を出《い》でて伽耶城《がやじょう》を去《さ》ること遠《とお》からず所《ところ》の道場《どうじょう》に坐《すわ》って菩提《ぼだい》を得《え》たのは、今日《こんにち》より僅《わず》か四十年《ねん》程《ほど》余《あま》り前《まえ》の事《こと》です。その僅《わず》かの時間《じかん》において斯様《かよう》に大勢《おおぜい》の菩薩《ぼさつ》を教化《きょうけ》せられたということは、とても信《しん》じ得《え》ません」と疑《うたが》いを起《お》こします。これは弥勒菩薩《みろくぼさつ》が、釈尊《しゃくそん》がこの度始《たびはじ》めて仏《ほとけ》に成《な》ったものと考《かんが》えて、所謂《いわゆる》「始成《しじょう》」という観念《かんねん》を以《もっ》て質問《しつもん》を発《はっ》しているからです。

(現代語《げんだいご》)

譬《たと》えば、漸《ようや》く二十五歳《さい》になる者《もの》が、髪白《かみしろ》く皺《しわ》だらけの百歳《さい》の人《ひと》を指《さ》して、「私《わたし》の生《う》ませし子《こ》です」と人《ひと》に言《い》い、そしてその子《こ》もまた「これは、私《わたし》の父《ちち》です」と言《い》うようなものでございます。父《ちち》は若《わか》く、子《こ》は老《お》いている等《など》ということを、世間《せけん》の誰《だれ》が信《しん》じることが出来《でき》ましょうか。世尊《せそん》の事《こと》もまた同《どう》様《よう》で、悟《さと》りを得《え》てより僅《わず》かの時《とき》しか経《へ》ていません。しかしながら、この菩薩達《ぼさつたち》は、志《こころざし》が固《かた》く怖《お》じけることなく、量《はか》り知《し》れぬ過去《かこ》より菩薩《ぼさつ》の道《みち》を修行《しゅぎょう》して来《き》ております。難《むずか》しき問答《もんどう》にも巧《たく》みであり、心《こころ》には畏《おそ》れる所《ところ》なく、忍辱《にんにく》の心《こころ》は確《たし》かに定《さだ》まり、その姿《すがた》は端正《たんせい》にして威徳《いとく》があります。十方世界《ぽうせかい》の仏《ほとけ》が讃《ほ》めたまう方々《かたがた》です。

(要文《ようもん》)

譬《たと》えば少壮《しょうそう》の人《ひと》、年始《としはじ》めて二十五になる。人《ひと》に百歳《さい》の子《こ》の髪白《かみしろ》くて面皺《おもてしわ》めるを示《しめ》して、是《こ》れ等《ら》は我《わ》が所生《しょしょう》なりといい、子《こ》もまた是《こ》れ父《ちち》なりと説《と》かん。父《ちち》は少《わか》くして子《こ》は老《お》いたる、世《よ》を挙《こぞ》って信《しん》ぜざる所《ところ》ならんが如《ごと》く、世尊《せそん》もまた是《かく》の如《ごと》し、得道《とくどう》より来《このか》た甚《はなは》だ近《ちか》し。是《こ》の諸《もろもろ》の菩薩《ぼさつ》等《ら》は、志《こころざし》固《かた》くして怯弱《こうにゃく》なし。無量劫《むりょうこう》より来《このか》た、しかも菩薩《ぼさつ》の道《みち》を行《ぎょう》ぜり。難問答《なんもんどう》に巧《たく》みにして其《そ》の心畏《こころおそ》るる所《ところ》なく、忍辱《にんにく》の心決定《こころけつじょう》し、端正《たんせい》にして威徳有《いとくあ》り。十方《ぽう》の仏《ほとけ》の讃《ほ》めたもう所《ところ》なり。

(要義《ようぎ》)

二十五歳《さい》の若者《わかもの》が百歳《さい》の老人《ろうじん》を指《さ》して「我《わ》が子《こ》である」と言《い》い、またその百歳《さい》になる老人《ろうじん》が二十五の若者《わかもの》を指《さ》して「私《わたし》の父《ちち》である」と言《い》っても、世間《せけん》の誰《だれ》もが信《しん》じないように、釈尊《しゃくそん》がこの本《ほん》化《げ》の菩薩達《ぼさつたち》を「私《わたし》の弟子《でし》である」と言《い》われることも同《おな》じであると、弥勒菩薩《みろくぼさつ》はその疑《うたが》いの意味《いみ》を譬《たと》えに寄《よ》せて述《の》べます。涌出品《ゆじゅつぽん》で弥勒菩薩《みろくぼさつ》の尋《たず》ねる三つの主《おも》な点《てん》は、本化《ほんげ》の菩薩達《ぼさつたち》は如何《いか》なる修行《しゅぎょう》をなし、何処《どこ》に住《す》み、誰《だれ》がお師匠様《ししょうさま》であるかということですが、その修行《しゅぎょう》と住所《じゅうしょ》については涌出《ゆじゅつ》品《ぽん》で現《あらわ》れ、そして師匠《ししょう》の問題《もんだい》が残《のこ》って寿量品《じゅりょうほん》の顕本《けんぽん》となる訳《わけ》です。この部分《ぶぶん》では、如何《いか》なる菩薩《ぼさつ》であるかとの問《と》いに対《たい》して、釈尊《しゃくそん》が本化《ほんげ》の菩薩《ぼさつ》の人格《じんかく》について答《こた》えられたことを、弥勒菩薩《みろくぼさつ》が再《ふた》び繰《く》り返《かえ》して述《の》べています。この諸々《もろもろ》の菩薩達《ぼさつたち》は非常《ひじょう》に精神堅固《せいしんけんご》であり、大願力《たいがんりき》の確定《かくてい》している者《もの》である。量《はか》り知《し》れぬ過去《かこ》の世《よ》より、菩薩《ぼさつ》の修行《しゅぎょう》を間断《かんだん》なくやって来《き》た者《もの》であり、一度《ど》もやり損《そこ》ないをしたことがない。そして、この菩薩達《ぼさつたち》の秀《ひい》でている所《ところ》は、難問答《なんもんどう》に巧《たく》みであって、即《すなわ》ち難《むずか》しい思想《しそう》の問題等《もんだいとう》について解決《かいけつ》することに巧妙《こうみょう》なことである。そして思想《しそう》の闘《たたか》いに於《お》いてどんな困難《こんなん》な事《こと》が起《お》こっても、精神《せいしん》に少《すこ》しも畏《おそ》れる所《ところ》がない。この精神《せいしん》に畏《おそ》れる所《ところ》がないというのは、ただ意志《いし》が強《つよ》いということではなく、その処置方法《しょちほうほう》が明《あき》らかに判《わか》っており、ちゃんと解決《かいけつ》の見込《みこ》みがつくからこそ、精神《せいしん》に畏《おそ》れる所《ところ》がないというものです。また、どんな困難《こんなん》が起《お》こっても、それを堪《た》えて行《い》く所《ところ》の忍辱《にんにく》の心《こころ》が決定《けつじょう》している。この忍辱《にんにく》ということも、ただ忍《しの》ぶというばかりではありません。忍《しの》び難《がた》きをよく忍《しの》び、成《な》し難《がた》きをよく成《な》すことを「忍《にん》」と仏教《ぶっきょう》は解釈《かいしゃく》しているのですから、消極的《しょうきょくてき》な意味《いみ》では堪《た》えることであるけれども、積極的《せっきょくてき》な意味《いみ》では出来《でき》ないようなことでも仕遂《しと》げる力《ちから》、所謂果敢断行《いわゆるかかんだんこう》の力《ちから》が「忍《にん》」という字《じ》にはあるのです。そして表面《ひょうめん》は非常《ひじょう》に穏《おだ》やかなもので、精神《せいしん》は強《つよ》いけれども決《けっ》して荒《あら》くれた者《もの》ではない。端正《たんせい》にして品格《ひんかく》もあり、侵《おか》すべからざる威徳《いとく》を有《ゆう》している。それ故《ゆえ》に十方《ぽう》の仏《ほとけ》も挙《こぞ》って、この菩薩《ぼさつ》を称賛《しょうさん》せられているのです。法華経《ほけきょう》に上行菩薩等《じょうぎょうぼさつとう》の人格《じんかく》を説明《せつめい》したのは、この所《ところ》と神力品《じんりきほん》にありますが、その人格《じんかく》を照《て》らしてみると、殆《ほとん》ど日蓮聖人《にちれんしょうにん》のことを解釈《かいしゃく》しているように見《み》えます。優《やさ》しいとか親切《しんせつ》であるとか、智慧《ちえ》があるとかの菩薩《ぼさつ》が様々《さまざま》な経典《きょうてん》に登場《とうじょう》しますが、難問答《なんもんどう》に巧《たく》みというのは実《じつ》に珍《めずら》しい菩薩《ぼさつ》でありましょう。(9)しかも信念堅固《しんねんけんご》であって如何《いか》なる困難《こんなん》にも打《う》ち克《か》つことが出来《でき》る、仏教《ぶっきょう》に菩薩《ぼさつ》は沢山《たくさん》あるけれども、斯《か》くの如《ごと》き本化《ほんげ》の菩《ぼ》薩《さつ》が日本《にほん》に出《で》られたということは、如何《いか》にも有《あ》り難《がた》い事《こと》であったと考《かんが》える次第《しだい》です。

（現代語《げんだいご》）

もし、この経《きょう》に疑《うたが》いを生《しょう》じて信《しん》じることが出来《でき》なかったならば、その者《もの》は必《かなら》ずや悪《あく》の境涯《きょうがい》に堕《お》ちてしまうでありましょう。それ故《ゆえ》に、どうか今《いま》、私達《わたしたち》のために解《と》き明《あ》かして下《くだ》さりますようお願《ねが》い申《もう》し上《あ》げます。この無量《むりょう》の菩薩達《ぼさつたち》を、如何《いか》にして僅《わず》かの時《とき》に教化《きょうけ》し、仏道《ぶつどう》を成就《じょうじゅ》しようと決心《けっしん》させ、そして不退《ふたい》の境地《きょうち》に至《いた》らしめたのかを。

（要文《ようもん》）

もし此《こ》の経《きょう》に於《おい》て疑《うたがい》を生《しょう》じて信《しん》ぜざること有《あ》らん者《もの》は、即《すなわ》ち当《まさ》に悪道《あくどう》に堕《お》つべし。願《ねが》わくは今《いま》、為《ため》に解説《かいせつ》したまえ。是《こ》の無量《むりょう》の菩薩《ぼさつ》をば　云何《いか》にしてか少時《しょうじ》に於《おい》て教化《きょうけ》し発心《ほっしん》せしめ

て、不退《ふたい》の地《ち》に住《じゅう》せしめたまえる。

（要義《ようぎ》）

この所《ところ》は、この菩薩達《ぼさつたち》が釈尊《しゃくそん》の弟子《でし》であるということに、なお疑《うたが》いが残《のこ》ることを弥勒菩薩《みろくぼさつ》が強《つよ》めて述《の》べた言葉《ことば》です。もし御説明下《ごせつめいくだ》さらなければ疑《うたが》いが残《のこ》る、疑《うたが》いが残《のこ》るようなことがあれば大勢《おおぜい》の者《もの》が却《かえ》って、餓鬼《がき》・畜生《ちくしょう》・地獄《じごく》の悪道《あくどう》に堕《お》ちてしまうことになる。それ故《ゆえ》に、世尊《せそん》が成仏《じょうぶつ》して以来《いらい》四十余年《よねん》、この僅《わず》かの時間《じかん》に如何《いか》にこれ等大勢《らおおぜい》の者《もの》を教化《きょうけ》し発心《ほっしん》せしめ、そして不退《ふたい》の地《ち》に住《じゅう》せしめたのか、どのようにして斯様《かよう》に立派《りっぱ》な菩薩《ぼさつ》をお造《つく》りになられたのかを明《あき》らかに説《と》いて頂《いただ》きたいと尋《たず》ねています。この「近成《こんじょう》の執《しゅう》」といって、どこまでも釈尊《しゃくそん》は今度《このたび》始《はじ》めて仏《ほとけ》と成《な》って教《おし》えを説《と》いているはずだと疑《うたが》っていることに対《たい》して、如来《にょらい》は、私《わたし》は今始《いまはじ》めて仏《ほとけ》と成《な》ったのではない、久遠実成《くおんじつじょう》といって、久《ひさ》しき始《はじ》め無《な》き以前《いぜん》よりの実在《じつざい》の本仏《ほんぶつ》である、「汝等諦《なんだちあきら》かに聴《き》け、如来《にょらい》の秘密神通《ひみつじんづう》の力《ちから》を。我実《われじつ》に成仏《じょうぶつ》してより已来《このかた》久遠《くおん》なり」という事《こと》を次《つぎ》の寿量品《じゅりょうほん》において説《と》くのです。

如来寿量品第十六《にょらいじゅりょうほんだい》

一切経《さいきょう》に様々《さまざま》なる事《こと》が説《と》かれてあっても、法華経《ほけきょう》以前《いぜん》に仏身観《ぶっしんかん》についての真実《しんじつ》は顕《あらわ》されていません。ただ仏教《ぶっきょう》を哲学《てつがく》の原理《げんり》として考《かんが》えて置《お》くというのであれば、仏身観《ぶっしんかん》は明《あき》らかにならないでも済《す》むかも知《し》れませんが、宗教《しゅうきょう》として仏教《ぶっきょう》を信《しん》じるとするならば、そこには信仰《しんこう》の対象《たいしょう》となる絶対的《ぜったいてき》な人格者《じんかくしゃ》が明《あき》らかにされなければなりません。即《すなわ》ち、この寿量品《じゅりょうほん》に於《お》いて久遠実成《くおんじつじょう》の顕本《けんぽん》が為《な》されなければ、仏教《ぶっきょう》に生命《せいめい》が無《な》くなってしまう訳《わけ》です。それ故《ゆえ》に日蓮聖人《にちれんしょうにん》は「一切経《さいきょう》の中《なか》に、この寿量品《じゅりょうほん》ましまさずば、天《てん》に日月《にちげつ》無《な》く、国《くに》に大王《だいおう》なく、山河《さんが》に珠《たま》なく、人《ひと》に神《たましい》のなからんがごとく」と、この寿量品《じゅりょうほん》が一切経《さいきょう》の中《なか》の生命《せいめい》である、これが真髄《しんずい》であるということを開目抄《かいもくしょう》に力説《りきせつ》されたのです。東西古今《とうざいここん》に幾多《いくた》の宗教《しゅうきょう》が現《あらわ》れていますが、結局《けっきょく》宗教《しゅうきょう》において大切《たいせつ》なのは、この神《かみ》といい仏《ほとけ》という超人格者《ちょうじんかくしゃ》が、哲学的真理《てつがくてきしんり》の上《うえ》から批判《ひはん》されても、倫理《りんり》の上《うえ》から非難《ひなん》されても動揺《どうよう》することなく、そして宗教的要求《しゅうきょうてきようきゅう》にも満足《まんぞく》を与《あた》えて、どこから見《み》ても真《しん》に完全円満《かんぜんえんまん》なるものであるならば、私達《わたしたち》は信仰《しんこう》を繋《つな》ぐことが出来《でき》るということです。そして、その宗教《しゅうきょう》の信仰《しんこう》が確立《かくりつ》して、(1)その絶対《ぜったい》の仏《ほとけ》と共《とも》にある、或《ある》いは神《かみ》と共《とも》にあるというような健全《けんぜん》なる信仰《しんこう》が、あらゆる文化生活《ぶんかせいかつ》の中《なか》において光《ひかり》を放《はな》っているならば、それが人類文明《じんるいぶんめい》の全体《ぜんたい》に多大《ただい》な影響《えいきょう》を持《も》つこととなる訳《わけ》です。仏教《ぶっきょう》に対《たい》すれば、キリスト教《きょう》の哲理《てつり》は浅薄《せんぱく》ではありますけれども、その神《かみ》に関《かん》する意識《いしき》は完全《かんぜん》です。もし仏《ぶっ》教《きょう》は哲理《てつり》が完備《かんび》しているけれども、その中心《ちゅうしん》の仏様《ほとけさま》が駄目《だめ》だということになったならば、仏教《ぶっきょう》は改《かい》良《りょう》しなければならない事《こと》になります。それ故《ゆえ》に、この寿量品《じゅりょうほん》は非常《ひじょう》に重大《じゅうだい》な意味《いみ》を有《ゆう》しているのであり、これが為《ため》に日蓮聖人《にちれんしょうにん》は生命《せいめい》を懸《か》けて闘《たたか》われた訳《わけ》です。

如来《にょらい》の「如《にょ》」とは真如《しんにょ》のことであって、この宇宙《うちゅう》の真実《しんじつ》の相《そう》を指《さ》します。真理《しんり》、実相《じっそう》とも言《い》われますが、その宇宙《うちゅう》の真実《しんじつ》を人格《じんかく》として捉《とら》え、私達人類《わたしたちじんるい》を救済《きゅうざい》するためにこの世《よ》に現《あらわ》れ来《く》ることを「来《らい》」というのです。その如来《にょらい》において、この世《よ》に現《あらわ》れた方《ほう》から見《み》て応身《おうじん》の如来《にょらい》と言《い》い、その本《もと》に在《あ》りし方《ほう》を法身《ほっしん》の如来《にょらい》と言《い》っていましたが、その法身《ほっしん》は更《さら》に進《すす》んで、真如《しんにょ》として人格《じんかく》を持《も》たない法《ほっ》身《しん》と智慧《ちえ》として人格《じんかく》を認《みと》めた報身《ほうじん》の二つに分《わ》かれ、「法報応《ほうほうおう》の三身《じん》」という考《かんが》えが起《お》こります。天《てん》台大師以前《だいだいしいぜん》には、この三身《じん》が分離《ぶんり》したような考《かんが》えが強《つよ》くあり、法身《ほっしん》と応身《おうじん》を分別《ぶんべつ》して考《かんが》え、応身《おうじん》はただ一時《じ》の現《あらわ》れである、法身《ほっしん》は不滅《ふめつ》の如来《にょらい》である、釈迦《しゃか》は応身《おうじん》であるから一時《じ》現《あらわ》れては消《き》えるもの、法身《ほっしん》は絶対無限《ぜったいむげん》のもの、宇宙《うちゅう》の大生命《だいせいめい》であるとか大霊《だいれい》であるとかいうように考《かんが》えるようなったのです。そこで、釈迦《しゃか》も宇宙《うちゅう》の大霊《たいれい》の一部分《ぶぶん》の現《あらわ》れ、何《なに》もかもは宇宙《うちゅう》の大霊《たいれい》の現《あらわ》れだと考《かんが》えるような思《し》想《そう》が起《お》こって来《き》た訳《わけ》です。しかしながら、寿量品《じゆりようほん》はそれと丁度《ちようど》反対《はんたい》の思想《しそう》であって、この世《よ》に現《あらわ》れた応身《おうじん》の釈迦牟尼仏《しやかむにぶつ》に於《お》いて、そこに絶対《ぜつたい》を示《しめ》しています。法身《ほつしん》から下《くだ》ってきて応身《おうじん》を説明《せつめい》するのではなく、応身《おうじん》に於《お》いて法身《ほつしん》を絡《から》めて説明《せつめい》している、それ故《ゆえ》に寿量品《じゆりようほん》の意味《いみ》を応身即法身《おうじんそくほつしん》と申《もう》しているのです。天台大師《てんだいだいし》は「三身即一《じんそく》」という事《こと》を詳《くわ》しく解釈《かいしやく》されていますが、三身《じん》を別々《べつべつ》に考《かんが》えるというようなことは、観《み》る方《ほう》の機根《きこん》に問題《もんだい》があるのであって、仏《ほとけ》の三身《じん》が別々《べつべつ》にあるのではありません。仏《ほとけ》を観《み》る方《ほう》に於《お》いて三方面《ほうめん》があるのであって、仏《ほとけ》の身体《しんたい》は一つである、一にして三、三にして一というように、その微妙《びみよう》なる関係《かんけい》を持《も》って如来《によらい》を観《み》なければなりません。そして天台大師《てんだいだいし》は、三身即一《じんそく》であるけれども「若《も》し別意《べつい》に従《したが》えば正《まさ》しく報身《ほうじん》に在《あ》り」と智慧《ちえ》の報身《ほうじん》を中心《ちゆうしん》に置《お》いて解釈《かいしやく》し、日蓮聖人《にちれんしようにん》は中心《ちゆうしん》を慈悲《じひ》の応身《おうじん》に於《お》いて観《み》られた訳《わけ》です。その優劣《ゆうれつ》は別《べつ》にしても、釈迦牟《しやかむ》尼仏《にぶつ》を離《はな》れて如来《によらい》というものを解釈《かいしやく》するような思想《しそう》は全部駄目《ぜんぶだめ》だということを、先《ま》ずは最初《さいしよ》に頭《あたま》に置《お》くことが大切《たいせつ》な点《てん》です。そして「寿量《じゆりよう》」とは寿命《じゆみよう》を量《はか》ることであって、如来《によらい》の寿命《じゆみよう》の長遠《ちようおん》なることを説《と》いて、そこに無限《むげん》の意味合《いみあ》いを明《あき》らかにしたことが、この経《きよう》の精神《せいしん》であるという事《こと》を考《かんが》えて置《お》かねばなりません。

寿量品《じゆりようほん》も長行《ちようぎよう》と偈《げ》によって構成《こうせい》されています。長行《ちようぎよう》とは散文《さんぶん》で書《か》かれた説明式《せつめいしき》の所《ところ》で、偈《げ》とは長行《ちょうぎょう》の意味合《いみあ》いを再《ふたた》び讃美歌《さんびか》のように唱《とな》えたものです。前《まえ》の長行《ちょうぎょう》を了解《りょうげ》して、そして今度《こんど》は宗教《しゅうきょう》感情《かんじょう》によって心持《こころも》ち良《よ》く偈《げ》を唱《とな》えるのです。ですから、自我偈《じがげ》を唱《とな》えてもお経《きょう》の意味《いみ》は少《すこ》しも会《え》得《とく》していないというような現代《げんだい》のやり方《かた》は、まるで間違《まちが》っています。「意味《いみ》など分《わ》からなくとも良《よ》いのだ」というようなことを言《い》っている者《もの》もありますが、お経《きょう》の中《なか》では「汝等《なんじら》よく聴《き》け」と言《い》い、「解《わか》ったか、解《わか》ったか」と幾度《いくど》も駄目《だめ》を押《お》しているのであって、始《はじ》めから分《わ》からぬので良《よ》いものならば、「よく聴《き》け」とも「解《わか》ったか」と聞《き》く必要《ひつよう》はありません。分《わ》からなくても良《よ》いというのは、日本《にほん》の従来《じゅうらい》の文化《ぶんか》が未発達《みはったつ》であった時《とき》の話《はなし》であって、そのような誤魔化《ごまか》しの議論《ぎろん》を何時《いつ》までも混《こん》入《にゅう》させておけば、今日《こんにち》において宗教復活《しゅうきょうふっかつ》の運動《うんどう》は起《お》こり得《え》ません。将来我《しょうらいわ》が国《くに》の文化《ぶんか》も次第《しだい》に発達《はったつ》する訳《わけ》ですから、よく仏教《ぶっきょう》の意味合《いみあ》いを研究《けんきゅう》して、そして間違《まちが》いの無《な》いように応用《おうよう》を試《こころ》みて行《い》くことが今後《こんご》の有《あ》るべき姿《すがた》と思《おも》います。

釈尊《しゃくそん》を近《ちか》く仏《ほとけ》に成《な》ったものと思《おも》うその囚《とら》われた思想《しそう》を疎通《そつう》して、そして久遠実成《くおんじつじょう》の実在《じつざい》の本仏《ほんぶつ》であることを顕《あらわ》すことを「開近顕遠《かいごんけんのん》」と言《い》います。略《りゃく》して説《と》かれることから、前《まえ》の涌出品《ゆじゅっぽん》は「略開《りゃくかい》近顕遠《ごんけんのん》」と言《い》われるのに対《たい》して、寿量品《じゅりょうほん》は広《ひろ》く説明《せつめい》されることから「広開近顕遠《こうかいごんけんのん》」と称《しょう》されています。日蓮聖人《にちれんしょうにん》の観心本尊抄《かんじんほんぞんしょう》に(2)「涌出品《ゆじゅっぽん》の半品《はんぽん》を序分《じょぶん》と為《な》し、寿量品《じゅりょうほん》と前後《ぜんご》の二半《はん》此《これ》を正宗《しょうしゅう》と為《な》す、其《そ》の余《よ》は流通分《るつうぶん》なり」とあるように、寿量品《じゅりょうほん》と涌出品《ゆじゅっぽん》の後半《こうはん》と分別功徳品《ふんべつくどくほん》の前半《ぜんはん》、この一品《ぽん》二半《はん》が法華《ほけ》経本門《きょうほんもん》の大事《だいじ》な正宗分《しょうしゅうぶん》となります。即《すなわ》ち、この法説《ほうせつ》の中《なか》には、細《こま》かく言《い》えば色々《いろいろ》と大事《だいじ》なことがありますけれども、最《もっと》も大事《だいじ》なことは、本仏《ほんぶつ》であることを顕《あらわ》した「顕本《けんぽん》」であるという事《こと》です。そして、その本仏《ほんぶつ》である釈尊《しゃくそん》は「三世益物《ぜやくもつ》」と言《い》って、過去現在未来《かこげんざいみらい》の三世《ぜ》の時間《じかん》を貫《つらぬ》いて、何時《いつ》も救済《きゅうざい》の活動《かつどう》を存続《そんぞく》している、始《はじ》め無《な》き以前《いぜん》より救済《きゅうざい》の手《て》を下《くだ》して、永遠《えいえん》にそれを続《つづ》けているのです。それ故《ゆえ》に、日蓮聖人《にちれんしょうにん》はこれを応身常住《おうじんじょうじゅう》という意味《いみ》に解釈《かいしゃく》して行《い》きます。一時《じ》の現《あらわ》れを応身《おうじん》の釈迦《しゃか》というのではない、何時《いつ》も応動《おうどう》して衆生《しゅじょう》を救済《きゅうざい》する無限《むげん》の活動《かつどう》を指《さ》して応身常住《おうじんじょうじゅう》と言《い》うのです。

（現代語《げんだいご》）

世尊《せそん》は、菩薩達《ぼさつたち》が三度《たび》懇願《こんがん》して止《や》まないのを知《し》ると、彼等《かれら》に告《つ》げて言《い》われました。「汝達《なんじたち》よ、注《ちゅう》意《い》して聴《き》くがよい、如来《にょらい》の秘密神通《ひみつじんづう》の力《ちから》を。一切世間《さいせけん》の天《てん》の神々《かみがみ》や人々及《ひとびとおよ》び阿修羅《あしゅら》は皆《みな》、この釈迦《しゃか》牟尼仏《むにぶつ》が釈迦族《しゃかぞく》の宮殿《きゅうでん》を出《で》て、伽耶《がや》の都城《とじょう》より遠《とお》からぬ道場《どうじょう》に座《ざ》し、そして無上《むじょう》の悟《さと》りを得《え》たと思《おも》っているであろう。しかしながら、実《じつ》は私《わたし》は仏《ほとけ》と成《な》って以来《いらい》、百千万億那由他劫《おくなゆたごう》という無限《むげん》の時《とき》を経《へ》ているのである。」

(要文《ようもん》)

その時《とき》に世尊《せそん》、諸《もろもろ》の菩薩《ぼさつ》の三たび請《しょう》じて止《や》まざることを知《しろ》しめして、之《これ》に告《つ》げて言《い》わく、汝等諦《なんだちあきら》かに聴《き》け、如来《にょらい》の秘密神通《ひみつじんづう》の力《ちから》を。一切世間《さいせけん》の天《てん》・人及《にんおよ》び阿修羅《あしゅら》は、皆今《みないま》の釈迦牟尼《しゃかむに》仏《ぶつ》　釈氏《しゃくし》の宮《みや》を出《い》でて伽耶城《がやじょう》を去《さ》ること遠《とお》からず、道場《どうじょう》に坐《ざ》して阿耨多羅《あのくたら》三藐《みゃく》三菩提《ぼだい》を得《え》たりと謂《おも》えり。然《しか》るに善男子《ぜんなんし》、我実《われじつ》に成仏《じょうぶつ》してより已来《このかた》、無量無辺《むりょうむへん》百千万億那由他劫《のくなゆたごう》なり。

(要義《ようぎ》)

この所《ところ》は(3)「三誡《かい》四請《しょう》」といって、始《はじ》め釈尊《しゃくそん》が三度《たび》繰《く》り返《かえ》して「大事《だいじ》なことであるが故《ゆえ》に、心《こころ》して聴《き》け」と誡《いまし》められ、弥勒《みろく》を代表者《だいひょうしゃ》として総《すべ》ての菩薩達《ぼさつたち》が「謹《つつし》んで聴《き》き信受致《しんじゅいた》します」と三度申《たびもう》し上《あ》げ、そして重《かさ》ねて四度目《どめ》の懇請《こんせい》をした所《ところ》を更《さら》に誡《いまし》められた言葉《ことば》です。「諦《あきら》かに聴《き》け」という、この諦聴《たいちょう》という言葉《ことば》は仏教《ぶっきょう》でよく使《つか》われるもので、聴《き》き落《お》としてはならぬ、聴《き》き損《そこ》なってはならぬとの意味《いみ》があります。この儀式的《ぎしきてき》なやり取《と》りが、これ程《ほど》に丁重《ていちょう》に行《おこな》われるのは、これから説《と》かれる内《ない》容《よう》が非常《ひじょう》に重要《じゅうよう》であるからです。そして、法説《ほうせつ》の中《なか》で一番大事《ばんだいじ》な釈迦牟尼《しゃかむに》が本仏《ほんぶつ》であることが、いきなり説《と》かれます。「如来《にょらい》の秘密神通《ひみつじんづう》の力《ちから》」とは、釈迦如来《しゃかにょらい》の本地及《ほんじおよ》び活動《かつどう》の全《すべ》てのことです。仏《ぶっ》教《きょう》の「秘密《ひみつ》」とは、世間《せけん》一般《ぱん》で使《つか》われている「公《おおやけ》にしない」「隠《かく》しておく」というようなことではなく、秘妙《ひみょう》・深密《じんみつ》ということであって、容易《ようい》に知《し》り難《がた》く奥深《おくふか》く優《すぐ》れていることを意味《いみ》します。その秘密《ひみつ》とは、皮相《ひそう》に於《お》いて見《み》るならば釈迦如来《しゃかにょらい》の寿命《じゅみょう》は短《みじか》く活動《かつどう》も有限的《ゆうげんてき》なものであるけれども、内《ない》面《めん》に含《ふく》んでいる本体《ほんたい》は、寿命《じゅみょう》に於《お》いても無限《むげん》であり、作用《さよう》に於《お》いても無限《むげん》である。そして、その発《はっ》動《どう》するところの作用《さよう》が広大《こうだい》なものであることから、それを「神通《じんづう》の力《ちから》」と言《い》っています。神経《しんけい》を通《とお》して人間《にんげん》の手足《てあし》が動《うご》くのも一種《しゅ》の神通《じんづう》で、それはよく「魂《たましい》が通《かよ》っているから」と言《い》われるように、全宇宙《ぜんうちゅう》と如来《にょらい》は一心同体《しんどうたい》となっているのですから、如来《にょらい》の魂《たましい》は全法界《ぜんほうかい》に通《かよ》っている訳《わけ》です。人間《にんげん》の身体全体《からだぜんたい》に魂《たましい》が通《かよ》うが如《ごと》く、如来《にょらい》は宇宙《うちゅう》を自分《じぶん》の身《み》としてその全体《ぜんたい》に魂《たましい》を活躍《かつやく》させている、それが如来《にょらい》の神通《じんづう》の力《ちから》です。即《すなわ》ち「如来秘密神通《にょらいひみつじんづう》の力《ちから》」とは、本仏《ほんぶつ》の体《たい》と作用《さよう》を顕《あらわ》した言葉《ことば》であり、これを詳《くわ》しく説《と》き分《わ》ければ寿量品《じゅりょうほん》の全文《ぜんぶん》となる、寿量品《じゅりょうほん》の全体《ぜんたい》は如来《にょらい》の秘密神通《ひみつじんづう》の力《ちから》を説《と》きしものであると言《い》えます。

一切世間《さいせけん》の人達《ひとたち》は皆《みな》、釈迦牟尼仏《しゃかむにぶつ》は迦毘羅衛城《かびらえじょう》の釈迦族《しゃかぞく》の王子《おうじ》と生《う》まれ、夜半《やはん》に王城《おうじょう》を抜《ぬ》け出《い》でて六年《ねん》の苦行《くぎょう》を積《つ》み、伽耶城《がやじょう》を去《さ》ること遠《とお》からぬ菩提樹《ぼだいじゅ》の下《した》に坐《すわ》って無上正覚《むじょうしょうがく》を得《え》た、「阿耨多《あのくた》羅《ら》三藐《みゃく》三菩提《ぼだい》」というこの上《うえ》もない完全《かんぜん》な悟《さと》りを得《え》たと思《おも》っている。しかしながら、実《じつ》はそうではない。我《われ》、釈迦牟尼仏《しゃかむにぶつ》が真実《しんじつ》の成仏《じょうぶつ》をしてからどの位《くらい》の年数《ねんすう》を経《へ》ているかといえば「無量無辺《むりょうむへん》百千万億那由他劫《おくなゆたごう》」である。この「劫《こう》」とは、百年《ねん》に一度《ど》天人《てんにん》が天下《あまくだ》って来《き》て、軟《やわ》らかな羽衣《はごろも》の袖《そで》で大《おお》きな岩《いわ》を一遍《ぺん》擦《す》ってまた天《てん》に帰《かえ》る、それからまた百年《ねん》して岩《いわ》を擦《す》って天《てん》に帰《かえ》る、そうして大《おお》きな岩《いわ》が磨《す》り減《へ》って無《な》くなってしまう程《ほど》の時間《じかん》です。それが、無量無辺《むりょうむへん》百千万億那由他《おくなゆた》という長《なが》き劫《こう》を経過《けいか》しているというのですから、それはもう想像《そうぞう》を絶《ぜっ》する、数《かぞ》えることも何《なに》も出来《でき》ないような時間《じかん》を言《い》い表《あらわ》しています。つまり、これは「数《すう》に寄《よ》せて非数《ひすう》を説《と》く」と言《い》うもので、無限《むげん》の時間《じかん》を譬《たと》えている訳《わけ》です。それ故《ゆえ》に日蓮聖人《にちれんしょうにん》は、観心本尊抄《かんじんほんぞんしょう》に「無始《むし》の古仏《こぶつ》なり」と説《と》き、「久遠《くおん》」と「無始《むし》」という概念《がいねん》を重《かさ》ね合《あ》わせて使《つか》っているのです。そのようなことから、弘法大師《こうぼうだいし》が、この非《ひ》数《すう》ということを見《み》ぬ振《ふ》りをして「釈迦《しゃか》は如何《いか》に古《ふる》いと言《い》った所《ところ》で、悟《さと》った始《はじ》めがあるではないか」と寿量品《じゅりょうほん》を非難《ひなん》したことに対《たい》し、日蓮聖人《にちれんしょうにん》は仏教《ぶっきょう》の正統教義《せいとうきょうぎ》から大《おお》いに憤激《ふんげき》して攻撃《こうげき》をした訳《わけ》です。

(現代語《げんだいご》)

久遠《くおん》の過去《かこ》より今日《こんにち》に至《いた》るまで、私《わたし》は常《つね》にこの娑婆世界《しゃばせかい》において法《ほう》を説《と》き、衆生《しゅじょう》を教化《きょうけ》してきたのである。また、他世界《たせかい》の無量《むりょう》の国々《くにぐに》においても、衆生《しゅじょう》を導《みちび》き利益《りやく》を与《あた》えてきた。諸々《もろもろ》の善男子《ぜんなんし》よ、その間《かん》において、私《わたし》は燃燈仏《ねんとうぶつ》などを説《と》き、また涅槃《ねはん》に入《はい》るとも言《い》ってきたが、これ等《ら》のことは皆方《みなほう》便《べん》をもって計《はか》らってきたことである。

（要文《ようもん》）

是《こ》れより来《このかた》、我常《われつね》に此《こ》の娑婆世界《しゃばせかい》に在《あ》って説法教化《せっぽうきょうけ》す。また余処《よしょ》の百千万億那由他阿僧祇《のくなゆたあそう》の国《くに》に於《おい》ても衆生《しゅじょう》を導利《どうり》す。諸《もろもろ》の善男子《ぜんなんし》、是《こ》の中間《ちゅうげん》に於《おい》て我燃燈仏《われねんとうぶつ》等と説《と》き、またまた其《そ》れ涅槃《ねはん》に入《はい》ると言《い》いき。是《かく》の如《ごと》きは皆方便《みなほうべん》をもって分別《ぶんべつ》せしなり。

（要義《ようぎ》）

釈迦如来《しゃかにょらい》は始《はじ》め無《な》き久遠無始《くおんむし》の成道《じょうどう》から、衆生済度《しゅじょうさいど》を目的《もくてき》として活動《かつどう》している、私達《わたしたち》の居《い》るこの娑婆世界《しゃばせかい》から離《はな》れることなく、何時《いつ》も私達《わたしたち》を説法教化《せっぽうきょうけ》されてきたのです。しかも、釈迦如来《しゃかにょらい》は「この所《ところ》」といった所《ところ》に拘束《こうそく》されるのではなく、同時《どうじ》に様々《さまざま》な国《くに》に身《み》を現《あらわ》して活動《かつどう》をされている、余所《よそ》の百千万億那由他阿僧祇《おくなゆたあそうぎ》の国《くに》に於《お》いても衆生《しゅじょう》を導《みちび》かれているのです。三世《ぜ》に高《たか》く、横《よこ》に十方《ぽう》に遍《あまね》しというように、この普遍《ふへん》という事《こと》は非常《ひじょう》に大事《だいじ》なことであって、哲学《てつがく》で言《い》う所《ところ》の「絶対《ぜったい》」を説《と》こうとすれば、時間《じかん》を無始無終《むしむしゅう》に超越《ちょうえつ》し、空間《くうかん》を無限《むげん》に包括《ほうかつ》するということにならなければなりません。キリスト教《きょう》などが考《かんが》える世界《せかい》は地球《ちきゅう》だけのことでも、仏教《ぶっきょう》は全宇宙《ぜんうちゅう》、全法界《ぜんほうかい》について説《と》くのです。その哲学思想《てつがくしそう》は非常《ひじょう》に進《すす》んだものであって、他《た》の宗教《しゅうきょう》のようにただ絶対《ぜったい》を絶対《ぜったい》として「完全《かんぜん》だ」「円満《えんまん》だ」「説明《せつめい》などいらぬ」とか言《い》うのではなく、寿量品《じゅりょうほん》では無限《むげん》の時間《じかん》を説《と》き、それから無辺《むへん》の空間《くうかん》を説《と》き、そこに活動《かつどう》の順序《じゅんじょ》が説《と》かれます。この説明式《せつめいしき》が完備《かんび》していることが、宗教《しゅうきょう》として優《すぐ》れている所以《ゆえん》なのです。

日本《にほん》では「嘘《うそ》も方便《ほうべん》」などと言《い》ったり、やり損《そこ》なったことを「あれは方便《ほうべん》です」などと誤魔化《ごまか》したりと誤解《ごかい》した使《つか》い方《かた》をしていることが多々《たた》ありますが、本来《ほんらい》の方便《ほうべん》とは、衆生《しゅじょう》を救《すく》うために最善《さいぜん》を尽《つ》くして誤《あやま》りのない手段《しゅだん》のことです。「この中間《ちゅうげん》に於《お》いて」とは、釈迦牟尼仏《しゃかむにぶつ》の久遠無始《くおんむし》の成道《じょうどう》から今日娑婆世界《こんにちしゃばせかい》に出《で》られるまでの長《なが》い間《あいだ》ですが、その間《かん》何時《いつ》も釈迦《しゃか》という名前《なまえ》で出《で》ていたのではない。この度《たび》は釈迦氏《しゃかし》の迦毘羅衛城《かびらえじょう》に出《で》たから釈迦牟尼仏《しゃかむにぶつ》という名《な》があるけれども、その時々《ときどき》に応《おう》じて燃燈仏《ねんとうぶつ》であるとか様々《さまざま》な名前《なまえ》を使《つか》って現《あらわ》れては衆生《しゅじょう》を教化《きょうけ》し、その用《よう》を終《お》えれば涅槃《ねはん》にも入《はい》った訳《わけ》である。それは、その時《とき》に適当《てきとう》した方法《ほうほう》によって衆生《しゅじょう》を教化《きょうけ》したのであって、名前《なまえ》が違《ちが》い、為《な》した仕事《しごと》も色々《いろいろ》あるけれども、皆《みな》この釈迦牟尼仏《しゃかむにぶつ》の作用《さよう》に他《ほか》ならぬものである。したがって、名前《なまえ》が違《ちが》うからと言《い》って、仏《ほとけ》の本体《ほんたい》までもが違《ちが》う、今《いま》の釈迦牟尼仏《しゃかむにぶつ》の働《はたら》きではないと思《おも》ってはならないという事《こと》が説《と》かれています。

(現代語《げんだいご》)

諸々《もろもろ》の善男子《ぜんなんし》よ、もし私《わたし》の所《ところ》に来《き》たる人々《ひとびと》があれば、私《わたし》は仏眼《ぶつげん》を以《もっ》てその信等《しんとう》の能力《のうりょく》を観《み》て、救《すく》うべき者《もの》に応《おう》じて、その都度《つど》自《みずか》らの名《な》を変《か》え寿命《じゅみょう》の長短《ちょうたん》を説《と》き、また世《よ》に現《あらわ》れては当《まさ》に涅槃《ねはん》に入《はい》ると言《い》い、種々《しゅじゅ》の方便《ほうべん》を以《もっ》て優《すぐ》れた奥深《おくふか》い法《ほう》を説《と》いて、人々《ひとびと》に歓喜《かんぎ》の心《こころ》を発《おこ》さしめてきたのである。

(要文《ようもん》)

諸《もろもろ》の善男子《ぜんなんし》、もし衆生《しゅじょう》あって我《わ》が所《もと》に来至《らいし》するには、我仏眼《われぶつげん》を以《もっ》てその信等《しんとう》の諸根《しょこん》の利鈍《りどん》を観《かん》じて、度《ど》すべき所《ところ》に随《したが》って、処処《しょしょ》に自《みずか》ら名字《みょうじ》の不同《ふどう》・年紀《ねんき》の大小《だいしょう》を説《と》き、またまた現《げん》じて当《まさ》に涅槃《ねはん》に入《はい》るべしと言《い》い、また種種《しゅじゅ》の方便《ほうべん》を以《もっ》て微妙《みみょう》の法《ほう》を説《と》いて、能《よ》く衆生《しゅじょう》をして歓喜《かんぎ》の心《こころ》を発《おこ》さしめき。

(要義《ようぎ》)

「この子《こ》は、こうしてやったら良《よ》かろう、ああしてやった方《ほう》が良《よ》いだろう」というように親《おや》は色々《いろいろ》と考《かんが》えるものですが、それは皆《みな》その子供《こども》を慈愛《じあい》する所《ところ》の慈悲《じひ》に導《みちび》かれて智慧《ちえ》が働《はたら》いているのであって、智慧《ちえ》によって直《ただ》ちに子《こ》に向《む》かっているのではありません。慈悲《じひ》によって、親《おや》の有《ゆう》している智慧《ちえ》が発現《はつげん》しているのです。仏眼《ぶつげん》とは上《うえ》を向《む》く時《とき》には真理《しんり》を照《て》らす智慧《ちえ》の眼《め》ですけれども、下《した》に衆《しゅ》生《じょう》に向《む》かう時《とき》には親《おや》が子《こ》に向《む》かうような慈悲《じひ》の眼《め》となるのです。この眼《め》ということも非常《ひじょう》に大事《だいじ》で、眼《め》を通《とお》して人間《にんげん》の精神《せいしん》は現《あらわ》れる、人間《にんげん》の身体全体《からだぜんたい》に於《お》いて意志《いし》を表白《ひょうはく》するものは眼《め》だけですから、眼《め》を見《み》ればその人《ひと》の精神《せいしん》がよく分《わ》かります。普通《ふつう》の人《ひと》は眼《め》を見《み》る力《ちから》は薄《うす》いけれども、釈迦牟尼《しゃかむに》仏《ぶつ》は慈眼《じげん》を以《もっ》て衆生《しゅじょう》を見《み》る、そして衆生《しゅじょう》の憧《あこが》れの眼《め》と仏《ほとけ》の救《すく》いの眼《め》とが接触《せっしょく》をする、そこに本当《ほんとう》の感応《かんのう》があるからこそ、「我仏眼《われぶつげん》を以《もっ》てその信等《しんとう》の諸根《しょこん》の利鈍《りどん》を観《かん》じて」という言葉《ことば》が述《の》べられているのです。

信等《しんとう》とは「信根《しんこん》、精進根《しょうじんこん》、念根《ねんこん》、定根《じょうこん》、慧根《えこん》」の五根《こん》を略《りゃく》したもので、「信《しん》」とは、正《ただ》しきもの、優《すぐ》れたるものに対《たい》して柔順《じゅうじゅん》なることであり、「精進《しょうじん》」とは、その正《ただ》しき信《しん》を如何《いか》なる妨害《ぼうがい》があっても破《やぶ》られずに貫《つらぬ》き通《とお》すこと、「念《ねん》」は善《よ》き事柄《ことがら》を憶念《おくねん》して忘《わす》れないこと、「定《じょう》」とは紛糾錯乱《ふんきゅうさくらん》する事態《じたい》にあっても狼狽《ろうばい》せずに精神《せいしん》の安定《あんてい》を維持《いじ》すること、そして「慧《え》」とは物事《ものごと》の是非得失《ぜひとくしつ》を判断《はんだん》していくことです。この五根《こん》の利鈍《りどん》を衆生《しゅじょう》に見《み》て、優《すぐ》れている者《もの》と劣《おと》っている者《もの》の有様《ありさま》を見《み》て、仏《ほとけ》はそれに適当《てきとう》したる済度《さいど》の手《て》を下《くだ》して行《い》きます。そこで「度《ど》すべき所《ところ》に随《したが》って」、色々《いろいろ》の教《おし》えが起《お》こってくる、教《おし》える内容《ないよう》によって名前《なまえ》や年代《ねんだい》も違《ちが》うことを言《い》った訳《わけ》です。それは小説家《しょうせつか》が色々《いろいろ》な名前《なまえ》を仮設《かせつ》して、自分《じぶん》の言《い》わんとする所《ところ》の理想《りそう》をそこに現《あらわ》そうとするのと同《おな》じであって、その名前《なまえ》の一々に拘泥《こうでい》する必要《ひつよう》はありません、その内容《ないよう》に於《お》いて価値《かち》を見《み》て行《い》けば良《よ》い訳《わけ》です。そして、何時《いつ》も同《おな》じ者《もの》として現《あらわ》れては居《い》ないから、涅槃《ねはん》に入《はい》るというようなことを言《い》われ、そこに様々《さまざま》な手段《しゅだん》を用《もち》い、また様々《さまざま》なる方便《ほうべん》を以《もっ》て微妙《みみょう》の法《ほう》を説《と》いたのです。方便《ほうべん》を以《もっ》て微妙《みみょう》の法《ほう》を説《と》くということは、適当《てきとう》したる方法《ほうほう》に於《お》いて完全《かんぜん》なる教《おし》えを説《と》いて行《い》くということですから、方便《ほうべん》というは余程《よほど》意味《いみ》の大切《たいせつ》な事《こと》なのです。そして釈迦牟尼仏《しゃかむにぶつ》は、その教《おし》えを受《う》けた如何《いか》なる者《もの》でも、歓喜《よろこび》の心《こころ》を発《おこ》すようにした訳《わけ》です。この歓喜《かんぎ》の心《こころ》というのは、仏教《ぶっきょう》の利益《りやく》の総体《そうたい》と言《い》って良《よ》いものであって、如何《いか》なる場合《ばあい》にも歓喜《かんぎ》の心《こころ》を失《うしな》わないようにすれば、その人《ひと》は大《おお》いなる利益《りやく》を受《う》けていることになります。何《なに》か「御利益《ごりやく》」と言《い》ったならば、世俗《せぞく》の物質的《ぶっしつてき》な物《もの》を得《え》られるかのように考《かんが》えるかも知《し》れませんが、もしそのような物《もの》を得《え》たとしても、心《こころ》が悩《なや》み病《や》んでいればそれは御利益《ごりやく》ではありません。例《たと》えば日蓮《にちれん》聖人《しょうにん》が佐渡《さど》に流《なが》された時《とき》に、(4)法華経《ほけきょう》に身命《しんみょう》を捧《ささ》げることによって過去《かこ》の謗法《ほうぼう》の罪《つみ》が消滅《しょうめつ》され、そして釈尊《しゃくそん》に仕《つか》えることが出来《でき》ることを悦《よろこ》ばれた如《ごと》く、如何《いか》なる状況《じょうきょう》にあっても歓喜《かんぎ》の心《こころ》を失《うしな》わないであったならば、実《じつ》に人間《にんげん》は幸福《こうふく》であるのです。所謂《いわゆる》感謝《かんしゃ》の生活《せいかつ》、法悦《ほうえつ》の生活《せいかつ》というのは、歓喜《かんぎ》の心《こころ》を起《お》こしている者《もの》に言《い》えるのであって、この歓喜《かんぎ》の心《こころ》を起《お》こすという事《こと》によって、仏陀《ぶつだ》の利益《りやく》が現《あら》われている訳《わけ》です。

「三世益物《ぜやくもつ》」と言《い》って、本仏《ほんぶつ》は過去《かこ》に於《お》いても始《はじ》め無《な》き以前《いぜん》より活動《かつどう》を続《つづ》け、現代《げんだい》にはその働《はたら》きが天竺《てんじく》に出現《しゅつげん》した釈迦牟尼仏《しゃかむにぶつ》となり、そして未来《みらい》に於《お》いては、跋提河《ばつだいが》の辺《ほとり》に入滅《にゅうめつ》を告《つ》げても、その本身《ほんしん》は以後《いご》も常住《じょうじゅう》して同《おな》じように衆生《しゅじょう》を済度《さいど》しつつ活動《かつどう》を続《つづ》けられる、三世《ぜ》に渉《わた》って活動《かつどう》する常住《じょうじゅう》の如来《にょらい》であるということが、寿量品《じゅりょうほん》の教義《きょうぎ》の大事《だいじ》な点《てん》です。そこで前段《ぜんだん》の「過去益物《かこやくもつ》」においては、斯《か》く斯《か》くの活動《かつどう》をして衆生《しゅじょう》を済度《さいど》すること、時間《じかん》に於《お》いては始《はじ》め無《な》き以前《いぜん》より今日《こんにち》に至《いた》るものであり、空間《くうかん》に於《お》いては娑婆世界《しゃばせかい》を中心《ちゅうしん》として十方《ぽう》に活動《かつどう》している所《ところ》の絶対《ぜったい》の仏《ほとけ》であるとの意《い》味《み》が説《と》かれ、これよりは「現在益物《げんざいやくもつ》」と「未来益物《みらいやくもつ》」の段《だん》となります。長行《ちょうぎょう》では未来益物《みらいやくもつ》を詳《くわ》しく説《と》いていませんが、「常住不滅《じょうじゅうふめつ》」の四字《じ》は、過去《かこ》・現在《げんざい》の状態《じょうたい》、その同《おな》じ状態《じょうたい》が永遠《えいえん》に続《つづ》いて行《い》くことを推知《すいち》させるものですから、事実《じじつ》の仏《ほとけ》は三世《ぜ》に等《ひと》しく同《どう》一の活動《かつどう》をなさっているものと見《み》なければなりません。然《しか》るに、(5)創価学会《そうかがっかい》や日蓮正宗《にちれんしょうしゅう》などは日蓮門下《にちれんもんか》を称《しょう》しながら、在世《ざいせ》だけは釈迦《しゃか》が本仏《ほんぶつ》だけれども、末法今日《まっぽうこんにち》については日蓮《にちれん》が本仏《ほんぶつ》だなどと俗論《ぞくろん》を言《い》って非常《ひじょう》に勢力《せいりょく》を得《え》ている訳《わけ》です。本仏《ほんぶつ》とは、無限《むげん》の時間《じかん》、際限《さいげん》なき空間《くうかん》に於《お》いて絶対《ぜったい》の仏《ほとけ》ですから、「釈迦《しゃか》は偉《えら》かったかも知《し》れないが、入滅《にゅうめつ》して隠居《いんきょ》したようなものだ」と言《い》うようなことは、「日本人《にほんじん》だから日本《にほん》の日蓮《にちれん》を贔屓《ひいき》する」とのケチな思想《しそう》の如《ごと》きものであって、この寿量品《じゅりょうほん》の崇高《すうこう》なる経意《きょうい》を全《まった》く了解《りょうかい》し得《え》ないものであると言《い》えます。

（現代語《げんだいご》）

汝等《なんじら》よ、如来《にょらい》は、劣《おと》った教《おし》えを願《ねが》い、功徳《くどく》は薄《うす》く煩悩《ぼんのう》の垢厚《あかあつ》き者達《ものたち》を見《み》て、この人々《ひとびと》のために「私《わたし》は若《わか》くして出家《しゅっけ》し、この上《うえ》のない悟《さと》りを得《え》た」と説《と》くのである。しかしながら、私《わたし》が仏《ほとけ》と成《な》ってより、久遠《くおん》の時《とき》を経《へ》ているのは先《さき》に述《の》べた如《ごと》くである。ただ方便《ほうべん》を以《もっ》て人々《ひとびと》を教化《きょうけ》し、仏《ほとけ》の道《みち》に入《はい》らしめるために、そのように説《と》いたのである。

（要文《ようもん》）

諸《もろもろ》の善男子《ぜんなんし》、如来《にょらい》は諸《もろもろ》の衆生《しゅじょう》の小法《しょうぼう》を楽《ねが》える徳薄垢重《とくはくくじゅう》の者《もの》を見《み》ては、是《こ》の人《ひと》のために我少《われわか》くして出家《しゅっけ》し阿耨多羅《あのくたら》三藐《みゃく》三菩提《ぼだい》を得《え》たりと説《と》く。然《しか》るに我実《われじつ》に成仏《じょうぶつ》してより已来《このかた》、久遠《くおん》なること斯《かく》の若《ごと》し。但方便《ただほうべん》を以《もっ》て衆生《しゅじょう》を教化《きょうけ》して、仏道《ぶつどう》に入《はい》らしめんとして、是《かく》の如《ごと》き説《せつ》を作《な》す。

（要義《ようぎ》）

ただ苦《くる》しみから逃《のが》れるため、或《あ》いは安易《あんい》に現世利益《げんぜりやく》ばかりを願《ねが》う者《もの》、そのような徳薄《とくうす》く垢《あか》の重《おも》き罪《つみ》の者達《ものたち》には、いきなり本仏《ほんぶつ》だという事《こと》の名乗《なの》りを上《あ》げても済度《さいど》することが出来《でき》ません。そこで釈《しゃく》尊《そん》は、迦毘羅衛城《かびらえじょう》の王子《おうじ》として生《う》まれ、人間《にんげん》と同《どう》一の感覚《かんかく》を持《も》って愛著《あいぢゃく》の絆《きずな》の切《き》りにくい人間《にんげん》の仲《なか》間《ま》に来《き》たって模範《もはん》を示《しめ》し、すべての経歴《けいれき》が、一般《ぱん》の凡夫《ぼんぷ》から見《み》ても「なるほど偉《えら》い人《ひと》だ」と考《かんが》えるような所《ところ》から出発《しゅっぱつ》して行《い》かねばならないと考《かんが》え、そこで十九歳《さい》で出家《しゅっけ》して六年《ねん》の間苦行《あいだくぎょう》を積《つ》み、三十歳《さい》で無上《むじょう》の正覚《しょうがく》を得《え》たという風《ふう》にして仏法《ぶっぽう》を説《と》いて来《き》たのです（経典《きょうてん》の正確《せいかく》な所《ところ》では二十九歳《さい》出家《しゅっけ》、三十五歳成道《さいじょうどう》）。しかし、それは迷《まよ》える衆生《しゅじょう》に最《もっと》も適当《てきとう》したる方法《ほうほう》として演《えん》じたものであり、その内面《ないめん》の真実《しんじつ》を語《かた》るならば「我実《われじつ》に成仏《じょうぶつ》してより已来《このかた》、久遠《くおん》なること斯《かく》の如《ごと》し」であって、降誕《こうたん》から涅槃《ねはん》の八相成道《そうじょうどう》の儀式《ぎしき》を示《しめ》すことは衆生《しゅじょう》教化《きょうけ》の方便《ほうべん》であった訳《わけ》です。即《すなわ》ち、仏《ほとけ》の内面《ないめん》の正覚《さとり》から言《い》えば、時機《じき》を計《はか》って天竺《てんじく》に降誕《こうたん》したのであって、若《わか》くして出家《しゅっけ》して仏《ほとけ》と成《な》った始成《しじょう》正覚《しょうがく》ではなく、実《じつ》は久遠実成《くおんじつじょう》にして久遠《くおん》の本仏《ほんぶつ》であることが顕《あらわ》されます。

（現代語《げんだいご》）

汝等《なんじら》よ、如来《にょらい》が説《と》く所《ところ》の経典《きょうてん》は皆《みな》、人々《ひとびと》を救済《きゅうさい》して解脱《げだつ》させるためのものである。ある時《とき》は自《みずか》らの身《み》の事《こと》を説《と》き、ある時《とき》は他《た》の身《み》の事《こと》を説《と》き、ある時《とき》は自《みずか》ら世《よ》に身《み》を現《あら》わし、ある時《とき》は他《た》の身《み》を以《もっ》て現《あらわ》れ、ある時《とき》は自《みずか》ら仏《ほとけ》として行《おこな》いを示《しめ》し、ある時《とき》は仏《ほとけ》ではない者《もの》として行《おこな》いを示《しめ》すのである。これ等《ら》の経典《きょうてん》に説《と》かれた教《おし》えは、皆真実《みなしんじつ》に帰《き》することであって、けっして虚《むな》しきものではない。

（要文《ようもん》）

諸《もろもろ》の善男子《ぜんなんし》、如来《にょらい》の演《の》ぶる所《ところ》の経典《きょうてん》は、皆衆生《みなしゅじょう》を度脱《どだつ》せんが為《ため》なり。或《ある》いは己身《こしん》を説《と》き、或《ある》いは他身《たしん》を説《と》き、或《ある》いは己身《こしん》を示《しめ》し、或《ある》いは他身《たしん》を示《しめ》し、或《ある》いは己事《こじ》を示《しめ》し、或《ある》いは他事《たじ》を示《しめ》す。諸《もろもろ》の言説《げんせつ》する所《ところ》は皆実《みなじつ》にして虚《むな》しからず。

（要義《ようぎ》）

一切経《さいきょう》は、皆衆生済度《みなしゅじょうさいど》の目的《もくてき》によって説《と》かれたものですから、その中《なか》には無論方便《むろんほうべん》も起《お》こって来《き》ます。いきなり最高《さいこう》の完全《かんぜん》なる教《おし》えを与《あた》えるのは難《むずか》しいことですから、仏《ほとけ》に関《かん》して説明《せつめい》し、菩薩《ぼさつ》以下《いか》の九界《かい》について説明《せつめい》し、或《ある》いは名前《なまえ》や事柄《ことがら》も違《ちが》えて、他《た》の仏《ほとけ》や菩薩《ぼさつ》の名《な》で教《おし》えを説《と》き、また、沢山《たくさん》の説話《せつわ》があるように動物《どうぶつ》と成《な》って教《おし》えを説《と》くこともあります。したがって、現《げん》に違《ちが》った仏《ほとけ》が現《あらわ》れた如《ごと》く、また菩薩以下《ぼさついか》の者《もの》が身《み》を現《げん》じて作用《さよう》を示《しめ》していたとしても、それ等《ら》は皆自分《みなじぶん》の事《こと》である、今此処《いまここ》に法《ほう》を説《と》き、他《た》に違《ちが》って仏《ほとけ》が出《で》て来《き》たとしても、その出《で》て来《き》た仏《ほとけ》も自分《じぶん》である、衆生教化《しゅじょうきょうけ》の必要上《ひつようじょう》に於《お》いて、本仏《ほんぶつ》が神通《じんづう》の力《ちから》を以《もつ》て種々《しゅじゅ》に身《み》を示現《じげん》しているという訳《わけ》です。また、そういう人格者《じんかくしゃ》として現《あらわ》れるばかりでなく、仏様《ほとけさま》の事柄《ことがら》、或《ある》いは菩薩以下《ぼさついか》の事柄《ことがら》に関《かん》しても色々《いろいろ》な事《こと》を示《しめ》しています。要《よう》するに一切経《さいきょう》に於《お》いて説《と》かれている事《こと》、沢山《たくさん》の経《きょう》があって色々《いろいろ》の事《こと》が説《と》かれていたとしても、それは皆釈迦牟尼仏《みなしゃかむにぶつ》の口《くち》より出《い》でたる説話《せつわ》であり、釈迦牟尼仏《しゃかむにぶつ》の神変《じんぺん》の力《ちから》を其処《そこ》に現《あらわ》したものであって、すべては釈迦牟尼仏《しゃかむにぶつ》の説法《せっぽう》と活動《かつどう》に他《ほか》なりません。仏教《ぶっきょう》の内部《ないぶ》に於《お》けるあらゆる事柄《ことがら》は、皆衆生《みなしゅじょう》を済度《さいど》せんが為《ため》に、この本仏《ほんぶつ》の為《な》したる活動《かつどう》に他《ほか》ならないのです。したがって、表面的《ひょうめんてき》には荒唐無稽《こうとうむけい》に見《み》えるような事《こと》であっても、それは皆衆生済度《みなしゅじょうさいど》の為《ため》になさった事《こと》ですから、結局《けっきょく》は真実《しんじつ》に帰《き》して虚《むな》しからぬものとなります。例《たと》えば子供《こども》を躾《しつけ》るのに、子供《こども》が何時《いつ》までも泣《な》いていたのでは仕方《しかた》が無《な》い。そこで、泣《な》き止《や》ます為《ため》に「そう泣《な》いていると、鬼《おに》が来《き》て連《つ》れて行《い》きますよ」というようなことを昔《むかし》はよく言《い》った訳《わけ》ですが、それは子供《こども》を泣《な》き止《や》ます目的《もくてき》から言《い》えば効果《こうか》を奏《そう》しているのであって、鬼《おに》を説《と》く事《こと》が目的《もくてき》ではありません。目的《もくてき》が鬼《おに》を説《と》く事《こと》にあるのではなく、子供《こども》の泣《な》きを止《と》める事《こと》にあると考《かんが》えたならば、まずは衆生《しゅじょう》の心《こころ》を調《ととの》えるために説《と》かれた一切経《さいきょう》の方便応用《ほうべんおうよう》も、皆真実《みなしんじつ》なる効果《こうか》を奏《そう》したと言《い》えるのです。

（現代語《げんだいご》）

何故《なぜ》ならば、如来《にょらい》はこの三界《がい》の相《そう》をあるがままに正《ただ》しく見《み》、正《ただ》しく知《し》るからである。この三界《がい》に退《しりぞ》いたり出《い》でたりする生死《しょうじ》というものはなく、この世《よ》に存在《そんざい》するとか涅槃《ねはん》に入《はい》るという者《もの》は無《な》い。真実《しんじつ》であるというものでもなく、虚無《きょむ》であるというものでもない、その如《ごと》くだというものでもなく、異《こと》なるというものでもない、三界《がい》の衆生《しゅじょう》が三界《がい》を見《み》るが如《ごと》くではないのだ。このような事柄《ことがら》を、如《にょ》来《らい》は明《あき》らかに見《み》て誤《あやま》りがないのである。

(要文《ようもん》)

所以《ゆえ》は何《いか》ん、如来《にょらい》は如実《にょじつ》に三界《がい》の相《そう》を知見《ちけん》す。生死《しょうじ》の若《もし》は退《たい》、若《もし》は出《しゅつ》有《あ》ること無《な》く、亦《また》在《ざい》世《せ》および滅度《めつど》の者《もの》無《な》し。実《じつ》に非《あら》ず虚《きょ》に非《あら》ず如《にょ》に非《あら》ず異《い》に非《あら》ず、三界《がい》の三界《がい》を見《み》るが如《ごと》くならず。斯《か》くの如《ごと》きの事《こと》、如来明《にょらいあきら》かに見《み》て錯謬《しゃくみょう》有《あ》ること無《な》し。

(要義《ようぎ》)

何故《なにゆえ》に釈迦本仏《しゃかほんぶつ》が少《すこ》しも過誤《かご》を取《と》らず、説《と》く所《ところ》は悉《ことごと》く済度《さいど》の目的《もくてき》を果《は》たし、総《すべ》ての活動《かつどう》は皆《みな》その効果《こうか》を奏《そう》しているかといえば、本仏《ほんぶつ》は絶対《ぜったい》の智慧《ちえ》を有《ゆう》し、広大《こうだい》なる慈悲《じひ》を以《もっ》て衆生《しゅじょう》を救済《きゅうさい》しようとしているからです。如来《にょらい》は一方《ぽう》には真理《しんり》を照《て》らし、そして一方《ぽう》には救《すく》うべき人《ひと》の性質機根《せいしつきこん》を見《み》ているからこそ、そこに誤《あやま》りがありません。例《たと》えば医者《いしゃ》にして見《み》れば、病理《びょうり》の研究《けんきゅう》を積《つ》んでいても、実《じつ》際《さい》の病人《びょうにん》に対《たい》する診断《しんだん》を誤《あやま》れば駄目《だめ》になる、病理《びょうり》に於《お》いて完全《かんぜん》なる智慧《ちえ》を有《ゆう》し、診断《しんだん》の観察力《かんさつりょく》においても完全《かんぜん》なる智慧《ちえ》を有《ゆう》している者《もの》が本当《ほんとう》の名医《めいい》であるのです。そこで先《ま》ず如来《にょらい》は如実《にょじつ》に三界《がい》の相《そう》を知見《ちけん》する、三界《がい》の真実《しんじつ》を如来《にょらい》の智慧《ちえ》を以《もっ》て見《み》ています。この「三界《がい》」とは仏教《ぶっきょう》以前《いぜん》の印度《いんど》の伝《でん》説《せつ》から起《お》こったもので、欲界《よくかい》・色界《しきかい》・無色界《むしきかい》のことですが、要《よう》するに宇宙《うちゅう》の全体《ぜんたい》の事《こと》です。そして、その天地《てんち》宇宙《うちゅう》の真実《しんじつ》の相《そう》を照《て》らし見《み》ることに誤《あやま》りがないばかりではなく、生《い》きとし生《い》けるもの、すべての人々《ひとびと》の生命《せいめい》の全体《ぜんたい》を見通《みとお》しているのです。山《やま》の上《うえ》から月《つき》が出《で》た、海《うみ》に月《つき》が没《ぼっ》したと雖《いえど》も、それは人間《にんげん》の眼《め》が及《およ》ばないだけであって、月《つき》と同《おな》じに附《つ》いていったならば出没《しゅつぼつ》というものが無《な》いのと同様《どうよう》に、私達《わたしたち》の生命《せいめい》そのものと共《とも》に一緒《しょ》にそれを見《み》たならば、この世《よ》から退《しりぞ》いて何処《どこ》かに行《い》ったか分《わ》からないとか、この世《よ》に不意《ふい》に出《で》て来《き》たとか、生死《しょうじ》とか退出《たいしゅつ》というのがある訳《わけ》では無《な》い。(6)生命《せいめい》の本質《ほんしつ》とも言《い》うべき魂《たましい》は、何時《いつ》出来《でき》て何時《いつ》亡《な》くなるというような始《はじ》め終《お》わりのあるべきものではない、常住不滅《じょうじゅうふめつ》のものであって、何《なん》とも言《い》えない微妙《びみょう》なる本体《ほんたい》を有《ゆう》しているものが、業《ごう》の力《ちから》によって活動《かつどう》しているに他《ほか》ならないのです。「在世《ざいせ》および滅度《めつど》の者無《ものな》し」で、この世《よ》に存在《そんざい》しているとか、また滅度《めつど》して亡《な》くなったとかいうことはない、自分《じぶん》の狭《せま》い感覚《かんかく》の知識《ちしき》から見《み》るが故《ゆえ》に、そのように思《おも》うのであって、正《ただ》しく人生《じんせい》を見《み》るならば「実《じつ》に非《あら》ず虚《きょ》に非《あら》ず」であって、普通《ふつう》の人《ひと》が考《かんが》えているような実在《じつざい》とか虚無《きょむ》という事《こと》とは違《ちが》う、存在《そんざい》を見《み》るには真実《しんじつ》の本体《ほんたい》に於《お》いての不滅《ふめつ》を見《み》て行《い》かねばなりません。また「如《にょ》に非《あら》ず異《い》に非《あら》ず」、この「如《にょ》」とは異《こと》ならないという意味《いみ》で、凡俗《ぼんぞく》は何《なに》もかも唯同《ただおな》じだと考《かんが》え、或《ある》いは「異《い》」といって差異《さい》ばかりを見《み》るものですが、平等《びょうどう》にして差別《さべつ》、差別《さべつ》にして平等《びょうどう》という、この万有《ばんゆう》の奥深《おくふか》く微妙《びみょう》な関係《かんけい》を見《み》ていかなければなりません。平等《びょうどう》を言《い》えば平等《びょうどう》のみに走《はし》り、差別《さべつ》を言《い》えば差別《さべつ》のみに走《はし》って、一向《こう》に人生《じんせい》に解釈《かいしゃく》がつかないようであってはならないのです。平等《びょうどう》と差別《さべつ》と、その両面《りょうめん》を同時《どうじ》に見《み》なければならないことは、一切《さい》の人々《ひとびと》の間《あいだ》に於《お》いて、また迷《まよ》える者《もの》と悟《さと》れる者《もの》の間《あいだ》に於《お》いて、(7)現実《げんじつ》の世界《せかい》と理想《りそう》の世界《せかい》の間《あいだ》に於《お》いてもそうです。それが所謂《いわゆる》「諦観《たいかん》」ということになるのです。「明《あきら》かに見《み》て錯謬《しゃくみょう》有《あ》ること無《な》し」と、三界《がい》の迷《まよ》える人《ひと》が三界《がい》を誤《あやま》って見《み》るのと違《ちが》って、如来《にょらい》は宇宙《うちゅう》の全体《ぜんたい》、宇宙《うちゅう》の真実《しんじつ》を見《み》る上《うえ》に於《お》いても、そこに生《う》まれたり死《し》んだりする人々《ひとびと》の魂《たましい》を見《み》る上《うえ》に於《お》いても、少《すこ》しも間違《まちが》った所《ところ》はない、よくその真相《しんそう》を見破《みやぶ》っている所《ところ》のものである。そのような智慧《ちえ》を有《ゆう》し、そこに無限《むげん》の慈悲《じひ》を以《もっ》て方便応用《ほうべんおうよう》を試《こころ》みていくが故《ゆえ》に、如来《にょらい》の化導《けどう》には間違《まちが》いが無《な》いのです。

(現代語《げんだいご》)

諸々《もろもろ》の衆生《しゅじょう》には、種々《しゅじゅ》の本性《ほんしょう》、種々《しゅじゅ》の欲望《よくぼう》、種々《しゅじゅ》の行《おこな》いがあり、様々《さまざま》に思《おも》いを巡《めぐ》らしている。それ故《ゆえ》に、諸々《もろもろ》の善根《ぜんごん》を生《しょう》じさせようと、仏《ほとけ》は多《おお》くの因縁《いんねん》や譬《たと》え、言葉《ことば》を以《もっ》て様々《さまざま》に教《おし》えを説《と》くのである。その仏《ほとけ》の為《な》すべき行《おこな》いを、私《わたし》は未《いま》だ嘗《かつ》て暫《しばら》くの間《あいだ》も休《やす》んだことはない。

(要文《ようもん》)

諸《もろもろ》の衆生《しゆじよう》、種種《しゆじゆ》の性《しよう》・種種《しゆじゆ》の欲《よく》・種種《しゆじゆ》の行《ぎよう》・種種《しゆじゆ》の憶想《おくそう》・分別《ふんべつ》あるを以《もつ》ての故《ゆえ》に、諸《もろもろ》の善《ぜん》根《ごん》を生《しよう》ぜしめんと欲《ほつ》して、若干《そこばく》の因縁《いんねん》・譬喩《ひゆ》・言辞《ごんじ》を以《もつ》て種種《しゆじゆ》に法《ほう》を説《と》く。所作《しよさ》の仏事《ぶつじ》未《いま》だ曾《かつ》て暫《しばら》くも廃《はい》せず。

(要義《ようぎ》)

人々《ひとびと》の心《こころ》の本質《ほんしつ》は同《おな》じものであっても、先天的《せんてんてき》な性質《せいしつ》の違《ちが》いもあれば、(8)後天的《こうてんてき》に得《え》た違《ちが》いもあり、非常《ひじよう》に理智《りち》の長《ちよう》じている人《ひと》もあれば、感情《かんじよう》に傾《かたむ》いている人《ひと》もあるように千差《さ》万別《べつ》です。したがって、その欲望《よくぼう》も違《ちが》えば、欲望《よくぼう》に導《みちび》かれた行為《こうい》も違《ちが》ってきます。そして、やり損《そこ》なったことに引《ひ》っ掛《か》かって煩悶《はんもん》したり、少《すこ》しの成功《せいこう》に調子《ちようし》に乗《の》ったりと、人々《ひとびと》は様々《さまざま》に思《おも》いを浮《う》かべているのです。その一々を悉《ことごと》く見《み》て、適当《てきとう》したる所《ところ》の教《おし》えを立《た》てたからこそ、仏教《ぶつきよう》は様々《さまざま》な形《かたち》に現《あらわ》れて来《き》たのですが、要《よう》するに、釈尊《しやくそん》一人《り》の真理《しんり》に徹《てつ》した智慧《ちえ》と、機根《きこん》を見《み》る智慧《ちえ》と、絶《た》え間《ま》のない慈悲《じひ》より出《で》たものが仏教《ぶつきよう》である訳《わけ》です。阿弥陀経《あみだきよう》だの大日経《だいにちきよう》だのと言《い》っても、所詮《しよせん》は釈尊《しやくそん》の大化導《だいけどう》の一波動《はどう》において説《と》かれた経典《きようてん》なのですから、釈尊《しやくそん》を忘《わす》れて脇《わき》に追《お》い遣《や》るようであっては一切仏教《さいぶつきよう》の根本《こんぽん》は無《な》いものとなります。

そのような智慧《ちえ》と慈悲《じひ》があって教《おし》えが説《と》かれるわけですが、それはただ迷信的《めいしんてき》に衆生《しゆじよう》を済度《さいど》するものではありません。釈尊《しやくそん》は、所謂倫理的《いわゆるりんりてき》なる目的《もくてき》によって人々《ひとびと》を済度《さいど》されます。釈迦牟尼仏《しやかむにぶつ》の教《おし》えからすれば、救《すく》われるのは功徳善根《くどくぜんごん》の力《ちから》であり、迷《まよ》うのは罪悪《ざいあく》、業《ごう》の力《ちから》であるという事《こと》が原則《げんそく》です。したがって、教《おし》えを説《と》く全体《ぜんたい》の目的《もくてき》は、諸々《もろもろ》の善根《ぜんごん》を生《しよう》ぜしめようとすることにあります。その教《おし》えを分《わ》かり易《やす》くするために、「どこそこに何々《なになに》という人《ひと》があって・・性《しよう》が悪《わる》かったからああなった、改心《かいしん》して善《よ》い事《こと》をしたからこうなった」というような、因縁《いんねん》という実例《じつれい》を挙《あ》げて感激《かんげき》の度合《どあ》いを強《つよ》めたのです。教化《きようけ》を目的《もくてき》とする以上《いじよう》は実際《じつさい》に在《あ》った事《こと》でなければ値打《ねう》ちが無《な》いという訳《わけ》ではありませんから、感激《かんげき》をさせるものであったならば、それは小説《しようせつ》のように拵《こしら》え事《ごと》でも良《よ》いのです。実際《じつさい》にあった事《こと》でも、事足《ことた》らぬ時《とき》には色々《いろいろ》と付《つ》け加《くわ》えても良《よ》い、美《うつく》しくしようと思《おも》えば理想《りそう》を加《くわ》えても良《よ》いのです。そんな事《こと》も解《わか》らないから、世間《せけん》の学者《がくしや》は経文《きようもん》の詰《つ》まらないことに一々引《ひ》っ掛《か》かっている訳《わけ》です。演説《えんぜつ》や説教《せつきよう》というものは、唯説《ただと》きさえすれば良《よ》いというものではありません。釈尊《しやくそん》が、因縁《いんねん》を応用《おうよう》し、譬喩《ひゆ》を応用《おうよう》し、種々《しゆじゆ》の言辞《げんじ》を以《もつ》て法《ほう》を説《と》いた、流暢《りゆうちよう》なる言葉《ことば》で説《と》いたり荘厳《そうごん》なる言葉《ことば》で説《と》いたりしたのは、それは実際《じつさい》に人々《ひとびと》の心《こころ》に感激《かんげき》を与《あた》えなかったならば衆生《しゆじよう》教化《きようけ》の目的《もくてき》を達《たつ》し得《え》ないからです。そして「未《いま》だ曾《かつ》て暫《しばら》くも廃《はい》せず」、斯《か》くの如《ごと》き事柄《ことがら》を続《つづ》けて間断《かんだん》なく衆生《しゆじよう》教化《きようけ》に力《ちから》を尽《つ》くされた、それ故《ゆえ》に兎《と》にも角《かく》にも七千余巻《よかん》の経巻《きようかん》として、非常《ひじよう》に大部《たいぶ》な一切経《さいきよう》というものが遺《のこ》ったのです。その中《なか》には無論後《むろんあと》からの混入《こんにゅう》もありますが、説《と》いて説《と》いて説《と》き尽《つ》くすという、この釈尊《しゃくそん》の熱誠《ねっせい》は、皆衆生《みなしゅじょう》をして諸々《もろもろ》の善根《ぜんごん》を生《しょう》ぜしめようと欲《ほっ》したからに他《ほか》なりません。唯《ただ》、信《しん》心《じん》を教《おし》えたというのではない、釈尊《しゃくそん》の目的《もくてき》は諸々《もろもろ》の善根《ぜんごん》を私達《わたしたち》に生《しょう》ぜしめようとしたものであることを余程強《よほどつよ》く考《かんが》えなければなりません。無論《むろん》その善根《ぜんごん》の一番初《ばんはじ》めは信根《しんこん》と言《い》って、信心《しんじん》が善《ぜん》の根本《こんぽん》である事《こと》は論《ろん》ずるまでもありませんが、仏教《ぶっきょう》は単《たん》なる信仰《しんこう》の宗教《しゅうきょう》ではない、道徳的《どうとくてき》の事《こと》に重《おも》きを置《お》いているものなのです。

(現代語《げんだいご》)

このように私《わたし》が仏《ほとけ》と成《な》ってから、実《じつ》に甚大《じんだい》な久遠《くおん》の時《とき》を経《へ》ているのだ。その寿命《じゅみょう》は無量《むりょう》の劫数《こうすう》であって、常《つね》に存在《そんざい》して滅《めつ》することはない。善男子達《ぜんなんしたち》よ、私《わたし》が過去《かこ》に菩薩《ぼさつ》の道《みち》を修行《しゅぎょう》して得《え》た所《ところ》の寿《じゅ》命《みょう》は、今《いま》なお尽《つ》きることはない。更《さら》に、先《さき》に説《と》きし年数《ねんすう》の倍《ばい》の寿命《じゅみょう》があるのだ。

(要文《ようもん》)

是《かく》の如《ごと》く我成仏《われじょうぶつ》してより已来《このかた》甚《はなは》だ大《おお》いに久遠《くおん》なり。寿命無量阿僧祇劫《じゅみょうむりょうあそうぎこう》、常住《じょうじゅう》にして滅《めつ》

せず。諸《もろもろ》の善男子《ぜんなんし》、我本菩薩《われもとぼさつ》の道《どう》を行《ぎょう》じて成《じょう》ぜし所《ところ》の寿命《じゅみょう》、今猶《いまな》お未《いま》だ尽《つ》きず。復上《またかみ》の数《かず》に倍《ばい》せり。

(要義《ようぎ》)

絶対的人格者《ぜったいてきじんかくしゃ》でありながら、私達《わたしたち》に親《した》しくあり親切《しんせつ》である本仏《ほんぶつ》の成仏《じょうぶつ》は甚《はなは》だ久遠《くおん》の過去《かこ》である。そして、その寿命《じゅみょう》が無量《むりょう》であるということは、今《いま》まで現在益物《げんざいやくもつ》として説《と》いて来《き》た事《こと》を、始《はじ》め無《な》き以前《いぜん》からやっている、今《いま》もやっている、そして今後《こんご》もやるということです。寿量品《じゅりょうほん》は「常住《じょうじゅう》にして滅《めつ》せず」と、過去《かこ》・現在《げんざい》・未来《みらい》の三世《ぜ》に同《どう》一の活動《かつどう》を存続《そんぞく》している事《こと》を説《と》いています。何故《なにゆえ》に釈尊《しゃくそん》がそのような長《なが》き寿命《じゅみょう》を得《え》ているかというと、それは功徳《くどく》の力《ちから》によるものです。しかし、徳《とく》を積《つ》んで而《しか》して後《のち》に仏《ほとけ》と成《な》ったとすれば、久遠《くおん》の仏《ほとけ》に、仏《ほとけ》に成《な》らぬ以前《いぜん》があることになるので、この文章《ぶんしょう》を解《かい》するには余程大事《よほどだいじ》な点《てん》があります。[9]「我本菩薩《われもとぼさつ》の道《どう》を行《ぎょう》じて」という言葉《ことば》に引《ひ》っ掛《か》かって、久遠《くおん》の釈尊《しゃくそん》にも仏《ほとけ》に成《な》った始《はじ》めがあるなどと主張《しゅちょう》する者《もの》がありますが、これは始《はじ》めがあることを説《と》こうとするものではありません。もし徳《とく》を積《つ》んでと言《い》わずして、キリスト教《きょう》の神《かみ》や大日如来《だいにちにょらい》のように、本《もと》から自然《しぜん》に仏《ほとけ》であるというならば、それは仏教《ぶっきょう》の因果《いんが》の法則《ほうそく》に反《はん》することになります。それ故《ゆえ》に、徳《とく》を積《つ》んで寿命《じゅみょう》があり本仏《ほんぶつ》があると説《と》かれたのであって、唯《ただ》その本仏《ほんぶつ》が自然的《しぜんてき》なものではなく、非常《ひじょう》な徳《とく》を積《つ》んで持《も》っているという事《こと》を教《おし》えるために出《で》てくる言葉《ことば》であるのです。この部分《ぶぶん》は、梵本《ぼんぽん》では(10)「私《わたし》は過去《かこ》の菩薩《ぼさつ》としての所行《しょぎょう》を未《いま》だ成《な》し遂《と》げていないばかりか、私《わたし》の寿命《じゅみょう》も満了《まんりょう》していないのだ」と説《と》かれているところです。菩薩行《ぼさつぎょう》の徳《とく》によって得《え》た寿命《じゅみょう》でも、今日《こんにち》まで尽《つ》きない程《ほど》の果報《かほう》を有《ゆう》し、仏《ほとけ》と成《な》っても間断《かんだん》なく今日《こんにち》まで広大《こうだい》なる徳《とく》を積《つ》んでいるのであるから、我《わ》が寿命《じゅみょう》は無《む》限《げん》である、菩薩行《ぼさつぎょう》の徳《とく》に於《お》いてさえも寿命《じゅみょう》は広大無辺《こうだいむへん》であって、先《さき》に説《と》きし五百塵點劫《じんてんこう》の倍《ばい》もある。弘法大師《こうぼうだいし》は、この説《と》き方《かた》に大事《だいじ》なことがあることが解《わか》らなかった為《ため》に、法華経《ほけきょう》は戯論《けろん》というようなことを言《い》いましたが、(11)仏教《ぶっきょう》における広義《こうぎ》の縁起《えんぎ》には、時間的《じかんてき》な縁起論《えんぎろん》に加《くわ》えて論理的関係《ろんりてきかんけい》の実《じつ》相論《そうろん》というものがあります。即《すなわ》ち実在《じつざい》という事《こと》と因果《いんが》の関係《かんけい》という事《こと》を併《あわ》せて見《み》なければなりません。(12)この寿量品《じゅりょうほん》の「我本菩薩《われもとぼさつ》の道《どう》を行《ぎょう》じて成《じょう》ぜし所《ところ》の寿命《じゅみょう》、今猶《いまな》お未《いま》だ尽《つ》きず、復上《またかみ》の数《かず》に倍《ばい》せり」を仏《ほとけ》の本因《ほんいん》、「我実《われじつ》に成仏《じょうぶつ》してよりこのかた無量《むりょう》無辺《むへん》百千万億《おく》那由陀劫《なゆたこう》なり」を仏《ほとけ》の本果《ほんが》とし、これを本仏釈尊《ほんぶつしゃくそん》の因行《いんぎょう》と果徳《かとく》としますが、この本因本果《ほんいんほんが》は爾前迹門《にぜんしゃくもん》で説《と》くような因果《いんが》ではありません。実在《じつざい》であって而《しか》して因果《いんが》がある、これを本因本果《ほんいんほんが》というのです。もし、前後《ぜんご》の関係《かんけい》に於《お》いて因《いん》果《が》を見《み》るならば、本因本果《ほんいんほんが》とは言《い》いません。もし、因果《いんが》の前後《ぜんご》に執着《しゅうぢゃく》するならば、「種《たね》と樹《き》とはどちらが先《さき》か」のような未熟《みじゅく》な思想《しそう》に陥《おちい》ってしまいます。(13)そのような未熟《みじゅく》な思想《しそう》に陥《おちい》ることから、菩《ぼ》薩《さつ》とは仏《ほとけ》の教《おし》えを実践《じっせん》する者《もの》である、釈尊《しゃくそん》も仏《ほとけ》となる前《まえ》は菩薩《ぼさつ》であった、釈尊《しゃくそん》が菩薩《ぼさつ》であったということは別《べつ》に本仏《ほんぶつ》があるというようなことを言《い》い出《だ》す者《もの》がある訳《わけ》です。

日蓮聖人《にちれんしょうにん》が開目抄《かいもくしょう》に[14]「爾前迹門《にぜんしゃくもん》の十界《かい》の因果《いんが》を打《う》ちやぶて、本門《ほんもん》十界《かい》の因果《いんが》をとき顕《あら》はす。此《これ》即《すなわ》ち本因本果《ほんいんほんが》の法門《ほうもん》なり。九界《かい》も無始《むし》の仏界《ぶつかい》に具《ぐ》し、仏界《ぶつかい》も無始《むし》の九界《かい》に備《そなわり》て、真《しん》の十界互具《かいごぐ》・百界《かい》千如《にょ》・一念《ねん》三千なるべし」と述《の》べられたように、仏界《ぶつかい》と九界《かい》とは、前後《ぜんご》を立《た》てる関係《かんけい》ではありません。「観心本尊抄《かんじんほんぞんしょう》」にも、この「我本行菩薩道《がほんぎょうぼさつどう》」の経文《きょうもん》は「仏界所具《ぶつかいしょぐ》の九界《かい》なり」と解釈《かいしゃく》して、菩薩界《ぼさつかい》も仏界《ぶつかい》の上《うえ》に於《お》いての説明《せつめい》とされています。もし、菩薩《ぼさつ》を先《さき》にして後《のち》に仏《ほとけ》があるとの見方《みかた》をするならば、釈尊《しゃくそん》が本仏《ほんぶつ》という事《こと》は壊《こわ》れてしまう為《ため》に、これを非常《ひじょう》に警戒《けいかい》されたのです。そこから、「釈迦《しゃか》は偉《えら》いけども始《はじ》めがある、大日如来《だいにちにょらい》に始《はじ》めなどは無《な》い、絶対《ぜったい》だ」と、伝教大師《でんぎょうだいし》亡《な》き後《あと》の天台《てんだい》宗《しゅう》が真言宗《しんごんしゅう》にやられたからです。そして日蓮聖人《にちれんしょうにん》がそういう自然《しぜん》の仏《ほとけ》、広大《こうだい》なる徳《とく》を積《つ》んでいない仏《ほとけ》では駄目《だめ》だという所《ところ》から公場対決《こうじょうたいけつ》を考《かんが》えていたにも拘《かか》わらず、[15]今日《こんにち》では日蓮門下《にちれんもんか》でも「宇宙《うちゅう》の真理《しんり》・諸法実相《しょほうじっそう》の南無妙法蓮華経《なむみょうほうれんげきょう》こそが本仏《ほんぶつ》だ」などとの訳《わけ》の分《わ》からぬ思想《しそう》が大手《おおて》を振《ふ》り回《まわ》すことになっているのです。

（現代語《げんだいご》）

しかし今《いま》、私《わたし》は真実《しんじつ》の入滅《にゅうめつ》でないにも拘《かか》わらず、「当《まさ》に入滅《にゅうめつ》をする」と告《つ》げるのである。如来《にょらい》は、この方便《ほうべん》を以《もっ》て人々《ひとびと》を教化《きょうけ》するのである。何故《なぜ》ならば、もし仏《ほとけ》が久《ひさ》しくこの世《よ》に存在《そんざい》していたならば、徳《とく》の薄《うす》き人《ひと》は善根《ぜんごん》を種《う》えようとせず、貧《まず》しく賎《いや》しき者《もの》となって五感《かん》の欲望《よくぼう》に執着《しゅうぢゃく》し、憶測《おくそく》や想像《そうぞう》、誤《あやま》った見解《けんかい》の網《あみ》に囚《とら》われてしまうからである。もし、如来《にょらい》は常《つね》に在《あ》って滅《めっ》することはないと見《み》たならば、人々《ひとびと》は驕《おご》りと勝手《かって》な心《こころ》を起《お》こし、厭《いと》い怠《おこた》る心《こころ》を懐《いだ》き、如来《にょらい》には遇《あ》い難《がた》いとの思《おも》いと、仏《ほとけ》を慎《つつし》み敬《うやま》う心《こころ》を生《しょう》じないからである。それ故《ゆえ》に、如来《にょらい》は教化《きょうけ》の手段《しゅだん》として「比丘達《びくたち》よ、当《まさ》に知《し》るがよい。仏《ほとけ》に現世《げんぜ》で出遇《であ》うことは、得難《えがた》きことである。」と説《と》くのである。

（要文《ようもん》）

然《しか》るに今実《いまじつ》の滅度《めつど》に非《あら》ざれども、しかも便《すなわ》ち唱《とな》えて当《まさ》に滅度《めつど》を取《と》るべしと言《い》う。如来《にょらい》は是《こ》の方便《ほうべん》を以《もっ》て衆生《しゅじょう》を教化《きょうけ》す。所以《ゆえ》は何《いか》ん、若《も》し仏久《ほとけひさ》しく世《よ》に住《じゅう》せば、薄徳《はくとく》の人《ひと》は善根《ぜんごん》を種《う》えず。貧窮下賎《びんぐげせん》にして五欲《よく》に貪著《どんぢゃく》し、憶想妄見《おくそうもうけん》の網《あみ》の中《なか》に入《はい》りなん。若《も》し如来常《にょらいつね》に在《あ》って滅《めっ》せずと見《み》ば、便《すなわ》ち驕恣《きょうし》を起《お》こして厭怠《えんだい》を懐《いだ》き、難遭《なんぞう》の想《おも》い、恭敬《くぎょう》の心《こころ》を生《しょう》ずること能《あた》わず。是《こ》

の故《ゆえ》に如来《にょらい》は、方便《ほうべん》を以《もっ》て説《と》く、比丘《びく》当《まさ》に知《し》るべし、諸仏《しょぶつ》の出世《しゅっせ》には値遇《ちぐう》すべきこと難《かた》し。

（要義《ようぎ》）

釈迦如来《しゃかにょらい》は、常住不滅《じょうじゅうふめつ》であるけれども、必要《ひつよう》によって入滅《にゅうめつ》を示《しめ》す、実際《じっさい》に滅度《めつど》して亡《な》くなるのではないけれども方便《ほうべん》を以《もっ》て滅度《めつど》を示《しめ》します。それは衆生教化《しゅじょうきょうけ》の方法《ほうほう》であって、仏《ほとけ》が何時《いつ》までも居《い》れば人間《にんげん》は善根《ぜんごん》を種《う》えなくなってしまい、益々罪《ますますつみ》ある生涯《しょうがい》を送《おく》り、憶想妄見《おくそうもうけん》の網《あみ》の中《なか》に入《はい》ってしまうからです。如来《にょらい》は何時《いつ》でも実在《じつざい》であって、困《こま》った時《とき》には頼《たの》めば良《よ》いという事《こと》になれば、驕《おご》りと怠《なま》け心《こころ》を懐《いだ》き、「仏《ほとけ》には容易《ようい》に会《あ》えるものではない」との想《おも》い、仏《ほとけ》に対《たい》する恭敬《きょうけい》の心《こころ》を生《しょう》ずることが出来《でき》なくなってしまうからです。これは人間《にんげん》の弱点《じゃくてん》でもあって、物《もの》が多《おお》くあれば粗末《そまつ》にする、物《もの》が増《ふ》えれば価値《かち》を低《ひく》く見《み》るというように、何《なん》でも人間《にんげん》は少《すく》ない物《もの》において価値《かち》を見《み》る傾向《けいこう》があるからです。そのような人間《にんげん》の心理《しんり》からすれば、仏《ほとけ》が何時《いつ》も常住《じょうじゅう》であるということは、衆生教化《しゅじょうきょうけ》の目的《もくてき》を達《たっ》することが出来《でき》なくなってしまいます。それ故《ゆえ》に、仏《ほとけ》は衆生教化《しゅじょうきょうけ》の方法《ほうほう》として入滅《にゅうめつ》を取《と》るのです。そうして、仏《ほとけ》には遇《あ》い難《がた》しという渇仰《かつごう》の精神《せいしん》を刺激《しげき》しなければなりません。宗教《しゅうきょう》は渇仰《かつごう》、所謂信仰《いわゆるしんこう》のそこに功徳《くどく》を積《つ》むのですから、「お釈迦様《しゃかさま》は今日《きょう》も御説教《おせっきょう》されているのか、何時《いつ》も熱心《ねっしん》なものだなぁ」という位《くらい》のことでは、人々《ひとびと》は功徳《くどく》を積《つ》む事《こと》が出来《でき》ません。したがって、どうしても如来《にょらい》を恋《こ》い慕《した》う所《ところ》の、憧《あこが》れる精神《せいしん》に来《き》たらしめる為《ため》には、仏《ほとけ》は滅度《めつど》を取《と》らなければならないのです。

(現代語《げんだいご》)

何故《なぜ》ならば、徳《とく》の薄《うす》き人々《ひとびと》は、量《はか》り知《し》れぬ百千万億劫《まんおくこう》を経《へ》て、或《あ》るいは仏《ほとけ》を見《み》る者《もの》もあり、或《あ》るいは見《み》ることのない者《もの》もあるからである。それ故《ゆえ》に、「比丘達《びくたち》よ、如来《にょらい》に会《あ》うことは難《むずか》しきことである。」と私《わたし》は語《かた》るのだ。人々《ひとびと》は、この言葉《ことば》を聞《き》いて、仏《ほとけ》に出会《であ》うことは当《まさ》に難《むずか》しきことであるとの想《おも》いを生《しょう》じ、仏《ほとけ》を慕《した》う心《こころ》を懐《いだ》き、仏《ほとけ》を渇仰《かつごう》して、善根《ぜんごん》を植《う》えるであろう。それ故《ゆえ》に如来《にょらい》は、真実《しんじつ》には滅《めつ》することはないにも拘《かか》わらず、しかも入滅《にゅうめつ》すると言《い》うのである。

(要文《ようもん》)

所以《ゆえ》は何《いか》ん、諸《もろもろ》の薄徳《はくとく》の人《ひと》は無量《むりょう》百千万億劫《まんのつこう》を過《す》ぎて、或《あ》いは仏《ほとけ》を見《み》る有《あ》り、或《あ》いは見《み》ざる者《もの》あり。此《こ》の事《こと》を以《もっ》ての故《ゆえ》に我是《われこ》の言《ことば》をなす、諸《もろもろ》の比丘《びく》、如来《にょらい》は見《み》ること得《う》べきこと難《かた》しと。斯《こ》の衆生等《しゅじょうら》是《かく》の如《ごと》き語《ことば》を聞《き》いては、必《かなら》ず当《まさ》に難遭《なんぞう》の想《おも》いを生《しょう》じ、心《こころ》に恋慕《れんぼ》を懐《いだ》き、仏《ほとけ》を渇仰《かつごう》して便《すなわ》ち善根《ぜんごん》を種《う》ゆべし。是《こ》の故《ゆえ》に如来《にょらい》、実《じつ》に滅《めつ》せずと雖《いえど》も而《しか》も滅度《めつど》すと言《い》う。

（要義《ようぎ》）

　薄徳《はくとく》の人《ひと》は、長《なが》い時《とき》を経《へ》て仏《ほとけ》に会《あ》う者《もの》もあれば会《あ》わぬ者《もの》もある。果報《かほう》の如何《いかん》によっては長《なが》い間《あいだ》経《た》っても会《あ》うことは出来《でき》ない。私達《わたしたち》は量《はか》り知《し》れない生死流転《しょうじるてん》の中《なか》で、例《たと》え一遍《ぺん》仏様《ほとけさま》に出会《であ》うことが出来《でき》たとしても、また次《つぎ》に何時《いつ》会《あ》えるかどうかは分《わ》かりません。善心《ぜんしん》を起《お》こして進《すす》んでいても、ちょっと横《よこ》に逸《そ》れたが為《ため》に永遠《えいえん》に会《あ》えなくなる。だから、如来《にょらい》に出会《であ》うことは難《かた》しと言《い》うのです。

ところが、所《ところ》を隔《へだ》てるに幾万里《いくまんり》、時《とき》を隔《へだ》てること、ともすれば三千年《ねん》、仏《ほとけ》の遺教《いきょう》は残《のこ》り、そして自《じ》分《ぶん》は不思議《ふしぎ》なことにその大事《だいじ》な法華経《ほけきょう》に会《あ》うことが出来《でき》た、これは偉大《いだい》なる仏《ほとけ》の真実《しんじつ》を説《と》きし法華《ほけ》経《きょう》である、その意味《いみ》を考《かんが》える時《とき》、ただ研究《けんきゅう》するというような考《かんが》えではなくして、そこに情操《じょうそう》が動《うご》いて、これは今現《いまげん》にお釈迦様《しゃかさま》の説法《せっぽう》を聞《き》いているのである、今《いま》この機会《きかい》を逸《のが》しては、このような機会《きかい》は容易《ようい》にはない、「嗚呼《ああ》、有《あ》り難《がた》い」と感激《かんげき》を生《しょう》じて始《はじ》めて宗教《しゅうきょう》というものは用《よう》を為《な》して来《く》るのです。それを今釈尊《いましゃくそん》は語《かた》っているのです。何時《いつ》までもこの娑婆世界《しゃばせかい》に出《で》ていたならば、却《かえ》って宗教《しゅうきょう》の目《もく》的《てき》を達《たっ》することが出来《でき》ない。「見《み》ること得《う》べきこと難《かた》し」の言葉《ことば》を聞《き》いた者《もの》は、難遭《なんぞう》の想《おも》い、恋慕《れんぼ》の心《こころ》を懐《いだ》いて仏《ほとけ》を渇仰《かつごう》する、その渇仰《かつごう》の中《なか》から善根《ぜんごん》を植《う》える、仏《ほとけ》を憧《あこが》れる宗教《しゅうきょう》の信念《しんねん》に立《た》って、その信念《しんねん》の中《なか》から善根《ぜんごん》が萌《も》えて来《く》るからこそ、如来《にょらい》は実際《じっさい》に滅《めっ》する者《もの》ではないけれども、滅度《めつど》すると言《い》って衆生《しゅじょう》を済度《さいど》するのです。[16] そうして漸《ようや》く私達《わたしたち》は、再《ふた》び釈尊《しゃくそん》に実際《じっさい》に見《まみ》えることが出来《でき》る訳《わけ》です。

法華経《ほけきょう》には、釈迦牟尼仏《しゃかむにぶつ》は何処《どこ》までも実在不滅《じつざいふめつ》の如来《にょらい》である、世《よ》に出《で》るのも衆生教化《しゅじょうきょうけ》の為《ため》、入滅《にゅうめつ》するのも衆生教化《しゅじょうきょうけ》の為《ため》、如何《いか》なる場合《ばあい》も衆生済度《しゅじょうさいど》の目的《もくてき》から離《はな》れたことはないという事《こと》が説《と》かれているのです。

(現代語《げんだいご》)

汝達《なんじたち》よ、諸々《もろもろ》の仏《ほとけ》・如来《にょらい》が説《と》く教化《きょうけ》の法《ほう》は、皆《みな》このようであるのだ。人々《ひとびと》を導《みちび》き救《すく》うためであるが故《ゆえ》に、すべて真実《しんじつ》に帰《き》するものであって偽《いつわ》りではない。

(要文《ようもん》)

また善男子《ぜんなんし》、諸仏如来《しょぶつにょらい》は法皆是《ほうみなかく》の如《ごと》し。衆生《しゅじょう》を度《ど》せんがためなれば皆実《みなじつ》にして虚《むな》しからず。

(要義《ようぎ》)

ここは、今《いま》までの所《ところ》を結《むす》んだ総結《そうけつ》の句《く》です。一切《さい》の仏《ほとけ》みな仏《ほとけ》となれば、衆生《しゅじょう》を教化《きょうけ》する手段《しゅだん》として方便《ほうべん》を応用《おうよう》します。この「法皆是《ほうみなかく》の如《ごと》し」とは何《なに》を指《さ》すかと言《い》えば、始《はじ》めに方便《ほうべん》を説《と》いて後《あと》に真《しん》実《じつ》を顕《あらわ》すという事《こと》、種々《しゅじゅ》なる応用《おうよう》を試《こころ》みるけれども、その本体《ほんたい》は一つであるという事《こと》、教《おし》えについて言《い》えば開権顕実《かいごんけんじつ》、仏《ほとけ》について言《い》えば開迹顕本《かいしゃくけんぽん》という事《こと》です。教《おし》えの上《うえ》についての権実《ごんじつ》を開顕《かいけん》し、仏《ほとけ》の上《うえ》について本迹《ほんじゃく》を開顕《かいけん》して、真実《しんじつ》の教《おし》えと真実《しんじつ》の仏《ほとけ》を説《と》き顕《あらわ》したることが如来《にょらい》の世《よ》に出《い》でたる目的《もくてき》であるのです。如何《いか》なる仏《ほとけ》と雖《いえど》もこの目的《もくてき》に来《き》たらねば、説《と》き広《ひろ》げた教《おし》えは雑然《ざつぜん》として纏《まと》まりがつかず、種々《しゅじゅ》に活動《かつどう》したるものが分裂《ぶんれつ》して多神教《たしんきょう》のようになり、仏教《ぶっきょう》が雑然《ざつぜん》たるものになってしまいます。それは仏《ほとけ》の本意《ほんい》ではないからこそ、「諸仏如来《しょぶつにょらい》は法皆是《ほうみなかく》の如《ごと》し」と説《と》かれたのです。教《おし》えは真実《しんじつ》に統《とう》一され、人格者《じんかくしゃ》は本仏《ほんぶつ》に統《とう》一せられるものである。皆衆生《みなしゅじょう》を度《ど》せんがための故《ゆえ》であるから、仏《ほとけ》は種々《しゅじゅ》に法《ほう》を説《と》き、種々《しゅじゅ》に応現《おうげん》するけれども、その本《もと》に帰《き》すれば真実《しんじつ》の法《ほう》は一つ、真実《しんじつ》の仏《ほとけ》は一つである。「皆実《みなじつ》にして虚《むな》しからず」で、その根本《こんぽん》から現《あらわ》れて出《で》てくるからこそ、一切経《さいきょう》は皆活《みない》きて来《く》るのです。この開顕無《かいけんな》くして、方便《ほうべん》は方便《ほうべん》として独立《どくりつ》して働《はたら》く、仏《ほとけ》や菩薩《ぼさつ》が個々《ここ》に分裂《ぶんれつ》して割拠《かっきょ》してしまうということになれば、仏教《ぶっきょう》というものは全部価値《ぜんぶかち》を失《うしな》ってしまうがために、権《ごん》実本迹《じっぽんじゃく》に関《かん》して開顕《かいけん》の大事《だいじ》に楔《くさび》を打《う》たれたのが、この言葉《ことば》となっているのです。

（現代語《げんだいご》）

譬《たと》えば、薬《くすり》の処方《しょほう》に熟達《じゅくたつ》し、様々《さまざま》な病《やまい》をよく治《なお》す賢明《けんめい》なる医者《いしゃ》があるとしよう。その人《ひと》には多《おお》くの子供《こども》があった。父《ちち》が遠方《えんぽう》の他国《たこく》の用事《ようじ》を済《す》ませて家《いえ》に還《かえ》ると、子供達《こどもたち》は誤《あやま》って毒薬《どくやく》を飲《の》み、悶《もだ》え苦《くる》しんで地《ち》に転《ころ》がっていた。父《ちち》は子供等《こどもら》の苦悩《くのう》するのを見《み》て、様々《さまざま》な処方書《しょほうしょ》に基《もと》づいて色《いろ》も香《かお》りも味《あじ》も優《すぐ》れた薬草《やくそう》を求《もと》め、臼《うす》で擣《ひ》き、篩《ふるい》にかけて調合《ちょうごう》し、子《こ》に与《あた》え服《ふく》させようと次《つぎ》のように言《い》ったのである。「この優《すぐ》れた良薬《りょうやく》は、色《いろ》・香《かおり》・味《あじ》と皆素晴《みなすば》らしきものを具《そな》えている。汝等《なんじら》よ、服《ふく》して速《すみ》かに苦悩《くのう》を除《のぞ》き、患《うれ》いをなくせ。」と。その心《こころ》を失《うしな》わざる子供《こども》は、この良薬《りょうやく》の色《いろ》・香《かお》りを好《この》んで直《ただ》ちにこれを服《ふく》し、病《やまい》を悉《ことごと》く除《のぞ》くことを得《え》たが、他《た》の心《こころ》の転倒《てんどう》してしまった者《もの》は、父《ちち》の帰《かえ》りを喜《よろこ》んで安《あん》否《ぴ》を尋《たず》ね、病《やまい》を治《なお》してくれるように求《もと》めたが、薬《くすり》を与《あた》えても気《き》に入《はい》らずに服《ふく》そうとしなかった。なぜならば、毒気《どっけ》が深《ふか》く回《まわ》って本心《ほんしん》を失《うしな》ってしまったがために、この良《よ》き色《いろ》・香《かお》りある薬《くすり》を不味《まず》い物《もの》だと思《おも》ったからである。そこで父《ちち》は子《こ》を憐《あわ》れみ、何《なん》とか薬《くすり》を飲《の》ませようと方便《ほうべん》を以《もっ》て告《つ》げたのである。「お前達《まえたち》よ、よく聞《き》け。私《わたし》は老《お》いて衰《おとろ》え、死期《しき》が近《ちか》づいている。この優《すぐ》れた良薬《りょうやく》を今《いま》ここに留《とど》めておくから、取《と》って服《ふく》すがよい。病《やまい》は癒《い》えぬなどと憂《うれ》えていてはならぬ。」と。このように教《おし》えた後《のち》、父《ちち》は他国《たこく》へ行《い》き、使《つか》いを遣《つか》わして「汝等《なんじら》の父《ちち》は、すでに死《し》んだ。」と告《つ》げさせたのであった。そして子供達《こどもたち》は、もはや頼《たよ》りにするべき者《もの》もなく、孤児《こじ》になったと常《つね》に悲《かな》しみを懐《いだ》いていたが、それにより心《こころ》は遂《つい》に醒《さ》めることを得《え》て、薬《くすり》の色《いろ》・香《かおり》・味《あじ》の優《すぐ》れていることに気付《きづ》き、これを服《ふく》して毒《どく》による病《やまい》を癒《いや》したのであった。そして、子供達《こどもたち》が悉《ことごと》く病《やまい》から癒《い》えたと聞《き》くと、父《ちち》は直《ただ》ちに帰《かえ》って子供達皆《こどもたちみな》と再《ふたた》び見《まみ》えたのである。

（要文《ようもん》）

譬《たと》えば良医《ろうい》の智慧聡達《ちえそうだつ》にして、明《あき》かに方薬《ほうやく》に練《れん》し善《よ》く衆病《しゅびょう》を治《じ》す。其《そ》の人諸《ひともろもろ》の子息多《しそくおお》し・・・事《こと》の縁《えん》あるを以《もっ》て遠《とお》く余国《よこく》に至《いた》りぬ。諸《もろもろ》の子《こ》、後《のち》に他《た》の毒薬《どくやく》を飲《の》む。薬発《くすりほっ》し悶乱《もんらん》して地《ち》に宛転《えんでん》す。父《ちち》、子等《こら》の苦悩《くのう》すること是《かく》の如《ごと》くなるを見《み》て、諸の経方《もろもろきょうほう》に依《よ》って好《よ》き薬草《やくそう》の色《しき》・香《こう》・美味《みみ》皆悉《みなことごと》く具足《ぐそく》せるを求《もと》めて、擣篩和合《とうしわごう》して子《こ》に与《あた》えて服《ふく》せしむ。而《しこう》して是《こ》の言《ことば》を作《な》さく、此《こ》の大良薬《だいろうやく》は色《しき》・香《こう》・美味《みみ》皆悉《みなことごと》く具足《ぐそく》せり。汝等服《なんだちふく》すべし。速《すみ》やかに苦悩《くのう》を除《のぞ》いて復衆《またもろもろ》の患《うれい》なけんと。其《そ》の諸《もろもろ》の子《こ》の中《なか》に心《こころ》を失《うしな》わざる者《もの》は、此《こ》の良薬《ろうやく》の色《いろ》・香倶《かとも》に好《よ》きを見《み》て即《すなわ》ち之《これ》を服《ふく》するに、病悉《やまいことごと》く除《のぞ》こり愈《い》えぬ。余《よ》の心《こころ》を失《うしな》える者《もの》は其《そ》の父《ちち》の来《きた》れるを見《み》て、また歓喜《かんぎ》して問訊《もんじん》して病《やまい》を治《じ》せんことを求《もと》め索むと雖《いえど》も、然《しか》も其《そ》の薬《くすり》を与《あた》うるに而《しか》も肯《あえ》て服《ふく》せず。所以《ゆえ》は何《なに》ん、毒気深《どっけふか》く入《はい》って本心《ほんしん》を失《うしな》えるが故《ゆえ》に、此《こ》の好《よ》き色《いろ》・香《か》ある薬《くすり》において美《よ》からずと謂《おも》えり。父是《ちちこ》の念《ねん》を作《な》さく、此《こ》の子愍《こあわれ》むべし。毒《どく》に中《やぶ》られて心《こころ》みな顛倒《てんどう》せり。我今当《われいままさ》に方便《ほうべん》を設《もう》けて、此《こ》の薬《くすり》を服《ふく》せしむべし。即《すなわ》ち是《こ》の言《ことば》を作《な》さく、汝等当《なんだちまさ》に知《し》るべし、我今衰老《われいますいろう》して死《し》の時已《ときすで》に至《いた》りぬ。是《こ》の好《よ》き良薬《ろうやく》を今留《いまとど》めて此《ここ》に在《お》く。汝取《なんじと》って服《ふく》すべし、差《い》えじと憂《うれ》うることなかれと。是《こ》の教《おしえ》を作《な》し已《おわ》って復他国《またたこく》に至《いた》り、使《つか》いを遣《つか》わして還《かえ》って告《つ》ぐ、

汝《なんじ》が父《ちち》已《すで》に死《し》しぬと。自《みずか》ら惟《おもんみ》るに孤露《ころ》にして復《また》恃怙《じこ》なし。常《つね》に悲感《ひかん》を懐《いだ》いて心遂《こころつい》に醒悟《しょうご》し、即《すなわ》ちこの薬《くすり》の色《いろ》・香《か》・味《あじわ》い美《よ》きを知《し》って、即《すなわ》ち取《と》つて之《これ》を服《ふく》するに毒《どく》の病皆愈《やまいみない》ゆ。其《そ》の父《ちち》、子《こ》悉《ことごと》く已《すで》に差《い》ゆることを得《え》つと聞《き》いて、尋《つ》いで便《すなわ》ち来《きた》り帰《かえ》って咸《ことごと》く之《これ》に見《まみ》えしめんが如《ごと》し。

(要義《ようぎ》)

前《まえ》の法説《ほうせつ》を譬喩《ひゆ》によって説《と》いた「良医治子《ろういじし》の喩《たとえ》」です。沢山《たくさん》の子供《こども》が、医者《いしゃ》である父《ちち》の留守中《るすちゅう》に毒《どく》に中《あた》って苦《くる》しんでいる、父《ちち》は帰《かえ》って良薬《りょうやく》を拵《こしら》え与《あた》えたが、毒《どく》が深《ふか》く入《はい》っている者《もの》はこれを喜《よろこ》ばずに飲《の》まなかった。そこで他国《たこく》に行《い》って使《つか》いを遣《つか》わし、「父《ちち》は亡《な》くなった」と驚《おどろ》きを与《あた》えて遂《つい》に薬《くすり》を服《ふく》させ、子供《こども》の病気《びょうき》が治《なお》った時《とき》を見計《みはか》らって、父《ちち》は帰《かえ》って目出度《めでた》く対面《たいめん》したという譬《たと》えです。この父《ちち》であり良《よ》き医者《いしゃ》というのが本仏釈尊《ほんぶつしゃくそん》であり、毒《どく》を飲《の》んで苦《くる》しんでいる子供《こども》というのが私達《わたしたち》一切《さい》衆生《しゅじょう》です。毒《どく》とは、煩悩《ぼんのう》なり邪説《じゃせつ》なり迷《まよ》いの本《もと》であり、その毒《どく》に中《あ》てられる事《こと》の浅《あさ》い者《もの》は、釈尊《しゃくそん》の在世《ざいせ》において大抵《たいてい》は救《すく》われましたが、その救《すく》いに洩《も》れた者《もの》、後《あと》に生《う》まれる者《もの》のために、一切経《さいきょう》の大《だい》事《じ》を纏《まと》めて法華経《ほけきょう》とし、そして法華経《ほけきょう》を纏《まと》めて南無妙法蓮華経《なむみょうほうれんげきょう》の良薬《りょうやく》として留《とど》めたのです。しかしながら、毒《どく》に中《あ》てられている者《もの》、色々《いろいろ》の思想《しそう》や迷《まよ》いに囚《とら》われている者《もの》は、そんな物《もの》は詰《つ》まらぬ物《もの》である、法華経《ほけきょう》とか南無妙法蓮華経《なむみょうほうれんげきょう》と言《い》った所《ところ》が大《たい》した物《もの》ではなかろうと思《おも》い、その良薬《りょうやく》の価値《かち》を知《し》らないから服《ふく》さない。そこで医者《いしゃ》は一時身《じみ》を隠《かく》し、使《つか》いを遣《つか》わして告《つ》げるという事《こと》になるわけです。その使《つか》いとして現《あらわ》れし者《もの》が日蓮聖人《にちれんしょうにん》であり、その日蓮聖人《にちれんしょうにん》が法華経《ほけきょう》の価値《かち》を力説《りきせつ》し、仏《ほとけ》の有《あ》り難《がた》い事《こと》をお話《はなし》になって、そこに驚《おどろ》きが起《お》こって始《はじ》めて法華経《ほけきょう》を信《しん》じる事《こと》になる、信《しん》ずれば釈尊《しゃくそん》に再《ふたた》びお目《め》に掛《か》かる事《こと》が出来《でき》る、成仏《じょうぶつ》することが出来《でき》る訳《わけ》です。主《おも》なる点《てん》は、医者《いしゃ》が本仏釈尊《ほんぶつしゃくそん》であり、薬《くすり》が妙法《みょうほう》五字《じ》であり、使《つか》いが日蓮聖人《にちれんしょうにん》であることです。仏教《ぶっきょう》はすべて三宝式《ぼうしき》であるのですから、今《いま》言《い》う所《ところ》の仏法僧《ぶっぽうそう》の三宝《ぼう》をこの寿量品《じゅりょうほん》によって意識《いしき》しなければなりません。日蓮聖人《にちれんしょうにん》を信《しん》じることが英雄崇拝《えいゆうすうはい》のようであったり、南無妙法蓮華経《なむみょうほうれんげきょう》さえ唱《とな》えておけば良《よ》いという低級《ていきゅう》な宗教《しゅうきょう》であったりしてはなりません。この統《とう》一的絶対《てきぜったい》の本仏《ほんぶつ》と吾等《われら》の間《あいだ》を繋《つな》ぐに南無妙法蓮華経《なむみょうほうれんげきょう》という言葉《ことば》がある、それは医者《いしゃ》と病人《びょうにん》の間《あいだ》の薬《くすり》のようなものであり、母《はは》と子供《こども》との間《あいだ》の乳《ちち》のようなものであり、岸《きし》の上《うえ》の人《ひと》と岸《きし》の下《した》に落《お》ち込《こ》んだ人《ひと》との間《あいだ》に下《さ》げられた綱《つな》のようなものであるのです。ただ南無妙法蓮華経《なむみょうほうれんげきょう》が有《あ》り難《がた》いというだけではいけない、私達《わたしたち》は絶対《ぜったい》の人格者《じんかくしゃ》として本仏《ほんぶつ》を意識《いしき》して、そして南無妙法蓮華経《なむみょうほうれんげきょう》という言葉《ことば》を唱《とな》えなければなりません。兎《と》に角《かく》一切経《さいきょう》の中《なか》には法華経《ほけきょう》、法《ほ》華経《けきょう》の中《なか》には寿量品《じゅりょうほん》、これを最高標準《さいこうひょうじゅん》として日蓮聖人《にちれんしょうにん》は教《おし》えを説《と》かれたのですから、「法《ほう》に依《よ》って人《ひと》に依《よ》らざれ、等覚《とうがく》の菩薩法門《ぼさつほうもん》を説《と》き給《たま》うとも、経《きょう》を手《て》に握《にぎ》らざらんをば用《もちう》べからず」と叫《さけ》んだ日蓮聖人《にちれんしょうにん》の末流《まつりゅう》であるならば、寿量品《じゅりょうほん》の斯様《かよう》な経文《きょうもん》は最高絶対《さいこうぜったい》の権威《けんい》あるものとして考《かんが》えなければばなりません。

本心《ほんしん》を失《うしな》うことなかった者《もの》は、父《ちち》の拵《こしら》えた薬《くすり》を飲《の》んで病《やまい》を治《なお》すことが出来《でき》たけれども、毒《どく》に深《ふか》く中《あ》てられて心《こころ》を失《うしな》える者《もの》はこれを飲《の》まない。そこで父《ちち》は、「今留《いまとど》めて此《ここ》に在《お》く」、私《わたし》が万《まん》一死《し》ぬことがあったら薬《くすり》を飲《の》まなければならぬぞと告《つ》げ、そして余所《よそ》の国《くに》に行《い》って使《つか》いを遣《つか》わし、実《じつ》は亡《な》くなったのではないけれども、「汝《なんじ》が父《ちち》は既《すで》に死《し》んだ」と子供達《こどもたち》に驚《おどろ》きを与《あた》えて薬《くすり》を服《ふく》させます。愈々《いよいよ》の時《とき》には助《たす》けてくれるはずの父《ちち》が遠方《えんぽう》で死《し》んだと聞《き》いて、子供達《こどもたち》は誰《だれ》を頼《たよ》りにすれば分《わ》からず、そして非常《ひじょう》に悲《かな》しく寂《さび》しい気分《きぶん》に陥《おちい》りますが、この[17]「常《つね》に悲感《ひかん》を懐《いだ》く」ことによって、その毒《どく》の酔《よ》いが醒《さ》めるのです。この悲《かな》しいという感《かん》じは至極大切《しごくたいせつ》なことで、煩悩《ぼんのう》の熱《ねつ》によって人生《じんせい》の富貴《ふうき》なり欲望《よくぼう》に酔《よ》っていれば、人《ひと》はけっして宗教《しゅうきょう》に来《く》ることは出来《でき》ません。子《こ》が親《おや》を失《うしな》った驚《おどろ》きのように、[18]この先《さき》はどうなるか分《わ》からない、人生《じんせい》の危《あや》うさに衝撃《しょうげき》を受《う》けることになって、それから心《こころ》が醒《さ》めて宗教的《しゅうきょうてき》の覚醒《かくせい》に移《うつ》るのです。そこで父《ちち》が遺《のこ》して置《お》いた薬《くすり》の、色《いろ》・香《かお》り・味《あじ》わいの良《よ》きことを知《し》ってこれを飲《の》み、毒《どく》の病《やまい》も癒《い》えて、やがて父《ちち》に会《あ》うことが出来《でき》たということになっているのです。この譬《たと》えの色《いろ》・香《かおり》・味《あじ》という三つがまた大事《だいじ》な点《てん》で、天台大師《てんだいだいし》が説《と》くように、三つの物《もの》を挙《あ》げれば大抵《たいてい》みな収《おさ》まっている、一切《さい》を包含《ほうがん》しているのであって、今《いま》は薬《くすり》に譬《たと》えた故《ゆえ》に、色《いろ》も好《よ》し、香《かおり》も好《よ》し、味《あじ》も好《よ》しと言《い》ったわけですが、所謂《いわゆる》真善美《しんぜんび》の三つと言《い》っても良《よ》いし、哲学《てつがく》の要《よう》求《きゅう》をも、宗教の要求をも、道徳《どうとく》の要求《ようきゅう》をも満足《まんぞく》せしめると言《い》っても良《よ》いのです。これは、一切《さい》の満足《まんぞく》を与《あた》えるだけのものが籠《こ》もっているのが、この法華経《ほけきょう》であり、そして南無妙法蓮華経《なむみょうほうれんげきょう》であることを意味《いみ》しています。この南無妙法蓮華経《なむみょうほうれんげきょう》を広《ひろ》げて、その内容《ないよう》を分解《ぶんかい》して説明《せつめい》すれば、実《じつ》に広大《こうだい》なる哲学《てつがく》もあり、道徳《どうとく》もあり、宗教《しゅうきょう》もあって、あらゆる方面《ほうめん》を包含《ほうがん》しているものであるけれども、これを簡単《かんたん》なる信仰《しんこう》に移《うつ》す時《とき》には、ただ南無妙法蓮華経《なむみょうほうれんげきょう》となるのです。そして、この南無妙法蓮華経《なむみょうほうれんげきょう》を唱《とな》える時《とき》には、仏《ほとけ》の慈悲《じひ》に感激《かんげき》しなければならぬ、父《ちち》をば忘《わす》れているが薬《くすり》だけ飲《の》むというのではない、父《ちち》を想《おも》い起《お》こして薬《くすり》を飲《の》むのです。今《いま》のドンドコ法華《ほっけ》のように、本仏《ほんぶつ》を忘《わす》れて題目《だいもく》だけを唱《とな》える、そのような低級《ていきゅう》なものは仏教《ぶっきょう》においては有《あ》り得《え》ない、外道婆羅門《げどうばらもん》の教《おし》えよりも低《ひく》きものと言《い》えます。そのようなことは断然改善《だんぜんかいぜん》しなければなりません。信者《しんじゃ》を作《つく》るといっても、分《わ》からぬ者《もの》をただ増《ふ》やすということは間違《まちが》っています。間違《まちが》った事《こと》は何処《どこ》までも矯正《きょうせい》して行《い》かなければなりません。分《わ》からぬ者《もの》が一人《り》も賛成《さんせい》しなくとも、驚《おどろ》いて逃《に》げてしまっても構《かま》いません。どこまでも改《あらた》めさすように宗教《しゅうきょう》は正《せい》義《ぎ》を押《お》し立《た》てて行《い》くのであって、ただ団体《だんたい》の数《かず》を増《ふ》やすというようなケチな事《こと》を目的《もくてき》とするものであってはならないのです。

(現代語《げんだいご》)
私《わたし》が仏《ほとけ》となったのは
永久《とわ》の過去《かこ》の時《とき》
永遠《えいえん》の時《とき》の間《あいだ》　常《つね》に法《おしえ》を説《と》き
数限《かずかぎ》りのなき人々《ひとびと》を導《みちび》き
仏道《ぶつどう》に入《はい》らしめてきた

(要文《ようもん》)
我《われ》仏《ほとけ》を得《え》てより来《このかた》
経《へ》たる所《ところ》の諸《もろもろ》の劫数《こっしゅ》
無量《むりょう》百千万　億載阿僧祇《おくさいあそうぎ》なり
常《つね》に法《ほう》を説《と》いて
無数億《むしゅおく》の衆生《しゅじょう》を教化《きょうけ》して
仏道《ぶつどう》に入《い》らしむ
爾《それ》より来《このかた》無量《むりょう》劫《こう》なり

（要義《ようぎ》）

今《いま》まで説《と》かれた意味《いみ》を簡潔明瞭《かんけつめいりょう》に、讃美歌《さんびか》のように良《よ》い心持《こころも》ちで、そして本仏《ほんぶつ》を慕《した》って唱《とな》えるようにしたのが、所謂《いわゆる》「自我偈《じがげ》」です。寿量品《じゅりょうほん》の本旨《ほんし》は本仏《ほんぶつ》の顕本《けんぽん》にあるのですから、偈《げ》に来《き》たっては前文《ぜんぶん》をすべて省略《しょうりゃく》して、いきなり始《はじ》めから顕本《けんぽん》の事《こと》を説《と》いています。それ故《ゆえ》に日蓮聖人《にちれんしょうにん》の教《おし》えに従《したが》う者《もの》が自我偈《じがげ》を朝夕《あさゆう》お勤《つと》めに誦《よ》む時《とき》には、本仏《ほんぶつ》の顕本《けんぽん》を第《だい》一の重《おも》き事《こと》として意識《いしき》しなければなりません。「我《われ》」とは、釈迦牟尼仏《しゃかむにぶつ》がこの法華経《ほけきょう》を説《と》きつつ自《みずか》ら語《かた》っているのですから、釈迦如来《しゃかにょらい》を指《さ》すことは頗《すこぶ》る明《あき》らかな事《こと》ですが、今日《こんにち》の日蓮教学《にちれんきょうがく》には拗《ねじ》けた所《ところ》があって、中古天台《ちゅうこてんだい》の影響《えいきょう》を受《う》けては理屈《りくつ》を捏《こ》ね、「我《われ》」とは衆生《しゅじょう》の当体《とうたい》であるとか、宇宙全体《うちゅうぜんたい》であるとか解釈《かいしゃく》する者《もの》があります。そのような事《こと》は、却《かえ》って幼稚《ようち》な思想《しそう》であって、[19]何《なん》ら私達《わたしたち》の人格的完成《じんかくてきかんせい》や世界《せかい》の理想化《りそうか》には意味《いみ》を為《な》しません。衆生《しゅじょう》と仏《ほとけ》と体《たい》が同《おな》じであるとか、宇宙《うちゅう》の全体《ぜんたい》が仏《ほとけ》であるとかいうことは理論《りろん》であって、事実人格的《じじつじんかくてき》の仏陀《ぶつだ》が絶対久遠《ぜったいくおん》の本仏《ほんぶつ》だということを顕《あら》わす方《ほう》が余程深《よほどふか》い意味《いみ》であるのです。

釈迦牟尼仏《しゃかむにぶつ》は、今度天竺《こんどてんじく》に降誕《こうたん》して出家成道《しゅっけじょうどう》を遂《と》げて始《はじ》めての如来《にょらい》と思《おも》われていました。また、その意味《いみ》において総《すべ》ての御経《おきょう》が説《と》かれた訳《わけ》ですが、此処《ここ》に於《お》いて悉達太子《しったたいし》より成道《じょうどう》を遂《と》げた釈迦牟尼仏《しゃかむにぶつ》は、実《じつ》はその内面《ないめん》においては久遠《くおん》の本仏《ほんぶつ》であったことが顕本《けんぽん》されます。無論《むろん》この「我《われ》」とは迦《か》毘羅衛《びらえ》城《じょう》降誕《こうたん》の釈迦《しゃか》のことであって、汝等《なんじら》は私《わたし》がこの間《あいだ》出家《しゅっけ》成道《じょうどう》を遂《と》げて仏《ほとけ》となったと思《おも》っているけれども、そうではない、その真実《しんじつ》を語《かた》れば久遠《くおん》の本仏《ほんぶつ》であるという事《こと》を宣言《せんげん》せられたのです。「無量《むりょう》百千万億載阿僧祇《おくさいあそうぎ》なり」とは、法華経《ほけきょう》を翻訳《ほんやく》した羅什《らじゅう》が「数《かず》に寄《よ》せて非数《ひすう》を説《と》く」とされたもので、これは広大《こうだい》なる数《すう》を挙《あ》げて、真《しん》の無限《むげん》を意識《いしき》せしめようとしたものです。ところが、この数《かず》に迷《まよ》って「仏《ほとけ》にも覚《さと》った最初《さいしょ》がある」との思《おも》いを起《お》こした天台宗《てんだいしゅう》は、迹門《しゃくもん》の諸法実相《しょほうじっそう》こそが絶対《ぜったい》である、仏《ほとけ》は第《だい》二位《い》であるという、人格《じんかく》を絶対《ぜったい》に見《み》る所《ところ》まで徹底《てってい》しなかったが為《ため》に教学《きょうがく》に混乱《こんらん》を来《きた》したのです。そこで日蓮聖人《にちれんしょうにん》はその思想《しそう》を退《しりぞ》けて、そして本仏《ほんぶつ》の絶対久遠《ぜったいくおん》を説《と》いた、開目抄《かいもくしょう》には「九界《かい》も無始《むし》の仏界《ぶっかい》に具《ぐ》す」「本門《ほんもん》に至《いた》って始成正覚《しじょうしょうがく》を破《やぶ》れば本因本果《ほんいんほんが》の法門《ほうもん》が顕《あらわ》れる」と言《い》い、また「発迹顕本《ほっしゃくけんぽん》せざれば真《まこと》の一念《ねん》三千も顕《あらわ》れず」と述《の》べたのです。観心本尊抄《かんじんほんぞんしょう》には「我等《われら》が己心《こしん》の釈《しゃく》尊《そん》、五百塵點乃至所顕《じんてんないししょけん》の無始《むし》の古仏《こぶつ》なり」と、五百塵點《じんてん》の数《かず》に寄《よ》せて始《はじ》め無《な》き古《ふる》き仏《ほとけ》の人格実在《じんかくじつざい》を説《と》かれたのです。日蓮聖人《にちれんしょうにん》は開目抄《かいもくしょう》において、真理《しんり》を体《たい》とする法身《ほっしん》の無始無終《むしむしゅう》は他《た》の教典《きょうてん》の何処《どこ》でも説《と》いているけれども、応身《おうじん》・報身《ほうじん》の顕本《けんぽん》は説《と》いていない、応身《おうじん》・報身《ほうじん》の無始無終《むしむしゅう》は法華経《ほけきょう》の本門《ほんもん》以外《いがい》には説《と》かれていないと言《い》われています。応身《おうじん》・報身《ほうじん》とは人格《じんかく》の如来《にょらい》であり、その実在《じつざい》を顕本《けんぽん》と言《い》われているのですから、日蓮聖人《にちれんしょうにん》が打《う》ち立《た》てられた教学《きょうがく》ならば、本仏《ほんぶつ》の人格実在《じんかくじつざい》を寿量品《じゅりょうほん》の本《ほん》旨《し》としなければなりません。それを「真如《しんにょ》」ということから出発《しゅっぱつ》して、仏《ほとけ》を第《だい》二位《い》に置《お》くようなことは迹門《しやくもん》の思想《しそう》というべきものです。

また日蓮門下《にちれんもんか》にも、真言《しんごん》のように妙法《みようほう》という言葉《ことば》・文字《もじ》を絶対《ぜつたい》に見《み》て、人格《じんかく》の如来《によらい》をその言葉《ことば》の下《した》に置《お》く思想《しそう》も強《つよ》く現《あらわ》れていますが、それは「釈迦《しやか》は入滅《にゆうめつ》したが、御経《おきよう》だけは不滅《ふめつ》だ。人格《じんかく》ある者《もの》は滅《ほろ》びるが、経文《きようもん》は滅《ほろ》びない如来《によらい》だ」と、経典《きようてん》を以《もつ》て不滅《ふめつ》の如来《によらい》とする考《かんが》えに基《もと》づくものであって、人格実在《じんかくじつざい》の本仏《ほんぶつ》のある事《こと》を知《し》らない、自我偈《じがげ》を正《ただ》しく解釈出来《かいしやくでき》ていない場合《ばあい》に起《お》こる思想《しそう》です。また、成仏《じようぶつ》するためには南無妙法蓮華経《なむみようほうれんげきよう》と唱《とな》えさえすれば宜《よろ》しいという事《こと》になると、その意《い》識《しき》というものは不透明《ふとうめい》なものになり、何《なに》を信念《しんねん》しているかということも分《わ》からずに「ただ唱《とな》える」だけでは、本尊《ほんぞん》の意識《いしき》も立《た》たず、自我偈《じがげ》などは全体《ぜんたい》分《わ》からない事《こと》になってしまいます。そういうものは、極楽浄土《ごくらくじようど》への往生《おうじよう》を願《ねが》う浄土門《じようどもん》の称名行《しようみようぎよう》を摂取《せつしゆ》する場合《ばあい》に、「こっちの題目《だいもく》はそれ以上《いじよう》じゃ」という事《こと》を語《かた》って、彼等《かれら》の信念《しんねん》に走《はし》り行《い》く者《もの》を食《く》い止《と》めるために言《い》われた佐渡《さど》以前《いぜん》の思想《しそう》に過《す》ぎません。真如実相《しんによじつそう》を仏《ほとけ》の上《うえ》に置《お》くのも、文字《もじ》として妙法《みようほう》を仏《ほとけ》の上《うえ》に置《お》くのも、唱《とな》え言葉《ことば》を仏《ほとけ》の上《うえ》に置《お》くのも、寿量品《じゆりようほん》の教義《きようぎ》から見《み》れば第《だい》二義《ぎ》以下《いか》に属《ぞく》する思想《しそう》です。寿量品《じゆりようほん》は絶対人格《ぜつたいじんかく》を根本《こんぽん》に置《お》いて、そして妙法《みようほう》を見《み》るならば、それは医者《いしや》と毒《どく》に中《あ》てられた子《こ》の間《あいだ》の薬《くすり》として説明《せつめい》されたものであるのですから、けっして医者以上《いしやいじよう》に良薬《りようやく》を見《み》ているものではありません。観心本尊抄《かんじんほんぞんしよう》の結文《けつぶん》も「仏《ほとけ》、大慈悲《だいじひ》を起《お》こして五字《じ》の内《うち》にこの珠《たま》を裹《つつ》みて」と、仏《ほとけ》の慈悲《じひ》を起点《きてん》として妙法《みょうほう》の五字《じ》を解《かい》釈《しゃく》している、これが寿量品《じゅりょうほん》の思想《しそう》であるのです。(20)日蓮門下《にちれんもんか》では、真蹟《しんせき》の無《な》いような御遺文《ごいぶん》を根拠《こんきょ》に様々《さまざま》な教義《きょうぎ》が語《かた》られていますが、自我偈《じがげ》をよく研究《けんきゅう》して、自我偈《じがげ》の精神《せいしん》を絶対価値《ぜったいかち》と見《み》て、そして日蓮聖人《にちれんしょうにん》の御遺文《ごいぶん》を照《て》らして見《み》ることが、まずは非常《ひじょう》に大切《たいせつ》な事《こと》です。幸《さいわ》いに日蓮聖人《にちれんしょうにん》の開目《かいもく》抄《しょう》は、始《はじ》めから終《しま》いまで人格《じんかく》の実在《じつざい》を論《ろん》じています。釈迦《しゃか》一代《だい》の説教《せっきょう》では自我偈《じがげ》、日蓮《にちれん》一代《だい》の遺訓《いくん》では開目抄《かいもくしょう》というように目安《めやす》を置《お》いて行《い》けば間違《まちが》いは起《お》こらないと思《おも》います。

如来《にょらい》は真理《しんり》というようなものを言《い》うのではありません。人格《じんかく》を有《ゆう》して、憐《あわ》れむべき衆生《しゅじょう》の済度《さいど》のために始終活動《しじゅうかつどう》しているのが如来《にょらい》です。「常《つね》に法《ほう》を説《と》いて無数億《むしゅおく》の衆生《しゅじょう》を教化《きょうけ》して仏道《ぶつどう》に入《はい》らしむ」と、長《なが》き久遠《くおん》より今日《こんにち》に至《いた》るまで、説法教化《せっぽうきょうけ》を主《おも》にして衆生《しゅじょう》を済度《さいど》しているのです。それは冷《ひ》ややかな真理《しんり》でもなければ死《し》せる文字《もじ》でもない、哲学的《てつがくてき》に人格実在《じんかくじつざい》の如来《にょらい》が、活動《かつどう》を存続《そんぞく》しているのです。これを顕本法華宗《けんぽんほっけしゅう》では「応身常住《おうじんじょうじゅう》」と言《い》います。応身常住《おうじんじょうじゅう》とは、印度《いんど》に降誕《こうたん》した如来《にょらい》の肉《にく》身《しん》が常住《じょうじゅう》であるということではありません。如来《にょらい》の三身《じん》について言《い》えば、法身《ほっしん》は真理《しんり》を指《さ》し、報身《ほうじん》は智慧《ちえ》を指《さ》す、そして応身《おうじん》は慈悲《じひ》を指《さ》します。如来《にょらい》は無論真理《むろんしんり》も智慧《ちえ》も慈悲《じひ》も有《ゆう》しているけれども、どの側《がわ》が如来《にょらい》の人格《じんかく》として正面《しょうめん》に立《た》つかと言《い》えば、真理《しんり》の側《がわ》にあらず、智慧《ちえ》の側《がわ》にもあらずして、慈悲《じひ》救済《きゅうさい》の側《がわ》が如来《にょらい》の正面《しょうめん》となるのです。慈悲《じひ》を表《おもて》にして智慧《ちえ》と真理《しんり》を中《なか》に包《つつ》んで活躍《かつやく》している、その慈悲正意《じひしょうい》という事《こと》を「応身常住《おうじんじょうじゅう》」と顕本法華宗《けんぽんほっけしゅう》では言《い》って来《き》たのです。開目抄《かいもくしょう》の応身顕本《おうじんけんぽん》、応身無始無終《おうじんむしむしゅう》の文《もん》を応用《おうよう》して、その事《こと》を言《い》うのです。天台宗《てんだいしゅう》は報身正意《ほうじんしょうい》と智慧《ちえ》の如来《にょらい》を中心《ちゅうしん》にし、真言宗《しんごんしゅう》が法身正意《ほっしんしょうい》と真理《しんり》の如来《にょらい》を中心《ちゅうしん》としたことに対《たい》し、日蓮聖人《にちれんしょうにん》が掲《かか》げたのは三身即《じんそく》一の慈悲《じひ》正面《しょうめん》の如来《にょらい》です。その証拠《しょうこ》は「常説法教化《じょうせつぽうきょうけ》」の如来《にょらい》である、慈悲《じひ》より起《お》こって衆生《しゅじょう》を済度《さいど》しつつある如来《にょらい》であることを古来《こらい》より申《もう》しているのです。

（現代語《げんだいご》）
人々《ひとびと》を救《すく》わんがため
仮《かり》に涅槃《ねはん》に入《はい》る
実《じつ》には私は入滅《にゅうめつ》したのではなく
常《つね》に此処《ここ》にいて　法《おしえ》を説《と》いている
私《わたし》は此処《ここ》に居《い》るけれど
人知《ひとし》れぬ力《ちから》により
心《こころ》誤《あやま》る人《ひと》には

近《ちか》きにあっても　けっして見《み》えない

（要文《ようもん》）

衆生《しゅじょう》を度《ど》せんが為《ため》の故《ゆえ》に
方便《ほうべん》して涅槃《ねはん》を現《げん》ず
しかも実《じつ》には滅度《めつど》せず
常《つね》に此《ここ》に住《じゅう》して法《ほう》を説《と》く
我《われ》　常《つね》に此《ここ》に住《じゅう》すれども
諸《もろもろ》の神通力《じんづうりき》を以《もっ》て
顛倒《てんどう》の衆生《しゅじょう》をして
近しと雖《いえど》も　しかも見《み》えざらしむ

（要義《ようぎ》）

今此処《いまここ》に居《い》る釈迦如来《しゃかにょらい》は、現在《げんざい》を中心《ちゅうしん》として、そして過去《かこ》に未来《みらい》に、時《とき》は三世《ぜ》を貫《つらぬ》き、時間《じかん》を超越《ちょうえつ》して、無始無終《むしむしゅう》の時間《じかん》を貫《つらぬ》いて活動《かつどう》をすることを示《しめ》しています。その不滅《ふめつ》の如来《にょらい》は、衆生《しゅじょう》を済度《さいど》せんが為《ため》に常《つね》にこの娑婆《しゃば》世界《せかい》に居《い》るのだけれども、衆生教化《しゅじょうきょうけ》の手段《しゅだん》として方便《ほうべん》を以《もっ》て涅槃《ねはん》を現《げん》じるのです。なぜならば、何時《いつ》も此処《ここ》に居《い》たのでは衆生《しゅじょう》を済度《さいど》することは出来《でき》ない、人々《ひとびと》に渇仰《かつごう》の心《こころ》を起《おこ》さしめなければ救《すく》うことが出来《でき》ないからです。側《そば》に居《い》たから救《すく》えるというものでもない、如来《にょらい》を渇仰《かつごう》し、それによって善根功徳《ぜんごんくどく》を積《つ》むということが、衆生《しゅじょう》の救《すく》われる所以《ゆえん》だからです。如来《にょらい》が側《そば》に始終《しじゅう》居《い》るが為《ため》に段々《だんだん》に甘《あま》えてしまうとか、段々《だんだん》に怠《なま》けるということであっては済度《さいど》の目的《もくてき》が達《たっ》し得《え》ないから、そこで如来《にょらい》は一時《とき》姿《すがた》を隠《かく》して衆生《しゅじょう》に渇仰《かつごう》の心《こころ》を起《おこ》さしめる、衆生教化《しゅじょうきょうけ》の為《ため》に涅槃《ねはん》を現《げん》ずる訳《わけ》です。しかしながら、「しかも実《じつ》には滅度《めつど》せず」で、如来《にょらい》の本体《ほんたい》は決《けっ》して滅《ほろ》びるものではない、常住《じょうじゅう》の如来《にょらい》であって「常《つね》に此《ここ》に住《じゅう》して法《ほう》を説《と》く」と、ある者《もの》は見《み》ないでも、また他面《ためん》にある者《もの》のためには教化《きょうけ》の働《はたら》きを続《つづ》けているのです。「我《われ》は常《つね》に此《ここ》に住《じゅう》すれども」と、この娑婆《しゃば》世界《せかい》に何時《いつ》も居《い》るのだけれども、「諸《もろもろ》の神通力《じんづうりき》を以《もっ》て、顛倒《てんどう》の衆生《しゅじょう》をして、近しと雖《いえど》もしかも見《み》えざらしむ」と、如来《にょらい》は不思議《ふしぎ》の力《ちから》を以《もっ》て、迷《まよ》える衆生《しゅじょう》には、側《そば》には居《い》るけれども肉眼《にくがん》を以《もっ》て姿《すがた》を見《み》せしめない。その見《み》せしめないのは、衆生《しゅじょう》に渇仰《かつごう》の心《こころ》を存続《そんぞく》せしめるためである、目《め》を瞑《つぶ》って冷静《れいせい》に還《かえ》って渇仰《かつごう》するならば如来《にょらい》の実在《じつざい》は必《かなら》ず意識《いしき》される、眼《め》で幾《いく》ら見《み》ていても渇仰《かつごう》しなければ何《なに》もならないからである。衆生《しゅじょう》の心《こころ》は転倒《てんどう》していて、目前《もくぜん》の物欲《ぶつよく》に迷《まよ》って永遠《えいえん》の精神《せいしん》の向上《こうじょう》を忘《わす》れたがる、何時《いつ》でも如《にょ》来《らい》に救《すく》われると思《おも》えば、「まあ、その内《うち》に」というような事《こと》で迷《まよ》いを重《かさ》ねるものであるから、そこで身《み》を隠《かく》して渇仰《かつごう》の心《こころ》を刺激《しげき》するのです。ここに釈迦如来《しやかによらい》が、天国《てんごく》といわず西方《さいほう》といわず、「我常《われつね》に此《ここ》に住《じゆう》す」と言《い》われていることは非常《ひじよう》に大切《たいせつ》な点《てん》です。如来《によらい》は何処《どこ》にでも居《い》ることが出来《でき》るのだけれども、しかも汝《なんじ》の側《そば》に居《い》る、十方法界《ぽうほうかい》に周遍《しゆうへん》している本仏《ほんぶつ》の活動《かつどう》であるけれども、遠方《えんぽう》にあるのではない、常《つね》に汝《なんじ》の側《そば》にいて汝《なんじ》を守《まも》っておるぞとの温《あたた》かき言葉《ことば》は、私達《わたしたち》にとって如何《いか》にも有《あ》り難《がた》いことです。

自我偈《じがげ》の中《なか》には、この時間《じかん》を超越《ちようえつ》した三世《ぜ》の救済《きゆうざい》と、それから方便《ほうべん》の涅槃《ねはん》と、そして何時《いつ》も此処《ここ》に居《い》るというような、本仏《ほんぶつ》を考《かんが》えるについての大事《だいじ》な点《てん》が挙《あ》げられています。それを暗唱《あんしよう》して臆念《おくねん》するために自我偈《じがげ》は説《と》かれているのですから、ここに挙《あ》げられているような意味《いみ》を、私達《わたしたち》は渇仰信《かつごうしん》念《ねん》の上《うえ》に十分《ぶん》に把握《はあく》しておかなければならないのは当然《とうぜん》の事《こと》です。それを、この自我偈《じがげ》の意味《いみ》をまた浅《あさ》いというような事《こと》を言《い》って、屁理屈《へりくつ》を以《もっ》て変《か》えるような議論《ぎろん》をする者《もの》、文底《もんてい》というような言葉《ことば》を操《あやつ》ってこれ以外《いがい》の議論《ぎろん》を勝手《かって》に加《くわ》えて行《い》くならば、もう停止《ていし》する所《ところ》を知《し》らずに「お前《まえ》はそうは言《い》っても、こっちはこうじゃ」という事《こと》になってしまいます。この釈尊《しやくそん》の本懐《ほんかい》である自我偈《じがげ》は、行《ゆ》く行《ゆ》くは仏教徒全体《ぶつきようとぜんたい》に弘《ひろ》まるべきで大事《だいじ》なものであり、日蓮聖人《にちれんしようにん》は「真実《しんじつ》の依文判義《えもんはんぎ》は本門《ほんもん》に限《かぎ》るべし」と示《しめ》されている訳《わけ》ですから、少《すく》なくとも日蓮門下《にちれんもんか》はこれを最高権威《さいこうけんい》の遺訓《いくん》として遵守《じゆんしゆ》し奉《ほう》戴《たい》すべきであって、余計《よけい》な解釈《かいしゃく》をして捏《こ》ね回《まわ》すというような学風《がくふう》は採《と》るべきではありません。

（現代語《げんだいご》）

人々《ひとびと》は　私《わたし》の入滅《にゅうめつ》を見《み》て
広《ひろ》く舎利《しゃり》を供養《くよう》し
皆《みな》　恋《こ》い慕《した》いて
渇仰《かつごう》の心《こころ》を生《しょう》ず
正《ただ》しき信《しん》を懐《いだ》き　誠実《せいじつ》柔《やわ》らかに
心《こころ》をひとつに　仏《ほとけ》　見《み》るを求《もと》め
命《いのち》　惜《お》しまねば
その時《とき》　我《われ》仏《ほとけ》と弟子《でし》達《たち》は
共《とも》に霊山《りょうぜん》に姿《すがた》を現《あらわ》す

（要文《ようもん》）

衆《しゅ》は我《わ》が滅度《めつど》を見《み》て
広《ひろ》く舎利《しゃり》を供養《くよう》し
咸《ことごと》く皆恋慕《みなれんぼ》を懐《いだ》いて
渇仰《かつごう》の心《こころ》を生《しょう》ず
衆生既《しゅじょうすで》に信伏《しんぶく》し
質直《しちじき》にして意柔軟《こころにゅうなん》に
一心《しん》に仏《ほとけ》を見《み》たてまつらんと欲《ほっ》して
自《みずか》ら身命《しんみょう》を惜《お》しまず
時《とき》に我及《われおよ》び衆僧《しゅそう》
倶《とも》に霊鷲山《りょうじゅせん》に出《い》ず

（要義《ようぎ》）

「非生現生《ひしょうげんしょう》」「非滅現滅《ひめつげんめつ》」と言《い》って、生《しょう》ずに非《あら》ずして生《しょう》を現《げん》ず、滅《めつ》するに非《あら》ずして滅《めつ》を現《げん》ずる、実在《じつざい》の如来《にょらい》ですから、常住不滅《じょうじゅうふめつ》・非生非滅《ひしょうひめつ》であるけれども、我等衆生《われらしゅじょう》の機《き》の前《まえ》には生《しょう》を現《げん》じ滅《めつ》を現《げん》じます。何故《なぜ》ならば、方便《ほうべん》の涅槃《ねはん》であることを衆生《しゅじょう》は知《し》らないが為《ため》に、「衆《しゅ》は我《わ》が滅度《めつど》を見《み》て広《ひろ》く舎利《しゃり》を供養《くよう》し、咸《ことごと》く皆恋慕《みなれんぼ》を懐《いだ》いて渇仰《かつごう》の心《こころ》を生《しょう》ず」と、釈尊《しゃくそん》の予想《よそう》した如《ごと》く、釈尊《しゃくそん》の目的《もくてき》の通《とお》りに、釈尊《しゃくそん》が生《い》きて教《おし》えを説《と》いている時《とき》よりも、滅後《めつご》にその教《おし》えを非常《ひじょう》に尊《とうと》び、多《おお》くの仏舎利《ぶっしゃり》を立《た》てて供養《くよう》し、経巻《きょうかん》を大切《たいせつ》にして渇仰《かつごう》の精神《せいしん》を燃《も》え起《お》こすからです。そして「衆生既《しゅじょうすで》に信伏《しんぷく》し、質《しち》直《じき》にして意柔軟《こころにゅうなん》に」と、仏《ほとけ》を慕《した》い、その言葉《ことば》を尊《とうと》び、自《みずか》らの精神《せいしん》を矯《た》め直《なお》すことが出来《でき》て、「一心《しん》に仏《ほとけ》を見《み》たてまつらんと欲《ほっ》して自《みずか》ら身命《しんみょう》を惜《お》しまず」と、どうか仏様《ほとけさま》にお会《あ》いしたいという憧憬《どうけい》の念《ねん》を燃《も》やし、命《いのち》を捨《す》てても会《あ》おうという程《ほど》に仏《ほとけ》に想《おも》いを起《お》こす時《とき》、釈尊《しゃくそん》は弟子達《でしたち》を伴《ともな》って霊鷲山《りょうじゅせん》に出《で》られる訳《わけ》です。実際《じっさい》の印度《いんど》の霊鷲山《りょうじゅせん》を指《さ》して、そこに釈尊《しゃくそん》が現《あらわ》れるというのではありません。私達《わたしたち》の渇仰《かつごう》の精神《せいしん》が極《きわ》みに至《いた》って釈尊《しゃくそん》にお目《め》に掛《か》かる所《ところ》、[21]そして成仏《じょうぶつ》して往詣《おうけい》する所《ところ》が法華経《ほけきょう》を説《と》いた霊鷲山《りょうじゅせん》であるということです。

この経文《きょうもん》は、妙法《みょうほう》の文字《もじ》に憧《あこが》れるのでもなければ、実相《じっそう》の真理《しんり》に憧《あこが》れるのでもない、「自《みずか》ら身命《しんみょう》を惜《お》しまず」と仏《ほとけ》に対《たい》する強《つよ》い渇仰《かつごう》の精神《せいしん》を説《と》いたものです。「仏《ほとけ》といっても自分《じぶん》の仏性《ぶっしょう》だ」とか何《なん》とか誤魔化《ごまか》すのではなく、どこまでも本仏釈尊《ほんぶつしゃくそん》を渇仰《かつごう》する、肉身《にくしん》の如来《にょらい》は入滅《にゅうめつ》を示《しめ》されて私達《わたしたち》の肉眼《にくがん》には見《み》えぬけれども、不滅《ふめつ》の本仏《ほんぶつ》は何時《いつ》も居《お》られる、その本仏《ほんぶつ》に何《なん》としてもお目《め》に掛《かか》りたいという渇仰《かつごう》の精神《せいしん》です。日蓮聖人《にちれんしょうにん》が、[22]唯《ゆい》一釈尊《しゃくそん》こそが我《われ》ら衆生《しゅじょう》にとっての主《しゅ》であり、師《し》であり、親《おや》であることを強《つよ》く主張《しゅちょう》されたように、宗教《しゅうきょう》はどうしても人格者《じんかくしゃ》に対《たい》する所《ところ》の情操《じょうそう》が必要《ひつよう》となります。仏教《ぶっきょう》では真如《しんにょ》の妙理《みょうり》が云々《うんぬん》とか、或《ある》いは阿字真言《あじしんごん》のような神秘的《しんぴてき》なものを、意味《いみ》も判《わか》らずにムニャムニャと唱《とな》えたら何《なに》かの病気《びょうき》が治《なお》るとかいうような思想《しそう》もありますが、そのようなものは飽《あ》くまでも宗教《しゅうきょう》に於《お》いての一部分《ぶぶん》です。宗教《しゅうきょう》においても最高《さいこう》の精神《せいしん》は人格《じんかく》に対《たい》する所《ところ》の観念《かんねん》であって、私達《わたしたち》は主《しゅ》の尊厳《そんげん》に対《たい》して感激《かんげき》し、師《し》の教化《きょうけ》に対《たい》して感激《かんげき》し、親《おや》の慈愛《じあい》に感激《かんげき》し、また夫婦《ふうふ》の相互《そうご》に精神《せいしん》が動《うご》いて、そこに燃《も》えるが如《ごと》き人間《にんげん》の美徳《びとく》が現《あら》われて来《く》るのです。人格《じんかく》を取《と》り除《のぞ》いてしまって真理《しんり》に感激《かんげき》するというようなことは、理屈《りくつ》の研究《けんきゅう》などをしている人《ひと》が言《い》うことであって、本当《ほんとう》の味《あじ》わいのある信仰《しんこう》とはなりません。だからこそ、ここには本仏《ほんぶつ》を渇仰《かつごう》の対象《たいしょう》に置《お》いてある、信仰《しんこう》というものは、どうしても人格《じんかく》に対《たい》する精神的感激《せいしんてきかんげき》でなければならぬことが説《と》かれているのです。これは、天台大師《てんだいだいし》が言《い》ったとか誰《だれ》が言《い》ったとかという問題《もんだい》ではありません。釈尊自身《しゃくそんじしん》が宗教《しゅうきょう》の一番大《ばんだい》事《じ》な点《てん》を、ここに示《しめ》されたものと見《み》て良《よ》いのです。一心《しん》に仏《ほとけ》を見《み》たてまつらんと欲《ほっ》する所《ところ》の信仰《しんこう》の精神《せいしん》は、非常《ひじょう》に大切《たいせつ》な事《こと》です。一方《ぽう》には「我身命《われしんみょう》を愛《あい》せず、但無上道《ただむじょうどう》を惜《お》しむ」という言葉《ことば》もありますけれども、その無上道《むじょうどう》の内容《ないよう》も、結局《けっきょく》は本仏《ほんぶつ》と仏性《ぶっしょう》を有《ゆう》する衆生《しゅじょう》との関係《かんけい》を指《さ》すことになるのです。「日本《にほん》を愛《あい》す」ということでも、愛《あい》するのは日本《にほん》の土地《とち》でもなければ形《かたち》でもなくして、結局《けつきよく》は人《ひと》を愛《あい》することになる、日本《にほん》を愛《あい》するのではなくして、日本《にほん》を形作《かたちづく》っている所《ところ》の、その人格《じんかく》者《しゃ》を愛《あい》することになるのと同《おな》じです。

(現代語《げんだいご》)
時《とき》に人々《ひとびと》に語《かた》る
私《わたし》は常《つね》に　ここに居《い》て不滅《ふめつ》なり
皆《みな》を導《みちび》くために　滅《めつ》・不滅《ふめつ》を示《しめ》した
たとえ何処《どこ》にあっても
心《こころ》から敬《うやま》い　信《しん》じ願《ねが》えば
私《わたし》は心《こころ》の中《なか》で
この上《うえ》なき法《ほう》を説《と》く
汝等《なんだち》　これを聞《き》かず
ただ私《わたし》が入滅《にゅうめつ》したと思う

（要文《ようもん》）

我《われ》　時《とき》に衆生《しゅじょう》に語《かた》る
常《つね》に此《ここ》に在《あ》って滅《めつ》せず
方便力《ほうべんりき》を以《もっ》ての故《ゆえ》に
滅不滅《めつふめつ》ありと現《げん》ず
余国《よこく》に衆生《しゅじょう》の
恭敬《くぎょう》し信楽《しんぎょう》する者《もの》あれば
我《われ》　復彼《またか》の中《なか》に於《おい》て
為《ため》に無上《むじょう》の法《ほう》を説《と》く
汝等此《なんだちこ》れを聞《き》かずして
但《た》だ我《われ》　滅度《めつど》すと謂《おも》えり

（要義《ようぎ》）

釈迦如来《しゃかにょらい》は滅《めつ》するものではないけれども、衆生済度《しゅじょうさいど》の適当《てきとう》の方法《ほうほう》として、所謂方便《いわゆるほうべん》を以《もっ》て入滅《にゅうめつ》を現《げん》じます。嘘《うそ》に入滅《にゅうめつ》するとか仮《かり》に入滅《にゅうめつ》するということではなく、衆生済度《しゅじょうさいど》の為《ため》の故《ゆえ》に入滅《にゅうめつ》を現《げん》ぜざるを得《え》ぬという事《こと》が方便涅槃《ほうべんねはん》です。「我時《われとき》に衆生《しゅじょう》に語《かた》る、常《つね》に此《ここ》に在《あ》って滅《めつ》せず」とは、如来《にょらい》は常《つね》にこの娑婆世界《しゃばせかい》にあって滅《ほろ》びるものではないけれども、「方便力《ほうべんりき》を以《もっ》ての故《ゆえ》に滅不滅《めつふめつ》ありと現《げん》ず」と、衆生済度《しゅじょうさいど》の必要《ひつよう》に於《お》いて滅《めつ》を現《げん》ずる事《こと》があり、不滅《ふめつ》を現《げん》ずる事《こと》がある。滅《めつ》を現《げん》ずるという事《こと》も、衆生《しゅじょう》を済度《さいど》する最善《さいぜん》の方法《ほうほう》だからです。そして「余国《よこく》に衆生《しゅじょう》の恭敬《くぎょう》し信楽《しんぎょう》する者《もの》あれば、我復彼《われまたか》の中《なか》に於《おい》て為《ため》に無上《むじょう》の法《ほう》を説《と》く」と、入滅《にゅうめつ》を現《げん》じても無《な》くなった訳《わけ》ではないから、こちらに暫《しばら》く滅《めつ》を現《げん》じていても、直《す》ぐに余国《よこく》に身《み》を現《げん》じて衆生《しゅじょう》を済度《さいど》しているのです。このように如来《にょらい》の活《かっ》動《どう》は常住《じょうじゅう》であって、滅《めつ》を現《げん》じたと言《い》っても必《かなら》ず他《た》に於《お》いて衆生《しゅじょう》を救済《きゅうさい》している、そしてこちらに於《お》いて滅《めつ》を現《げん》ずるのも、人々《ひとびと》の渇仰《かつごう》の精神《せいしん》を刺激《しげき》する為《ため》であるから、滅《めつ》も衆生《しゅじょう》の為《ため》、不滅《ふめつ》も衆生《しゅじょう》の為《ため》、身《み》を現《げん》ずるのも衆生済度《しゅじょうさいど》のため、身《み》を隠《かく》すのも衆生済度《しゅじょうさいど》の為《ため》であって、如来《にょらい》は衆生済度《しゅじょうさいど》の事《こと》より離《はな》れた事《こと》はない。このような意味合《いみあ》いを知《し》らないで、跋提河《ばつだいが》の辺《ほとり》に入滅《にゅうめつ》したと言《い》えば、それっきり消《き》えて亡《な》くなったと考《かんが》えるのは大変《たいへん》な間違《まちが》いである。釈迦牟尼仏《しゃかむにぶつ》を始成正覚《しじょうしょうがく》と、迷《まよ》える者《もの》が修行《しゅぎょう》を積《つ》んで仏《ほとけ》に成《な》ったと思《おも》うのも間違《まちが》いであり、入滅《にゅうめつ》を指《さ》して滅《ほろ》びたと思《おも》うのも間違《まちが》いである。滅《めつ》とは方便涅槃《ほうべんねはん》であり、方便涅槃《ほうべんねはん》とは仮《かり》という事《こと》ではない。衆生済度《しゅじょうさいど》のために涙《なみだ》を以《もっ》て身《み》を隠《かく》しているのである。汝達《なんじたち》の側《そば》に居《お》りたいのだけれども、それでは救《すく》うことが出来《でき》ないから、より温《あたた》かなる慈悲《じひ》を以《もっ》て一時《じ》姿《すがた》を隠《かく》すのだという、この意味《いみ》を何故《なにゆえ》に了解《りょうかい》しないのかと言《い》っておられるのです。

（現代語《げんだいご》）

私《わたし》は　苦《くる》しみの海《うみ》に
人々《ひとびと》の沈《しず》みしを見《み》る
それゆえに　あえて身《み》を現《あら》わさず
渇仰《かつごう》の心《こころ》を生《しょう》ぜしめ
その心《こころ》　恋《こ》い慕《した》うことあらば
この身《み》現《あらわ》し　教《おし》えを説《と》く

（要文《ようもん》）

我《われ》　諸《もろもろ》の衆生《しゅじょう》を見《み》れば
苦海《くかい》に没在《もつざい》せり
故《かるがゆえ》に為《ため》に身《み》を現《げん》ぜずして

それをして渇仰《かつごう》を生《しょう》ぜしむ
その心《こころ》恋慕《れんぼ》するに因《よ》って
すなわち出《い》でて為《ため》に法《ほう》を説《と》く

(要義《ようぎ》)

仏《ほとけ》が大勢《おおぜい》の衆生《しゅじょう》を見《み》れば、皆苦《みなく》しみの海《うみ》に浮《う》きつ沈《しず》みつしている。この苦《くる》しみの海《うみ》とは、如何《いか》なる地位《ちい》にある者《もの》も免《まぬが》れ得《う》ることの出来《でき》ない、生老病死《しょうろうびょうし》・四苦《く》八苦《く》の苦《くる》しみのことです。仏《ほとけ》は、この実《じつ》に哀《あわ》れなる者達《ものたち》を何《なん》とか救《すく》いたいと思《おも》うけれども、それには一概《がい》に身《み》を現《あらわ》しては救《すく》えないから、身《み》を隠《かく》しておいて、そして渇仰《かつごう》の心《こころ》を衆生《しゅじょう》に起《おこ》さしめようとするのです。しかしながら、何時《いつ》までも身《み》を隠《かく》しているばかりでも救《すく》うことが出来《でき》ないからして、「その心《こころ》恋慕《れんぼ》するに因《よ》って」と、即《すなわ》ち「どうか仏《ほとけ》にお逢《あ》いしたい」と私達《わたしたち》の精神《せいしん》が熱《ねつ》する時《とき》には、「乃《すなわ》ち出《い》でて為《ため》に法《ほう》を説《と》く」と仏《ほとけ》は現身説法《げんしんせっぽう》をされるのです。この出現《しゅつげん》と説法《せっぽう》ということが、如来《にょらい》の衆生済度《しゅじょうさいど》において大切《たいせつ》な点《てん》です。これは釈迦牟尼仏《しゃかむにぶつ》のみに言《い》えることであって、他《た》の仏《ほとけ》が「乃《すなわ》ち出《い》でて法《ほう》を説《と》く」と言《い》うことはありません。他《た》の仏《ほとけ》は、この娑婆世界《しゃばせかい》に出《で》ても来《こ》ず、法《ほう》も説《と》かない者《もの》であるからです。この「出《い》でて法《ほう》を説《と》く」ということが感応《かんのう》であって、法華経《ほけきょう》には今日眼《こんにちめ》に見《み》えない仏《ほとけ》と私達《わたしたち》の信仰《しんこう》との関係《かんけい》ばかりではなく、本仏《ほんぶつ》の出現説法《しゅつげんせっぽう》の大事《だいじ》が示《しめ》されているのです。

(現代語《げんだいご》)

神通力《じんづうりき》は　かくの如《ごと》し
量《はか》り知《し》れぬ　永《なが》き間《あいだ》
私《わたし》は常《つね》に霊山《りょうぜん》に　そして他《た》の所《ところ》に在《あ》り
世界《せかい》の終《お》わりに　人《ひと》　皆《みな》
大火《だいか》に焼《や》かれると見《み》る時《とき》も
私《わたし》の国土《こくど》は安穏《あんのん》なり
天《てん》の神《かみ》と　人《ひと》に満《み》ち溢《あふ》れ
庭園《ていえん》・楼閣《ろうかく》は　種々《しゅじゅ》の宝《たから》で厳《おごそ》かに
宝珠《ほうじゅ》の樹《き》は　花《はな》も実《み》も多《おお》く
人《ひと》の皆《みな》　楽《たの》しむ所《ところ》なり
神《かみ》は鼓《つづみ》を打《う》ち　調《しら》べを奏《かな》で
曼陀羅《まんだら》の花《はな》を　雨降《あめふ》らし

仏《ほとけ》と皆人々《みなひとびと》に散《さん》ず

（要文《ようもん》）

神通力《じんづうりき》　是《かく》の如《ごと》し
阿僧祇劫《あそうぎこう》に於《お》いて
常《つね》に霊鷲山《りようじゆせん》
及《およ》び　余《よ》の諸《もろもろ》の住処《じゆうしよ》にあり
衆生《しゆじよう》劫《こう》尽《つ》きて
大火《だいか》に焼《や》かるると見《み》る時《とき》も
我《わ》が此《こ》の土《ど》は安穏《あんのん》にして
天人《てんにん》常《つね》に充満《じゆうまん》せり
園林《おんりん》諸《もろもろ》の堂閣《どうかく》
種種《しゆじゆ》の宝《たから》をもって荘厳《しようごん》せり
宝樹《ほうじゆ》華果《けかお》多《お》くして

衆生《しゅじょう》の遊楽《ゆうらく》する所《ところ》なり
諸天《しょてん》　天鼓《てんく》を撃《う》って
常《つね》に衆《もろもろ》の伎楽《ぎがく》を作《な》し
曼陀羅華《まんだらけ》を雨《ふ》らして
仏《ほとけ》及《およ》び大衆《だいしゅ》に散《さん》ず

(要義《ようぎ》)

ここには、本仏《ほんぶつ》の不滅《ふめつ》と本仏《ほんぶつ》の住処所謂《じゅうしょいわゆる》「浄土《じょうど》」の荘厳《そうごん》なる有様《ありさま》が説《と》かれています。何故《なぜ》ならば、衆生《しゅじょう》を救《すく》い取《と》るということは、この美《うつく》しき浄土《じょうど》に、仏《ほとけ》と同《おな》じその幸福《こうふく》なる地位《ちい》に昇《のぼ》らさんとすることにあるからです。「神通力是《じんづうりきかく》の如《ごと》し」とは、或《ある》いは出現説法《しゅつげんせっぽう》し、或《ある》いは方便涅槃《ほうべんねはん》し、衆生《しゅじょう》教化《きょうけ》の事《こと》を一日《にち》も間断《かんだん》なく行《おこな》っている、そしてそのような方法《ほうほう》に於《お》いて自在《じざい》を得《え》ている者《もの》が如来《にょらい》であるということを説《と》いています。その所謂全智全能《いわゆるぜんちぜんのう》の如来《にょらい》は、阿僧祇劫《あそうぎこう》の長《なが》きに亘《わた》って何時《いつ》でも霊鷲山《りょうじゅせん》及《およ》び余《よ》の住処《じゅうしょ》にある、如来《にょらい》の身《み》というものは孤立《こりつ》の一身《しん》ではありませんから、私達《わたしたち》の娑婆世界《しゃばせかい》の霊《りょう》鷲山《じゅせん》に何時《いつ》でも居《い》ると同時《どうじ》に、十方《ぽう》の世界《せかい》に於《お》いても活躍《かつやく》しているのです。この娑婆世界《しゃばせかい》と「余《よ》の諸《もろもろ》の住処《じゅうしょ》」を、古来《こらい》の解釈《かいしゃく》では「同居《どうこ》」「方便《ほうべん》」「実報《じっぽう》」「寂光《じゃっこう》」の四土《ど》に分類《ぶんるい》しています。「同居《どうこ》土《ど》」とは、六道《どう》の大勢《おおぜい》の迷《まよ》える者《もの》が雑居《ざつきょ》し、畜生《ちくしょう》も居《い》れば人間《にんげん》も居《い》る、所謂《いわゆる》凡夫《ぼんぷ》と聖者《せいじゃ》が同居《どうきょ》している世界《せかい》です。それから「方便土《ほうべんど》」というのは、二乗《じょう》の阿羅漢《あらかん》あたりが生《う》まれる世界《せかい》、「実報土《じつぽうど》」とは菩薩《ぼさつ》の世界《せかい》、「寂光土《じやっこうど》」とは仏《ほとけ》の世界《せかい》です。[23]普通《ふつう》は、この「同居土《どうこど》」に浄土《じょうど》と穢土《えど》があるとされていますが、段々《だんだん》に研究《けんきゅう》が進《すす》んでくると、古来《こらい》の「同居土《どうこど》」とは穢土《えど》であって、「寂光土《じやっこうど》」の中《なか》に「同居《どうこ》の浄土《じょうど》」というものがあることが解《わか》って来《き》ます。「寂光土《じやっこうど》」が二分《ぶん》されて、すっかり覚《さと》った所《ところ》の最高《さいこう》の者《もの》だけが居《い》る浄土《じょうど》と、そこに今新《いまあら》たに進《すす》んできた者《もの》との雑居《ざつきょ》する所《ところ》、中間《ちゅうかん》の浄土《じょうど》みたいなものがある訳《わけ》です。此処《ここ》は覚《さと》るべき者《もの》が着《き》の身着《みき》の儘入《ままはい》って来《き》て、仏《ほとけ》に迎《むか》えられて、完成《かんせい》している先輩《せんぱい》と新人《しんじん》の者《もの》とが一緒《しょ》に居《い》るというような意味《いみ》の所《ところ》です。そして日蓮聖人《にちれんしょうにん》は、この「同居《どうこ》の浄土《じょうど》」を非常《ひじょう》に重《おも》く見《み》て、これを「霊山浄土《りょうぜんじょうど》」と言《い》われています。昔《むかし》から三妙《みょう》を論《ろん》じるという時《とき》には、本因《ほんいん》、本果《ほんが》、本国土《ほんこくど》の三つを挙《あ》げていますが、本因妙《ほんいんみょう》は仏性論《ぶつしょうろん》、本果妙《ほんがみょう》は本仏論《ほんぶつろん》、それから本国土妙《ほんこくどみょう》が即《すなわ》ち今《いま》の浄土論《じょうどろん》です。そこで今《いま》この所《ところ》で言《い》われていることは、観心本尊抄《かんじんほんぞんしょう》に「今本《いまほん》時《じ》の娑婆世界《しゃばせかい》は、三災《さい》を離《はな》れ、四劫《こう》を出《い》でたる常住《じょうじゅう》の浄土《じょうど》なり」と述《の》べられているように、迷《まよ》える方《ほう》の娑婆世界《しゃばせかい》と覚《さと》れる方《ほう》の娑婆世界《しゃばせかい》とは両方《りょうほう》に繋《つな》がっている、この穢土《えど》と同居《どうこ》の浄土《じょうど》とが一つのものになっているという大事《だいじ》です。仏《ほとけ》が常《つね》に住《じゅう》するというのは、この穢土《えど》の娑婆世界《しゃばせかい》ではありません。その裏《うら》を抜《ぬ》けて同居《どうこ》の浄土《じょうど》に通《かよ》われている、そこに居《お》られるわけです。

そして「衆生劫尽《しゅじょうこうつ》きて」とは、この世界《せかい》が破壊《はかい》の時《とき》に及《およ》んだ場合《ばあい》で、「成住壊空《じょうじゅうえくう》」の四劫《こう》と言《い》って、この世界《せかい》が成《な》り立《た》ち、人類《じんるい》が棲息《せいそく》し、それから世界《せかい》が壊《こわ》れ、総《すべ》てのものが空《くう》に帰《き》してしまうという時《とき》です。この壊劫《えこう》の劫《こう》尽《つ》きて大火《だいか》に焼《や》かれると見《み》る時《とき》、大火《だいか》が起《お》こって世界《せかい》を焼《や》き払《はら》うというような世界破壊《せかいはかい》の時《とき》に於《お》いても、如来《にょらい》は同居《どうこ》の浄土《じょうど》に通《かよ》っているが故《ゆえ》に「我《わ》が此《こ》の土《ど》は安穏《あんのん》にして天人《てんにん》充満《じゅうまん》せり」、果報《かほう》の違《ちが》いによって汝等《なんじら》が焼《や》かれると見《み》る時《とき》も、この世界《せかい》が実際《じっさい》に焼《や》けているのではない、この世界《せかい》の直《す》ぐそこには安穏《あんのん》の世界《せかい》があることが説《と》かれています。そこは園林《おんりん》諸《もろもろ》の堂閣《どうかく》種《しゅ》種《じゅ》の宝《たから》をもって荘厳《しょうごん》し、宝樹華果《ほうじゅけか》多《おお》くして衆生《しゅじょう》の遊楽《ゆうらく》する所《ところ》です。それは「理土《りど》」と言《い》うような、ただ空漠《くうばく》なる真理《しんり》の世界《せかい》ではなく、美《うつく》しく荘厳《そうごん》された具体的《ぐたいてき》な世界《せかい》です。したがって、理土《りど》であればそこに居《い》るのは法身《ほっしん》の如来《にょらい》にして理身《りしん》となりますが、美《び》の実在世界《じつざいせかい》であれば、そこに居《お》られるのは荘厳身《しょうごんしん》の仏《ほとけ》であって、即《すなわ》ち応身《おうじん》、報身《ほうじん》という人格《じんかく》の如来《にょらい》である訳《わけ》です。そして、浄土《じょうど》の楽《たの》しい状《じょう》態《たい》を写《うつ》す言葉《ことば》として「諸天天鼓《しょてんてんく》を撃《う》って、常《つね》に衆《もろもろ》の伎楽《ぎがく》を作《な》し」と語《かた》り、同居《どうこ》の浄土《じょうど》であるが故《ゆえ》に「曼陀羅華《まんだらけ》を雨《ふ》らして、仏及《ほとけおよ》び大衆《だいしゅ》に散《さん》ず」と言《い》われているのです。

日蓮聖人《にちれんしょうにん》は、疑心《ぎしん》に駆《か》られた弟子《でし》に対《たい》して「我法華経《われほけきょう》の信心《しんじん》をやぶらずして、霊山《りょうぜん》に参《まい》りて返《かえ》りて導《みちび》けかし」と開目抄《かいもくしょう》に述《の》べられていますが、これは例《たと》えば、妻子《さいし》を不憫《ふびん》と思《おも》って別《わか》れる事《こと》を嘆《なげ》いても、どうせ何時《いつ》も寿命《じゅみょう》が尽《つ》きて別《わか》れなければならないとすれば、法華経《ほけきょう》の信心《しんじん》をつらぬいて霊山浄土《りょうぜんじょうど》に詣《まい》り、その同居《どうこ》の浄土《じょうど》から直《す》ぐに帰《かえ》って導《みちび》けば良《よ》いではないか、この世界《せかい》に何時《いつ》までも居《お》りたいと言《い》っても、迷《まよ》ったままでは又《また》やり損《そこ》なうから、一旦《たん》は不滅《ふめつ》の世界《せかい》まで行《い》って、そして直《す》ぐに活動《かつどう》の力《ちから》を現《あらわ》して出《で》て来《く》れば良《よ》いという事《こと》を説《と》いたものです。天台《てんだい》や真言《しんごん》では「理土《りど》」ということを非常《ひじょう》に尊《たっと》びますが、日蓮聖人《にちれんしょうにん》の場合《ばあい》はそうではなく、霊山浄土《りょうぜんじょうど》という言葉《ことば》を喧《やかま》しくされます。そこがまた良《よ》い所《ところ》であって、顕本法華宗《けんぽんほっけしゅう》では安心《あんじん》を申《もう》し上《あ》げる時《とき》には「臨終《りんじゅう》を期《ご》して霊山《りょうぜん》に往詣《おうけい》し」と、この言葉《ことば》に非常《ひじょう》に強《つよ》みを置《お》いています。「娑婆即寂光《しゃばそくじゃっこう》」と言《い》っても、この穢土《えど》がこのまま完全《かんぜん》だという理屈《りくつ》になってはなりません。「即《そく》」とは離合《りごう》の妙《みょう》を言《い》うのであって、離《はな》れてしまったものならば即《そく》ではない、合《がっ》してしまったものならば即《そく》ではない、全《まった》く一つでもなければ全《まった》く別《べつ》でもありません。物質的《ぶっしつてき》に一つと見《み》てはなりません、客観的《きゃっかんてき》に一つと見《み》てもなりません、精神《せいしん》を加《くわ》えて始《はじ》めて一つになるものと、ならざるものがあるのです。差別《さべつ》と平等《びょうどう》を達観《たっかん》した所《ところ》に即《そく》という字《じ》がある。だから今大火《いまだいか》に焼《や》かるると見《み》る時《とき》も、それが安穏《あんのん》の世界《せかい》であるという。しかしそれは、そこに精神《せいしん》を加《くわ》え功徳《くどく》を加《くわ》えるから一つになるのであって、精神《せいしん》を加《くわ》えず功徳《くどく》を加《くわ》えなければ永久《えいきゅう》に焼《や》かれる世界《せかい》のままです。その意味《いみ》を尚《なお》一層《そう》明《あき》らかにする為《ため》に、次《つぎ》の経文《きょうもん》が起《お》こって来《き》ます。

（現代語《げんだいご》）
私《わたし》の浄土《じょうど》は　けっして毀《こわ》れず
けれど人《ひと》は　炎《ほのお》に焼《や》き尽《つ》くされるように
憂《うれ》いと怖《おそ》れ　苦《くる》しみに満《み》ち溢《あふ》れ
罪《つみ》ある人々《ひとびと》は　いにしえの悪業《あくごう》に
遙《はる》かに久《ひさ》しき時《とき》を過《す》ぎ行《ゆ》きても
敬《うやま》うべき仏《ほとけ》と法《ほう》と僧《そう》の
三《みっ》つの宝《たから》の名《な》を聞《き》くことはない

（要文《ようもん》）
我《わ》が浄土《じょうど》は毀《こわ》れざるに
しかも衆《しゅ》は焼《や》け尽《つ》きて
憂怖《うふ》　諸《もろもろ》の苦悩《くのう》
是《かく》の如《ごと》き悉《ことごと》く充満《じゅうまん》せりと見《み》る

是《こ》の諸《もろもろ》の罪《つみ》の衆生《しゅじょう》は
悪業《あくごう》の因縁《いんねん》をもって
阿僧祇劫《あそうぎこう》を過《す》ぐれども
三宝《ぼう》の名《みな》を聞《き》かず

（要義《ようぎ》）

尊《とうと》い仏《ほとけ》があり浄土《じょうど》があっても、罪《つみ》ある衆生《しゅじょう》はそれに近《ちか》づくことが出来《でき》ない。その精神《せいしん》を誤《あやま》り功徳《くどく》が足《た》らない時《とき》には、仏《ほとけ》に近《ちか》づくことも出来《でき》ず、浄土《じょうど》に入《はい》ることも出来《でき》ない。それは、その心《こころ》がこの浄土《じょうど》に近寄《ちかよ》ることの出来《でき》ないものであるが故《ゆえ》である。浄土《じょうど》とは天国《てんごく》であるとか、西方彼方《さいほうかなた》の極楽《ごくらく》にあるわけではない、我《わ》が浄土《じょうど》は汝《なんじ》の住《す》んでいる世界《せかい》に遠《とお》からぬ直《す》ぐそこにある、汝《なんじ》の住《す》んでいる霊鷲山娑婆世界《りょうじゅせんしゃばせかい》、それが即《すなわ》ち浄土《じょうど》である。しかしながら、汝《なんじ》の果報《かほう》が拙《つたな》いが故《ゆえ》に、大火《だいか》に焼《や》かれていると見《み》て、非常《ひじょう》に苦《くる》しみの多《おお》い世界《せかい》である、穢土《えど》であると思《おも》っているのだ。罪《つみ》ある衆生《しゅじょう》は、その悪業《あくごう》の因縁《いんねん》によって、長《なが》き時《とき》を経《へ》ても三宝《ぼう》の御名《みな》すらも聞《き》くことが出来《でき》ない。況《いわん》や本仏《ほんぶつ》に遇《あ》うことは出来《でき》ず、本仏《ほんぶつ》の浄土《じょうど》に入《はい》ることも出来《でき》ないのである。恐《おそ》るべきは罪《つみ》である、悪業《あくごう》である、この悪業《あくごう》を滅《ほろ》ぼして福業《ふくごう》を積《つ》み、罪《つみ》を滅《ほろ》ぼして善《ぜん》を積《つ》むならば、汝《なんじ》は遠《とお》くに浄土《じょうど》を求《もと》める必要《ひつよう》はない、遠《とお》くに本仏《ほんぶつ》を求《もと》める必要《ひつよう》もない、私《わたし》は直《す》ぐ汝《なんじ》の側《そば》に居《い》る、汝《なんじ》の浄土《じょうど》は汝《なんじ》の目前《もくぜん》に展開《てんかい》して来《く》るという意味《いみ》が明《あき》らかにされます。ここに「即《そく》」という字《じ》の非常《ひじょう》に大事《だいじ》な意味《いみ》があります。この娑婆世界《しゃばせかい》が穢土《えど》というわけではない、この娑婆世界《しゃばせかい》が浄土《じょうど》というわけではない、穢土《えど》に居《い》るとか居《お》らぬということは、すべて自分自身《じぶんじしん》の果報《かほう》に属《ぞく》する事《こと》なのです。だからこそ、この心得《こころえ》を以《もっ》て功徳《くどく》を積《つ》みさえするならば、必《かなら》ず浄土《じょうど》に入《はい》ることが出来《でき》る、仏様《ほとけさま》に遇《あ》えるということが次《つぎ》の経文《きょうもん》に説《と》かれるのです。

（現代語《げんだいご》）
諸々《もろもろ》の功徳《くどく》を修《おさ》め
穏《おだ》やか正直《しょうじき》なる人《ひと》は
皆私《みなわたし》が此処《ここ》にあって
法《ほう》を説《と》くを見《み》る
この人々《ひとびと》のために
仏《ほとけ》　無量《むりょう》の命《いのち》を説《と》き
久《ひさ》しき時《とき》を経《へ》て　仏《ほとけ》を見《み》る者《もの》に

遇《あ》い難《がた》きを説《と》く
仏《ほとけ》の智慧《ちえ》斯《か》くの如《ごと》く
照《て》らす所《ところ》限《かぎ》りなく
命《いのち》 無限《むげん》なること
久《ひさ》しく行《ぎょう》を積《つ》み　得《う》るものなり

（要文《ようもん》）
諸《もろもろ》の有《あら》ゆる功徳《くどく》を修《しゅ》し
柔《にゅう》和《わ》質直《しちぢき》なる者《もの》は
則《すなわ》ち皆《みな》　我《わ》が身《み》
此《ここ》に在《あ》って法《ほう》を説《と》くと見《み》る
或《あ》る時《とき》は此《こ》の衆《しゅ》のために
仏寿無量《ぶつじゅむりょう》なりと説《と》く
久《ひさ》しくあって乃《いま》し仏《ほとけ》を見《み》たてまつる者《もの》には

為《ため》に仏《ほとけ》には値《あ》い難《がた》しと説《と》く
我《わ》が智力《ちりき》是《かく》の如《ごと》し
慧光《えこう》照《て》らすこと無量《むりょう》にして
寿命《じゅみょう》 無数劫《むしゅこう》なり
久《ひさ》しく業《ごう》を修《しゅ》して得《う》る所《ところ》なり

(要義《ようぎ》)

「諸《もろもろ》の有《あ》らゆる功徳《くどく》」「柔和質直《にゅうわしちぢき》」とは、一切《さい》の徳《とく》とその徳《とく》の中心《ちゅうしん》を明《あき》らかにしたものです。柔和《にゅうわ》質直《しちぢき》ということが仏《ほとけ》に対《たい》する所《ところ》の信仰《しんこう》となり、そして真心《まごころ》となります。[24]質直《しちぢき》とは単《たん》に素直《すなお》というのではない、直心《じきしん》とは正《まさ》しく真《ま》っ直《す》ぐな心《こころ》であり、柔和《にゅうわ》ということも、ただ穏《おだ》やかというのではない、理《り》に適《かな》っているからこそ穏当《おんとう》なのであり、だからこそ柔和《にゅうわ》であるのです。この柔和質直《にゅうわしちぢき》という心理状態《しんりじょうたい》が非常《ひじょう》に大切《たいせつ》なものであるからこそ、有《あ》らゆる功徳《くどく》と、そしてその中心《ちゅうしん》である柔和《にゅうわ》質直《しちぢき》という言葉《ことば》が挙《あ》げられたのです。左様《さよう》に一切《さい》の功徳《くどく》と、その功徳《くどく》の中心《ちゅうしん》となる柔和質直《にゅうわしちぢき》の精神《せいしん》を失《うしな》わなければ、「則《すなわ》ち皆《みな》、我《わ》が身《み》此《ここ》に在《あ》って法《ほう》を説《と》くと見《み》る」と、私達《わたしたち》は本仏釈尊《ほんぶつしゃくそん》に値《あ》うことが出来《でき》る。それ故《ゆえ》に功徳《くどく》のある者《もの》の為《ため》には、仏《ほとけ》は寿命《じゅみょう》無量《むりょう》であって滅《ほろ》びることはないと説《と》き、功徳《くどく》足《た》らずして漸《ようや》く値《あ》うことの出来《でき》るような者《もの》には、仏《ほとけ》には値《あ》い難《がた》しと説《と》くのです。これは、仏《ほとけ》に値遇《ちぐう》するという事《こと》が一概《がい》に難《かた》いというのではありません。徳有《とくあ》る者《もの》には直《ただ》ちに値《あ》い、徳無《とくな》き者《もの》は値《あ》う事《こと》を得《え》ないというように説《と》いて私達《わたしたち》の渇仰《かつごう》の心《こころ》を刺激《しげき》する、これが衆生《しゅじょう》を済度《さいど》する上《うえ》で大切《たいせつ》な方法《ほうほう》であり非常《ひじょう》に大事《だいじ》な点《てん》であるからです。

如来《にょらい》は功徳《くどく》有《あ》れば何時《いつ》でも値《あ》う、功徳《くどく》無《な》ければ千億万劫《おくまんこう》を経《へ》ても値《あ》えぬという事《こと》によって衆生《しゅじょう》を教化《きょうけ》して来《き》た、その他様々《たさまざま》なる教《おし》えを説《と》いて衆生《しゅじょう》を導《みちび》いて来《き》たのである。しかも、寿命《じゅみょう》は無量劫《むりょうこう》であって何時《いつ》までも死《し》ぬことはない、不滅《ふめつ》の如来《にょらい》である。斯様《かよう》な智慧《ちえ》があり寿命《じゅみょう》があり、しかも慈《じ》悲《ひ》を有《ゆう》している如来《にょらい》というものは「久《ひさ》しく業《ごう》を修《しゅ》して得《う》る所《ところ》」である。この「久《ひさ》しく業《ごう》を修《しゅ》して得《う》る所《ところ》」という言葉《ことば》に誤解《ごかい》を生《しょう》じてはなりません。これは功徳《くどく》のない理身《りしん》という法身《ほっしん》の如来《にょらい》でない事《こと》を説明《せつめい》して、非常《ひじょう》な功徳《くどく》を備《そな》えている人格《じんかく》の如来《にょらい》を説《と》くために言《い》われたものです。非常《ひじょう》に立派《りっぱ》な仏《ほとけ》を説《と》かんとするものであって、元迷《もとまよ》っていた者《もの》が久《ひさ》しく業《ごう》を修《しゅ》して仏《ほとけ》に成《な》ったというような、時間《じかん》の前後《ぜんご》を説《と》くものではありません、迷《まよ》いから覚《さと》りに来《き》たという事《こと》を説《と》いたのでもありません。日蓮《にちれん》聖人《しょうにん》は、真言宗《しんごんしゅう》の「山《やま》でも川《かわ》でも毘盧遮那《びるしゃな》だ、大日如来《だいにちにょらい》の姿《すがた》だ」というような万有神教《ばんゆうしんきょう》や、「天真《てんしん》独朗《どくろう》」と言《い》って天台宗《てんだいしゅう》あたりで盛《さか》んに説《と》かれた、[25]凡夫《ぼんぷ》も覚《さと》れば仏《ほとけ》である、何《なに》もやらないで始《はじ》めから偉《えら》い者《もの》だというような思想《しそう》を非情《ひじょう》に嫌《きら》います。そのような思想《しそう》とは違《ちが》うぞという事《こと》を明《あき》らかにするのが、この「久修業所得《くしゅごうしょとく》」の人格《じんかく》の如来《にょらい》であり、寿量品《じゅりょうほん》の大精神《だいせいしん》であるのです。それを知《し》らずして、「久《ひさ》しく業《ごう》を修《しゅ》して得《う》る所《ところ》なり」とか、或《ある》いは長行《ちょうぎょう》の「我本菩薩《われもとぼさつ》の道《みち》を行《ぎょう》じて」に引《ひ》っ掛《か》かって、寿量品《じゅりょうほん》の本仏《ほんぶつ》と雖《いえど》も菩薩《ぼさつ》であった、菩薩《ぼさつ》の前《まえ》は凡夫《ぼんぷ》であったなどと言《い》い、本仏釈尊《ほんぶつしゃくそん》の尊厳《そんげん》を傷付《きずつ》ける者《もの》がありますが、それは一切《さい》の寿量品《じゅりょうほん》の精神《せいしん》を打《う》ち壊《こわ》す、また日蓮聖人《にちれんしょうにん》の大切《たいせつ》なる遺訓《いくん》を皆《みな》壊《こわ》す日蓮教学上《にちれんきょうがくじょう》非常《ひじょう》に注意《ちゅうい》すべき点《てん》です。それにも拘《かか》わらず、本仏《ほんぶつ》を叩《たた》き落《お》として訳《わけ》の判《わか》らない妙法《みょうほう》だ実相《じっそう》だというものを盛《さか》んに仏《ほとけ》の上《うえ》に置《お》く、仏頂《ぶっちょう》の妙法《みょうほう》といって仏《ほとけ》の上《うえ》という事《こと》を盛《さか》んに力《りき》説《せつ》する者《もの》がある。それは「いかぬ」というのが日蓮教学《にちれんきょうがく》の最《もっと》も大切《たいせつ》な点《てん》であるにも拘《かか》わらず、[26]真《しん》蹟《せき》・古写本《こしゃほん》も存在《そんざい》しない「諸法実相鈔《しょほうじっそうしょう》」を見《み》て、「妙法蓮華経《みょうほうれんげきょう》こそ本仏《ほんぶつ》にては御座候《ござそうろう》へ」と書《か》いてあるじゃないか、釈迦多宝《しゃかたほう》の二仏《ぶつ》というも用《ゆう》の仏《ほとけ》なりとあるじゃないか、して見《み》れば釈迦《しゃか》も迹仏《しゃくぶつ》だ、妙法《みょうほう》が本仏《ほんぶつ》だ」という事《こと》を言《い》う訳《わけ》です。「では、その妙法《みょうほう》とは何《なに》だ」と問《と》えば、「何《なん》だかそれは判《わか》らないが、兎《と》に角《かく》妙法《みょうほう》が本仏《ほんぶつ》だ」などと言《い》う始末《しまつ》です。この「妙法蓮華経《みょうほうれんげきょう》こそ本仏《ほんぶつ》にては御座候《ござそうろう》へ」と言《い》う時《とき》の妙法《みょうほう》とは、法性《ほっしょう》であって、宇宙的《うちゅうてき》に言《い》えば真如実相《しんにょじっそう》、人格的《じんかくてき》に言《い》えば衆生《しゅじょう》の仏性《ぶっしょう》のことです。その仏性《ぶっしょう》の方《ほう》が現《あらわ》れ出《で》ている所《ところ》の仏《ほとけ》よりも上《うえ》にあると考《かんが》えて、釈迦如来《しゃかにょらい》が主師親《しゅししん》の三徳《とく》を備《そな》へた仏《ほとけ》と思《おも》っていたが、釈迦《しゃか》に三徳《とく》を貸《か》し与《あた》えたのは我等凡夫《われらぼんぷ》だった、凡夫《ぼんぷ》は本仏《ほんぶつ》であるなどと大《おお》きな間違《まちが》いを起《お》こしているのです。涅槃経《ねはんぎょう》に「一切衆生悉有仏性《さいしゅじょうしつうぶっしょう》」とあっても、その仏性《ぶっしょう》は瓶《かめ》の中《なか》の光《ひかり》のようなものです。瓶《かめ》を打《う》ち割《わ》らなければその光《ひかり》は外《そと》を照《て》らすことはありません。月《つき》に雲《くも》が懸《か》かっているのと同《おな》じで、その雲《くも》を追《お》い払《はら》う必要《ひつよう》がある、雲《くも》に覆《おお》われている月《つき》の方《ほう》が、光《ひか》っている月《つき》よりも良《よ》いという理屈《りくつ》はないという事《こと》を何処《どこ》までも説《と》いているのです。その涅槃経《ねはんぎょう》の「群盲象《ぐんもうぞう》を撫《な》ず」とは、仏性《ぶっしょう》の方《ほう》が仏《ほとけ》よりも上《うえ》だというような事《こと》を、盲人《もうじん》が象《ぞう》の一部《ぶ》を撫《な》でた印象《いんしょう》を以《もっ》て、あれこれと間違《まちが》ったことを主張《しゅちょう》することと同《おな》じだと戒《いまし》めたものです。[27]仏《ほとけ》の慈悲《じひ》無《な》くして衆生《しゅじょう》は救《すく》われません。本仏《ほんぶつ》の教化《きょうけ》なくして、衆生《しゅじょう》が仏《ほとけ》になることは出来《でき》ません。寿量品《じゅりょうほん》の経旨《きょうし》は、仏《ほとけ》の上《うえ》には何《なに》もない、仏《ほとけ》を絶対神聖《ぜったいしんせい》として説《と》かれているものであり、久《ひさ》しく業《ごう》を修《しゅ》したということは、仏《ほとけ》の人格的偉大《じんかくてきいだい》さを説《と》くためであって、その価値《かち》を引《ひ》き下《さ》げんとする言葉《ことば》でないと解釈《かいしゃく》するのが正当《せいとう》です。

(現代語《げんだいご》)
汝《なんじ》　賢《かしこ》き者《もの》よ　疑《うたが》いを起《お》こすなかれ
疑《うたが》いの心《こころ》を私《わたし》は尽《つ》くさせよう
私《わたし》の言葉《ことば》は真実《しんじつ》で偽《いつわ》りはない

父《ちち》なる医師《いし》が手立《てだ》てをもって
悶《もだ》え苦《くる》しむ子《こ》を治《なお》すため
仮《かり》に「死《し》んだ」と告《つ》げても
誰《だれ》も嘘《うそ》とは言《い》わぬであろう
私《わたし》は世《よ》の父《ちち》
人々《ひとびと》の苦《くる》しみを救《すく》う者《もの》なり

（要文《ようもん》）
汝等《なんだち》　智《ち》あらん者《もの》
此《これ》に於《お》いて疑《うたが》いを生《しょう》ずることなかれ
当《まさ》に断《だん》じて永《なが》く尽《つ》きせしむべし
仏語《ぶつご》は実《じつ》にして虚《むな》しからず
医《い》の善《よ》き方便《ほうべん》を以《もっ》て
狂子《おうじ》を治《ぢ》せんが為《ため》の故《ゆえ》に

実《じつ》には在《あ》れども而《しか》も死《し》すと言《い》うに
能《よ》く虚妄《こもう》を説《と》くもの無《な》きが如《ごと》く
我《われ》も亦《また》これ世《よ》の父《ちち》
諸《もろもろ》の苦患《くげん》を救《すく》う者《もの》なり

（要義《ようぎ》）

色々《いろいろ》に教《おし》えを説《と》いて来《き》たが、仏《ほとけ》一代《だい》の化導《けどう》は真実《しんじつ》である。如来《にょらい》は常住《じょうじゅう》であって徳有《とくあ》る者《もの》には直《ただ》ちに会《あ》い、徳無《とくな》き者《もの》には会《あ》わぬとか、方便《ほうべん》の涅槃《ねはん》を現《げん》ずるとか、或《ある》いは久《ひさ》しく業《ごう》を修《しゅ》して得《う》る所《ところ》とか、色々《いろいろ》な事《こと》を言《い》ってきたが、その如来《にょらい》の言葉《ことば》の一句《く》一句《く》に引《ひ》っ掛《か》かって疑《うたが》いを生《しょう》じてはならない。それでも、なお疑《うたが》いがある者《もの》には、「当《まさ》に断《だん》じて永《なが》く尽《つ》きせしむべし」と如来《にょらい》は力《ちから》を加《くわ》えてでも我《わ》が教《おし》えを信《しん》じられようにしてやろうと思《おも》われているのです。「仏語《ぶつご》は実《じつ》にして虚《むな》しからず」であって、斯様《かよう》に方便《ほうべん》を応用《おうよう》しても、それは皆最後《みなさいご》の開顕《かいけん》という事《こと》に達《たつ》したならば全部真実《ぜんぶしんじつ》と変《か》わるものである。方便《ほうべん》の応用《おうよう》と言《い》っても、真理《しんり》に合《がつ》するように考《かんが》えて説《と》かれているが故《ゆえ》に、開顕《かいけん》するならば全部《ぜんぶ》差《さ》し支《つか》えのない真実《しんじつ》となるのである。一句《く》一句《く》に対《たい》する疑《うたが》いなどというものによって、偉大《いだい》なる仏《ぶつ》教《きょう》を信《しん》じないという事《こと》はあってはならない、汝等《なんじら》自《みずか》らも励《はげ》んで信心《しんじん》に来《き》たらねばならないという事《こと》を言《い》われたのです。「当断令永尽《とうだんりょうようじん》」とは、如何《いか》にも慈悲《じひ》の広大《こうだい》なる事《こと》であって、如来《にょらい》は教《おし》えを与《あた》えて信《しん》ぜしめ、なお信《しん》じ得《え》られなければ汝《なんじ》の精神《せいしん》の中《なか》に入《はい》って信《しん》じられるように、汝《なんじ》の心《こころ》の中《なか》にまで立《た》ち入《い》って疑《うたが》いを断《た》ってやろうとまで考《かんが》えているということです。

長行《ちょうぎょう》の方《ほう》に詳《くわ》しく説《と》いてありましたが、医者《いしゃ》である父《ちち》は、毒《どく》に当《あ》てられた子供《こども》が薬《くすり》を飲《の》まない為《ため》に、そこで方便《ほうべん》を以《もっ》て他国《たこく》に行《い》って、父《ちち》は死《し》んだという使《つか》いを遣《つか》わして驚《おどろ》きを与《あた》えて薬《くすり》を飲《の》ませました。同様《どうよう》に、死《し》なない者《もの》を死《し》んだと言《い》うことは嘘《うそ》のようであるけれども、不滅《ふめつ》である如来《にょらい》が「死《し》す」と言《い》われる事《こと》も、それは衆生済度《しゅじょうさいど》の手段《しゅだん》であるが故《ゆえ》に、決《けっ》して虚妄《こもう》というものではありません。それは前《まえ》の所《ところ》で釈尊《しゃくそん》が「この良医《ろうい》の虚妄《こもう》の罪《つみ》を説《と》く者《もの》あらんや否《いな》や」と言《い》った時《とき》に、弥勒菩薩《みろくぼさつ》が「否《いな》なり世尊《せそん》」と、大慈大悲《だいじだいひ》のお言葉《ことば》であったと感謝《かんしゃ》したように決《けっ》して嘘《うそ》を言《い》ったものではないのです。私《わたし》は世《よ》の父《ちち》として諸《もろもろ》の苦患《くげん》を救《すく》う者《もの》である、現在《げんざい》の苦痛《くつう》も未来《みらい》の苦痛《くつう》も、物質的《ぶっしつてき》の苦痛《くつう》も精神的《せいしんてき》の苦痛《くつう》も、あらゆる人心《じんしん》を襲《おそ》う所《ところ》の苦《くる》しみを総《すべ》て救《すく》って、世間《せけん》の楽及《らくおよ》び涅槃《ねはん》の楽《らく》を与《あた》えんとして努力《どりょく》するものである。この「世《よ》の父《ちち》」という言葉《ことば》も、実《じつ》に宗教意識《しゅうきょういしき》の最《もっと》も善《よ》い所《ところ》を言《い》い表《あらわ》されたものだと思《おも》います。肉体《にくたい》の父《ちち》に対《たい》する観念《かんねん》と、この生命《せいめい》の無限《むげん》が辿《たど》って行《い》く上《うえ》での父《ちち》、私達《わたしたち》の不滅《ふめつ》の生命《せいめい》が関係《かんけい》を結《むす》んでいる精神的関係《せいしんてきかんけい》の父《ちち》に対《たい》する観念《かんねん》とは、決《けっ》して矛盾《むじゅん》するものではありません。何処《どこ》までも我々《われわれ》の無限《むげん》の生命《せいめい》は、本仏《ほんぶつ》を父《ちち》としているものである、我々《われわれ》は本仏釈尊《ほんぶつしゃくそん》と親子《おやこ》の関係《かんけい》である、そのような感激《かんげき》の精神《せいしん》があることによって、世間《せけん》の道徳《どうとく》もよく行《おこな》うことが出来《でき》るようになるのです。

(現代語《げんだいご》)

心《こころ》　転倒《てんどう》せる人《ひと》のために
ここに在《あ》れども　滅《めつ》すと言《い》う
いつも私《わたし》の姿《すがた》があれば
人《ひと》は驕《おご》りと怠《おこた》り　快楽《かいらく》に沈《しず》み
悪《あく》の道《みち》に堕《お》ちて行《ゆ》くであろう
私《わたし》は常《つね》に　人々《ひとびと》が正《ただ》しき道《みち》を歩《あゆ》むのか
歩《あゆ》まないのかを見《み》て
救《すく》うところに随《したが》って
そのために種々《しゅじゅ》の教《おし》えを説《と》く

（要文《ようもん》）

凡夫《ぼんぷ》の顛倒《てんどう》せるをもって
実《じつ》には在《あ》れども　しかも滅《めつ》すと言《い》う
常《つね》に我《われ》を見《み》るを以《もっ》ての故《ゆえ》に
しかも驕恣《きょうし》の心《こころ》を生《しょう》じ
放逸《ほういつ》にして五欲《よく》に著《じゃく》し
悪道《あくどう》の中《なか》に堕《お》ちなん
我《われ》　常《つね》に衆生《しゅじょう》の道《どう》を行《ぎょう》じ
道《どう》を行《ぎょう》ぜざるを知《し》って
度《ど》すべき所《ところ》に随《したが》って
為《ため》に種種《しゅじゅ》の法《ほう》を説《と》く

（要義《ようぎ》）

凡夫《ぼんぷ》の転倒《てんどう》した精神《せいしん》を醒《さ》ますためには、不滅《ふめつ》の如来《にょらい》も時《とき》に入滅《にゅうめつ》するという驚《おどろ》きを与《あた》えねばなりません。何時《いつ》でも如来《にょらい》に会《あ》えるとするならば、侮《あなど》りの心《こころ》を生《しょう》じてしまうからです。これは人間《にんげん》の心理作用《しんりさよう》として免《まぬが》れ難《がた》きことであって、桜《さくら》の花《はな》は散《ち》ることによって心強《こころづよ》く惹《ひ》かれるのであって、三百六十五日《にち》散らぬということであったならば粗末《そまつ》な花《はな》にされてしまうのと同《おな》じです。人間《にんげん》にはそのような浅《あさ》ましき考《かんが》えがある故《ゆえ》に、何時《いつ》も不滅《ふめつ》の如来《にょらい》として側《そば》に居《い》れば、人《ひと》は却《かえ》って放逸《ほういつ》にして五欲《よく》に著《ちゃく》してしまう、色《しき》・声《しょう》・香《こう》・味《み》・触《そく》の五官《かん》の欲望《よくぼう》、所謂物質的《いわゆるぶっしつてき》な欲望《よくぼう》に拘泥《こうでい》して、却《かえ》って罪《つみ》を作《つく》って悪道《あくどう》に堕《お》ちるようになってしまうから、それではいかぬと思《おも》って如来《にょらい》は方便《ほうべん》の涅槃《ねはん》を現《げん》ずるのです。しかし、この不滅《ふめつ》の如来《にょらい》は、何時《いつ》でも影《かげ》ながら一切衆生《さいしゅじょう》の善《よ》い事《こと》をするのと善《よ》い事《こと》をしないのを見分《みわ》けて、どうか善《よ》い事《こと》をして早《はや》く救《すく》われるようにと始終考《しじゅうかんが》えている。それが為《ため》に「度《ど》すべき所《ところ》に随《したが》って」と、人《ひと》それぞれに適当《てきとう》した教化《きょうけ》を与《あた》えて行《い》くために様々《さまざま》な法《ほう》を説《と》いたのです。衆生《しゅじょう》を思《おも》う心《こころ》の切《せつ》なるがために、人々《ひとびと》の意《こころ》の浅深《せんしん》に随《したが》って教《おし》えを説《と》くが故《ゆえ》に、説《と》かれる法《ほう》にも浅《あさ》い深《ふか》いが起《お》こります。しかも、ただ宛《あて》がっただけはない、その宛《あて》がった所《ところ》より遂《つい》には無上道《むじょうどう》に来《き》たらしめんとするのが究極《きゅうきょく》の目的《もくてき》であるからこそ、最後《さいご》に「毎自作是念《まいじさぜねん》」ということを本仏《ほんぶつ》は語《かた》られるのです。

（現代語《げんだいご》）

そして　常《つね》にこの念《おもい》を

この上《うえ》なき正《ただ》しき道《みち》に
如何《いか》に人々《ひとびと》を導《みちび》き
すみやかに　仏《ほとけ》の身《み》を得《え》させようかと

(要文《ようもん》)
毎《つね》に自《みずか》ら是《こ》の念《ねん》を作《な》す
何《なに》を以《もっ》てか衆生《しゅじょう》をして
無上道《むじょうどう》に入《い》り
速《すみ》やかに　仏身《ぶつしん》を成就《じょうじゅ》することを得《え》せしめんと

(要義《ようぎ》)

本仏《ほんぶつ》は「毎《つね》に自《みずか》ら是《こ》の念《ねん》を作《な》す」と、始《はじ》め無《な》き以前《いぜん》より常《つね》に考《かんが》えていることがある。それは、幾《いく》ら導《みちび》こうとしても迷《まよ》う、どうしても色々《いろいろ》の罪《つみ》を作《つく》る衆生《しゅじょう》を如何《いか》なる方法《ほうほう》によっても無上道《むじょうどう》に入《はい》らせ、そして速《すみ》やかに最後《さいご》の覚《さと》りを得《え》させようという事《こと》です。この毎自作是念《まいじさぜねん》の「是念《ぜねん》」とは、衆《しゅ》生《じょう》を救《すく》い終《お》えるまでは止《や》めぬという大慈悲《だいじひ》です。この慈悲《じひ》の「是念《ぜねん》」が「何《なに》を以《もっ》てか」という手段《しゅだん》に移《うつ》って、そして実際《じっさい》に悉達太子《しったたいし》としてこの世《よ》に身《み》を現《げん》じて、一代仏教《だいぶつきょう》を説《と》く所《ところ》の現身説法《げんしんせっぽう》となったのです。「輪《りん》」とは、転輪聖王《てんりんじゆうおう》の輪宝《りんぽう》から来《き》たもので、悪《わる》い者《もの》を打《う》ち破《やぶ》る力《ちから》を意味《いみ》しますが、この仏《ほとけ》の意《こころ》の働《はたら》きを慈悲《じひ》の「意輪《いりん》」と言《い》い、現身《げんしん》を「身輪《しんりん》」、そして説法《せっぽう》の方《ほう》を「口輪《くりん》」と言《い》います。仏教《ぶっきょう》の起《お》こる源《みなもと》は無論仏《むろんほとけ》の真理《しんり》を覚《さと》りし智慧《ちえ》であり、衆生《しゅじょう》を救《すく》わんとする所《ところ》の慈悲《じひ》ですけれども、これが宗教《しゅうきょう》として私達《わたしたち》に直接《ちょくせつ》するのは真理《しんり》でもなければ智慧《ちえ》でもない、如来《にょらい》の「毎《つね》に自《みずか》ら是《こ》の念《ねん》を作《な》す」という、燃《も》えるが如《ごと》き慈悲《じひ》の精神《せいしん》です。だからこそ、日蓮聖人《にちれんしょうにん》も観心本尊抄《かんじんほんぞんしょう》に「一念《ねん》三千を識《し》らざる者《もの》には、仏大慈悲《ほとけだいじひ》を起《お》こして、五字《じ》の内《うち》に此《こ》の珠《たま》を裹《つつ》み、末代幼稚《まつだいようち》の頸《くび》に懸《か》けさしめたまう」と言《い》われたのです。この「五字《じ》の内《うち》に此《こ》の珠《たま》を裹《つつ》み」というのは、現身説法教化《げんしんせつぽうきょうけ》の作用《さよう》を妙法蓮華経《みょうほうれんげきょう》の五字《じ》に巻《ま》いたものです。「何《なに》を以《もっ》てか」ということを妙法《みょうほう》に留《とど》めたのです。

「毎自作是念《まいじさぜねん》」、この本仏《ほんぶつ》の大慈大悲《だいじだいひ》の心《こころ》に感激《かんげき》する所《ところ》に日蓮主義《にちれんしゅぎ》の信念《しんねん》があります。自我偈《じがげ》は「我仏《われほとけ》を得《え》てより」と顕本《けんぽん》に始《はじ》まって「自《みずか》ら是《こ》の念《ねん》を作《な》す」という本仏釈尊《ほんぶつしゃくそん》の慈悲《じひ》に止《とど》めを刺《さ》すのであって、前後《ぜんご》を通《つう》じて本仏《ほんぶつ》の大化導《だいけどう》にならざるものはありません。妙法蓮華経《みょうほうれんげきょう》の五字《じ》は良薬《りょうやく》の如《ごと》き関係《かんけい》であり、日蓮聖人《にちれんしょうにん》は善知識《ぜんちしき》として私達《わたしたち》に法華経《ほけきょう》の精神《せいしん》を御紹介下《ごしょうかいくだ》される所《ところ》の方《かた》であって、本仏《ほんぶつ》の釈迦牟尼仏《しゃかむにぶつ》を仏宝《ぶっぽう》とし、妙法蓮華経《みょうほうれんげきょう》を法宝《ほうほう》とし、日蓮聖人《にちれんしょうにん》を僧宝《そうほう》と仰《あお》いで、本門《ほんもん》の三宝《ぼう》に帰依《きえ》するのが日蓮聖人門下《にちれんしょうにんもんか》の在《あ》るべき信仰《しんこう》です。聖徳太子《しょうとくたいし》の憲法《けんぽう》にも、仏法《ぶっぽう》を信《しん》ぜよということを「篤《あつ》く三宝《ぼう》を敬《うやま》え」という言葉《ことば》で言《い》われています。そして、三宝《ぼう》の中《なか》には仏《ほとけ》を本位《ほんい》としなければなりません。古来種々《こらいしゅじゅ》の議論《ぎろん》がありますけれども、仏法僧《ぶっぽうそう》と唱《とな》えて仏《ほとけ》を先《さき》にしなければならないことは、仏教各宗《ぶっきょうかくしゅう》に通《つう》じて異論《いろん》の無《な》いことです。日蓮聖人《にちれんしょうにん》の門下《もんか》がただ南無妙法蓮華経《なむみょうほうれんげきょう》と唱《とな》えて本仏釈尊《ほんぶつしゃくそん》を意識《いしき》しないような信仰《しんこう》は、悉《ことごと》く矯正《きょうせい》しなければ万有神論的《ばんゆうしんろんてき》な真言系統《しんごんけいとう》と同《おな》じ思想《しそう》になってしまいます。その結果《けっか》が、お祖師様《そしさま》は大切《たいせつ》にするけれども本仏《ほんぶつ》を忘《わす》れ、妙法《みょうほう》の名《な》に託《たく》して迷信《めいしん》を跋扈《ばっこ》させ、坊主《ぼうず》が怪《あや》しい占術《せんじゅつ》・加持祈祷《かじきとう》を以《もっ》て民心《みんしん》を惹《ひ》き付《つ》けては惑《まど》わすことになっているのです。

日蓮聖人《にちれんしょうにん》の法蓮鈔《ほうれんしょう》に云《いわ》く、「夫《そ》れ法華経《ほけきょう》は一代聖教《だいしょうきょう》の骨髄《こつずい》なり。自我偈《じがげ》は二十八品《ぽん》のたましひなり。三世《ぜ》の諸仏《しょぶつ》は寿量品《じゅりょうほん》を命《いのち》とし、十方《ぽう》の菩薩《ぼさつ》も自我偈《じがげ》を眼目《がんもく》とす。自我偈《じがげ》の功徳《くどく》をば私《わたくし》に申《もう》すべからず。次《つ》ぎ下《しも》に分別功徳品《ぶんべつくどくほん》に載《の》せられたり。此《こ》の自我偈《じがげ》を聴聞《ちょうもん》して仏《ほとけ》になりたる人人《ひとびと》の数《かず》をあげて候《そうろう》には、小千・大千・三千世界《せかい》の微塵《みじん》の数《かず》をこそあげて候《そうろう》へ。」

分別功徳品第十七《ふんべつくどくほんだい》

(現代語《げんだいご》)

この説法《せっぽう》の会座《えざ》に集《つど》いし者達《ものたち》、仏《ほとけ》の寿命《じゅみょう》の永遠《えいえん》なることを聞《き》いた量《はか》り知《し》れぬ大勢《おおぜい》の衆生《しゅじょう》は、広大《こうだい》な利益《りやく》を得《え》ることが出来《でき》たのです。

(要文《ようもん》)

その時《とき》に大会《だいえ》、仏《ほとけ》の寿命《じゅみょう》の劫数《こうしゅ》長遠《じょうおん》なること、是《かく》の如《ごと》くなるを説《と》きたもうを聞《き》いて、無《む》量《りょう》無辺《むへん》阿僧祇《あそうぎ》の衆生《しゅじょう》大饒益《だいにょうやく》を得《え》つ。

(要義《ようぎ》)

分別功徳品《ふんべつくどくほん》では、寿量品《じゅりょうほん》を聞《き》いて信《しん》じる者《もの》は必《かなら》ず仏《ほとけ》になる功徳《くどく》があるということを詳《くわ》しく説《と》かれます。この中《なか》では四信《しん》五品《ほん》といって、釈尊在世《しゃくそんざいせ》の行者《ぎょうじゃ》を四つに分《わ》け、滅後《めつご》の行者《ぎょうじゃ》を五つ分《わ》けて、法華経《ほけきょう》を修行《しゅぎょう》する者《もの》の階級《かいきゅう》が示《しめ》されています。日蓮聖人《にちれんしょうにん》は、「四信《しん》五品鈔《ほんしょう》」に「分別功徳品《ふんべつくどくほん》の四信《しん》と五品《ほん》とは、法華《ほっけ》を修行《しゅぎょう》するの大要《たいよう》、在世滅度《ざいせめつど》の亀鏡《ききょう》なり」と特《とく》にその大事《だいじ》を述《の》べて、その中《なか》でも在世《ざいせ》四信《しん》の初《はじ》めの一念信解《ねんしんげ》と滅後《めつご》五品《ほん》の第《だい》一の初随喜《しょずいき》は同《おな》じであり、この一念信解《ねんしんげ》こそが法華経《ほけきょう》修行《しゅぎょう》における信念成仏《しんねんじょうぶつ》の根拠《こんきょ》であると言《い》われています。それ故《ゆえ》にこの品《ほん》を知《し》るには、まず四信《しん》五品《ほん》の意味《いみ》を了解《りょうかい》することが大切《たいせつ》です。

四信《しん》：一念信解《ねんしんげ》、略解言趣《りゃくげごんしゅ》、広為他説《こういたせつ》、深信観成《じんしんかんじょう》

五品《ほん》：初随喜《しょずいき》、読誦《どくじゅ》、説法《せっぽう》、兼行《けんぎょう》六度《ど》、正行《しょうぎょう》六度《ど》

第《だい》一の一念信解《ねんしんげ》とは、寿量品《じゅりょうほん》に説《と》かれた本仏釈尊《ほんぶつしゃくそん》の妙《たえ》なる化導《けどう》を聞《き》いて一念《ねん》に有《あ》り難《がた》いと感激《かんげき》せるものであって、ここでは解《げ》の字《じ》には重《おも》きをなしません。第《だい》二の略解言趣《りゃくげごんしゅ》も、寿量品《じゅりょうほん》の釈尊《しゃくそん》に対《たい》して一通《とお》りの了解《りょうかい》を持《も》つ者《もの》であって、何《なに》も詳《くわ》しく知《し》る訳《わけ》ではありません。第《だい》三は広為他説《こういたせつ》と、その寿量品《じゅりょうほん》の意味《いみ》を他《た》の為《ため》にも説《と》くものです。そして、第《だい》四の深信観成《じんしんかんじょう》とは寿量品《じゅりょうほん》の本仏《ほんぶつ》の実在《じつざい》に対《たい》して深《ふか》く信《しん》じ、ただ感情的《かんじょうてき》に信《しん》じるばかりではなく、真心《まごころ》を以《もっ》て信《しん》じるその信念《しんねん》が自己《じこ》の理智《りち》と一致《ち》するのを観《み》る、即《すなわ》ち信仰《しんこう》の上《うえ》に現《あらわ》れる本仏《ほんぶつ》と宇宙《うちゅう》の真如《しんにょ》、信《しん》と智《ち》が一体《たい》に帰《き》している有様《ありさま》です。それ故《ゆえ》に分別功徳品《ふんべつくどくほん》を講《こう》ずれば、この一念信解《ねんしんげ》の所《ところ》において信念《しんねん》の成仏《じょうぶつ》を了解《りょうかい》し、そして深信《じんしん》

観成《かんじょう》においての信仰《しんこう》と理智《りち》との一致《ち》を会得《えとく》することが極《きわ》めて大切《たいせつ》なのです。五品《ほん》は、大体同《だいたいおな》じことを滅後《めつご》の行者《ぎょうじゃ》について述《の》べたものです。初随喜《しょずいき》とは、寿量品《じゅりょうほん》の教《おし》えに自分《じぶん》の心《こころ》を随《したが》えて、そうして有《あ》り難《がた》く感《かん》じる最初《さいしょ》の位《くらい》であり、四信《しん》の一念信解《ねんしんげ》と同《おな》じで、一番大事《ばんだいじ》な初《はじ》めの所《ところ》です。随喜心《ずいきしん》という自《みずか》らを随《したが》える所《ところ》が定《さだ》まってこそ宗教《しゅうきょう》の価値《かち》は生《しょう》じるのであって、今日《こんにち》の退廃《たいはい》せる日蓮門下《にちれんもんか》のように、何《なに》に随喜《ずいき》するのかを明《あき》らかにせずして題目《だいもく》を有《あ》り難《がた》がっているようなことは、これは明《あき》らかに迷信《めいしん》の標本《ひょうほん》であると言《い》わねばなりません。第二《だい》の読誦《どくじゅ》とは寿量品《じゅりょうほん》の経文《きょうもん》を読《よ》むことであり、第三《だい》の説法《せっぽう》とは寿量品《じゅりょうほん》の意味《いみ》を他《た》に向《む》かって説《と》くことです。そして第四《だい》と第五《だい》の六度《ど》とは、布施《ふせ》・持《じ》戒《かい》・忍辱《にんにく》・精進《しょうじん》・禅定《ぜんじょう》・智慧《ちえ》の六波羅蜜《はらみつ》の菩薩行《ぼさつぎょう》であり、兼業《けんぎょう》とは部分的《ぶぶんてき》に、正行《しょうぎょう》とは完備《かんび》して行《おこな》うことです。

この六波羅蜜《はらみつ》の菩薩行《ぼさつぎょう》は、必《かなら》ずしも困難《こんなん》なことではありません。金銭《きんせん》を施《ほどこ》すも布施《ふせ》ですが、自分《じぶん》の余《あま》れる力《ちから》を他《た》に与《あた》えること、知識《ちしき》についても経験《けいけん》についても、またその他《た》においても、自分《じぶん》の力《ちから》を貸《か》して他《た》を利益《りやく》せんとする場合《ばあい》は、それは皆布施《みなふせ》ということになります。凡《およ》そ道徳《どうとく》の行為《こうい》は、この布施《ふせ》の心《こころ》より起《お》こるものです。持戒《じかい》ということも、完全《かんぜん》に道徳律法《どうとくりっぽう》を守《まも》らんとすれば、それは容《よう》易《い》ではないかも知《し》れませんが、人《ひと》としての律《りつ》、為《な》すべきこと、為《な》すべからずと定《さだ》められた道徳《どうとく》の規《き》範《はん》を守《まも》らねばならないということは、これは当然《とうぜん》のことです。それを難行《なんぎょう》と言《い》って斥《しりぞ》けたのでは意《い》義《ぎ》を為《な》しません。成仏《じょうぶつ》の正因《しょういん》は信心《しんじん》に置《お》くのであるけれども、それを助成《じょせい》するものはすべての善根《ぜんごん》功徳《くどく》ですから、如何《いか》なる善《ぜん》と雖《いえど》もこれを斥《しりぞ》ける所以《ゆえん》はありません。宗教《しゅうきょう》を信《しん》じていない人《ひと》でも善《ぜん》を求《もと》めている、まして宗教《しゅうきょう》を信《しん》じる者《もの》が善《ぜん》を斥《しりぞ》けるということはあってはなりません。色々《いろいろ》な善《ぜん》を寄《よ》せ集《あつ》めて初《はじ》めて成仏《じょうぶつ》するというのではなく、信心《しんじん》を主因《しゅいん》とするのが宗教《しゅうきょう》の本義《ほんぎ》ではありますけれども、信仰《しんこう》と善根《ぜんごん》を対立《たいりつ》せしめて、信仰《しんこう》を重《おも》んずるが故《ゆえ》に善根《ぜんごん》を敵《てき》とするような説明《せつめい》は、その根本《こんぽん》に於《お》いて間違《まちが》っています。人間《にんげん》の善心《ぜんしん》を幾分《いくぶん》でも啓発《けいはつ》しようとする所《ところ》に道徳《どうとく》宗教《しゅうきょう》の教化《きょうけ》の本領《ほんりょう》があるのであって、やれないからと言《い》ってそれに甘《あま》んじること、出来《でき》ない、出来《でき》なくても宜《よろ》しいと断定《だんてい》を与《あた》えるようなことは邪説《じゃせつ》の標本《ひょうほん》です。釈尊《しゃくそん》は如何《いか》なる極悪《ごくあく》の人間《にんげん》に対《たい》しても、汝《なんじ》に善《ぜん》は全滅《ぜんめつ》していないと示《しめ》して、如何《いか》なる者《もの》に対《たい》しても、皆菩薩《みなぼさつ》の道《みち》を行《ぎょう》じて作仏《さぶつ》すべきであると啓発《けいはつ》されたのですから、それを打《う》ち切《き》って進《すす》まないようにする教《おし》えは、閻魔《えんま》の庁《ちょう》に於《お》いて極刑《きょっけい》に処《しょ》せられても逃《のが》れるべき道《みち》のない大《おお》きな罪悪《ざいあく》です。法華経《ほけきょう》は一念信解《ねんしんげ》の成仏《じょうぶつ》を説《と》くけれども、能《あた》ふべくんばと、四信《しん》五品《ほん》の階級《かいきゅう》を示《しめ》していることを了解《りょうかい》しておかねばなりません。

（現代語《げんだいご》）

弥勒菩薩《みろくぼさつ》は座《ざ》より立《た》ち上《あ》がると、右《みぎ》の肩《かた》を袒《あらわ》にして、合掌《がっしょう》して仏《ほとけ》に申《もう》し上《あ》げました。それは、未《いま》だかって私達《わたしたち》が聞《き》いたことのないものです。世尊《せそん》には偉大《いだい》なる力《ちから》が有《あ》り、その寿命《じゅみょう》は量《はか》り知《し》ることも出来《でき》ません。数《かぞ》え切《き》れない程《ほど》の多《おお》くの仏子《ぶっし》が、世尊《せそん》が法《ほう》の利益《りやく》を得《え》る者《もの》について詳《くわ》しく説《と》かれるのを聞《き》いて、皆歓喜《みなかんぎ》を身《み》に満《み》ち溢《あふ》れさせております。

（要文《ようもん》）

その時《とき》に弥勒菩薩《みろくぼさつ》、座《ざ》より起《た》って偏《ひとえ》に右《みぎ》の肩《かた》を袒《あらわ》にし、合掌《がっしょう》し仏《ほとけ》に向《むか》い奉《たてまつ》りて、偈《げ》を説《と》いて言《もう》さく。仏希有《ほとけけう》の法《ほう》を説《と》きたもう、昔《むかし》より未《いま》だかつて聞《き》かざるところなり。世尊《せそん》は大力《だいりき》ましまして、寿命量《じゅみょうはか》るべからず。無数《むすう》の諸《もろもろ》の仏子《ぶっし》、世尊《せそん》の分別《ふんべつ》して法利《ほうり》を得《え》る者《もの》を説《と》きたまうを聞《き》いて、歓喜《かんぎ》み身《み》に充遍《じゅうへん》す。

（要義《ようぎ》）

会座《えざ》にある人々《ひとびと》を代表《だいひょう》して、弥勒菩薩《みろくぼさつ》が讃仏偈《さんぶつげ》を奉《たてまつ》った所《ところ》です。希有《けう》という事《こと》は、尋常《じんじょう》の人《ひと》が説《と》くものではありません。孔子《こうし》・孟子《もうし》のように、生命《せいめい》の無限《むげん》を明《あき》らかにせずして、ただ善《ぜん》を教《おし》えたり、因果律《いんがりつ》の根本《こんぽん》を明《あき》らかにせずして、ただ義務《ぎむ》の上《うえ》に善《ぜん》を為《な》すというような根拠《こんきょ》なくして道徳《どうとく》を説《と》いたりするものではないのです。普通世間《ふつうせけん》の人《ひと》は、法《ほう》と言《い》えば何《なに》か抽象的《ちゅうしょうてき》な真理《しんり》みたいなことを思《おも》い浮《う》かべていますが、今《いま》「希有《けう》の法《ほう》」と指《さ》したこと、正法《しょうぼう》として具体的《ぐたいてき》に説《と》かれたことは、仏《ほとけ》の広大《こうだい》なる功徳《くどく》の力《ちから》と寿命《じゅみょう》無限《むげん》である仏《ほとけ》の実在《じつざい》です。仏《ほとけ》の力《ちから》、仏《ほとけ》の生命《せいめい》を指《さ》して「希有《けう》の法《ほう》」と言《い》っているのです。日蓮門下《にちれんもんか》には真言宗《しんごんしゅう》の影響《えいきょう》を受《う》けて、訳《わけ》の分《わ》からぬものに法《ほう》という言葉《ことば》を使《つか》い、仏《ほとけ》の頭《あたま》の上《うえ》に法《ほう》が位《くら》いするというようなことを考《かんが》える者《もの》が多々居《たたお》りますが、法華経《ほけきょう》にはそのようなことは全《まつた》く説《と》かれていません。仏《ほとけ》の力《ちから》と仏《ほとけ》の寿命《じゅみょう》、その広大《こうだい》なる仏《ほとけ》の事《こと》を聞《き》いたことによって功徳《くどく》を得《え》、その功徳《くどく》を説《と》き分《わ》けられた本仏《ほんぶつ》の有難《ありがた》さに感激《かんげき》して、弥勒菩薩《みろくぼさつ》は「歓喜身《かんぎみ》に充遍《じゅうへん》す」と歓《よろこ》びが心《こころ》のみならず全身《ぜんしん》に溢《あふ》れていることを申《もう》し上《あ》げたのです。

(現代語《げんだいご》)

仏《ほとけ》の名《みな》は十方《ぽう》の世界《せかい》に聞《き》こえて、広《ひろ》く人々《ひとびと》を利益《りやく》されました。すべての人《ひと》は善根《ぜんごん》を具《そな》えて、無《む》上《じょう》の心《こころ》を助《たす》けるものとしたのです。

(要文《ようもん》)

仏《ほとけ》の名《みな》十方《ぼう》に聞《き》こえて、広《ひろ》く衆生《しゅじょう》を饒益《にょうやく》したまう。一切《さい》善根《ぜんごん》を具《ぐ》して、以《もっ》て無上《むじょう》の心《こころ》を助《たす》く。

(要義《ようぎ》)

釈迦牟尼仏《しゃかむにぶつ》の御名《みな》は十方《ぼう》に聞《き》こえて、そして大勢《おおぜい》の衆生《しゅじょう》が利益《りやく》を得《え》て救《すく》われます。釈尊《しゃくそん》の名《な》の及《およ》ぶ所《ところ》、人《ひと》は善根《ぜんごん》を具《そな》え、その善根《ぜんごん》は菩提《ぼだい》を成就《じょうじゅ》しようとする精神《せいしん》、無上《むじょう》の心《こころ》を助《たす》けます。先《さき》に述《の》べた成仏《じょうぶつ》の主因《しゅいん》である一念信解《ねんしんげ》によって善根《ぜんごん》を有《ゆう》し、その善根《ぜんごん》が助因《じょいん》として無上心《むじょうしん》を助《たす》ける、即《すなわ》ち主因助因《しゅいんじょいん》が相協力《あいきょうりょく》して行《い》くという、仏教《ぶっきょう》の一貫《かん》とした精神《せいしん》が此処《ここ》に説《と》かれています。浄土門《じょうどもん》などが、無上心《むじょうしん》を尊《とうと》ぶが為《ため》に善根《ぜんごん》を敵《てき》とするような説明《せつめい》は如何《いか》にも愚《おろ》かな話《はなし》であって、そのようなものは法華経《ほけきょう》の説《と》く所《ところ》ではありません。

(現代語《げんだいご》)

その時《とき》に、仏《ほとけ》は弥勒菩薩《みろくぼさつ》に告《つ》げました。阿逸多《あいった》よ、誰《だれ》であれ、仏《ほとけ》の寿命《じゅみょう》が永遠《えいえん》なることを聞《き》いて一念《ねん》の信解《しんげ》を生《しょう》じるならば、その得《う》る所《ところ》の功徳《くどく》は量《はか》り知《し》ることが出来《でき》ない。もし善男善女《ぜんなんぜんにょ》が、私《わたし》が寿命《じゅみょう》を説《と》くのを聞《き》いて一念《ねん》も信《しん》ずるならば、その福徳《ふくとく》は五種《しゅ》の波羅蜜《はらみつ》を超《こ》えよう。もし人《ひと》、一切《さい》の疑《うたが》いを懐《いだ》くことなくして、深《ふか》き心《こころ》にて少《すこ》しの間《あいだ》にも信《しん》じるのであれば、得《う》る所《ところ》の福徳《ふくとく》は斯《か》くの如《ごと》くなるであろう。

(要文《ようもん》)

その時《とき》に仏《ほとけ》、弥勒菩薩摩訶薩《みろくぼさつまかさつ》に告《つ》げたまわく、阿逸多《あいった》よ、それ衆生《しゅじょう》あって、仏《ほとけ》の寿命《じゅみょう》の長《じょう》遠《おん》是《かく》の如《ごと》くなるを聞《き》いて、乃至《ないし》能《よ》く一念《ねん》の信解《しんげ》を生《しょう》ぜば、所得《しょとく》の功徳限量《くどくげんりょう》あることなけん。

善男女等《ぜんなんにょとう》有《あ》って　我《わ》が寿命《じゅみょう》を説《と》くを聞《き》いて　乃至《ないし》一念《ねん》も信《しん》ぜば　その福《ふく》彼《か》れに過《す》ぎたらん。もし人《ひと》悉《ことごと》く一切《さい》の諸《もろもろ》の疑悔《ぎげ》あること無《な》くして、深心《じんしん》に須臾《しゅゆ》も信《しん》ぜん。その福此《ふくこ》の如《ごと》くなることを為《う》。

(要義《ようぎ》)

阿逸多《あいった》とは、弥勒菩薩《みろくぼさつ》の名《な》です。その弥勒菩薩《みろくぼさつ》に、衆生《しゅじょう》がこの本仏《ほんぶつ》の寿命《じゅみょう》の長遠《ちょうおん》、即実在《そくじつざい》である事《こと》を聞《き》いて一念《ねん》の信解《しんげ》を生《しょう》じたならば、その者《もの》の功徳《くどく》は量《はか》り知《し》る事《こと》が出来《でき》ないと述《の》べられています。(1)信解《しんげ》の「解《げ》」とは、一般的《ぱんてき》には内容《ないよう》を理解《りかい》することですが、「解《げ》の一字《じ》は後《あと》の奪《うば》わるる故《ゆえ》なり。」

と日蓮聖人《にちれんしょうにん》が述《の》べられるが如《ごと》く、「解《げ》」は四信《しん》の第《だい》二である略解言趣《りゃくげげんしゅ》の位《くらい》に当《あ》たりますから、ここでは「信《しん》」ということに最《もっと》も重《おも》きを置《お》きます。したがって、下段《かだん》の経文《きょうもん》にも解《げ》の字《じ》は省《はぶ》かれている訳《わけ》です。「その福《ふく》彼《か》れに過《す》ぎん」の彼《か》れとは、先《さき》に述《の》べた六波羅蜜《はらみつ》の智慧行《ちえぎょう》を除《のぞ》いた五つの功徳《くどく》です。本仏釈尊《ほんぶつしゃくそん》の寿命《じゅみょう》が無量《むりょう》であることを疑《うたが》う心《こころ》なく信《しん》じる功徳《くどく》は、(2)仏《ほとけ》や菩薩《ぼさつ》を供養《くよう》し精舎《しょうじゃ》を荘厳《そうごん》すること、戒律《かいりつ》を保《たも》ち清《きよ》らかで欠《か》けることない人格《じんかく》であること、魔《ま》に心動《こころうご》かされず増上慢《ぞうじょうまん》に悩《なや》まされても耐《た》え忍《しの》ぶこと、志《こころざし》堅固《けんご》に怠《おこた》りなく精進《しょうじん》すること、静寂《せいじゃく》なる所《ところ》で心《こころ》を統御《とうぎょ》し無上道《むじょうどう》を求《もと》めること、これらによって得《え》た功徳《くどく》をも超《こ》えます。深心《じんしん》ということを難《むずか》しく考《かんが》える必要《ひつよう》はありませんが、これは心《こころ》の奥底《おくそこ》からということですから、須臾《しゅゆ》とあるからと言《い》って、決《けっ》して上《うわ》っ面《つら》に信《しん》じても良《よ》いということではありません。

(現代語《げんだいご》)

弥勒《みろく》よ、もし善男善女《ぜんなんぜんにょ》が、私《わたし》の寿命《じゅみょう》が永遠《えいえん》であることを聞《き》き、深《ふか》き心《こころ》において信《しん》じるならば、仏《ほとけ》が常《つね》に霊鷲山《りょうじゅせん》に在《あ》って菩薩《ぼさつ》・声聞達《しょうもんたち》に敬《うやま》い囲《かこ》まれて説法《せっぽう》しているのを見《み》、また、この娑婆世界《しゃばせかい》が瑠《る》璃《り》をもって大地《だいち》となし平《たい》らかで歪《ゆが》みなく、閻浮河《えんぶがわ》の黄金《おうごん》によって八つの道《みち》は仕切《しき》られ、宝樹《ほうじゅ》が立《た》ち並《なら》び、高殿《たかどの》・楼閣《ろうかく》は悉《ことごと》く宝《たから》をもって飾《かざ》られ、菩薩達《ぼさつたち》が皆《みな》その中《なか》に居《い》るのを見《み》るであろう。もし、この如《ごと》くに観《み》る者《もの》あれば、これは当《まさ》に深信解《じんしんげ》の相《そう》と知《し》るべきである。

（要文《ようもん》）

　阿逸多《あいった》よ、もし善男子《ぜんなんし》・善女人《ぜんにょにん》、我《わ》が寿命《じゅみょう》長遠《じょうおん》なるを説《と》くを聞《き》いて深心《じんしん》に信解《しんげ》せば、則《すなわ》ちこれ仏《ほとけ》常《つね》に耆闍崛山《ぎしゃくせん》に在《あ》って、大菩薩《だいぼさつ》諸《もろもろ》の声聞衆《しょうもんしゅ》の囲遶《いにょう》せると共《とも》に説法《せっぽう》するを見《み》、また此《こ》の娑婆世界《しゃばせかい》、其《そ》の地瑠璃《じるり》にして坦然平正《たんねんびょうじょう》に、閻浮檀金《えんぶだんごん》以《もつ》て八道《どう》を界《さか》い、宝樹《ほうじゅ》行列《ぎょうれつ》し、諸《しょ》台楼観《だいろうかん》皆《みな》悉《ことごと》く宝《たから》をもって成《じょう》じて、その菩薩衆《ぼさつしゅ》咸《ことごと》く其《そ》の中《なか》に処《しょ》せるを見《み》ん。もし能《よ》く是《かく》の如《ごと》く観《かん》ずること有《あ》らん者《もの》は、当《まさ》に知《し》るべし、是《こ》れを深信解《じんしんげ》の相《そう》と為《な》づく。

（要義《ようぎ》）

　この所《ところ》は四信最後《しんさいご》の深信観成《じんしんかんじょう》であって、平易《へいい》なる信仰《しんこう》から理智《りち》の極地《きょくち》に合《がっ》することが説《と》かれています。仏教《ぶっきょう》の信念《しんねん》と理智《りち》とが最高点《さいこうてん》に達《たっ》した所《ところ》に、この深信観成《じんしんかんじょう》の妙味《みょうみ》は現《あらわ》れます。釈尊《しゃくそん》の寿命《じゅみょう》の長遠《じょうおん》なることを聞《き》いて、この寿量品《じゅりょうほん》の本仏《ほんぶつ》の実在《じつざい》を真心《まごころ》から信解《しんげ》するならば、その信解《しんげ》の中《なか》に仏《ほとけ》はいつも霊鷲山《りょうじゅせん》に在《あ》って、大勢《おおぜい》の大衆《だいしゅ》が囲繞《いにょう》する中《なか》で説法《せっぽう》をされている、仏《ほとけ》はいつも生《い》きて、いつも大勢《おおぜい》の人々《ひとびと》を助《たす》けておられる。そしてその仏《ほとけ》の居《お》られる世界《せかい》、この娑婆世界《しゃばせかい》が立派《りっぱ》な浄土《じょうど》なのであるから、西方《さいほう》に浄土《じょうど》を求《もと》める必要《ひつよう》はない。この一節《せつ》は、寿量品《じゅりょうほん》の「大火《だいか》に焼《や》かるると見《み》る時《とき》も我《わ》が此《こ》の土《ど》は安穏《あんのん》」という事《こと》を一層《そう》具体的《ぐたいてき》に美《うつく》しい浄土《じょうど》の光景《こうけい》として説《と》かれたもので、大勢《おおぜい》の菩薩《ぼさつ》衆《しゅ》が居《い》て、その中心《ちゅうしん》で本仏釈尊《ほんぶつしゃくそん》がお働《はたら》きになっている様相《ようそう》です。このように観《かん》ずるのが深信解《じんしんげ》の相《そう》であり、このように観《かん》ずるのが理智《りち》の完成《かんせい》した所《ところ》です。宇宙《うちゅう》が真如《しんにょ》の一理《り》より発《はっ》して万象《ばんしょう》となったというような事《こと》は、それは初歩《しょほ》のことであって、けっして仏教思想《ぶっきょうしそう》の完成《かんせい》ではありません。天台大師《てんだいだいし》は法華経《ほけきょう》の理智《りち》を探究《たんきゅう》するばかりに信行《しんぎょう》には達《たっ》し得《え》ませんでしたが、日蓮聖人《にちれんしょうにん》は信行《しんぎょう》に達《たっ》して自《おの》ずから理智《りち》を完成《かんせい》されたのです。日蓮聖人《にちれんしょうにん》が正観《しょうかん》を立《た》てると言《い》うのは、この深信観成《じんしんかんじょう》を指《さ》しての事《こと》です。然《しか》るに、日蓮聖人《にちれんしょうにん》亡《な》き後《あと》の法華信者《ほっけしんじゃ》が「法《ほう》」という字《じ》に引《ひ》き摺《ず》られて、真言《しんごん》の阿《あ》字《じ》の如《ごと》くに、天台宗《てんだいしゅう》の実相妙理《じっそうみょうり》の如《ごと》くに流《なが》れて、本仏《ほんぶつ》に対《たい》する信仰《しんこう》を失《うしな》うに至《いた》ったことは何《なに》よりも残念《ざんねん》なことです。それでは、寿量品《じゅりょうほん》の根本《こんぽん》の大事《だいじ》を無《む》にしてしまいます。

また、(3)「末法《まっぽう》に入《はい》りぬれば余経《よきょう》も法華経《ほけきょう》も詮無《せんな》し、但南無妙法蓮華経《ただなむみょうほうれんげきょう》なるべし」などという真蹟《しんせき》の無《な》い御遺文《ごいぶん》に拘泥《こうでい》して、信仰《しんこう》の中身《なかみ》などはどうでもよい、ただ南無妙法蓮華経《なむみょうほうれんげきょう》とさえ唱《とな》えれば、仏《ほとけ》に成《な》れる、現世利益《げんぜりやく》があるなどという低俗《ていぞく》な信仰《しんこう》が未《いま》だ多《おお》くの日蓮門下《にちれんもんか》で主張《しゅちょう》されていますが、そもそもこの御遺文《ごいぶん》の一節《せつ》は、他宗《たしゅう》の影響《えいきょう》で日本国《にほんこく》の殆《ほとん》どの衆生《しゅじょう》が法華経《ほけきょう》を捨《す》て、久遠《くおん》の釈尊《しゃくそん》を誹《そし》っている現状《げんじょう》を嘆《なげ》いて言《い》われたものです。それらの者《もの》には、釈尊《しゃくそん》が説《と》かれた余経《よきょう》も、その真髄《しんずい》の法華経《ほけきょう》を説《と》いても致《いた》し方《かた》ない、罵《ののし》られようと迫害《はくがい》されようと、ただ南無妙法蓮華経《なむみょうほうれんげきょう》と唱《とな》えて、彼《かれ》等《ら》の後生《ごしょう》に法華経《ほけきょう》の縁《えん》を結《むす》ぶことが大事《だいじ》であるからです。だからこそ、真蹟《しんせき》の法華取要抄《ほっけしゅようしょう》には「逆《ぎゃく》縁《えん》のためにはただ妙法蓮華経《みょうほうれんげきょう》の五字《じ》に限《かぎ》るのみ。例《れい》せば不軽品《ふきょうほん》のごとし。我《わ》が門弟《もんてい》は順縁《じゅんえん》、日本《にほん》国《こく》は逆縁《ぎゃくえん》なり」と述《の》べられている訳《わけ》です。すなわち「ただ妙法蓮華経《みょうほうれんげきょう》の五字《じ》に限《かぎ》る」のは、法華《ほけ》経《きょう》を誹《そし》る逆縁《ぎゃくえん》の者《もの》に対《たい》してであって、日蓮聖人《にちれんしょうにん》の門弟《もんてい》に対《たい》して言《い》われたものではありません。

（現代語《げんだいご》）

また、如来《にょらい》の入滅《にゅうめつ》の後《のち》に、もしこの経《きょう》を聞《き》いて毀《そし》ることなく、心《こころ》の底《そこ》から喜《よろこ》びを感《かん》じるならば、当《まさ》に知《し》らねばならぬ、既《すで》に深信解《じんしんげ》の相《そう》を得《え》ているものであると。ましてや、読誦《どくじゅ》し受持《じゅじ》する者《もの》は言《い》うまでもない。この人《ひと》は、即《すなわ》ち如来《にょらい》を頭上《ずじょう》に頂《いただ》いているのである。

（要文《ようもん》）

又《また》また如来《にょらい》の滅後《めつご》に、もしこの経《きょう》を聞《き》いて毀呰《きし》せずして随喜《ずいき》の心《こころ》を起《お》こさん。当《まさ》に知《し》るべし、すでに深信解《じんしんげ》の相《そう》となづく。如何《いか》に況《いわん》や、これを読誦《どくじゅ》し受持《じゅじ》せん者《もの》をや。この人《ひと》は即《すなわ》

これ如来《にょらい》を頂戴《ちょうだい》したてまつるなり。

(要義《ようぎ》)

四信《しん》五品《ほん》という位《くらい》を分《わ》けて詳《くわ》しく説《と》いたけれども、その中《なか》の妙旨《みょうし》は随喜《ずいき》と信念《しんねん》に存《そん》するが故《ゆえ》に、信仰《しんこう》というものは決《けつ》して難《むずか》しいものではない事《こと》を上記《じょうき》の文《もん》は明《あき》らかにしています。この事《こと》を日蓮《にちれん》聖人《しょうにん》は、[4]「一向《こう》に南無妙法蓮華経《なむみょうほうれんげきょう》と称《しょう》せしむるを、一念《ねん》信解《しんげ》・初随喜《しょずいき》の気分《きぶん》となすなり。これ則《すなわ》ちこの経《きょう》の本意《ほんい》なり」と言《い》われている訳《わけ》です。その随喜《ずいき》も「毀《そし》らず」とあるのですから、そう深《ふか》い信仰《しんこう》ではありません。この一念信《ねんしん》が直《す》ぐに深信解《じんしんげ》の相《そう》となるので、本仏《ほんぶつ》に対《たい》する一念信《ねんしん》は実《じつ》に平易《へいい》なるものであっても、その内容《ないよう》を辿《たど》れば最高《さいこう》の理智《りち》に一致《ち》するのです。平易《へいい》なる信仰《しんこう》は平易《へいい》のみに偏《へん》し、理智《りち》は理智《りち》の方《ほう》ばかりに傾《かたむ》く事《こと》を教《おし》えるのではありません。[5]信念《しんねん》と理智《りち》が一致《ち》した時《とき》には、一念《ねん》に信《しん》じたことと同《おな》じ事《こと》を必《かなら》ず心《こころ》に観《み》る、それ故《ゆえ》に毀《そし》らず随喜《ずいき》の心《こころ》を起《お》こせば、それが直《ただ》ちに深《じん》信解《しんげ》の相《そう》であると説《と》かれているのです。この随喜《ずいき》でさえも成仏《じょうぶつ》の功徳《くどく》を得《え》るは無論《むろん》ですが、その上《うえ》に法華経《ほけきょう》を読誦《どくじゅ》して受持《じゅじ》するという事《こと》は、これ即《すなわ》ち朝夕《ちょうせき》不断《ふだん》に本仏釈迦如来《ほんぶつしゃかにょらい》を頭《あたま》の上《うえ》に頂《いただ》き、我《わ》が頭《あたま》の上《うえ》には本仏《ほんぶつ》在《いま》せりとの信念《しんねん》に立《た》つことです。それにも拘《かか》わらず、如来《にょらい》を忘《わす》れるが如《ごと》き解釈《かいしゃく》に至《いた》るのであれば、それは経旨《きょうし》とは全《まった》く懸《か》け離《はな》れたものとなります。私達《わたしたち》は、日蓮聖人《にちれんしょうにん》が「分別功徳《ふんべつくどく》品《ほん》の四信《しん》と五品《ほん》とは、法華《ほっけ》を修行《しゅぎょう》するの大要《たいよう》、在世滅度《ざいせめつど》の亀鏡《ききょう》なり」と述《の》べられた意味《いみ》を考《かんが》えて、一人一人《りり》に対《たい》して言《い》われたその時々《ときどき》の言葉《ことば》でなしに、法華経信行《ほけきょうしんぎょう》の根拠《こんきょ》がここに在《あ》るという事《こと》を深《ふか》く記憶《きおく》して置《お》かねばなりません。そして次《つぎ》の経文《きょうもん》に説《と》かれるように、要《よう》するにそれは如来《にょらい》を頂戴《ちょうだい》し奉《たてまつ》ることであるのです。

(現代語《げんだいご》)
仏《ほとけ》の子《こ》がこの地《ち》に住《じゅう》するならば、仏《ほとけ》はこれを受用《じゅよう》し、常《つね》にその者《もの》と共《とも》に在《あ》って、経行《きょうぎょう》し、坐《ざ》しては臥《ふ》すであろう。

(要文《ようもん》)
仏子此《ぶつしこ》の地《ち》に住《じゅう》すれば、則《すなわ》ちこれ仏受用《ほとけじゆゆう》したまう。常《つね》にその中《なか》に在《ましま》して、経行《きょうぎょう》し若《も》しは坐《ざ》臥《が》したまわん。

(要義《ようぎ》)
「仏子此《ぶつしこ》の地《ち》に住《じゅう》すれば」というこの文《もん》は、法華《ほっけ》の行者《ぎょうじゃ》と仏《ほとけ》とが一体《たい》となって働《はたら》く事《こと》、段々《だんだん》と修《しゅ》行《ぎょう》を積んで深信解《じんしんげ》に至《いた》れば、仏《ほとけ》がその人《ひと》を用《もち》いられて、仏《ほとけ》が世《よ》に出《い》でて為《な》さんとする活動《かつどう》を、その人《ひと》を通《つう》じて為《な》すという事《こと》を説《と》いています。仮《かり》にこれを日蓮聖人《にちれんしょうにん》とするならば、日蓮聖人《にちれんしょうにん》に釈迦如《しゃかによ》来《らい》が乗《の》り移《うつ》ってお働《はたら》きなされるのです。「仏受用《ほとけじゅゆう》したまう」というのは、本仏釈尊《ほんぶつしゃくそん》がその人《ひと》を使《つか》う、「天《てん》に口無《くちな》し人《ひと》をして言《い》わしむ」というが如《ごと》く、仏《ほとけ》の為《な》さんとする所《ところ》をその人《ひと》を通《つう》じて為《な》すということです。この信念《しんねん》、実在《じつざい》は我《われ》に在《あ》りというか、天地《てんち》と我《われ》とが一体《たい》となるというか、仏《ほとけ》と我《われ》とは一体《たい》であるという信仰《しんこう》ほど、私達《わたしたち》が歓《よろこ》びと力《ちから》を得《え》られるものはありません。人間《にんげん》の世《よ》の中《なか》には、これ以上《いじょう》の強《つよ》さは無《な》いのです。日蓮聖人《にちれんしょうにん》に現《あらわ》れし強《つよ》みは此処《ここ》から出《で》ています。それ故《ゆえ》に、日蓮聖人《にちれんしょうにん》が龍《たつ》の口《くち》で頸《くび》を切《き》られんとした時《とき》も、野垂《のた》れ死《し》ねばと佐渡《さど》に流《なが》された時《とき》も、愈々《いよいよ》の時《とき》には必《かなら》ずこの意《い》味《み》を言《い》い現《あらわ》して、そして自《みずか》らを慰《なぐさ》め自《みずか》ら力付《ちからづ》けたのです。その人《ひと》の心《こころ》の中《なか》において、仏《ほとけ》は経行《きょうぎょう》し座《ざ》臥《が》したまう、要《よう》するに仏《ほとけ》と法華行者《ほっけぎょうじゃ》とは一体《たい》となって働《はたら》くことが出来《でき》るという事《こと》です。撰時抄《せんじしょう》の[6]「釈迦如来《しゃかにょらい》の御神《みたましい》、我《わ》が身《み》に入《はい》りかわせ給《たま》ひけるにや。法華経《ほけきょう》の一念《ねん》三千と申《もう》す大事《だいじ》の法門《ほうもん》はこれなり。」というのはこの意味《いみ》です。いよいよ大事《だいじ》を成《な》し遂《と》げようとするならば、まさに此《こ》の境地《きょうち》に至《いた》らねばなりません。ただ空疎《くうそ》な経文《きょうもん》に憧《あこが》れる、或《ある》いは妙《みょう》という字《じ》は不思議《ふしぎ》だとか、阿《あ》という字《じ》は偉《えら》いとか言《い》うような事《こと》ではいけません。宗教《しゅうきょう》の妙味《みょうみ》として、大人格者《だいじんかくしゃ》たる本仏釈尊《ほんぶつしゃくそん》と自己《じこ》とが、意匠的《いしょうてき》に、精神的《せいしんてき》に一体《たい》となるということ以上《いじょう》のものはないのです。

随喜功徳品第十八《ずいきくどくほんだい》

（現代語《げんだいご》）

仏《ほとけ》は弥勒菩薩《みろくぼさつ》に告《つ》げました。私《わたし》は今《いま》、汝《なんじ》に明《あき》らかに語《かた》ろう。あらゆる世界《せかい》の六道《どう》の衆生《しゅじょう》に願《ねが》う所《ところ》の物《もの》を悉《ことごと》く施《ほどこ》し、また教《おし》えを説《と》いて阿羅漢《あらかん》の果報《かほう》を得《え》さしめた者《もの》があるとしよう。その得《え》た所《ところ》の功《く》徳《どく》は、法華経《ほけきょう》を伝《つた》え聞《き》いた五十番目《ばんめ》の人《ひと》の、一偈《げ》を聞《き》いて心《こころ》から喜《よろこ》びを感《かん》じる功徳《くどく》には及《およ》ばないのである。

（要文《ようもん》）

仏《ほとけ》、弥勒《みろく》に告《つ》げたまわく、我今分明《われいまふんみょう》に汝《なんじ》に語《かた》る、この人《ひと》一切《さい》の楽具《らくぐ》を以《もっ》て四百万億阿僧祇《のくあそうぎ》の世界《せかい》の六趣《しゅ》の衆生《しゅじょう》に施《ほどこ》し、また阿羅漢果《あらかんか》を得《え》せしめん。所得《しょとく》の功徳《くどく》は是《こ》の第《だい》五十の人《ひと》の法《ほ》華経《けきょう》の一偈《げ》を聞《き》いて随喜《ずいき》せん功徳《くどく》には如《し》かじ。

(要義《ようぎ》)

随喜功徳品《ずいきくどくほん》は、分別功徳品《ふんべつくどくほん》における五品《ほん》の初随喜《しょずいき》について特《とく》に説明《せつめい》を加《くわ》えられたものです。初随《しょずい》喜《き》は一番大切《ばんたいせつ》なことですから、寿量品《じゅりょうほん》の意味《いみ》を聞《き》いた者《もの》が随喜《ずいき》して人《ひと》に話《はな》し、それを聞《き》いた者《もの》がまた随喜《ずいき》して他《た》に話《はなし》をという風《ふう》に、展転《てんでん》して第《だい》五十番目《ばんめ》の者《もの》に至《いた》って、その最後《さいご》の者《もの》が「嗚呼《ああ》、有《あ》り難《がた》い」と僅《わず》かな随喜《ずいき》を起《お》こした功徳《くどく》が如何程《いかほど》であるのかを説《と》いています。それは、四百万億《のく》阿僧《あそう》祇《ぎ》の世界《せかい》、そこに居《い》る地獄《じごく》から天上界《てんじょうかい》までの一切《さい》の者《もの》に欲《ほっ》する所《ところ》のものを与《あた》えて、その上《うえ》に阿羅《あら》漢《かん》の悟《さと》りを得《え》せしめる広大《こうだい》な功徳《くどく》にも勝《まさ》るものなのです。このような経文《きょうもん》を読《よ》んで、何故《なにゆえ》に法然《ほうねん》や親鸞《しんらん》が法華経《ほけきょう》は難行《なんぎょう》と言《い》ったのか底意《そこい》は分《わ》かりませんが、これすらも難行《なんぎょう》だというような事《こと》を言《い》えば、凡《およ》そ人間《にんげん》として修行《しゅぎょう》に携《たずさ》わる道《みち》は無《な》いことになります。

(現代語《げんだいご》)

教《おし》えを講《こう》じている所《ところ》に坐《ざ》している人《ひと》が、後《あと》から来《き》た人《ひと》に坐《すわ》って聴《き》くように勧《すす》め、或《ある》いは座席《ざせき》を分《わ》けて坐《すわ》らせたとしよう。この人《ひと》の功徳《くどく》は、生《う》まれ変《か》わった時《とき》に、帝釈天《たいしゃくてん》の座《ざ》、梵天王《ぼんてんのう》の座《ざ》、或《ある》いは転輪聖王《てんりんじょうおう》の座《ざ》を得《え》るものである。

（要文《ようもん》）

もし復《また》人《ひと》あって講法《こうほう》の処《ところ》に於《お》て坐《ざ》せん。更《さら》に人《ひと》の来《く》ること有《あ》らんに勧《すす》めて坐《ざ》して聴《き》かしめ、もしは座《ざ》を分《わか》って坐《ざ》せしめん。此《こ》の人《ひと》の功徳《くどく》、身《み》を転《てん》じて帝釈《たいしゃく》の坐処《ざしょ》、もしは梵天王《ぼんてんのう》の坐処《ざしょ》、もしは転輪聖王《てんりんじゆうおう》の所坐《しょざ》の処《ところ》を得《え》ん。

（要義《ようぎ》）

ここは、随喜《ずいき》の功徳《くどく》より少《すこ》し低《ひく》い所《ところ》を説明《せつめい》したものですが、法華経寿量品《ほけきようじゆりようほん》の話《はなし》を聞《き》きに来《き》た者《もの》が、後《あと》から来《き》た人《ひと》に「まあ貴方《あなた》も座《すわ》りなさい」と勧《すす》めただけで、或《ある》いは自分《じぶん》の席《せき》を分《わ》けて座《すわ》らせただけでも、その功徳《くどく》は広大《こうだい》なものであって、その者《もの》が生《う》まれ変《か》わった時《とき》には、帝釈天王《たいしやくてんのう》、梵天王《ぼんてんのう》、或《ある》いは転輪聖王《てんりんじゆうおう》の位《くらい》を得《え》ると説《と》かれています。(1)護法《ごほう》の善神《ぜんじん》である梵天王《ぼんてんのう》は色界《しきかい》の主《しゅ》、帝釈天《たいしやくてん》は欲界《よくかい》の主《しゅ》、そして転輪聖王《てんりんじゆうおう》は人中《じんちゅう》の王《おう》ですが、これは世俗《せぞく》の者《もの》、仏《ほとけ》に成《な》ると言《い》われて喜《よろこ》ばぬ者《もの》のために、天《てん》に生《う》まれて主《しゅ》となる、人《ひと》に生《う》まれて王《おう》になると称揚《しょうよう》したものであって、法華経《ほけきょう》の真意《しんい》によれば、その功徳《くどく》は果報《かほう》として仏位《ぶつい》を得《う》ると解釈《かいしゃく》されても良《よ》いでしょう。

（現代語《げんだいご》）

弥勒《みろく》よ、汝暫《なんじしばら》くこの事《こと》を思念《しねん》せよ。一人《り》の者《もの》に勧《すす》めて法《ほう》を聴《き》かせる功徳《くどく》でさえ、この如《ごと》くである。ましてや、一心《しん》に聴《き》き・説《と》き・読誦《どくじゅ》し、大勢《おおぜい》の人々《ひとびと》の中《なか》でそれぞれに筋道《すじみち》を立《た》てて説《と》き、説《せつ》の如《ごと》く修行《しゅぎょう》する者《もの》の功徳《くどく》は言《い》うまでもない。

（要文《ようもん》）

阿逸多《あいった》、汝且《なんじしばら》く是《こ》れを観《かん》ぜよ。一人《にん》を勧《すす》めて往《ゆ》いて法《ほう》を聴《き》かしむる功徳此《くどくかく》の如《ごと》し。如何《いか》に況《いわん》や、一心《しん》に聴《き》き説《と》き読誦《どくじゅ》し、しかも大衆《だいしゅ》に於《お》て人《ひと》の為《ため》に分別《ふんべつ》し、説《せつ》の如《ごと》く修行《しゅぎょう》せんをや。

（要義《ようぎ》）

この所《ところ》は、五品《ほん》の修行《しゅぎょう》を随喜功徳品《ずいきくどくほん》の場合《ばあい》にも捨《す》てないことを示《しめ》しています。一人《り》に勧《すす》めて聴《き》かせた功徳《くどく》がこれ程《ほど》であるから、一心《しん》に聴《き》き、一心《しん》に読誦《どくじゅ》し、そして今度《こんど》は大勢《おおぜい》の者《もの》に法華経《ほけきょう》の意味《いみ》を説《と》き聞《き》かせるならば、無論広大《むろんこうだい》な功徳《くどく》である。これは先《さき》の初随喜《しょずいき》と読誦《どくじゅ》と説法《せっぽう》、それから「説《せつ》の如《ごと》く修行《しゅぎょう》する」というのは前《まえ》に詳《くわ》しく述《の》べた兼行《けんぎょう》六度《ど》、正行《しょうぎょう》六度《ど》を加《くわ》えて修行《しゅぎょう》すれば無論広大《むろんこうだい》な功徳《くどく》があるということです。信行《しんぎょう》の為《ため》に他《た》の行《ぎょう》を排斥《はいせき》するのではなく、如何《いか》に況《いわん》や他《た》の善根《ぜんごん》を加《くわ》えることを奨励《しょうれい》するのは、これ皆《みな》一切経《さいきょう》に共通《きょうつう》していることです。日蓮聖人《にちれんしょうにん》が[2]「檀戒等《だんかいとう》の五度《ど》を制止《せいし》して、一向《こう》に南無妙法蓮華経《なむみょうほうれんげきょう》と称《しょう》せしむるを」と言《い》われるのは、寿量品《じゅりょうほん》に対《たい》する一念信解《ねんしんげ》・初随喜《しょずいき》が智慧行《ちえぎょう》に代《か》わる信行《しんぎょう》であり、初心《しょしん》の者《もの》がこれを得《え》ずして他《た》の菩薩行《ぼさつぎょう》を交《まじ》えるならば、それは偽善《ぎぜん》ともいうべきものとなって台無《だいな》しになるからです。そして観心本尊抄《かんじんほんぞんしょう》に無量義経《むりょうぎきょう》の「いまだ六波羅蜜《はらみつ》を修行《しゅぎょう》することを得《え》ずといえども、六波羅蜜自然《はらみつじねん》に前《まえ》に在《あ》り」を引用《いんよう》するのは、一念信解《ねんしんげ》・初随喜《しょずいき》を得《え》るならば、自《おの》ずと六波羅蜜《はらみつ》の修行《しゅぎょう》をその身《み》に具《そな》えることになるからです。信行《しんぎょう》が如《い》何《か》に尊《とうと》いからといって、ただ南無妙法蓮華経《なむみょうほうれんげきょう》と唱《とな》えれば良《よ》い、他《た》の善行《ぜんぎょう》は許《ゆる》さぬというようであれば、それは教《おし》えとして非常《ひじょう》に弊害《へいがい》のあるものとなります。信行《しんぎょう》を強《つよ》く主張《しゅちょう》して、成《な》る程《ほど》それが為《ため》に罪深《つみぶか》き者《もの》が信仰《しんこう》に入《はい》れることもありますが、それだけでは永久《えいきゅう》にその人《ひと》の人格《じんかく》の向上《こうじょう》が出来《でき》なくなってしまうのです。

法師功徳品第十九《ほっしくどくほんだい》

(現代語《げんだいご》)

その時《とき》、仏《ほとけ》は常精進菩薩《じょうしょうじんぼさつ》に告《つ》げました。もし善男《ぜんなん》・善女《ぜんにょ》が、この法華経《ほけきょう》を受持《じゅじ》し、読《よ》み、誦《じゅ》し、解説《げせつ》し、或《ある》いは書写《しょしゃ》するならば、その人《ひと》は必《かなら》ず八百の眼《め》の功徳《くどく》、千二百の耳《みみ》の功徳《くどく》、八百の鼻《はな》の功徳《く》、千二百の舌《した》の功徳《くどく》、八百の身《み》の功徳《くどく》、千二百の意《こころ》の功徳《くどく》を得《え》るであろう。この功徳《くどく》をもって六根《こん》を厳《おごそ》かに飾《かざ》り、そのすべてを清浄《しょうじょう》とするであろう。

(要文《ようもん》)

その時《とき》に仏《ほとけ》、常精進菩薩摩訶薩《じょうしょうじんぼさつまかさつ》に告《つ》げたまわく、「若《も》し善男子《ぜんなんし》・善女人《ぜんにょにん》、是《こ》の法華経《ほけきょう》を受持《じゅじ》し、若《も》しは読《よ》み、若《も》しは誦《じゅ》し、若《も》しは解説《げせつ》し、若《も》しは書写《しょしゃ》せん。是《こ》の人《ひと》は当《まさ》に八百の眼《め》の功徳《くどく》、千二百の耳《みみ》の功徳《くどく》、八百の鼻《はな》の功徳《くどく》、千二百の舌《した》の功徳《くどく》、八百の身《み》の功徳《くどく》、千二百の意《こころ》の功徳《くどく》を得《う》べし。是《こ》の功徳《くどく》を以《もっ》て六根《こん》を荘厳《しょうごん》して皆《みな》清浄《しょうじょう》ならしめん。

(要義《ようぎ》)

この法師功徳品《ほっしくどくほん》は、もっと進《すす》んだ者《もの》の功徳《くどく》を説《と》いたもので、所謂《いわゆる》六根清浄《こんしょうじょう》の功徳《くどく》が挙《あ》げられています。これまでのようなただ随喜《ずいき》でなしに、法華経《ほけきょう》を持《たも》ち、読《よ》み、誦《そら》んじ、説《と》き、写《うつ》すような五種《しゅ》の修行《しゅぎょう》を整《ととの》えて熱心《ねっしん》な者《もの》には、眼《め》・耳《みみ》の五つの感覚《かんかく》と意《こころ》の知覚《ちかく》それぞれに功徳《くどく》が現《あら》われてくる、恰《あたか》も千里眼《せんりがん》というようなもので、常人《じょうにん》の為《な》し得《え》ざる功徳《くどく》が得《え》られると説《と》かれています。しかしながら、今《いま》はこれを目的《もくてき》としません。日蓮聖人《にちれんしょうにん》の解釈《かいしゃく》では六根清浄《こんしょうじょう》を得《え》るような修行《しゅぎょう》は正意《しょうい》とせず、この経文《きょうもん》について詳《くわ》しく取《と》り上《あ》げなかったからです。ただし、この中《なか》の意根清浄《いこんしょうじょう》については、次《つぎ》のように大切《たいせつ》な意義《いぎ》があります。

(現代語《げんだいご》)

この清浄《しょうじょう》なる意《こころ》の働《はたら》きを以《もっ》て、法華経《ほけきょう》の一偈《げ》一句《く》を聞《き》くならば、そこに量《はか》り知《し》れない広大《こうだい》な意義《いぎ》を知《し》るのである。その意義《いぎ》を理解《りかい》したならば、一偈《げ》一句《く》について説《と》くことは、一ヶ月《げつ》、四ヶ月《げつ》、さらに一年《ねん》にも至《いた》るであろう。その説《と》く所《ところ》の教《おし》えは皆《みな》、その本来《ほんらい》の意義《いぎ》に従《したが》って真実《しんじつ》の在《あ》りようと相《あい》違《たが》うことはない。もし他《た》の道徳的《どうとくてき》な書物《しょもつ》、政治的《せいじてき》な論議《ろんぎ》、経済的《けいざいてき》なことや実生活《じっせいかつ》について説《と》いたとしても、すべて正《ただ》しき法《ほう》に従《したが》ったものとなるであろう。全世界《ぜんせかい》の六種《しゅ》の境界《きょうがい》にある衆生《しゅじょう》の心《こころ》の働《はたら》き、心《こころ》の意図《いと》する所《ところ》、心《こころ》の戯《たわむ》れを、皆悉《みなことごと》く知《し》るのである。煩悩《ぼんのう》を離《はな》れた汚《よご》れ無《な》き智慧《ちえ》を未《いま》だ得《え》ていなくとも、その意《こころ》の清浄《しょうじょう》なることは、この如《ごと》くである。この人《ひと》が思惟《しい》し、その上《うえ》に語《かた》ることは、すべて仏法《ぶっぽう》であって真実《しんじつ》と異《こと》なることはない。

（要文《ようもん》）

是《こ》の清浄《しょうじょう》の意根《いこん》を以《もっ》て、乃至《ないし》一偈《げ》一句《く》を聞《き》くに、無量無辺《むりょうむへん》の義《ぎ》に通達《つうだつ》せん。是《こ》の義《ぎ》を解《さと》り已《おわ》って、能《よ》く一句《く》・一偈《げ》を演説《えんぜつ》すること、一月《がつ》四月乃至《がつないし》一歳《さい》に至《いた》らん。諸《もろもろ》の所説《しょせつ》の法《ほう》、其《そ》の義趣《ぎしゅ》に随《したが》って、皆実相《みなじっそう》と相違背《あいいはい》せじ。若《も》し俗間《ぞくけん》の経書《きょうしょ》、治世《じせい》の語言《ごげん》、資生《ししょう》の業等《ごうとう》を説《と》かんも、皆正法《みなしょうぼう》に順《じゅん》ぜん。三千大千世界《だいせんせかい》の六趣《しゅ》の衆生《しゅじょう》、心《こころ》の行《ぎょう》ずる所《ところ》、心《こころ》の動作《どうさ》する所《ところ》、心《こころ》の戯論《けろん》する所《ところ》、皆悉《みなことごと》く之《これ》を知《し》らん。未《いま》だ無漏《むろ》の智慧《ちえ》を得《え》ずと雖《いえど》も、しかも其《そ》の意根《いこん》の清浄《しょうじょう》なること此《こ》の如《ごと》くならん。是《こ》の人《ひと》の思惟《しい》し籌量《ちょうりょう》し言説《げんせつ》する所《ところ》あらんは、皆是《みなこ》れ仏法《ぶっぽう》にして真実《しんじつ》ならざること無《な》し。

（要義《ようぎ》）

もし意根清浄《いこんしょうじょう》を得《え》たならば法華経《ほけきょう》の僅《わず》かに一句《く》一偈《げ》を聴《き》いても、一を聞《き》いて十を知《し》るように多《おお》くの意味《いみ》に通達《つうだつ》することが出来《でき》ます。そしてその得《え》たる理解《りかい》から今度《こんど》は他《た》に説《と》く時《とき》には、簡単《かんたん》なる一偈《げ》から幾《いく》らでも説《と》き広《ひろ》げることが出来《でき》、一ヶ月《げつ》と言《い》わず四ヶ月《げつ》、或《ある》いは一年《ねん》に及《およ》んでも説《と》き尽《つ》くせぬ程《ほど》の広大《こうだい》な意義《いぎ》を現《あらわ》していくことが出来《でき》ます。そして、どのような問題《もんだい》に触《ふ》れても、道徳《どうとく》の問題《もんだい》や政治《せいじ》の問題《もんだい》についても、経済《けいざい》の問題《もんだい》でも実生活《じっせいかつ》の問題《もんだい》でも、悉《ことごと》く実相《じっそう》の妙法《みょうほう》に背《そむ》くことのない解釈《かいしゃく》が出来《でき》るようになる、皆正法《みなしょうぼう》の法華経《ほけきょう》と一致《ち》したる帰結《きけつ》になるのです。そればかりではありません、この広《ひろ》い世界《せかい》にある人々《ひとびと》の心《こころ》の働《はたら》き、心《こころ》の動《うご》き具合《ぐあい》、その心中《しんちゅう》に詰《つ》まらぬことを考《かんが》えていることまでも悉《ことごと》く知《し》ることが出来《でき》る、未《いま》だ煩悩《ぼんのう》を断《た》ち切《き》っていない、真実《しんじつ》の無漏《むろ》の智慧《ちえ》に達《たつ》していなくとも、心《こころ》が清浄《しょうじょう》となればこれだけのことが出来《でき》るのです。それ故《ゆえ》にその人《ひと》は何《なに》も経文《きょうもん》に引《ひ》っ付《つ》いて考《かんが》えなくとも、その人《ひと》の自発的《じはってき》思想《しそう》において判断《はんだん》したことであっても、それが殆《ほとん》ど仏教《ぶっきょう》から縁《えん》が切《き》れたことのようであっても、それが皆仏教《みなぶっきょう》となり、それが皆真実《みなしんじつ》となるのです。日蓮聖人《にちれんしょうにん》の仏教《ぶっきょう》に於《お》ける解釈《かいしゃく》はこの義《ぎ》に適《かな》っている訳《わけ》です。法華経《ほけきょう》には、これだけの抱負《ほうふ》があるのです。ただ仏教《ぶっきょう》と言《い》えば、経典《きょうてん》の文字章句《もじしょうく》の間《あいだ》に没頭《ぼっとう》し、ただ有《あ》り難《がた》いというより外《ほか》に出《で》ないように考《かんが》えていることは、如何《いか》にも釈迦牟尼仏《しゃかむにぶつ》の精神《せいしん》に反《はん》することです。釈尊《しゃくそん》の立《た》てられた教《おし》えは、今《いま》の所謂《いわゆる》宗教《しゅうきょう》だけでなくして、あらゆる文明《ぶんめい》の要素《ようそ》と調和《ちょうわ》を取《と》って、そしてそれに生命《せいめい》を与《あた》え、それを善《ぜん》導《どう》して、理想《りそう》の文化《ぶんか》に達《たっ》することを考《かんが》えたものです。これは釈尊終世《しゃくそんしゅうせい》の精神《せいしん》であり、後《のち》の人《ひと》はただ歴史上《れきしじょう》における宗教《しゅうきょう》の偉人《いじん》と教《おし》えている者《もの》もありますが、そうではない、人類《じんるい》を導《みちび》くところの完《かん》全《ぜん》な指導者《しどうしゃ》であることを、今後《こんご》十分《ぶん》に明《あき》らかにして行《い》かなければなりません。

常《じょう》不《ふ》軽《きょう》菩《ぼ》薩《さつ》品《ぼん》　第《だい》二十

(現代語《げんだいご》)

その時《とき》に、常不軽《じょうふきょう》という一人《り》の菩薩《ぼさつ》の比丘《びく》があった。得大勢《とくだいせい》よ、如何《いか》なる訳《わけ》あって、この者《もの》が常《じょう》不軽《ふきょう》と名付《なづ》けられたかを教《おし》えよう。それは、この菩薩《ぼさつ》が比丘《びく》・比丘尼《びくに》・信士《しんじ》・信女《しんにょ》の誰《だれ》を見《み》ても悉《ことごと》く礼拝《らいはい》して誉《ほ》め讃《たた》えて次《つぎ》のように言《い》ったからである。「私《わたし》はあなた方《がた》を深《ふか》く敬《うやま》い、少《すこ》しも侮《あなど》り軽《かろ》しめることはありません。何故《なぜ》ならば、あなた方《がた》は皆《みな》、菩薩《ぼさつ》の道《みち》を修行《しゅぎょう》して仏《ほとけ》となることが出来《でき》るからです」と。しかも、この比丘《びく》は経典《きょうてん》を読誦《どくじゅ》することを専《もっぱ》らとせず、但《ただ》ひたすらに礼拝《らいはい》を行《ぎょう》じたのである。遠《とお》くにこの四衆《しゅ》の人々《ひとびと》を見《み》れば、わざわざ行《い》って礼拝《らいはい》し誉《ほ》め讃《たた》えて言《い》うのである。「私《わたし》は少《すこ》しもあなた方《がた》を軽《かろ》しめません。あなた方《がた》は皆《みな》、必《かなら》ずや仏《ほとけ》と成《な》るからです」と。

(要文《ようもん》)

その時《とき》に一りの菩薩比丘《ぼさつびく》有《あ》り、常不軽《じょうふきょう》と名《な》づく。得大勢《とくだいせい》よ、何《なん》の因縁《いんねん》をもってか常不《じょうふ》軽《きょう》

と名《な》づくる。是《こ》の比丘《びく》、凡《およ》そ見《み》る所《ところ》ある、もしは比丘《びく》・比丘尼《びくに》・優婆塞《うばそく》・優婆夷《うばい》を、皆悉《みなことごと》く礼拝讃歎《らいはいさんたん》して、是《こ》の言《げん》を作《な》さく、「我深《われふか》く汝等《なんだち》を敬《うやま》いて、敢《あえ》て軽慢《きょうまん》せず。所以《ゆえ》は何《いか》ん、汝等《なんだち》皆菩薩《みなぼさつ》の道《どう》を行《ぎょう》じて、当《まさ》に作仏《さぶつ》することを得《う》べし」と。しかも是《こ》の比丘《びく》、専《もっぱ》らに経典《きょうでん》を読誦《どくじゅ》せずして、但《た》だ礼拝《らいはい》を行《ぎょう》ず。乃至遠《ないしとお》く四衆《しゅ》を見《み》ても、またまた故《ことさ》らに往《ゆ》いて礼拝讃歎《らいはいさんたん》して、是《こ》の言《げん》を作《な》さく、我敢《われあえ》て汝等《なんだち》を軽《かろ》しめず、汝等皆《なんだちみな》当《まさ》に作仏《さぶつ》すべきが故《ゆえ》にと。

（要義《ようぎ》）

この常不軽菩薩品《じょうふきょうぼさつほん》では、過去《かこ》の威音王仏滅後《いおんのうぶつめつご》の像法《ぞうほう》の時代《じだい》に一人《り》の菩薩《ぼさつ》があって、衆生《しゅじょう》を礼拝《らいはい》して仏性《ぶつしょう》の自覚《じかく》を促《うなが》した因縁《いんねん》が語《かた》られますが、これは元来法華経《がんらいほけきょう》の修行《しゅぎょう》が、仏性《ぶつしょう》の自覚《じかく》と菩薩道《ぼさつどう》に進《すす》むべきことを最《もっと》も大切《たいせつ》な事《こと》としているからです。日蓮聖人《にちれんしょうにん》が「不軽《ふきょう》の跡《あと》を紹継《しょうけい》す」ということを度々述《たびたびの》べられて、今日《こんにち》の法華経修行《ほけきょうしゅぎょう》の模範《もはん》とすると言《い》われているのも、不軽菩薩《ふきょうぼさつ》の礼拝《らいはい》の行《ぎょう》が一切《さい》の人々《ひとびと》に対《たい》する仏性覚醒《ぶつしょうかくせい》の運動《うんどう》であったからです。[1]不軽菩薩《ふきょうぼさつ》は、但《ただ》ひたすらに人《ひと》を尊重礼拝《そんちょうらいはい》したから罵《ののし》られ石《いし》や瓦《かわら》を投《な》げられた訳《わけ》ではありません。日蓮聖人《にちれんしょうにん》が法華文句《ほっけもんく》の「不軽《ふきょう》は大《だい》を以《もっ》て強《しい》て之《これ》を強毒《ごうどく》す」と引用《いんよう》しているように、不軽菩薩《ふきょうぼさつ》は小乗《しょうじょう》の教《おし》えに執着《しゅうぢゃく》する増上慢《ぞうじょうまん》の人々《ひとびと》に、声《こえ》を挙《あ》げて仏性《ぶつしょう》の覚醒《かくせい》を促《うなが》したからこそ反対《はんたい》されたのです。そうであるのに、今日《こんにち》の事勿《ことなか》れ坊主《ぼうず》のように他《た》を正《ただ》そうなどという面倒《めんどう》なことはせず、ただひたすらに人《ひと》を尊重礼拝《そんちょうらいはい》するのが法華経修《ほけきょうしゅ》行《ぎょう》だと偽善的《ぎぜんてき》なことのみを宣《のたま》っていれば、却《かえ》って自分《じぶん》の過《あやま》ちが批判《ひはん》された時《とき》には、「人《ひと》を尊重《そんちょう》しろ」などと血相《けっそう》を変《か》えて腹《はら》を立《た》てるようなことにもなります。

ここに菩薩比丘《ぼさつびく》とあるのは、大乗仏教《だいじょうぶっきょう》の比丘《びく》であることを明《あき》らかにしています。大乗仏教《だいじょうぶっきょう》を奉《ほう》じる者《もの》は、比丘《びく》であっても在家《ざいけ》であっても、皆菩薩《みなぼさつ》であらねばならないから、その意味《いみ》を明《あき》らかにする為《ため》に菩薩比丘《ぼさつびく》であったと説《と》かれているのです。そして、何故《なにゆえ》にこの菩薩比丘《ぼさつびく》が常不軽菩薩《じょうふきょうぼさつ》と名付《なづ》けられたかといえば、「我深《われふか》く汝等《なんだち》を敬《うやま》いて、敢《あえ》て軽慢《きょうまん》せず」と、誰《だれ》に対《たい》しても熱心《ねっしん》に声《こえ》を揚《あ》げて必《かなら》ず礼拝《らいはい》し讃歎《さんたん》したからです。何故《なにゆえ》に軽慢《きょうまん》しないかといえば、「汝等《なんだち》は皆菩薩《みなぼさつ》の道《どう》を行《ぎょう》じて当《まさ》に作仏《さぶつ》することを得《う》べし」で、今《いま》はどういう状態《じょうたい》に在《あ》ろうとも、人《ひと》は本来仏性《ほんらいぶっしょう》を有《ゆう》して居《お》って、その仏性《ぶっしょう》は発動《はつどう》せんとしているものであるから、必《かなら》ずや仏性顕現《ぶっしょうけんげん》の結果《けっか》は菩薩《ぼさつ》の道《みち》を行《ぎょう》ずる、菩薩《ぼさつ》の道《みち》を行《ぎょう》じれば必然《ひつぜん》の結果《けっか》として作仏《さぶつ》することを得《え》るからです。要《よう》するに「仏性《ぶっしょう》の顕動《けんどう》」と「菩薩《ぼさつ》行《ぎょう》」、そして「作仏《さぶつ》」という関係《かんけい》が非常《ひじょう》に大切《たいせつ》な事《こと》であるから、この自覚《じかく》を促《うなが》すのが取《と》りも直《なお》さず法華経《ほけきょう》の要旨《ようし》であるとして二十四字《じ》を纏《まと》めて法華経《ほけきょう》を宣伝《せんでん》した訳《わけ》です。この不軽菩薩《ふきょうぼさつ》は、普通《ふつう》の菩薩《ぼさつ》のように仏堂《ぶつどう》に入《はい》って経典《きょうてん》を読誦《どくじゅ》するようなことを専《もっぱ》らとはしません。仏像《ぶつぞう》に向《む》かわずして人《にん》間《げん》に対《たい》して、但《ただ》ひたすらに礼拝《らいはい》を行《ぎょう》じた、他《た》の事《こと》は少《すこ》しもやらないで、夜《よる》が明《あ》ければ人々《ひとびと》の仏性《ぶっしょう》の自覚《じかく》を促《うなが》す運動《うんどう》をされたのです。そうして時《とき》に反対《はんたい》する者《もの》があって、石《いし》や瓦《かわら》を擲《なげう》つような場合《ばあい》にも、そこを走《はし》り去《さ》っては、また振《ふ》り返《かえ》って「我深《われふか》く汝等《なんだち》を敬《うやま》いて、敢《あえ》て軽慢《きょうまん》せず。所以《ゆえ》は何《いか》ん、汝等皆《なんだちみな》菩薩《ぼさつ》の道《どう》を行《ぎょう》じて、当《まさ》に作仏《さぶつ》することを得《う》べし」と、熱心《ねっしん》に人々《ひとびと》に対《たい》して仏性《ぶっしょう》の覚醒《かくせい》を促《うなが》したのです。これを経文《きょうもん》にすれば二十四字《じ》ですが、日蓮聖人《にちれんしょうにん》は[2]「彼《か》の二十四字《じ》と此《こ》の五字《じ》と、其《そ》の語殊《ごこと》なりと雖《いえど》も、其《そ》の意《こころ》これ同《おな》じ」と、不軽菩薩《ふきょうぼさつ》が二十四字《じ》を以《もっ》て法華経《ほけきょう》を広宣流布《こうせんるふ》したのと、日蓮《にちれん》が題目《だいもく》の五字《じ》を以《もっ》て法華経《ほけきょう》を広宣流布《こうせんるふ》するのは、その意《こころ》において同《どう》一であることを述《の》べています。これが法華経《ほけきょう》の二大教義《だいきょうぎ》の一つ、即《すなわ》ち仏性《ぶっしょう》の顕動《けんどう》です。そして、二大教義《だいきょうぎ》の他《た》の一つは本仏《ほんぶつ》の顕本《けんぽん》です。

法華経《ほけきょう》の研究《けんきゅう》に於《お》いても、所謂内在《いわゆるないざい》の仏《ほとけ》と客観《きゃっかん》に実在《じつざい》する仏《ほとけ》の関係《かんけい》が始終迷《しじゅうまよ》いを起《お》こす問題《もんだい》となっていますが、法華経《ほけきょう》は斯様《かよう》に内在《ないざい》の仏《ほとけ》の自覚《じかく》を促《うなが》しているけれども、さればとて寿量品《じゅりょうほん》を忘《わす》れてこれだけを言《い》うのではありません。いよいよ菩薩行《ぼさつぎょう》に入《はい》るということになれば、発心修行《ほっしんしゅぎょう》の其《そ》処《こ》には無論信仰《むろんしんこう》を本《もと》にして種々《しゅじゅ》の善根《ぜんごん》を積《つ》むのですから、菩薩《ぼさつ》ともある者《もの》が本仏《ほんぶつ》に対《たい》する所《ところ》の信仰《しんこう》意識《いしき》がないようであってはなりません。菩薩精神《ぼさつせいしん》の中心《ちゅうしん》は本仏《ほんぶつ》に対《たい》する渇仰《かつごう》の心《こころ》にあることは、一点《てん》も迷《まよ》う所《ところ》はないのです。自己《じこ》を研究《けんきゆう》してそこに絶対《ぜつたい》の価値《かち》を認《みと》める時《とき》に、客観《きやつかん》の尊厳者《そんげんしや》を侮《あなど》るような気分《きぶん》を生《しよう》じてしまうのは、現代文明《げんだいぶんめい》の大弊害《だいへいがい》とも言《い》うべきものです。それは思想《しそう》が熟《じゆく》していないから起《お》こることであって、この不軽品《ふきようほん》を学《まな》ぶ者《もの》、また方便品《ほうべんぽん》を学《まな》ぶ者《もの》がそのような考《かんが》えになったならば、法華経《ほけきよう》の精神《せいしん》を大《おお》きく失《うしな》うことになってしまいます。それ故《ゆえ》に日蓮聖人《にちれんしようにん》は、寿量品《じゆりようほん》が法華経《ほけきよう》の中心教義《ちゆうしんきようぎ》であるという事《こと》を至《いた》る所《ところ》の遺文《いぶん》に明記《めいき》せられているのです。仏性論《ぶつしようろん》に於《お》いてこれを研究《けんきゆう》するならば、正因仏性《しよういんぶつしよう》は皆本来有《みなほんらいゆう》しているものですが、智慧《ちえ》となる了因仏性《りよういんぶつしよう》は本仏《ほんぶつ》に結《むす》びつかなければ起《お》こらないのであり、菩薩行《ぼさつぎよう》を積《つ》まなければ縁因仏性《えんいんぶつしよう》とならないことは、最早《もはや》法華《ほけ》経《きよう》の綱格《こうかく》として動《うご》かすべからずことです。したがって、日蓮教学《にちれんきようがく》の根本方針《こんぽんほうしん》としては、如何《いか》なる場合《ばあい》に於《お》いても寿量品《じゆりようほん》の教義《きようぎ》と衝突《しようとつ》したり、他《た》の教義《きようぎ》によって寿量品《じゆりようほん》の尊厳《そんげん》を冒《おか》したりするようなことの無《な》いように注意《ちゆうい》をして研究《けんきゆう》を進《すす》めて行《い》かなければなりません。

(現代語《げんだいご》)

億億万劫《おくおくまんごう》という考《かんが》えも及《およ》ばぬ遥《はる》かな時《とき》を経《へ》て、今汝達《いまなんじたち》は漸《ようや》く法華経《ほけきよう》を聞《き》くことを得《え》たのである。億億万劫《おくおくまんごう》という考《かんが》えも及《およ》ばぬ遥《はる》かな時《とき》を経《へ》て、仏達《ほとけたち》はこの経《きよう》を漸《ようや》く説《と》くのである。それ故《ゆえ》に修行《しゆぎよう》者《しや》よ、仏《ほとけ》の入滅《にゆうめつ》の後《のち》において、この経《きよう》を聞《き》いて疑惑《ぎわく》を生《しよう》じてはならぬ。まさに一心《しん》に広《ひろ》くこの経《きよう》を説《と》くべきである。生《う》まれ変《か》わる度《たび》に仏《ほとけ》に会《あ》いたてまつり、そして速《すみ》やかに仏道《ぶつどう》を成就《じょうじゅ》すべきである。

(要文《ようもん》)

億億万劫《おくおくまんごう》より不可議《ふかぎ》に至《いた》って、時《とき》に乃《いま》し法華経《ほけきょう》を聞《き》くことを得《え》、億億万劫《おくおくまんごう》より不可議《ふかぎ》に至《いた》って、諸仏世尊《しょぶつせそん》、時《とき》に是《こ》の経《きょう》を説《と》きたまう。この故《ゆえ》に行者《ぎょうじゃ》よ、仏《ほとけ》の滅後《めつご》に於《おい》て是《かく》の如《ごと》き経《きょう》を聞《き》いて、疑惑《ぎわく》を生《しょう》ずることなかれ。当《まさ》に一心《しん》に広《ひろ》くこの経《きょう》を説《と》くべし。世世《せせ》に仏《ほとけ》に値《あ》いたてまつりて、疾《と》く仏道《ぶつどう》を成《じょう》ぜん。

(要義《ようぎ》)

億億万劫不可議《おくおくまんごうふかぎ》という長《なが》き時《とき》を経《へ》ても、容易《ようい》に法華経《ほけきょう》を聞《き》くことは出来《でき》ません。仏《ほとけ》が世《よ》に出《い》でても容易《ようい》に法華経《ほけきょう》を説《と》くことはないのですから、仏滅後《ぶつめつご》に於《お》いてこの法華経《ほけきょう》を聞《き》くことを得《え》た者《もの》は、教《おし》えに対《たい》して疑《うたが》いの心《こころ》を起《お》こしてはなりません。そして「当《まさ》に一心《しん》に広《ひろ》くこの経《きょう》を説《と》くべし」とあるように、自《みずか》ら信《しん》じるのみでなく、広《ひろ》く宣伝《せんでん》に従事《じゅうじ》して法華経《ほけきょう》のために尽《つ》くさねばなりません。そうするならば、「世世《せせ》に仏《ほとけ》に値《あ》いたてまつりて」仏道《ぶつどう》を成就《じょうじゅ》することが出来《でき》るのです。自己《じこ》の成仏《じょうぶつ》だけは心配《しんぱい》するけれども、法《ほう》に尽《つ》くす考《かんが》えは無《な》いというのはいけません。法華経《ほけきょう》によって仏《ほとけ》に値《あ》いたてまつったことを喜《よろこ》んだならば、更《さら》に法華経《ほけきょう》のために尽《つ》くすということを忘《わす》れてはならないのです。不軽菩薩《ふきょうぼさつ》が自己《じこ》の成仏《じょうぶつ》を問題《もんだい》とはせず、人々《ひとびと》に対《たい》する仏性《ぶっしょう》の覚醒運動《かくせいうんどう》を起《お》こしたことも、つまりは法華経宣伝《ほけきょうせんでん》の為《ため》であったことが此処《ここ》に明《あき》らかにされています。

如来神力品《にょらいじんりきほん》　第《だい》二十一

(現代語《げんだいご》)

その時《とき》に、千世界《せかい》を微塵《みじん》にした程《ほど》の、大地《だいち》より涌《わ》き出《いで》たる菩薩達《ぼさつたち》は、皆仏《みなほとけ》の前《まえ》にて一心《しん》に合掌《がっしょう》し、その尊《とうと》き顔《かお》を仰《あお》ぎ見《み》て申《もう》し上《あ》げました。世尊《せそん》よ、私達《わたしたち》は仏《ほとけ》の入滅《にゅうめつ》された後《のち》、世尊《せそん》の分身《ぶんしん》が居《お》られる国土《こくど》、滅度《めつど》される所《ところ》において、必《かなら》ずや広《ひろ》くこの経《きょう》を説《と》きます。何故《なぜ》ならば、我等《われら》もまた、真《しん》に浄《きよ》らかな優《すぐ》れた法《ほう》を得《え》て、受持《じゅじ》し、読誦《どくじゅ》し、解説《かいせつ》し、書写《しょしゃ》して、これを供養《くよう》することを願《ねが》うからであります。

(要文《ようもん》)

その時《とき》に千世界微塵等《せかいみじんとう》の菩薩摩訶薩《ぼさつまかさつ》の地《ち》より涌出《ゆじゅつ》せる者《もの》、皆仏前《みなぶつぜん》に於《おい》て一心《しん》に合掌《がっしょう》し尊顔《そんげん》を瞻仰《せんごう》して、仏《ほとけ》に白《もう》して言《もう》さく、世尊《せそん》、我等仏《われらほとけ》の滅後《めつご》、世尊分身所在《せそんふんじんしょざい》の国土滅度《こくどめつど》の処《ところ》に於《おい》て、当《まさ》に広《ひろ》く此《こ》の経《きょう》を説《と》くべし。所以《ゆえ》は何《いか》ん、我等《われら》もまた自《みずか》ら是《こ》の真浄《しんじょう》の大法《だいほう》を得《え》て、受持《じゅじ》・読《どく》

誦《じゅ》し、解説《げせつ》・書写《しょしゃ》して、これを供養《くよう》せんと欲《ほっ》す。

（要義《ようぎ》）

　如来神力品《にょらいじんりきほん》は、如来《にょらい》が十種《しゅ》の神力《じんりき》を現《げん》じて、本化上行等《ほんげじょうぎょうとう》の菩薩《ぼさつ》に法華経《ほけきょう》を付嘱《ふぞく》する重要《じゅうよう》な章《しょう》であり、法華経《ほけきょう》の教相《きょうそう》と観心《かんじん》における解釈《かいしゃく》の特権《とっけん》を、この地涌《じゆ》の菩薩《ぼさつ》に付与《ふよ》したるものです。これを、後《のち》の嘱累《ぞくるい》における総付嘱《そうふぞく》に対《たい》して別付嘱《べつふぞく》と言《い》います。特《とく》に大事《だいじ》なのは上行菩薩《じょうぎょうぼさつ》に対《たい》する別付嘱《べつふぞく》の一節《せつ》ですが、加《くわ》えて法華経《ほけきょう》における五種《しゅ》の修行《しゅぎょう》が説《と》かれ、殊《こと》に受持《じゅじ》の大事《だいじ》が示《しめ》されています。勧持《かんじ》品《ほん》では迹化《しゃくけ》の菩薩《ぼさつ》が、また涌出品《ゆじゅつほん》の始《はじ》めでは他方来《たほうらい》の菩薩《ぼさつ》が、この法華経《ほけきょう》を説《と》く誓《ちか》いを立《た》てましたが、釈尊《しゃくそん》はこれを「止《や》みね善男子《ぜんなんし》、汝達《なんだち》が此《こ》の経《きょう》を護持《ごじ》せんことを須《もち》いじ」と制止《せいし》せられました。そしてこの所《ところ》では、いよいよ本化《ほんげ》である地涌《じゆ》の菩薩《ぼさつ》が、釈尊《しゃくそん》の尊顔《そんがん》を一心《しん》に仰《あお》ぎ見《み》て、この経《きょう》を如何《いか》なる場所《ばしょ》に於《お》いても弘《ひろ》めるとの誓《ちか》いを発《おこ》すのです。それは何故《なぜ》かと言《い》えば、我等《われら》自《みずか》らがこの真浄《しんじょう》の大法《だいほう》を受持《じゅじ》し、これを読《よ》み、誦《じゅ》し、解説《げせつ》し、書写《しょしゃ》して、供養《くよう》しようと思《おも》うからであると述《の》べています。この「真浄《しんじょう》の大法《だいほう》」とは、色々《いろいろ》と深《ふか》い意味《いみ》にも解釈《かいしゃく》されていますが、要《よう》するに寿量品《じゅりょうほん》における本仏顕本《ほんぶつけんぽん》の大事《だいじ》のことです。

（現代語《げんだいご》）

時《とき》に神々《かみがみ》は、天空《てんくう》において声《こえ》を高《たか》めて次《つぎ》のように言《い》われました。無量《むりょう》・無辺《むへん》の世界《せかい》を超《こ》えた遥《はるか》なる所《ところ》に娑婆《しゃば》という名《な》の国《くに》がある。その国《くに》には釈迦牟尼仏《しゃかむにぶつ》という名《な》の仏《ほとけ》がおられ、今《いま》、菩薩達《ぼさつたち》のために、大乗《だいじょう》の妙法蓮華《みょうほうれんげ》・菩薩《ぼさつ》を教化《きょうけ》する法《ほう》・仏《ほとけ》が護念《ごねん》するものと名付《なづ》けられた経《きょう》を説《と》かれている。汝《なんじ》等《ら》よ、心《こころ》の底《そこ》から喜《よろこ》ぶべきである。また、釈迦牟尼仏《しゃかむにぶつ》を礼拝《らいはい》し供養《くよう》すべきである。十方《ぽう》の世界《せかい》の人々《ひとびと》は、この天空《てんくう》の声《こえ》を聞《き》き終《お》わると、皆合掌《みながっしょう》して娑婆世界《しゃばせかい》に向《むか》って「南無釈迦牟尼仏《なむしゃかむにぶつ》、南無釈迦《なむしゃか》牟尼仏《むにぶつ》」と唱《とな》えたのです。

（要文《ようもん》）

即時《そくじ》に諸天《しょてん》、虚空《こくう》の中《なか》に於《おい》て高声《こうしょう》に唱《とな》えて言《い》わく、此《こ》の無量《むりょう》無辺《むへん》百千万億《まんのく》阿僧祇《あそうぎ》の世界《せかい》を過《す》ぎて、国《くに》あり娑婆《しゃば》と名《な》づく。この中《なか》に仏《ほとけ》います、釈迦牟尼《しゃかむに》と名《な》づけたてまつる。今諸《いまもろもろ》の菩薩摩訶薩《ぼさつまかさつ》の為《ため》に、大乗経《だいじょうきょう》の妙法蓮華《みょうほうれんげ》・教菩薩法《きょうぼさつほう》・仏所護念《ぶつしょごねん》と名《な》くるを説《と》きたまう。汝《なん》等当《だちまさ》に深心《じんしん》に随喜《ずいき》すべし。また当《まさ》に釈迦牟尼仏《しゃかむにぶつ》を礼拝《らいはい》し供養《くよう》すべし。彼《か》の諸《もろもろ》の衆生《しゅじょう》、虚空《こくう》の中《なか》の声《こえ》を聞《き》き已《おわ》って、合掌《がっしょう》して娑婆世界《しゃばせかい》に向《むか》って、是《かく》の如《ごと》き言《ことば》を作《な》さく、南無釈迦牟尼仏《なむしゃかむにぶつ》、

南無《なむ》釈迦牟尼仏《しやかむにぶつ》と。

(要義《ようぎ》)

この所《ところ》は十種《しゆ》の神力《じんりき》の中《なか》、諸天《しよてん》が唱《とな》えて釈尊《しやくそん》に帰依《きえ》することを教《おし》えた一節《せつ》です。十方世界《ぽうせかい》の諸天《しよてん》が何《いず》れも娑婆世界《しやばせかい》の方《ほう》を向《む》いて、遠《とお》く離《はな》れた所《ところ》に娑婆《しやば》という国《くに》がある、そこに釈迦牟尼仏《しやかむにぶつ》という名《な》の仏《ほとけ》が居《お》られ、今《いま》は菩薩達《ぼさつたち》のために大乗《だいじよう》の妙法蓮華経《みようほうれんげきよう》をお説《と》きになっている、汝達《なんじたち》は当《まさ》に深心《じんしん》に随《ずい》喜《き》すべきであると天空《てんくう》に声《こえ》を響《ひび》き渡《わた》らせます。そして「当《まさ》に釈迦牟尼仏《しやかむにぶつ》を礼拝《らいはい》し供養《くよう》すべし」と、釈尊《しやくそん》が娑婆世界《しやばせかい》のような所《ところ》に出《で》られて衆生済度《しゆじようさいど》のために御苦労《ごくろう》されていることに感謝《かんしや》しなければならないと言《い》われます。この天空《てんくう》の声《こえ》に驚《おどろ》いて、十方世界《ぽうせかい》の大勢《おおぜい》の人々《ひとびと》は、何《いず》れも合掌《がつしよう》して娑婆世《しやばせ》界《かい》に向《む》いて「南無釈迦牟尼仏《なむしやかむにぶつ》、南無釈迦牟尼仏《なむしやかむにぶつ》」と皆幾度《みないくど》も声《こえ》を揚《あ》げて釈尊《しやくそん》を賛嘆《さんたん》したのです。これは法華経《ほけきよう》が、十方世界《ぽうせかい》にあっては娑婆世界《しやばせかい》を中心《ちゆうしん》とする、仏《ほとけ》にあっては釈尊《しやくそん》を中心《ちゆうしん》とする思想《しそう》であることを意味《いみ》しています。阿弥陀経《あみだきよう》や薬師経《やくしきよう》のように、娑婆世界《しやばせかい》の衆生《しゆじよう》が西《にし》を向《む》いたり東《ひがし》を向《む》いたりするのではなく、十方世界《ぽうせかい》の者《もの》が皆娑婆世界《みなしやばせかい》の方《ほう》を向《む》いて、釈尊《しやくそん》を礼拝供養《らいはいくよう》するのです。絶対《ぜつたい》ということを研究《けんきゆう》する場合《ばあい》には、必《かなら》ず中心《ちゆうしん》を明《あき》らかにしなければ間違《まちが》いが起《お》こります。何《いず》れも同《どう》一の仏《ほとけ》であるとか、同《どう》一の絶対《ぜつたい》であるとかいうようなことではいけません。したがって、宝塔品《ほうとうほん》においても、来集《らいしゅう》した十方《ぽう》の諸仏《しょぶつ》は皆釈尊《みなしゃくそん》の分身《ぶんしん》であり、その本体《ほんたい》は釈迦牟尼仏《しゃかむにぶつ》であることが明《あき》らかにされているのです。

この南無釈迦牟尼仏《なむしゃかむにぶつ》ということも余程大事《よほどだいじ》な問題《もんだい》で、南無妙法蓮華経《なむみょうほうれんげきょう》と三宝《ぼう》の中《なか》の法《ほう》に帰依《きえ》するのも、南無釈迦牟尼仏《なむしゃかむにぶつ》と仏《ほとけ》に帰依《きえ》するのも、これは三宝帰依《ぼうきえ》の上《うえ》からは同《おな》じことなのです。南無《なむ》妙法蓮華経《みょうほうれんげきょう》と言《い》い表《あらわ》しても、それは三宝《ぼう》に帰依《きえ》することを法《ほう》によって代表《だいひょう》している訳《わけ》です。日蓮《にちれん》聖人《しょうにん》は(1)撰時抄《せんじしょう》において、この部分《ぶぶん》を「南無釈迦牟尼仏、南無釈迦牟尼仏《なむしゃかむにぶつ》、南無妙法蓮華経《なむみょうほうれんげきょう》、南無《なむ》妙法蓮華経《みょうほうれんげきょう》と一同《どう》にさけびしがごとし。」と述《の》べられているように、南無釈迦牟尼仏《なむしゃかむにぶつ》と唱《とな》えれば法華経《ほけきょう》に帰依《きえ》することを含《ふく》み、南無妙法蓮華経《なむみょうほうれんげきょう》と唱《とな》えれば釈迦牟尼仏《しゃかむにぶつ》に帰依《きえ》していることを含《ふく》むのです。仏《ほとけ》と法《ほう》とは離《はな》れるものではないのですから、お釈迦様《しゃかさま》には帰依《きえ》するけれども法華経《ほけきょう》は信《しん》じない、法華経《ほけきょう》には帰依《きえ》するけれども、お釈迦様《しゃかさま》は信《しん》じない等《など》ということは言《い》い得《え》ません。そのようなことは、無鉄砲《むてっぽう》な何《なに》も知《し》らない者《もの》が言《い》うことです。日蓮聖人《にちれんしょうにん》が「法華経《ほけきょう》は釈迦牟尼仏《しゃかむにぶつ》なり」と述《の》べられていることも同《おな》じ意味《いみ》であって、決《けっ》して仏《ほとけ》と法《ほう》を切《き》り離《はな》すことは出来《でき》ません。

（現代語《げんだいご》）

その時仏《ときほとけ》は、上行《じょうぎょう》を始《はじ》めとする菩薩達《ぼさつたち》に告《つ》げました。諸仏《しょぶつ》の神通《じんづう》の力《ちから》は、このように無量無辺《むりょうむへん》であって思議《しぎ》することも出来《でき》ないものである。例《たと》え私《わたし》が神通力《じんづうりき》を以《もっ》て、無量無辺《むりょうむへん》の極《きわ》めて長き劫《こう》の間《あいだ》、この経《きょう》の功徳《くどく》を付嘱《ふぞく》のために説《と》き続《つづ》けたとしても、決《けっ》して説《と》き尽《つ》くすことは出来《でき》ない。要点《ようてん》を結《むす》んで言《い》うならば、如来《にょらい》の一切《さい》の所有《しょゆう》する法《ほう》、如来《にょらい》の一切《さい》の自在《じざい》である神通力《じんづうりき》、如来《にょらい》の一切《さい》の秘《ひ》要《よう》の宝蔵《ほうぞう》、如来《にょらい》の一切《さい》の深遠《しんえん》なる事柄《ことがら》を、皆《みな》この経《きょう》に示《しめ》し説《と》き顕《あら》わしているのである。

（要文《ようもん》）

その時《とき》に仏《ほとけ》、上行等《じょうぎょうとう》の菩薩大衆《ぼさつだいしゅ》に告《つ》げたまわく、諸仏《しょぶつ》の神力《じんりき》は是《かく》の如《ごと》く無量無辺不可思《むりょうむへんふかし》議《ぎ》なり。もし我是《われこ》の神力《じんりき》を以《もっ》て無量無辺《むりょうむへん》百千万億《まんのく》阿僧祇劫《あそうぎこう》に於《おい》て、嘱累《ぞくるい》の為《ため》の故《ゆえ》に此《こ》の経《きょう》の功徳《くどく》を説《と》かんに、猶尽《なおつ》くすこと能《あた》わじ。要《よう》を以《もっ》て之《これ》を言《い》わば、如来《にょらい》の一切《さい》の所有《しょう》の法《ほう》、如来《にょらい》の一切《さい》の自在《じざい》の神力《じんりき》、如来《にょらい》の一切《さい》の秘要《ひよう》の蔵《ぞう》、如来《にょらい》の一切《さい》の甚深《じんじん》の事《じ》、皆此《みなこ》の経《きょう》に於《おい》て宣《せん》示顕説《じけんぜつ》す。

(要義《ようぎ》)

この一節《せつ》は、如来《にょらい》が法華経《ほけきょう》を四句《く》の要法《ようぼう》に結《むす》んで、別付嘱《べつふぞく》を説明《せつめい》せられた経文《きょうもん》です。まず大切《たいせつ》であることは、この四句《く》の要法《ようぼう》は、何《いず》れも「如来《にょらい》の一切《さい》の」と冠《かん》してあるものであって、法《ほう》というのはすべて如来《にょらい》の覚《さと》りの上《うえ》から現《あらわ》れて来《く》るものです。伝教大師《でんぎょうだいし》はこれを「果分《かぶん》の」と述《の》べ、「法華《ほっけ》秀句《しゅうく》」には[2]「無問自説果分勝《むもんじせつかぶんしょう》三」と言《い》って、法華経《ほけきょう》は諸経《しょきょう》の不可説《ふかせつ》とする果分《かぶん》、如来《にょらい》の覚《さと》りを説《と》いた経《きょう》である、「因分可説果分不可説《いんぶんかせつかぶんふかせつ》」と言《い》って、果分《かぶん》は覚《さと》った仏《ほとけ》でなければ説《と》くことは出来《でき》ないと述《の》べてこの経文《きょうもん》を挙《あ》げている位《くらい》ですから、果《か》を明《あき》らかにしないということではいけません。日蓮《にちれん》門下《もんか》には、因《いん》に執《しゅう》して果《か》を尊《とうと》ばぬというような訳《わけ》の分《わ》からないことを言《い》う者《もの》がありますが、仏教《ぶっきょう》は完全《かんぜん》なる果《か》に達《たっ》せんとして発心修行《ほっしんしゅぎょう》が起《お》こるのですから、仏性《ぶっしょう》を有《ゆう》しているからそれで良《よ》いというならば仏教《ぶっきょう》そのものが要《い》らなくなります。仏教《ぶっきょう》の目的《もくてき》は、皆本来有《みなほんらいゆう》している仏性《ぶっしょう》を現《あらわ》して、そうして果《か》に達《たっ》せさせることにあるのですから、平等《びょうどう》であるとか不二《ふ》であるとかいう原理《げんり》に拘泥《こうでい》し過《す》ぎることは実《じつ》に愚《おろか》なことです。如何《いか》に真理《しんり》と言《い》っても、覚《さと》りに至《いた》らざるものであっては未《いま》だ十分《ぶん》の力《ちから》は現《あらわ》れて来《こ》ない、仏性《ぶっしょう》を有《ゆう》しているから仏陀《ぶっだ》と同《おな》じだと言《い》っても、具《ぐ》しているものと現《あらわ》れているものとは、他面《ためん》から言《い》えば大《おお》いに違《ちが》いがあります。今《いま》この上行菩薩《じょうぎょうぼさつ》に付嘱《ふぞく》せられる大法《だいほう》は果分《かぶん》の妙法《みょうほう》であり、「如来《にょらい》の一切《さい》の所有《しょう》の法《ほう》、如来《にょらい》の一切《さい》の自在《じざい》の神力《じんりき》、如来《にょらい》の一切《さい》の秘要《ひよう》の蔵《ぞう》、如来《にょらい》の一切《さい》の甚深《じんじん》の事《じ》」の四箇《か》の大事《だいじ》、それを纏《まと》めて法華経《ほけきょう》に宣示顕説《せんじけんぜつ》したとあるのですから、法華経《ほけきょう》の文《もん》の底《そこ》に隠《かく》れた文底秘沈《もんていひちん》の云々等《うんぬんとう》というようなことを言《い》って愚論《ぐろん》を骨頂《こっちょう》させてはなりません。「依文判《えもんはん》義《ぎ》は本門《ほんもん》に限《かぎ》る」と、文《もん》に依《よ》って義《ぎ》を判《はん》ずることが出来《でき》るのが本門《ほんもん》の特色《とくしょく》ですから、寿量品《じゅりょうほん》はその経文《きょうもん》に依《よ》ってこの精神《せいしん》をよく見極《みきわ》めて行《い》かねばなりません。

天台大師《てんだいだいし》は[3]「五重《じゅう》玄義《げんぎ》」において、妙法蓮華経《みょうほうれんげきょう》の題目《だいもく》について「名《みょう》・体《たい》・宗《しゅう》・用《ゆう》・教《きょう》」の次第《しだい》を以《もっ》て解釈《かいしゃく》をしました。まず、始《はじ》めの「如来《にょらい》の一切《さい》の所有《しょう》の法《ほう》」とは、如来《にょらい》の覚《さと》られている法《ほう》であって、これを妙法《みょうほう》と名付《なづ》けて「名《みょう》」玄義《げんぎ》としています。故《ゆえ》に妙法蓮華経《みょうほうれんげきょう》は誰《だれ》の所有《しょう》かといえば、釈迦《しゃか》如来《にょらい》の所有《しょう》の法《ほう》であるのです、この点《てん》が大事《だいじ》なのです。この妙法《みょうほう》を自然《しぜん》に存在《そんざい》している真理《しんり》の名前《なまえ》だとするならば、それは迹門《しゃくもん》以下《いか》の妙法《みょうほう》となります。本門《ほんもん》に至《いた》ったならば「如来《にょらい》の一切《さい》の所有《しょう》の法《ほう》」であって、釈尊《しゃくそん》の覚《さと》りを通《つう》じてそこに現《あら》われていることが最《もっと》も大事《だいじ》なことであるのです。そして「如来《にょらい》の一切《さい》の自在《じざい》の神力《じんりき》」とは、如来《にょらい》の有《ゆう》している不思議《ふしぎ》なる力《ちから》です。それがこの経《きょう》の「用《ゆう》」であって、妙法経力《みょうほうきょうりき》と言《い》ってもそれは文字《もじ》の力《ちから》でありません。如来《にょらい》の力《ちから》、仏力《ぶつりき》が妙法《みょうほう》の経力《きょうりき》であって、妙法《みょうほう》とは宇宙《うちゅう》の真理《しんり》そのままではなくして、如来《にょらい》が覚《さと》り、如来《にょらい》が応用《おうよう》している所《ところ》の如来《にょらい》の神《じん》力《りき》であるのです。それから「如来《にょらい》の一切《さい》の秘要《ひよう》の蔵《ぞう》」とは、[4]妙法蓮華経《みょうほうれんげきょう》の「体《たい》」のことであって、宇宙《うちゅう》の実相《じっそう》、諸法《しょほう》の実相《じっそう》です。法華経《ほけきょう》は、要《よう》するに現象《げんしょう》と本体《ほんたい》の関係《かんけい》において、現象即実在《げんしょうそくじつざい》を説《と》きます。諸法即実相《しょほうそくじっそう》、世間相常住《せけんそうじょうじゅう》であって、一時的《じてき》な現象《げんしょう》のように見《み》えるものに実在《じつざい》の意義《いぎ》を明《あき》らかにして行《い》くのです。三世《ぜ》諸法《しょほう》悉《ことごと》く不思議《ふしぎ》の妙法《みょうほう》ならざるものはないという一大原理《だいげんり》、そのような実相《じっそう》の真理《しんり》がこの経《きょう》に現《あら》わされているのです。そして「如来《にょらい》の一切《さい》の甚深《じんじん》の事《じ》」というのは、教《おし》えの要点《ようてん》である「宗《しゅう》」であって、これは実相《じっそう》の因果《いんが》のことを指《さ》しています。仏教《ぶっきょう》の一切《さい》の教義《きょうぎ》は因果《いんが》の法《ほう》によって現《あらわ》されていますが、寿量品《じゅりょうほん》に説《と》かれていることは本因本果《ほんいんほんが》の大事《だいじ》です。観心本《かんじんほん》尊抄《ぞんしょう》には、[5]我等《われら》が己心《こしん》の菩薩《ぼさつ》は本因《ほんいん》であり、我等《われら》が己心《こしん》の釈尊《しゃくそん》は本果《ほんが》なりと述《の》べられていますが、即《すなわ》ち本因《ほんいん》とは衆生本具《しゅじょうほんぐ》の仏性《ぶっしょう》であり、本果《ほんが》とはそれが現《あらわ》れている所《ところ》の本仏《ほんぶつ》のことです。一般的《ぱんてき》な因果《いんが》には前後《ぜんご》がありますが、この本因本果《ほんいんほんが》は決《けっ》して時間《じかん》を以《もっ》て見《み》るべき関係《かんけい》ではありません。因果《いんが》同時《どうじ》という意味《いみ》であって、そもそも妙法蓮華《みょうほうれんげ》の表題《ひょうだい》である蓮《はす》と華《はな》は因果《いんが》のことであるのです。蓮《はす》は果《か》であり華《はな》は因《いん》ですが、蓮華《れんげ》は華果同時《けかどうじ》といって、華《はな》と果《か》が一緒《しょ》になっている、華《はな》が咲《さ》いているときには蓮台《れんだい》があって、そこに果《か》が既《すで》に具《そな》わっているから、その因果同時《いんがどうじ》の不思議《ふしぎ》の関係《かんけい》を説《と》いて妙《みょう》法蓮華経《ほうれんげきょう》と言《い》っているのです。開目抄《かいもくしょう》に[6]「九界《かい》も無始《むし》の仏界《ぶっかい》に具《ぐ》し、仏界《ぶっかい》も無始《むし》の九界《かい》に備《そなわり》て、真《しん》の十界互具《かいごぐ》・百界《かい》千如《にょ》・一念《ねん》三千なるべし」と述《の》べられているのは、この十界互具《かいごぐ》の不思議《ふしぎ》、本因《ほんいん》本果《ほんが》の事柄《ことがら》がこの経《きょう》によく現《あらわ》されているからです。最後《さいご》の[7]「教《きょう》」とは教相判釈《きょうそうはんじゃく》のことであり、上記《じょうき》のことを鑑《かんが》みて、仏教全体《ぶっきょうぜんたい》における妙法蓮華経《みょうほうれんげきょう》の占《し》める位置《いち》を定《さだ》めています。斯様《かよう》に釈尊《しゃくそん》は、四句《く》の要法《ようぼう》に結《むす》んで法華経《ほけきょう》を上行菩薩等《じょうぎょうぼさつとう》に付嘱《ふぞく》された。そして、上行菩薩《じょうぎょうぼさつ》は時《とき》を計《はか》って末法《まっぽう》に出《い》でて、日蓮聖人《にちれんしょうにん》となったというように解釈《かいしゃく》されている訳《わけ》です。観心本尊抄《かんじんほんぞんしょう》に述《の》べられた[8]「是好良薬《ぜこうろうやく》とは寿量品《じゅりょうほん》の肝要《かんよう》たる名体宗用教《みょうたいしゅうゆうきょう》の南無《なむ》妙法蓮華《みょうほうれんげ》経是也《きょうこれなり》」とは、このことです。

（現代語《げんだいご》）

これ故《ゆえ》に汝達《なんじたち》よ、如来《にょらい》の入滅後《にゅうめつご》に、この経典《きょうてん》を一心《しん》に受持《じゅじ》し、読誦《どくじゅ》し、解説《げせつ》し、書写《しょしゃ》して、説《と》かれた如《ごと》くに修行《しゅぎょう》すべきである。所在《しょざい》する国土《こくど》で、受持《じゅじ》し、読誦《どくじゅ》し、解説《げせつ》、書写《しょしゃ》して、説《と》かれた如《ごと》くに修行《しゅぎょう》することがあれば、経巻《きょうかん》を置《お》く所《ところ》であれ、園庭《えんてい》であれ、林中《りんちゅう》であれ、樹下《じゅか》であれ、僧房《そうぼう》であれ、在家《ざいけ》の家《いえ》であれ、殿堂《でんどう》であれ、あるいは山谷《さんこく》や広野《こうや》であれ、そこに塔《とう》を建《た》てて供養《くよう》すべきである。当《まさ》に知《し》らねばならぬ、その故《ゆえ》は、この所《ところ》こそが道場《どうじょう》だからである。仏達《ほとけたち》はここで無上《むじょう》の正《ただ》しき覚《さと》りを得《え》、ここで法《ほう》を説《と》き、ここで入滅《にゅうめつ》されるからである。

（要文《ようもん》）

是《こ》の故《ゆえ》に汝等《なんだち》如来《にょらい》の滅後《めつご》に於《お》て、当《まさ》に一心《しん》に受持《じゅじ》・読誦《どくじゅ》し、解説《げせつ》・書写《しょしゃ》し、説《せつ》の如《ごと》く修《しゅ》行《ぎょう》すべし。所在《しょざい》の国土《こくど》に、もしは受持《じゅじ》・読誦《どくじゅ》し、解説《げせつ》・書写《しょしゃ》し、説《せつ》のごとく修行《しゅぎょう》すること有《あ》らん。もしは経巻所住《きょうがんしょじゅう》の処《ところ》、もしは園中《おんちゅう》に於《お》ても、もしは林中《りんちゅう》に於《お》ても、もしは樹下《じゅげ》に於《お》ても、もしは僧坊《そうぼう》に於《お》ても、もしは白衣《びゃくえ》の舎《いえ》にても、もしは殿堂《でんどう》に在《あ》っても、もしは山谷《せんごく》・曠野《こうや》にても、是《こ》の中《なか》に皆塔《みなとう》を起《た》てて供養《くよう》すべし。所以《ゆえ》は何《いか》ん、当《まさ》に知《し》るべし、是《こ》の処《ところ》は即《すなわ》ち是《こ》れ道《どう》場《じょう》なり。諸仏此《しょぶつこ》に於《お》て阿耨多羅《あのくたら》三藐《みゃく》三菩提《ぼだい》を得《え》、諸仏此《しょぶつこ》に於《お》いて法輪《ほうりん》を転《てん》じ、諸仏此《しょぶつこ》に於《お》て般涅槃《はつねはん》したまう。

（要義《ようぎ》）

如来《にょらい》の滅後《めつご》において、この法華経《ほけきょう》を一心《しん》に受持《じゅじ》・読《どく》・誦《じゅ》・解説《げせつ》・書写《しょしゃ》すること、これが五種《しゅ》の修《しゅ》行《ぎょう》です。読《どく》と誦《じゅ》の違《ちが》いは、経文《きょうもん》を見《み》て読《よ》むのと暗《そら》で誦《よ》むことであり、受持《じゅじ》とは元《もと》は経《きょう》の内容《ないよう》を憶《おぼ》えて忘《わす》れないようにすることでしたが、その意義《いぎ》は段々《だんだん》と進《すす》んで、教《おし》えの精神《せいしん》を信《しん》じ、その信念《しんねん》を持《じ》続《ぞく》することとなっています。そこで、先《さき》に述《の》べたように題目《だいもく》の妙法蓮華経《みょうほうれんげきょう》の五字《じ》が経《きょう》の精神《せいしん》を包《つつ》んだものであることから、日蓮聖人《にちれんしょうにん》に依《よ》れば妙法蓮華経《みょうほうれんげきょう》の五字《じ》を受持《じゅじ》・信念《しんねん》するということにもなる訳《わけ》ですが、観心本尊抄《かんじんほんぞんしょう》に(9)「釈尊《しゃくそん》の因行《いんぎょう》・果徳《かとく》の二法《ほう》は妙法蓮華経《みょうほうれんげきょう》の五字《じ》に具足《ぐそく》す」と述《の》べられた因果《いんが》というものが、仏性論《ぶっしょうろん》と仏陀論《ぶっだろん》であるということになって行《い》くと、どうしても寿量品《じゅりょうほん》の本仏《ほんぶつ》のことを意識《いしき》しない訳《わけ》にはいけません。また、開目抄《かいもくしょう》に「発迹顕本《ほっしゃくけんぽん》せざれば、まことの一念《ねん》三千もあらはれず、二乗作仏《じょうさぶつ》も定《さだ》まらず」と、本仏《ほんぶつ》が顕《あらわ》されなければ、一念《ねん》三千という宇宙観《うちゅうかん》も決《き》まらず、二乗作仏《じょうさぶつ》の根拠《こんきょ》である仏性《ぶっしょう》も定《さだ》まらない、寿量顕本《じゅりょうけんぽん》の大事《だいじ》を逸《いっ》してしまったならば、大事《だいじ》な教義《きょうぎ》が一度《ど》に壊《こわ》れてしまうと言《い》われているのですから、それが判《わか》らないというのであれば日《にち》蓮教学《れんきょうがく》を宣伝《せんでん》する資格《しかく》はありません。この「発迹顕本《ほっしゃくけんぽん》せざれば」という聖訓《せいくん》について、何《なん》らの研《けん》究《きゅう》も観察《かんさつ》も有《ゆう》さずにいるような者《もの》は、語《かた》るに足《た》らぬ所《ところ》の者《もの》であって、そのような者《もの》の意見《いけん》を聞《き》く必《ひつ》要《よう》は無《な》いのです。この点《てん》は充分《じゅうぶん》に明《あき》らかにしなければ、日蓮教学《にちれんきょうがく》は危《あぶ》ないものになる、ただ「南《な》無妙法蓮華経《むみょうほうれんげきょう》」を信《しん》じるなどと文字神聖論《もんじしんせいろん》のような事《こと》を言《い》っていては、将来《しょうらい》の宗教《しゅうきょう》として到底生《とうていせい》命《めい》のあるべき筈《はず》はありません。また日蓮本仏論《にちれんほんぶつろん》の如《ごと》きも、宗教《しゅうきょう》の本義《ほんぎ》から見《み》ては根本的考察《こんぽんてきこうさつ》を逸《いっ》したものであって、ただ「末法《まっぽう》の導師《どうし》」というようなことから「本仏《ほんぶつ》だ」と言《い》うようなことでは、そもそも本仏《ほんぶつ》ということの根本《こんぽん》の観察《かんさつ》が立《た》ちません。本仏《ほんぶつ》とは絶対無上《ぜったいむじょう》にして一切《さい》を包括《ほうかつ》する所《ところ》のもので、所謂普遍妥当性《いわゆるふへんだとうせい》を有《ゆう》していなければならない、時間《じかん》を貫《つらぬ》き空間《くうかん》に亘《わた》って一切《さい》の中心《ちゅうしん》、根本《こんぽん》であるということでなければ本仏《ほんぶつ》というようなことは言《い》い得《え》られないのです。したがって、「一切衆《さいしゅ》生《じょう》には、仏性《ぶつしょう》があり本覚《ほんがく》があるから本仏《ほんぶつ》だ」などというような事《こと》も、「宗教《しゅうきょう》の本尊《ほんぞん》を論《ろん》じる場合《ばあい》には問題《もんだい》になりません。開目抄《かいもくしょう》に在《あ》る通《とお》り、法華経《ほけきょう》の二大教《だいきょう》義《ぎ》は二乗《じょう》作《さ》仏《ぶつ》と久遠実成《くおんじつじょう》なのですから、私達《わたしたち》はこの大事《だいじ》を受持《じゅじ》していかなければなりません。これを不軽品《ふきょうほん》において考《かんが》えれば仏性《ぶつしょう》の覚醒《かくせい》運動《うんどう》となり、寿量品《じゅりょうほん》において考《かんが》えれば本仏釈尊《ほんぶつしゃくそん》に対《たい》する渇仰《かつごう》の信念《しんねん》となるのであって、その両方《りょうほう》を忘《わす》れないようにしなければなりません。自己《じこ》を反省《はんせい》した時《とき》には仏性《ぶつしょう》の自覚《じかく》、仏子《ぶっし》の自覚《じかく》を起《おこ》して菩薩行《ぼさつぎょう》の誓《ちか》いを立《た》てて進《すす》み、本仏《ほんぶつ》を仰《あお》いだ時《とき》はその大慈悲《だいじひ》に感激《かんげき》しなければなりません。この二つがあってこそ始《はじ》めてそこに感応《かんのう》が起《お》こり、信行《しんぎょう》が立《た》つのです。

この五種《しゅ》の修行《しゅぎょう》をする場合《ばあい》には、「経巻所在《きょうがんしょざい》の処《ところ》でも、園《その》の中《なか》でも林《はやし》の中《なか》でも、何処《どこ》でも塔《とう》を建《た》てて供養《くよう》して宜《よろ》しい、そこが即是道場《そくぜどうじょう》であり、其処《そこ》に於《お》いて諸仏《しょぶつ》は菩提《ぼだい》を得《え》て法輪《ほうりん》を転《てん》じ、そして涅《ね》槃《はん》すると説《と》かれています。[10]釈尊降誕《しゃくそんこうたん》の迦毘羅衛城《かびらえじょう》、成道《じょうどう》の伽耶城《がやじょう》、説法《せっぽう》の霊鷲山《りょうじゅせん》、涅槃《ねはん》の双林《そうりん》拘《く》尸那城《しなじょう》と霊地巡拝《れいちじゅんぱい》をしなくとも、何処《どこ》でも世界中至《せかいじゅういた》る所《ところ》、法華経《ほけきょう》を信心《しんじん》する所《ところ》が即是道場《そくぜどうじょう》であって、そこに仏《ほとけ》は来臨影嚮《らいりんようごう》し給《たま》うとの意味《いみ》が説《と》かれているのです。これは非常《ひじょう》に高《たか》い思想《しそう》で、無論《むろん》曼《まん》荼羅本尊《だらほんぞん》を安置《あんち》することは結構《けっこう》であるけれども、言葉《ことば》を以《もっ》て勧請《かんじょう》しても足《た》りるということです。日《にち》蓮聖人《れんしょうにん》が余所《よそ》に行《い》かれるのに、本尊《ほんぞん》を携帯《けいたい》して行《い》ったということはありません。如何《いか》なる所《ところ》に於《お》いてでも、そこに文字《もんじ》の本尊《ほんぞん》が無《な》く、木像《もくぞう》の本尊《ほんぞん》が無《な》くとも「謹《つつし》んで勧請《かんじょう》し奉《たてまつ》る本門寿量《ほんもんじゅりょう》の本尊《ほんぞん》、南無《なむ》久遠実成《くおんじつじょう》大恩教主《だいおんきょうしゅ》釈迦牟尼仏《しゃかむにぶつ》」と申《もう》し上《あ》げれば、本仏釈尊《ほんぶつしゃくそん》は来臨影嚮《らいりんようごう》し給《たま》う、そのような実在《じつざい》の意識《いしき》が大事《だいじ》であるのです。日蓮聖人《にちれんしょうにん》は曼荼羅《まんだら》をお書《か》きになったけれども、そのお書《か》きになった曼荼羅《まんだら》そのものが一番《ばん》有《あ》り難《がた》いという意味《いみ》ではありません、本仏実在《ほんぶつじつざい》の意義《いぎ》こそが有《あ》り難《がた》いのです。ただ形式《けいしき》のみで内容《ないよう》が無《な》く、実在《じつざい》がなかったならば駄目《だめ》です。本尊《ほんぞん》の写象式《しゃしょうしき》のみであって、実質《じっしつ》の意義《いぎ》が明《あき》らかにならなかったならば、それは将来《しょうらい》の宗教《しゅうきょう》としては役《やく》に立《た》たないのです。寿量品《じゅりょうほん》は「近《ちか》しと雖《いえど》もしかも見《み》えざらしむ」「常《つね》に此《ここ》にあって滅《めつ》せず」と説《と》かれ、日蓮聖人《にちれんしょうにん》は、「この経《きょう》を信《しん》じる人《ひと》の前《まえ》には、滅後《めつご》たりと雖《いえど》も仏在世《ほとけざいせ》なり」と言《い》われて、本仏実在《ほんぶつじつざい》の意識《いしき》を明《あき》らかにしています。寿量品《じゅりょうほん》の要点《ようてん》を言《い》えば、釈尊《しゃくそん》は何時《いつ》でも此処《ここ》に活《い》きている、何時《いつ》でも汝《なんじ》の前《まえ》に居《い》るぞと仰《おっしゃ》っておられるのです。[11]その実在《じつざい》の意識《いしき》を明《あき》らかにして導《みちび》くことが大事《だいじ》であるがために、仏塔《ぶっとう》が建《た》てられて供養《くよう》が為《な》される、そして日蓮聖人《にちれんしょうにん》は曼荼羅本尊《まんだらほんぞん》を書《か》き顕《あらわ》されたのです。日蓮聖人《にちれんしょうにん》が図顕《ずけん》された曼荼羅《まんだら》の尊《とうと》さを相当《そうとう》に説《と》くのは良《よ》いけれども、そればかりを喧《やかま》しく言《い》って、実在《じつざい》の意識《いしき》が枯《か》れてくるようなことは、大《おお》いに考《かんが》えなければなりません。そのような誤《あやま》りを誡《いまし》めるために、この神力品《じんりきほん》の「即是道場《そくぜどうじょう》」の経文《きょうもん》がある、そして今《いま》一つは法師品《ほっしほん》の「復舎利《またしゃり》を安《あん》ずることを須《もち》いず〜この中《なか》に已《すで》に如来《にょらい》の全身《ぜんしん》います」との経文《きょうもん》もある訳《わけ》です。

（現代語《げんだいご》）

この経《きょう》をよく持《たも》つ者《もの》は、如来《にょらい》の入滅《にゅうめつ》の後《のち》に、仏《ほとけ》が説《と》かれた経《きょう》の因縁《いんねん》と次第《しだい》を知《し》って、その意義《いぎ》に随《したが》って偽《いつわ》りなく教《おし》えを説《と》くであろう。日月《にちげつ》の光明《こうみょう》が暗闇《くらやみ》を除《のぞ》くように、この人《ひと》は世間《せけん》に出《い》でて衆生《しゅじょう》の心《こころ》の闇《やみ》を滅《めっ》し、一切《さい》の菩薩《ぼさつ》たるべき人々《ひとびと》を教《おし》えて、遂《つい》には一乗《じょう》に住《じゅう》せしめるであろう。これ故《ゆえ》に智慧《ちえ》有《あ》る者《もの》は、この功徳《くどく》の利益《りやく》を聞《き》いて、私《わたし》の入滅《にゅうめつ》の後《のち》に必《かなら》ずこの経《きょう》を受持《じゅじ》すべきである。この人《ひと》が仏道《ぶつどう》において成就《じょうじゅ》することは、決定《けってい》して疑《うたが》いは無《な》いのである。

（要文《ようもん》）

如来《にょらい》の滅後《めつご》に於《おい》て、仏《ほとけ》の所説《しょせつ》の経《きょう》の因縁及《いんねんおよ》び次第《しだい》を知《し》って義《ぎ》に随《したが》って実《じつ》の如《ごと》く説《と》かん。日《にち》月《げつ》の光明《こうみょう》の能《よ》く諸《もろもろ》の幽冥《ゆうみょう》を除《のぞ》くが如《ごと》く、斯《こ》の人世間《ひとせけん》に行《ぎょう》じて能《よ》く衆生《しゅじょう》の闇《やみ》を滅《めっ》し、無量《むりょう》の菩《ぼ》薩《さつ》を教《おし》えて、畢竟《ひつきょう》して一乗《じょう》に住《じゅう》せしめん。是《こ》の故《ゆえ》に智《ち》あらん者《もの》、此《こ》の功徳《くどく》の利《り》を聞《き》いて、我《わ》が滅度《めつど》の後《のち》に於《おい》て、応《まさ》に斯《こ》の経《きょう》を受持《じゅじ》すべし。是《こ》の人仏道《ひとぶつどう》に於《おい》て、決定《けつじょう》して疑《うたが》い有《あ》ること無《む》けん。

(要義《ようぎ》)

この所《ところ》は、この経《きょう》を付嘱《ふぞく》するにあたって、釈尊《しゃくそん》が上行等《じょうぎょうとう》の本化《ほんげ》の菩薩達《ぼさつたち》に奨励《しょうれい》の言葉《ことば》を説《と》かれたものです。「所説《しょせつ》の経《きょう》の因縁《いんねん》」とは、例《たと》えば阿弥陀経《あみだきょう》や(12)観無量寿経《かんむりょうじゅきょう》は、韋提希婦人《いだいけふじん》が、子《こ》である阿闍世王《あじゃせおう》に座敷牢《ざしきろう》に入《い》れられて苦《くる》しんでいるために説《と》かれたものであるとか、その経典《きょうてん》がどのような事《こと》から起《お》こったものかということです。経《きょう》によっては大《たい》した因縁《いんねん》でないものもあれば、法華《ほけ》経《きょう》のように釈尊《しゃくそん》一代《だい》の教義《きょうぎ》を結束《けっそく》して最高《さいこう》の真実《しんじつ》を現《あらわ》さんとするものもある訳《わけ》です。(13)華厳《けごん》、阿含《あごん》、方等《ほうどう》、般若《はんにゃ》、法華涅槃《ほっけねはん》の五時《じ》教判《きょうはん》は、仏教思想《ぶっきょうしそう》の順序次第《じゅんじょしだい》を釈尊《しゃくそん》一代《だい》の化導《けどう》として整理《せいり》されたものですが、天台大師《てんだいだいし》や日蓮聖人《にちれんしょうにん》が言《い》われた如《ごと》く、経《きょう》の次第因縁《しだいいんねん》という事《こと》は、今日《こんにち》はなお一層明《そうあき》らかにして整頓《せいとん》して行《い》かねばなりません。そして仏教《ぶっきょう》の紛乱《ふんらん》は、本化《ほんげ》の菩薩《ぼさつ》が出現《しゅつげん》して大体《だいたい》の綱格《こうかく》を示《しめ》し、法華経《ほけきょう》の真実義《しんじつぎ》を説《と》いて始《はじ》めて解決《かいけつ》される訳《わけ》です。恰《あたか》も日月《にちげつ》が出《い》でて世《よ》の闇《やみ》を除《のぞ》くように、彼《か》の菩薩《ぼさつ》は人《ひと》の心《こころ》の闇《やみ》、殊《こと》に宗教《しゅうきょう》に関《かん》する迷《まよ》い、深《ふか》い思想《しそう》の問題《もんだい》についての闇《やみ》を照《て》らします。つまり本化《ほんげ》の菩薩《ぼさつ》とは、思想善導《しそうぜんどう》の菩薩《ぼさつ》である、末法《まっぽう》に至《いた》って思想言論《しそうげんろん》の紛糾錯雑《ふんきゅうさくざつ》を極《きわ》める時《とき》に出《い》でて、快刀乱麻《かいとうらんま》を断《た》つ所《ところ》の任務《にんむ》を帯《お》びている者《もの》であるのです。

法華経《ほけきょう》から言《い》えば、すべての人《ひと》は仏性《ぶっしょう》を有《ゆう》して菩薩行《ぼさつぎょう》に進《すす》むべきものですから、この「無量《むりょう》の菩《ぼ》薩《さつ》を教《おし》えて」という場合《ばあい》の菩薩《ぼさつ》とは、一切衆生《さいしゅじょう》を指《さ》しています。一切衆生《さいしゅじょう》を讃歎《さんたん》して「無量《むりょう》の菩《ぼ》薩《さつ》」と言《い》い、最初《さいしょ》は否定《ひてい》され対立《たいりつ》する者《もの》もあるけれども、その無量《むりょう》の菩薩《ぼさつ》を教《おし》えて畢竟《ひっきょう》して一乗《じょう》に住《じゅう》せしめるのが本化《ほんげ》の菩薩《ぼさつ》の働《はたら》きです。「一乗《じょう》」ということは種々《しゅじゅ》の義《ぎ》を含《ふく》んでいますが、言《い》うなれば、一切《さい》の思想《しそう》、教学《きょうがく》を適当《てきとう》に調和《ちょうわ》統《とう》一して、採《と》るべきは取《と》り、棄《す》つるべきは捨《す》て、疎通《そつう》すべきは疎通《そつう》して、渾然《こんぜん》として一なる大文明《だいぶんめい》を造《つく》り上《あ》げるのが一乗《じょう》に住《じゅう》せしめるという事《こと》です。日蓮《にちれん》聖人《しょうにん》が「立正安国論《りっしょうあんこくろん》」に「信仰《しんこう》の寸心《すんしん》を改《あらた》めて実乗《じつじょう》の一善《ぜん》に帰《き》せよ」と言《い》われたのも、このことです。色々《いろいろ》な信仰思想《しんこうしそう》というものがあり、それは一部分《ぶぶん》一部分《ぶぶん》を抑《おさ》えて見《み》れば一概《がい》に悪《わる》いことではないかも知《し》れませんが、小《ち》さな事《こと》に引《ひ》っ掛《か》かって分裂《ぶんれつ》して争《あらそ》っているのであれば、法華経《ほけきょう》のこの大《だい》思想《しそう》に来《き》たってそこに統《とう》一を教《おし》えなければなりません。それ故《ゆえ》に、この法華経《ほけきょう》を中心《ちゅうしん》として一切思《さいし》想《そう》が纏《まと》まり、一切《さい》の者《もの》が闇《やみ》を除《のぞ》かれるということが判《わか》ったならば、我《わ》が滅度《めつど》に於《お》いて必《かなら》ずこの法華《ほけ》経《きょう》を受持《じゅじ》せねばならぬ、それは広《ひろ》く言《い》えば法華経《ほけきょう》の宣伝《せんでん》であるし、纏《まと》めて言《い》えば経要《きょうよう》の受持《じゅじ》である。経要《きょうよう》を受持《じゅじ》するということは、南無妙法蓮華経《なむみょうほうれんげきょう》と信念《しんねん》することですが、その信念《しんねん》の内容《ないよう》は仏性《ぶっしょう》と本仏《ほんぶつ》との二大《だい》教義《きょうぎ》を逸《いっ》することは出来《でき》ません。ただ漠然《ばくぜん》たる宇宙観《うちゅうかん》のように妙法《みょうほう》を解釈《かいしゃく》して「妙《みょう》法《ほう》とは真理《しんり》だ」とか「諸法実相《しょほうじっそう》だ」と言《い》っても、その実相《じっそう》の内容《ないよう》が仏性《ぶっしょう》と本仏《ほんぶつ》とを考《かんが》えないものであったなら、法華経《ほけきょう》の意義《いぎ》を為《な》さないのです。宇宙全体《うちゅうぜんたい》が妙法《みょうほう》と言《い》ったのでは押《お》さえ所《どころ》がないから、天台大師《てんだいだいし》も一念《ねん》三千という事《こと》を言《い》われたのであって、その一念《ねん》とは心法《しんぽう》なのですから、必《かなら》ず衆生《しゆじよう》の心《こころ》から妙法《みようほう》ということを考《かんが》えなければなりません。宇宙《うちゆう》はみな真理《しんり》だ、これが妙法《みようほう》だなどと漠然《ばくぜん》たることを言《い》うのは、段々《だんだん》と要路《ようろ》を押《お》さえ来《き》た教学《きようがく》を逆転《ぎやくてん》させるようなものであって、有《あ》るべき事《こと》ではないのです。斯様《かよう》にして、南無《なむ》妙法蓮華経《みようほうれんげきよう》と唱《とな》え、内容《ないよう》としては仏性《ぶつしよう》と本仏《ほんぶつ》のことを明《あき》らかにして、そこに信念《しんねん》ならびに修行《しゆぎよう》を起《お》こして、行《ぎよう》は少《すく》なくとも菩薩行《ぼさつぎよう》の一部分《ぶぶん》に進《すす》んで、そうして法《ほ》華経《けきよう》の宣伝《せんでん》に努力《どりよく》する人《ひと》でなければなりません。そして、法華経《ほけきよう》の行者《ぎようじや》というのは、ただ独善主義《どくぜんしゆぎ》であってはなりませんから、社会《しやかい》のため、国《くに》のため、人々《ひとびと》のためという所謂《いわゆる》菩薩《ぼさつ》の比丘《びく》であり、在《ざい》家《け》の菩薩《ぼさつ》でなければなりません。左様《さよう》にして行《い》くならば「是《こ》の人仏道《ひとぶつどう》に於《お》いて決定《けつじよう》して疑《うたが》い有《あ》ること無《む》けん」、その人《ひと》は仏《ほとけ》になることを心配《しんぱい》しなくとも宜《よろ》しい、必《かなら》ずや成仏出来《じようぶつでき》るということを仏《ほとけ》がお許《ゆる》しになられる、釈尊《しやくそん》の方《ほう》から間違《まちが》いなく成仏《じようぶつ》を保障《ほしよう》するという証明《しようめい》が与《あた》えられるのです。

嘱累品《ぞくるいほん》　第《だい》二十二

（現代語《げんだいご》）

如来《にょらい》には大《おお》いなる慈悲《じひ》があり、少《すこ》しも惜《お》しむことなく、また畏《おそ》れる所《ところ》もなく、衆生《しゅじょう》に仏《ほとけ》の智慧《ちえ》、如来《にょらい》の智慧《ちえ》、自然《じねん》の智慧《ちえ》を与《あた》えるのである。如来《にょらい》は、一切衆生《さいしゅじょう》には偉大《いだい》なる施主《せしゅ》である。汝達《なんじたち》もまた、私《わたし》に随《したが》って如来《にょらい》の法《ほう》を学《まな》び、そして物惜《ものお》しみの心《こころ》を生《しょう》じてはならない。


（要文《ようもん》）

如来《にょらい》は大慈悲《だいじひ》あって諸《もろもろ》の慳悋《けんりん》無《な》く、また畏《おそ》るる所《ところ》無《な》くして、能《よ》く衆生《しゅじょう》に仏《ほとけ》の智慧《ちえ》、如来《にょらい》の智慧《ちえ》、自然《じねん》の智慧《ちえ》を与《あた》う。如来《にょらい》は是《こ》れ一切衆生《さいしゅじょう》の大施主《だいせしゅ》なり。汝等《なんだち》また随《したが》って如来《にょらい》の法《ほう》を学《がく》すべし、慳悋《けんりん》を生《しょう》ずることなかれ。


（要義《ようぎ》）

釈迦如来《しゃかにょらい》は、慈悲《じひ》というものを出発点《しゅっぱってん》に置《お》いて一切衆生《さいしゅじょう》を済度《さいど》しようと思《おも》われているのですから、如何《いか》なる学説教義《がくせつきょうぎ》に対《たい》しても打《う》ち破《やぶ》られないという確信《かくしん》を以《もっ》て、少《すこ》しも惜《お》しむ所無《ところな》く仏《ほとけ》の智《ち》慧《え》を施《ほどこ》しています。仏《ほとけ》の智慧《ちえ》・如来《にょらい》の智慧《ちえ》・自然《じねん》の智慧《ちえ》、この三つの智慧《ちえ》は本来同《ほんらいおな》じ一つのものですが、敢《あ》えて分《わ》ければ仏《ほとけ》の智慧《ちえ》とは、迷《まよ》える衆生《しゅじょう》に接近《せっきん》して救《すく》い上《あ》げる所《ところ》の応用《おうよう》の智慧《ちえ》、如来《にょらい》の智慧《ちえ》とはその根本《こんぽん》をなす所《ところ》の智慧《ちえ》で、衆生《しゅじょう》の心《こころ》や輪廻《りんね》する有《あ》り様《さま》を照《て》らしている智慧《ちえ》、そして自然《じねん》の智《ち》慧《え》とは宇宙《うちゅう》に対《たい》しての絶対原理《ぜったいげんり》を見開《みひら》いた智慧《ちえ》です。その衆生《しゅじょう》を済度《さいど》する応用《おうよう》の智慧《ちえ》、衆生《しゅじょう》の根本《こんぽん》を見《み》る智慧《ちえ》、宇宙《うちゅう》の本源《ほんげん》を突《つ》き止《と》めた智慧《ちえ》を釈迦如来《しゃかにょらい》は悉《ことごと》く有《ゆう》し、そしてそれを惜《お》しむ所無《ところな》く総《すべ》ての者《もの》に与《あた》えるのです。仏教《ぶっきょう》において色々《いろいろ》と施《ほどこ》しをする人《ひと》を施主《せしゅ》と言《い》っていますが、それは僅《わず》かな物《ぶっ》質《しつ》を施《ほどこ》すのであって、如来《にょらい》が大慈悲《だいじひ》を以《もっ》て大智慧《だいちえ》を施《ほどこ》す、一切衆生《さいしゅじょう》に対《たい》する大施主《だいせしゅ》であることを考《かんが》えれば実《じつ》に小《ちい》さなことです。したがって、仏弟子《ぶつでし》となる者《もの》は、他《た》の者《もの》から物質《ぶっしつ》の供給《きょうきゅう》を受《う》けたからといって、その位《くらい》の事《こと》は何《なに》も意《い》とするには足《た》らない、寧《むし》ろ自分《じぶん》の本分《ほんぶん》を顧《かえり》みて如来《にょらい》と同《おな》じように大《だい》慈悲《じひ》を根底《こんてい》として、他《た》の諸説教義《しょせつきょうぎ》に畏《おそ》れる所無《ところな》く、惜《お》しむ心無《こころな》く、この大智慧《だいちえ》を施《ほどこ》して行《い》かねばならないのです。

それが如来《にょらい》の法《ほう》です、如来《にょらい》の法《ほう》というは、今申《いまもう》す所《ところ》の大施主《だいせしゅ》の実行《じっこう》であって、ただ如来《にょらい》の説《と》いた御経《おきょう》を黙読《もくどく》しているようなことではありません。活《い》ける一切衆生《さいしゅじょう》に対《たい》して大智慧《だいちえ》の光明《こうみょう》を与《あた》えていくこと、それが如来《にょらい》の法《ほう》なのですから、その事《こと》を忘《わす》れないようにしなければならないのです。そのためには、この法華経《ほけきょう》に基《もと》づいて如来《にょらい》の智慧《ちえ》を学《まな》び、法華経《ほけきょう》に基《もと》づいて仏教《ぶっきょう》を弘《ひろ》めなければなりません。しかしながら、その場合《ばあい》にも一切経《さいきょう》を除外《じょがい》してはならない、一切経《さいきょう》を法華経《ほけきょう》によって開顕《かいけん》して、そして統合統《とうごうとう》一したる仏教《ぶっきょう》として衆生《しゅじょう》を済度《さいど》して行《い》かねばならないのです。また、「この教《おし》えは容易《ようい》に得《え》られなかったものであるから、そう容易《たやす》く人《ひと》に与《あた》えることは出来《でき》ない」というような物《もの》惜《お》しみの心《こころ》を生《しょう》じてはなりません。これも宗教《しゅうきょう》の通弊《つうへい》として起《お》こる事《こと》ですが、最初《さいしょ》は一番《ばん》善《よ》い所《ところ》の教《おし》えは与《あた》えないというようなことで、それを蔵《しま》って置《お》くような為《ため》に、その精神《せいしん》が終《しま》いには分《わ》からなくなってしまうことがあります。日蓮門下《にちれんもんか》にあっても、寿量品《じゅりょうほん》や観心本尊抄《かんじんほんぞんしょう》等《とう》は、立派《りっぱ》な能化《のうけ》でなければ説《と》くことが出来《でき》ないとの風潮《ふうちょう》があったために、一般《ぱん》の僧侶《そうりょ》は寿量品《じゅりょうほん》を講《こう》ずるとか本尊抄《ほんぞんしょう》を説《と》くということは殆《ほとん》ど無《な》くなる、まあ最初《さいしょ》の頃《ころ》は知《し》っていて説《と》かなかったのかも知《し》れませんが、次第《しだい》には本当《ほんとう》に教義《きょうぎ》を知《し》らなくなってしまう、僧侶《そうりょ》が説《と》かないのですから信者《しんじゃ》に至《いた》っては全《まった》く知《し》らない、そうして現《げん》に第《だい》一の寿量品《じゅりょうほん》に対《たい》する日蓮門下《にちれんもんか》の無知識《むちしき》というものは驚《おどろ》くべきものとなってしまった訳《わけ》です。そういう事《こと》にならないように誡《いまし》められたのが、この「慳悋《けんりん》を生《しょう》ずることなかれ」という経文《きょうもん》なのです。如来《にょらい》の遺訓《いくん》に背《そむ》いた失敗《しっぱい》は日蓮門下《にちれんもんか》にも歴々《れきれき》として現《あらわ》れているのですから、始《はじ》めから真実《しんじつ》を学《まな》ばず、本当《ほんとう》の所《ところ》を抜《ぬ》きにしている他《た》の宗派《しゅうは》に於《お》いては無論《むろん》の事《こと》で、何処《どこ》まで行《い》っても仏教《ぶっきょう》の本旨《ほんし》は発揚出来《はつようでき》ません。そうして仏教《ぶっきょう》は、いよいよ影《かげ》を潜《ひそ》めることに至《いた》っている訳《わけ》です。

（現代語《げんだいご》）

菩薩達《ぼさつたち》は皆《みな》、仏《ほとけ》の説法《せっぽう》を聞《き》き終《お》わって大《おお》いなる喜《よろこ》びをその身《み》に満《み》たし、益々仏《ますますほとけ》を慎《つつし》み敬《うやま》って、身《み》を屈《かが》めて頭《こうべ》を垂《た》れ、合掌《がっしょう》して共《とも》に仏《ほとけ》に申《もう》し上《あ》げました。「世尊《せそん》の仰《おお》せの通《とお》りに、具《つぶさ》に行《ぎょう》じて参《まい》ります。どうか世尊《せそん》、願《ねが》わくは御心配《ごしんぱい》されませんように」と。菩薩達《ぼさつたち》は、このように三度声《たびこえ》を合《あ》わせて申《もう》し上《あ》げたのです。「世尊《せそん》の仰《おお》せの通《とお》りを、具《つぶさ》に行《ぎょう》じて参《まい》ります。どうか世尊《せそん》、願《ねが》わくは御心配《ごしんぱい》されませんように」と。

（要文《ようもん》）

時《とき》に諸《もろもろ》の菩薩摩訶薩《ぼさつまかさつ》、仏《ほとけ》の是《こ》の説《せつ》を作《な》したまうを聞《き》き已《おわ》って、皆大歓喜《みなだいかんぎ》其《そ》の身《み》に遍満《へんまん》して、益々恭敬《ますますくぎょう》を加《くわ》え、躬《み》を曲《ま》げ頭《こうべ》を低《た》れ合掌《がっしょう》して、仏《ほとけ》に向《むか》いたてまつりて、倶《とも》に声《こえ》を発《はっ》して言《もう》さく、世尊《せそん》の勅《ちょく》の如《ごと》く当《まさ》に具《つぶ》さに奉行《ぶぎょう》すべし。唯然世尊《ゆいねんせそん》、願《ねが》わくは慮《うらおもい》有《いま》さざれ。諸《もろもろ》の菩薩摩訶薩衆《ぼさつまかさつしゅ》、是《こ》の如《ごと》く三反《べん》、倶《とも》に声《こえ》を発《はっ》して言《もう》さく、世尊《せそん》の勅《ちょく》の如《ごと》く当《まさ》に具《つぶ》さに奉行《ぶぎょう》すべし。唯《ゆい》

然世尊《ねんせそん》、願《ねが》わくは 慮《うらおもい》 有《いま》さざれと。

（要義《ようぎ》）

仏《ほとけ》の委託《いたく》に対《たい》して多《おお》くの菩薩達《ぼさつたち》が、皆大歓喜《みなだいかんぎ》を生《しょう》じて誓《ちか》いを立《た》てます。心《こころ》に満《み》つる以上《いじょう》に身体《からだ》にまで歓喜《よろこび》が溢《あふ》れて、仏《ほとけ》に対《たい》して益々《ますます》の尊敬《そんけい》の心《こころ》を起《お》こし、そして仏《ほとけ》に申《もう》し上《あ》げるのです。如来《にょらい》は一切衆生《さいしゅじょう》の大施主《だいせしゅ》である、その如来《にょらい》が汝等《なんじら》も大施主《だいせしゅ》となって如来《にょらい》の遺教《いきょう》を宣伝《せんでん》せよと仰《おお》せになられたこと、その仰《おお》せの通《とお》りに具《つぶさ》に奉行《ぶぎょう》して、決《けっ》して忘《わす》れることは致《いた》しませぬと。「唯然《ゆいねん》」とは「はい」という応諾《おうだく》の言葉《ことば》ですが、その誠心誠意《せいしんせいい》の発心《ほっしん》を表《あらわ》すために、どうか御心配《ごしんぱい》下《くだ》さりませんようにとの事《こと》が三度《たび》繰《く》り返《かえ》して申《もう》し上《あ》げられています。釈尊《しゃくそん》は、神力品《じんりきほん》では本化《ほんげ》の菩薩《ぼさつ》に別付嘱《べつふぞく》をし、この嘱累品《ぞくるいほん》では総付嘱《そうふぞく》と言《い》って、迹化他方《しゃっけたほう》総《すべ》ての菩薩《ぼさつ》の頭《こうべ》を摩《ま》でて法華経《ほけきょう》の付嘱《ふぞく》をせられたのです。別《べつ》付嘱《ふぞく》は法華経《ほけきょう》の真髄《しんずい》を弘《ひろ》める事《こと》でしたが、総付嘱《そうふぞく》では一切経《さいきょう》を法華経《ほけきょう》に纏《まと》め上《あ》げて来《く》ることを付《ふ》嘱《ぞく》します。その精神《せいしん》を受《う》けて、迹化《しゃっけ》を代表《だいひょう》する薬王菩薩《やくおうぼさつ》の再身《さいしん》である天台大師《てんだいだいし》並《なら》びに伝教大師《でんぎょうだいし》は、一切経《さいきょう》が法華経《ほけきょう》の中《なか》に総合摂取《そうごうせっしゅ》せられるものであることを明《あき》らかにし、本化上行《ほんげじょうぎょう》の再身《さいしん》である日《にち》蓮聖人《れんしょうにん》が神力品《じんりきほん》の付嘱《ふぞく》の通《とお》りに法華経《ほけきょう》の真髄《しんずい》を発揚《はつよう》した訳《わけ》です。

嘱累品第二十二

この嘱累品《ぞくるいほん》を以《もっ》て、多宝塔《たほうとう》の扉《とびら》は閉《と》じて分身《ふんじん》の諸仏《しょぶつ》は各々《おのおの》の仏国土《ぶっこくど》へ帰《かえ》り、そして上行等本化《じょうぎょうとうほんげ》の菩薩《ぼさつ》の出現《しゅつげん》も終《お》わって法華経《ほけきょう》は一段落《だんらく》します。経典《きょうてん》は付嘱《ふぞく》を以《もっ》て完結《かんけつ》するのが一般的《ぱんてき》であり、また薬王菩薩本事品以下《やくおうぼさつほんじほんいか》の文章《ぶんしょう》の具合《ぐあい》や内容《ないよう》が異《こと》なるため、純粋《じゅんすい》な法華経《ほけきょう》は嘱累品《ぞくるいほん》で終《お》わっているものと考《かんが》えられています。薬王菩薩本事品《やくおうぼさつほんじほん》には、法華経《ほけきょう》の行者《ぎょうじゃ》が阿弥陀仏《あみだぶつ》の国《くに》に生《う》まれる等《など》とあり、観世音菩薩普門品《かんぜおんぼさつふもんほん》には羅什訳《らじゅうやく》には無《な》かった偈《げ》が挿入《そうにゅう》され、またサンスクリット版《ばん》などでは、観音《かんのん》菩薩《ぼさつ》が阿弥陀仏《あみだぶつ》の弟子《でし》として十方《ぽう》に阿弥陀仏《あみだぶつ》の徳《とく》を宣揚《せんよう》する内容《ないよう》が盛《も》り込《こ》まれています。何時頃《いつごろ》からこれ等《ら》の阿弥陀信仰《あみだしんこう》が混入《こんにゅう》してきたのかは今後《こんご》の研究《けんきゅう》を待《ま》たなければなりませんが、そのような事《こと》によって法華経《ほけきょう》の中心教義《ちゅうしんきょうぎ》である寿量品《じゅりょうほん》の精神《せいしん》を乱《みだ》すようなことがあるようならば、切《き》り捨《す》てても良《よ》い訳《わけ》です。そのような意味《いみ》に於《お》いて、以後《いご》の六章《しょう》は経典《きょうてん》を編纂《へんさん》するにあたって新《あら》たに付《つ》け加《くわ》えられたもの、同《おな》じ法華経《ほけきょう》でも一段軽《だんかる》いものであることを理解《りかい》しておく必要《ひつよう》があります。

薬王菩薩本事品《やくおうぼさつほんじほん》　第《だい》二十三

(現代語《げんだいご》)

この三昧《まい》を得《え》た一切衆生憙見菩薩《さいしゅじょうきけんぼさつ》は、大《おお》いに喜《よろこ》んで次《つぎ》のように心《こころ》に念《ねん》じました。「私《わたし》が現《げん》一切色《さいしき》身《しん》三昧《まい》を得《え》ることが出来《でき》たのは、すべて法華経《ほけきょう》を聞《き》くことを得《え》たお陰《かげ》である。私《わたし》は、今《いま》こそ日月《にちげつ》浄明徳仏《じょうみょうとくぶつ》と法華経《ほけきょう》に供養《くよう》を為《な》すべきである」と。

(要文《ようもん》)

此《こ》の三昧《まい》を得已《えおわ》って心大《こころおお》いに歓喜《かんぎ》して即《すなわ》ち念言《ねんごん》を作《な》さく、我現《われげん》一切色身《さいしきしん》三昧《まい》を得《え》たるは、皆是《みなこ》れ法華経《ほけきょう》を聞《き》くことを得《え》たるの力《ちから》なり。我《われ》、今当《いままさ》に日月浄《にちげつじょう》明徳仏及《みょうとくぶつおよ》び法華経《ほけきょう》を供養《くよう》すべし。

(要義《ようぎ》)

この品《ほん》では、(1)薬王菩薩《やくおうぼさつ》が過去《かこ》に日月浄《にちげつじょう》明徳仏《みょうとくぶつ》の下《もと》で一切衆生憙見菩薩《さいしゅじょうきけんぼさつ》であった時《とき》の因縁《いんねん》を挙《あ》げ、場合《ばあい》によっては身命《しんみよう》を捨《す》てて法華経《ほけきよう》のために尽《つ》くさねばならないことを説《と》き、また次《つぎ》に十喩《ゆ》と申《もう》して、十種《しゆ》の喩《たと》えを挙《あ》げて法華経《ほけきよう》の卓越《たくえつ》していることを称嘆《しようたん》します。そして終《お》わりに、この経《きよう》を宿王華菩薩《しゆくおうけぼさつ》に付嘱《ふぞく》して、後《ご》五百歳《さい》広宣流布《こうせんるふ》の言葉《ことば》を留《とど》め、法華経《ほけきよう》が閻浮提《えんぶだい》の人《ひと》の良薬《りようやく》であることが説《と》かれます。上記《じようき》の一節《せつ》は、種々《しゆじゆ》に身《み》を現《あらわ》す所《ところ》の神通《じんづう》、様々《さまざま》に身《み》を変化《へんげ》させて衆生《しゆじよう》を済度《さいど》し得《う》る所《ところ》の自在力《じざいりき》「色身三昧《しきしんまい》」を得《え》ることが出来《でき》たのは、法華経《ほけきよう》を聞《き》いて修行《しゆぎよう》したからである、その法華経《ほけきよう》を聞《き》くことが出来《でき》たのは仏《ほとけ》がこれをお説《と》き下《くだ》さったからであるから、先《ま》ず第《だい》一に日月浄明徳仏《にちげつじようみようとくぶつ》に感謝《かんしや》しなければならぬ、そして同時《どうじ》に法華経《ほけきよう》を供養《くよう》し讃歎《さんたん》しなければならぬと言《い》っている所《ところ》です。

「色身三昧《しきしんまい》」とは、法華経《ほけきよう》には一個《こ》の魂《たましい》に十界《かい》を具《ぐ》しているという大原理《だいげんり》があり、その原理《げんり》を事実《じじつ》に現《あらわ》す所《ところ》の力《ちから》を言《い》うのですから、この「色身三昧《しきしんまい》」という事《こと》も非常《ひじよう》に大事《だいじ》な問題《もんだい》です。菩薩《ぼさつ》でさえ、色身三昧《しきしんまい》を得《え》れば斯《か》くの如《ごと》きですから、況《いわん》や本仏釈尊《ほんぶつしやくそん》は、無限《むげん》に身《み》を変《へん》じて活動《かつどう》をすることが出来《でき》る訳《わけ》です。法華経《ほけきよう》の精神《せいしん》は、ただ菩薩《ぼさつ》の徳《とく》だけを称嘆《しようたん》するだけではなく、それに依《よ》って本仏《ほんぶつ》の無限《むげん》の活動《かつどう》を反面《はんめん》に証《あか》して行《い》くということにあります。したがって、菩薩《ぼさつ》が法華経《ほけきよう》を得《え》て喜《よろこ》んだという場合《ばあい》にも、ただ法華経《ほけきよう》だけに感謝《かんしや》をしているのではない、直《す》ぐに仏《ほとけ》とそうして法華経《ほけきよう》という事《こと》が言《い》われる訳《わけ》です。これが非常《ひじよう》に大事《だいじ》な点《てん》です。日蓮門下《にちれんもんか》には、ただ「法華経《ほけきよう》が有《あ》り難《がた》い、題目《だいもく》が有《あ》り難《がた》い」と言《い》って仏《ほとけ》を忘《わす》れてしまう者《もの》が非常《ひじょう》に多《おお》いですが、これ等《ら》はすべて学《まな》び損《そこ》ないの人々《ひとびと》と言《い》えます。日蓮聖人《にちれんしょうにん》が(2)「仰《あお》ぐところは釈迦仏《しゃかぶつ》、信《しん》ずる法《ほう》は法華経《ほけきょう》なり」と言《い》われているにも拘《かか》わらず、一般《いっぱん》の日蓮門下《にちれんもんか》が仏《ほとけ》と法《ほう》に対《たい》する意識《いしき》というものを論《ろん》ぜず、本尊論《ほんぞんろん》をする時《とき》でも形式《けいしき》ばかりを論《ろん》じて、それに対《たい》する信仰意識《しんこういしき》というものを鮮明《せんめい》にしないのは、全《まった》く学問未熟《がくもんみじゅく》の致《いた》す所《ところ》であると断言《だんげん》せざるを得《え》ません。

(現代語《げんだいご》)

その中《なか》に居《い》た諸々《もろもろ》の仏《ほとけ》は、同時《どうじ》に讃《ほ》めて次《つぎ》のように言《い》われました。「善《よ》きことである、善《よ》きことである、これぞ真《しん》の精進《しょうじん》である、これこそ真《しん》の法《ほう》をもって供養《くよう》すると名付《なづ》けるものである。例《たと》え、華《はな》・香《こう》・装身具《そうしんぐ》・焼香《しょうこう》・抹香《まっこう》・塗香《ずこう》・天蓋《てんがい》・幡蓋及《ばんがいおよ》び最上《さいじょう》の白檀香《びゃくだんこう》、これ等《ら》の様々《さまざま》な供物《くもつ》によって供養《くよう》したとしても、到底及《とうていおよ》ぶことではない」と。

(要文《ようもん》)

其《そ》の中《なか》の諸仏《しょぶつ》、同時《どうじ》に讃《ほ》めて言《のたま》わく、善哉善哉《ぜんざいぜんざい》、善男子《ぜんなんし》、是《こ》れ真《まこと》の精進《しょうじん》なり、是《こ》れを真《しん》の

法《ほう》をもって如来《にょらい》を供養《くよう》すと名《な》づく。若《も》し華《け》・香《こう》・瓔珞《ようらく》・焼香《しょうこう》・抹香《まっこう》・塗香《ずこう》・天繒《てんぞう》・旛蓋《ばんがい》及《およ》び海此岸《かいしがん》の栴檀《せんだん》の香《こう》、是《かく》の如《ごと》き等《ら》の種種《しゅじゅ》の諸物《しょもつ》を以《も》て供養《くよう》すとも、及《およ》ぶこと能《あた》わざる所《ところ》なり。

（要義《ようぎ》）

(3)過去世《かこぜ》において薬王菩薩《やくおうぼさつ》は、仏《ほとけ》に供養《くよう》するために香油《こうゆ》を飲《の》み、香油《こうゆ》を身《み》に濯《すす》ぎ、自《みずか》らの身《み》を燃《も》やし、その光明《こうみょう》で無量《むりょう》の世界《せかい》を照《て》らしました。そして再《ふたた》び仏《ほとけ》の下《もと》に生《う》まれ変《かわ》ると、仏舎利《ぶっしゃり》の安置《あんち》のために八万四千の仏塔《ぶっとう》を建《た》て、両臂《りょうひじ》を燃《も》やして供養《くよう》します。この「焼身供養《しょうしんくよう》」と言《い》われる、薬王菩薩《やくおうぼさつ》が過去世《かこぜ》に臂《ひじ》を焼《や》いて供養《くよう》したというようなことは、必《かなら》ずしも今日《こんにち》の手本《てほん》とはなりません。日蓮《にちれん》聖人《しょうにん》も「日本国《にほんこく》に油《あぶら》なくば臂《ひじ》をも灯《とも》すべし。あつき紙国《かみこく》に充満《じゅうまん》せり。皮《かわ》をはいで何《なに》かせん。」と言《い》われたように、時《とき》と場合《ばあい》によっては頸《くび》を切《き》られようとも奮闘《ふんとう》をしますが、身体《からだ》に香《こう》を盛《も》り、自《みずか》ら身《み》を焼《や》いて供養《くよう》するというようなことは全《まった》くしません。ただ、薬王《やくおう》は臂《ひじ》を焼《や》き、雪山童子《せっせんどうじ》は身《み》を投《とう》ずと、時《とき》によって修行《しゅぎょう》の態《たい》は様々《さまざま》に異《こと》なるものだという事《こと》を繰《く》り返《かえ》し述《の》べて、道《みち》を存《そん》するためには身《み》を捨《す》てて臨《のぞ》むという、その精神《せいしん》を日蓮聖人《にちれんしょうにん》は実行《じっこう》されたのです。

諸仏《しょぶつ》が「善哉善哉《ぜんざいぜんざい》、善男子《ぜんなんし》、是《こ》れ真《まこと》の精進《しょうじん》なり」と称歎《しょうたん》されたのも、身命《しんみょう》を捨《す》ててまでも仏《ほとけ》及《およ》び法華経《ほけきよう》に感謝《かんしや》するという真心《まごころ》があれば、本当《ほんとう》の精進《しようじん》の行《ぎよう》をやっている、法《ほう》を以《もつ》て如来《によらい》を供養《くよう》する者《もの》だということです。法供養《ほうくよう》とは法《ほう》を発揚宣伝《はつようせんでん》することですが、唯言葉《ただことば》で説《と》いているよりも、身命《しんみよう》を捧《ささ》げることになれば、それが法《ほう》に対《たい》する所《ところ》の一番《ばん》の供養《くよう》となる、万巻《がん》の書《しよ》を著《あらわ》して宣伝《せんでん》するよりも、身命《しんみよう》を法華経《ほけきよう》に捧《ささ》げるということになれば、更《さら》に偉大《いだい》なる者《もの》であるということです。その意味《いみ》に於《お》いて、日蓮聖人《にちれんしようにん》は全《まつた》く身《み》を捨《す》てて法《ほう》を存《そん》し、法《ほう》を以《もつ》て如来《によらい》を供養《くよう》されたのです。法華経《ほけきよう》を擁護《ようご》し宣伝《せんでん》するということも、それは如来《によらい》を供養《くよう》する所《ところ》の根本精神《こんぽんせいしん》に基《もと》づいて行《おこ》なわれている訳《わけ》です。このような法華経《ほけきよう》の経旨《きようし》を、私達《わたしたち》はよく味《あじ》はなければなりません。ただ法華経《ほけきよう》のために奮闘《ふんとう》した、努力《どりよく》したと言《い》っても駄目《だめ》です。どの様《よう》な立派《りつぱ》な天蓋《てんがい》・幡蓋《ばんがい》を作《つく》り、どの様《よう》な良《よ》き匂《にお》いの香《こう》を焚《た》いて如来《によらい》を供養《くよう》したとしても、到底身命《とうていしんみよう》を捨《す》てて法華経《ほけきよう》に尽《つ》くす以上《いじよう》のものは無《な》いという事《こと》を、仏達《ほとけたち》は薬王菩薩《やくおうぼさつ》のことについて称歎《しようたん》をせられた。この精神《せいしん》が後来《こうらい》法華経《ほけきよう》を弘《ひろ》める者《もの》の心得《こころえ》となる、論語《ろんご》でいう所《ところ》の「身《み》を殺《ころ》して仁《じん》を為《な》す」との意味《いみ》にもなる訳《わけ》です。

（現代語《げんだいご》）

宿王華《しゆくおうけ》よ、たとえば一切《さい》の河川《かせん》や大河《たいが》よりも、大海《たいかい》が第一《だい》のものであるように、法華経《ほけきよう》は如来《によらい》が説《と》かれた諸経《しよきよう》の中《なか》で最《もつと》も深《ふか》く優《すぐ》れた教《おし》えである。また、日天子《につてんし》（太陽《たいよう》の神《かみ》）が様々《さまざま》なる闇《やみ》を除《のぞ》くように、この経《きょう》は一切《さい》の不善《ふぜん》の闇《やみ》を破《やぶ》るものである。仏《ほとけ》が諸法《しょほう》の王《おう》であるように、この経《きょう》もまた諸《しょ》経《きょう》の中《なか》の王《おう》であるのだ。

（要文《ようもん》）

宿王華《しゅくおうけ》よ、譬《たと》えば一切《さい》の川流《せんる》・江河《ごうが》の諸水《しょすい》の中《なか》に、海《うみ》これ第一《だい》なるが如《ごと》く、此《こ》の法華《ほけ》経《きょう》もまたまた是《かく》の如《ごと》し。諸《もろもろ》の如来《にょらい》の所説《しょせつ》の経《きょう》の中《なか》に於《おい》て最《もっと》もこれ深大《じんだい》なり。また日天子《にってんじ》の能《よ》く諸《もろもろ》の闇《やみ》を除《のぞ》くが如《ごと》く、此《こ》の経《きょう》もまたまた是《かく》の如《ごと》し。能《よ》く一切不善《さいふぜん》の闇《やみ》を破《は》す。仏《ほとけ》はこれ諸《しょ》法《ほう》の王《おう》なるが如《ごと》く、此《こ》の経《きょう》もまたまた是《かく》の如《ごと》し。諸経《しょきょう》の中《なか》の王《おう》なり。

（要義《ようぎ》）

上記《じょうき》は法華経《ほけきょう》を称歎《しょうたん》する十喩《ゆ》の中《なか》の三つ、海《うみ》の譬《たと》え・日《ひ》の譬《たと》え・仏《ほとけ》の譬《たと》えを挙《あ》げて他《た》は略《りゃく》したものです。水《みず》の中《なか》には小《ちい》さな川《かわ》も大《おお》きな河《かわ》もあるが、海《うみ》の如《ごと》くに大《おお》きく深《ふか》きものは無《な》い。そのように、一切経《さいきょう》の中《なか》に於《お》いて、また仏教《ぶっきょう》以外《いがい》の宗教《しゅうきょう》の中《なか》に於《お》いても、法華経《ほけきょう》を超《こ》すものは無《な》い。光《ひかり》には色々《いろいろ》あるけれども、闇《やみ》を除《のぞ》くに太陽《たいよう》の光《ひかり》に比《ひ》すべきものが無《な》いように、法華経《ほけきょう》は一切《さい》の不善《ふぜん》の闇《やみ》を破《やぶ》るものである。そして諸法《しょほう》とは宇宙《うちゅう》の万有《ばんゆう》であって、仏《ほとけ》はその宇宙《うちゅう》を覚《さと》って統御《とうぎょ》している所《ところ》の法王《ほうおう》であるが如《ごと》く、法華経《ほけきょう》は釈尊《しゃくそん》の説《と》かれた一切経《さいきょう》の中《なか》においての王《おう》であることが示《しめ》されています。このように法華経《ほけきょう》が他《た》の経典《きょうてん》よりも秀《ひい》でているという主張《しゅちょう》は、法華経《ほけきょう》の本文《ほんぶん》の中《なか》に明晰《めいせき》に現《あらわ》れていることですが、浄土宗《じょうどしゅう》や真言宗《しんごんしゅう》は法華経《ほけきょう》の開顕《かいけん》ということを乱用《らんよう》して「一旦《たん》開顕《かいけん》すれば他《た》の経典《きょうてん》も法華経《ほけきょう》も同《おな》じではないか、日蓮《にちれん》の折伏《しゃくぶく》の思想《しそう》は間違《まちが》っている」というような事《こと》を言《い》い、そして天台《てんだい》宗《しゅう》がこれに調子《ちょうし》を合《あ》わせて、今日《こんにち》まで日本《にほん》の仏教《ぶっきょう》が紛乱《ふんらん》を極《きわ》めている訳《わけ》です。また、日蓮門下《にちれんもんか》においても「本門《ほんもん》においてすれば迹門《しゃくもん》も本門《ほんもん》も同《おな》じじゃないか」と一致《ち》を言《い》うがために、寿量品《じゅりょうほん》の特《とく》色《しょく》を発揮《はっき》することが出来《でき》ない、寿量品《じゅりょうほん》も方便品《ほうべんぽん》も同《おな》じようにやろうとするが故《ゆえ》に、そこに中心《ちゅうしん》となる教義《きょうぎ》を失《うしな》って、(4)方便即真実《ほうべんそくしんじつ》などと言《い》っては何《なん》でもありの堕落《だらく》した状態《じょうたい》に陥《おちい》っているわけです。

成《な》る程《ほど》開顕《かいけん》する所《ところ》に包容《ほうよう》の力《ちから》はありますけれども、開顕《かいけん》してもやはり中心《ちゅうしん》というものは明《あき》らかにしなければなりません。そこで、薬王品《やくおうほん》はすべての開顕《かいけん》が終《お》わった後《あと》に、今《いま》一度《ど》歴然《れきぜん》たる優劣《ゆうれつ》を示《しめ》されているのです。開顕《かいけん》ということが、ただ同《おな》じ事《こと》であるとの意味《いみ》ならば、それは開顕《かいけん》ではなくて混同《こんどう》ということになります。能開《のうかい》・所開《しょかい》と言《い》って、同《おな》じ開顕《かいけん》と言《い》っても、どちらが開顕《かいけん》したのか開《かい》顕《けん》されたのか、能《よ》く開顕《かいけん》するものと開顕《かいけん》される所《ところ》のものとの、その能所《のうじょ》の関係《かんけい》を明《あき》らかにしなければなりません。法華経《ほけきょう》が一切経《さいきょう》を開顕《かいけん》する、本門《ほんもん》が迹門《しゃくもん》を開顕《かいけん》するのであるならば、やはりそこには相違《そうい》が生《しょう》じて来《き》ます。これを体内《たいない》の権実《ごんじつ》・体内《たいない》の本迹《ほんじゃく》と古来申《こらいもう》していますが、開顕《かいけん》し終《お》わった同《どう》一体内《たいない》に於《お》いても、そこに権実本迹《ごんじつほんじゃく》というものが顕《あらわ》れて来《く》るのです。権教《ごんきょう》が実教《じっきょう》の意志《いし》に随《したが》い、迹《しゃく》門《もん》が本門《ほんもん》の意志《いし》に随《したが》っていれば問題《もんだい》は起《お》こりませんが、「開顕《かいけん》したから同《おな》じものじゃないか」という事《こと》を口実《こうじつ》にして、権教《ごんきょう》が実教《じっきょう》に刃向《はむ》かい、迹門《しゃくもん》が本門《ほんもん》に刃向《はむ》かおうとするならば、「能開《のうかい》、所開《しょかい》を忘《わす》れるのか」と、もう一遍楔《ぺんくさび》を打《う》たなければなりません。開顕《かいけん》を言《い》えば、必《かなら》ず統《とう》一ということ考《かんが》えなければなりません。混《こん》一ではいけません、統《す》べる中心《ちゅうしん》がどうしても要《い》るようになるのです。折《しゃく》伏《ぶく》を言《い》えば折伏《しゃくぶく》だけに引《ひ》っ掛《か》かり、開顕《かいけん》を言《い》えば開顕《かいけん》だけに流《なが》れて行《い》くようならば、それは完全《かんぜん》な思想《しそう》とは言《い》えません。開顕《かいけん》と折伏《しゃくぶく》と統《とう》一、この三つを併《あわ》せて、そして日蓮聖人《にちれんしょうにん》の主義《しゅぎ》というものを見《み》て行《い》くことが大切《たいせつ》です。

(現代語《げんだいご》)

宿王華《しゅくおうけ》よ、この経《きょう》は一切《さい》の人々《ひとびと》を救《すく》うことが出来《でき》るものである。この経《きょう》は、すべての人々《ひとびと》を様々《さまざま》な苦悩《くのう》から離《はな》れせしめるのである。この経《きょう》は、一切《さい》の衆生《しゅじょう》に大《おお》いなる利益《りやく》を与《あた》えて、その願《ねが》いを満《み》たすことが出来《でき》るのである。それは恰《あたか》も、清涼《しょうりょう》な池《いけ》が喉《のど》の渇《かわ》き切《き》った者《もの》を満足《まんぞく》させるように、寒《さむ》い者《もの》が火《ひ》を得《え》たかのように、裸《はだか》の者《もの》が衣服《いふく》を得《え》たかのように、商人《しょうにん》が主人《しゅじん》を得《え》たかのように、子《こ》が母《はは》を得《え》たかのように、河《かわ》を渡《わた》るに船《ふね》を得《え》たかのように、病《や》める者《もの》が医者《いしゃ》を得《え》たかのように、暗闇《くらやみ》に燈《とも》火《び》を得《え》たかのように、貧《まず》しき者《もの》が宝《たから》を得《え》たかのように、人民《じんみん》が国王《こくおう》を得《え》たかのように、貿易商《ぼうえきしょう》が海《うみ》を得《え》たかのように、松明《たいまつ》が闇《やみ》を除《のぞ》くかのように、この法華経《ほけきょう》もまた同《おな》じ如《ごと》くである。衆生《しゅじょう》を一切《さい》の苦《く》、一切《さい》の疾痛《しっつう》より離《はな》れさせ、生死《しょうじ》の束縛《そくばく》から解《と》き放《はな》すことが出来《でき》るのである。

(要文《ようもん》)

宿王華《しゅくおうけ》、此《こ》の経《きょう》は能《よ》く一切衆生《さいしゅじょう》を救《すく》いたもう者《もの》なり。此《こ》の経《きょう》は能《よ》く一切衆生《さいしゅじょう》をして諸《もろもろ》の苦《く》悩《のう》を離《はな》れしめたもう。此《こ》の経《きょう》は能《よ》く大《おお》いに一切衆生《さいしゅじょう》を饒益《にょうやく》して、その願《ねがい》を充満《じゅうまん》せしめたもう。清涼《しょうりょう》の池《いけ》の能《よ》く一切《さい》の諸《もろもろ》の渇乏《かつぼう》の者《もの》に満《み》つるが如《ごと》く、寒《さむ》き者《もの》の火《ひ》を得《え》たるが如《ごと》く、裸《はだか》なる者《もの》の衣《ころも》を得《え》たるが如《ごと》く、商人《しょうにん》の主《しゅ》を得《え》たるが如《ごと》く、子《こ》の母《はは》を得《え》たるが如《ごと》く、渡《わた》りに船《ふね》を得《え》たるが如《ごと》く、病《やまい》に医《くすし》を得《え》たるが如《ごと》く、暗《やみ》に燈《ともしび》を得《え》たるが如《ごと》く、貧《まず》しきに宝《たから》を得《え》たるが如《ごと》く、民《たみ》の王《おう》を得《え》たるが如《ごと》く、賈客《こかく》の海《うみ》を得《え》たるが如《ごと》く、炬《ともしび》の暗《やみ》を除《のぞ》くが如《ごと》く、此《こ》の法華経《ほけきょう》もまたまた是《かく》の如《ごと》し。能《よ》く衆生《しゅじょう》をして一切《さい》の苦《く》・一切《さい》の病痛《びょうつう》を離《はな》れ、能《よ》く一切《さい》の生死《しょうじ》の縛《ばく》を解《と》かしめたもう。

（要義《ようぎ》）

仏教《ぶつきょう》の利益《りやく》というものは、現在《げんざい》の生活《せいかつ》を穢《けが》れや苦《くる》しみから救《すく》い、未来《みらい》も向上《こうじょう》に導《みちび》くという、現当《げんとう》二世《せ》の所願《しょがん》を満足《まんぞく》せしめるものでなければなりません。生活《せいかつ》の苦《くる》しみでも、名誉《めいよ》の苦《くる》しみでも、失恋《しつれん》の苦《くる》しみでも、病気《びょうき》の苦《くる》しみでも、人生《じんせい》を襲《おそ》うすべての苦《くる》しみから救《すく》うのみならず、その穢《けが》れを浄《きよ》め、一切《さい》の罪悪《ざいあく》を消滅《しょうめつ》して、人格《じんかく》を向上《こうじょう》せしめて行《い》かねば宗教《しゅうきょう》にはならないのです。一言《げん》にしていえば、現在《げんざい》にはすべての苦痛《くつう》を除《のぞ》き、そして如何《いか》なる者《もの》にも善根《ぜんごん》を積《つ》ますという事《こと》が仏教《ぶつきょう》であり、その善根《ぜんごん》を積《つ》む結果《けっか》として私達《わたしたち》は未来《みらい》に成仏《じょうぶつ》が出来《でき》る訳《わけ》です。したがって、現在《げんざい》の救済《きゅうざい》を少《すこ》しも説《と》かないで、目的《もくてき》を未来《みらい》にのみに置《お》く極楽浄土《ごくらくじょうど》のような教《おし》えは間違《まちが》いであって、釈尊《しゃくそん》はそのような考《かんが》えは始《はじ》めからお持《も》ちになっていません。また、不動明王《ふどうみょうおう》や帝釈天《たいしゃくてん》を拝《おが》んだりするようなことは、それは仏教《ぶつきょう》ではなく、バラモン教《きょう》の思想《しそう》が混入《こんにゅう》したものであり、[5]それと同様《どうよう》に鬼子母神《きしもじん》の霊力《れいりょく》に「現世利益《げんぜりやく》」を頼《たよ》るようなことも、釈尊《しゃくそん》が世《よ》においでになったならば、断《だん》じてお許《ゆる》しにならないに違《ちが》いありません。

法華経《ほけきょう》はその思想《しそう》を調《ととの》えて説《と》き、その思想《しそう》を以《もっ》て一切衆生《さいしゅじょう》を救《すく》うものですから、甲《こう》の苦《く》を救《すく》って乙《おつ》の苦《く》を救《すく》わないということはありません。賢《かしこ》き者《もの》を救《すく》って愚《おろ》かな者《もの》は救《すく》わないというのではありません、男《おとこ》は救《すく》って女《おんな》は救《すく》わないというのではありません、総《すべ》てを救《すく》うものです。そしてその救《すく》いという事《こと》も、苦《くる》しみの一部《ぶ》でなくして全体《ぜんたい》であるから「諸《もろもろ》の苦悩《くのう》を離《はな》れしむ」のであり、人々《ひとびと》の願《がん》望《ぼう》は色々《いろいろ》に分《わ》かれているけれども、それが正《ただ》しいものであるならば、そのすべてを満足《まんぞく》せしめることが出来《でき》るのです。法華経《ほけきょう》は清涼《しょうりょう》の池《いけ》の如《ごと》く、一切《さい》の衆生《しゅじょう》の渇乏《かつぼう》を満《み》たす所《ところ》のものである、寒《さむ》き者《もの》が火《ひ》を得《え》たるが如《ごと》く、その失望《しつぼう》を癒《いや》して幸福《こうふく》の状態《じょうたい》に上《のぼ》らしめるものである、また裸《はだか》の者《もの》が衣服《いふく》を得《え》たるが如《ごと》く、徳《とく》を積《つ》んで人格《じんかく》を荘厳《そうごん》するものである、そういう具合《ぐあい》にあらゆる場合《ばあい》を網羅《もうら》して、法華経《ほけきょう》に於《お》いては如何《いか》なる宗教的要求《しゅうきょうてきようきゅう》も満《み》たさぬことは無《な》いことが説《と》かれます。そして「生死《しょうじ》の縛《ばく》を解《と》く」と成仏《じょうぶつ》することを保障《ほしょう》し、現在《げんざい》の苦《くる》しみのみならず死後《しご》の永遠《えいえん》の苦《くる》しみも皆除《みなのぞ》き去《さ》る力《ちから》がある、現当《げんとう》二世《せ》の所願《しょがん》を悉《ことごと》く成就《じょうじゅ》するということが説《と》かれるのです。

（現代語《げんだいご》）

それ故《ゆえ》に宿王華《しゅくおうけ》よ、この薬王菩薩本事品《やくおうぼさつほんじほん》を汝《なんじ》に付嘱《ふぞく》する。私《わたし》の入滅《にゅうめつ》の後《のち》、最後《さいご》の五百年《ねん》において、法華経《ほけきょう》を世界全体《せかいぜんたい》に広《ひろ》く宣伝《せんでん》して断絶《だんぜつ》させることなく、悪魔《あくま》やその眷属《けんぞく》、神々《かみがみ》や龍神《りゅうじん》、夜叉《やしゃ》・鳩槃《くはん》茶《だ》等《とう》にとって都合《つごう》の良《よ》いことにならないようにせよ。宿王華《しゅくおうけ》よ、汝《なんじ》は必《かなら》ず神通《じんづう》の力《ちから》をもって、この法華経《ほけきょう》を守護《しゅご》せねばならぬ。何故《なぜ》ならば、この経《きょう》は全世界《ぜんせかい》の人々《ひとびと》にとって良薬《りょうやく》だからである。もし人《ひと》が病《や》んでいても、この経《きよう》を聞《き》くことが出来《でき》たなら、その病《やまい》は速《すみ》やかに消滅《しようめつ》して不老不死《ふろうふし》となるであろう。

(要文《ようもん》)

是《こ》の故《ゆえ》に宿王華《しゆくおうけ》よ、此《こ》の薬王菩薩本事品《やくおうぼさつほんじほん》を以《もつ》て汝《なんじ》に嘱累《ぞくるい》す。我《わ》が滅度《めつど》の後《のち》、後《のち》の五百歳《さい》の中《なか》、閻浮提《えんぶだい》に広宣流布《こうせんるふ》して、断絶《だんぜつ》して悪魔《あくま》・魔民《まみん》・諸天《しよてん》・竜《りゆう》・夜叉《やしや》・鳩槃荼《くはんだ》等《とう》に其《そ》の便《たよ》りを得《え》せしむること無《な》かれ。宿王華《しゆくおうけ》よ、汝当《なんじまさ》に神通《じんづう》の力《ちから》を以《もつ》て是《こ》の経《きよう》を守護《しゆご》すべし。所以《ゆえ》は如何《いか》ん、此《こ》の経《きよう》は即《すなわ》ちこれ閻浮提《えんぶだい》の人《ひと》の病《やまい》の良薬《ろうやく》なり。若《も》し人病有《ひとやまいあ》らんに是《こ》の経《きよう》を聞《き》くことを得《え》ば、病即《やまいすなわ》ち消滅《しようめつ》して不老不死《ふろうふし》ならん。

(要義《ようぎ》)

後《のち》(6)の五百歳《さい》とは、仏《ほとけ》の滅後《めつご》における五つの五百年《ねん》の一番終《ばんお》わり、二千年《ねん》より二千五百年《ねん》に至《いた》る間《あいだ》で末法《まつぽう》の初《はじ》めであり、「闘諍堅固《とうじようけんご》」といって、邪見《じやけん》が増《ま》して争《あらそ》いが盛《さか》んとなる時代《じだい》です。この一節《せつ》は、薬王品《やくおうほん》を宿王華菩薩《しゆくおうけぼさつ》に付嘱《ふぞく》する代《か》わりに、後《のち》の五百歳時《さいじ》に法華経《ほけきよう》を閻浮提即《えんぶだいすなわ》ち全世界《ぜんせかい》に広宣流布《こうせんるふ》して、これを絶《た》やすことの無《な》いように、悪魔《あくま》の便《たよ》りを得《え》せしめないようにせよとの事《こと》を仰《おお》せになります。日蓮聖人《にちれんしょうにん》はこの文《もん》を深《ふか》く実感《じつかん》し、そして「後《ご》五百歳広宣《さいこうせん》」ということを常《つね》に力説《りきせつ》され、観心《かんじん》本尊抄《ほんぞんしょう》の表題《ひょうだい》を「如来滅後《にょらいめつご》五五百歳始観心本尊抄《さいしかんじんほんぞんしょう》」とし、そして曼陀羅《まんだら》本尊《ほんぞん》の脇書《わきがき》にも「二千二百二十余年《ねん》の間《あいだ》」という事《こと》を書《か》かれている訳《わけ》です。

汝《なんじ》の神通力《じんづうりき》を以《もっ》て法華経《ほけきょう》を守《まも》れと宿王華《しゅくおうけ》に命《めい》じられた、その所以《ゆえん》は法華経《ほけきょう》が結構《けっこう》な教《おし》えであり、全世界《ぜんせかい》の人《ひと》の病《やまい》の良薬《りょうやく》であるからです。病《やまい》は心《こころ》と身体《からだ》の両方《りょうほう》に及《およ》びますが、仏教《ぶっきょう》における主《おも》なるものは心《こころ》の病《やまい》を指《さ》します。仏教《ぶっきょう》は身体《からだ》の病《やまい》を正面《しょうめん》から引《ひ》き受《う》けてはいません。勿論《もちろん》、精神的《せいしんてき》な病気《びょうき》は必《かなら》ず身体《からだ》に影響《えいきょう》を及《およ》ぼしますから、心《こころ》の病《やまい》を治《なお》すことによって肉体《にくたい》の病《やまい》が癒《い》えることは確《たし》かにあります。しかしながら、釈尊在世《しゃくそんざいせ》の時《とき》にも耆婆《ぎば》という名医《めいい》が仕《つか》えて人々《ひとびと》の身体《からだ》を治療《ちりょう》していたように、そもそも仏教《ぶっきょう》の僧院《そういん》には、学問《がくもん》をして布教《ふきょう》をする僧侶《そうりょ》とは別《べつ》に、医薬施療《いやくせりょう》に従事《じゅうじ》する者《もの》があったわけです。それが御経《おきょう》を読《よ》んで病気《びょうき》を治《なお》すというような方《ほう》に無闇《むやみ》に走《はし》ると、医者《いしゃ》が病気《びょうき》を治療《ちりょう》せずして説教《せっきょう》を始《はじ》めるのと同《おな》じおかしな事《こと》になります。法華経《ほけきょう》は肉体《にくたい》の病《やまい》の薬《くすり》を説《と》いている御経《おきょう》ではなく、精神《せいしん》の薬《くすり》を説《と》いている御経《おきょう》に極《き》まっているのですから、法華《ほっけ》の坊主《ぼうず》が「法華経《ほけきょう》は閻浮提《えんぶだい》の人《ひと》の病《やまい》の良薬《ろうやく》なり」と大声《おおごえ》で唱《とな》えて、肉体《にくたい》の病気《びょうき》を治《なお》す等《など》と加持祈祷《かじきとう》に走《はし》ることは皆間違《みなまちが》いです。精神《せいしん》の苦痛《くつう》を除《のぞ》き、精神《せいしん》の罪《つみ》を滅《ほろ》ぼして、人格《じんかく》の向上《こうじょう》と精神的幸福《せいしんてきこうふく》を増加《ぞうか》していくことが病《やまい》の薬《くすり》なのですから、「法華経《ほけきょう》を信《しん》じていたら病気《びょうき》が治《なお》る、幾《いく》つになっても死《し》なない」等《など》と、道《みち》を学《まな》ぶ者《もの》がそんな訳《わけ》の分《わ》からぬ事《こと》を言《い》っていては、今後《こんご》世《よ》の中《なか》を指導《しどう》することなどは到底出来《とうていでき》なくなります。「病《やまい》即《すなわ》ち消滅《しょうめつ》して」とは、精神《せいしん》の苦痛《くつう》と精神《せいしん》の罪悪《ざいあく》とが消《き》えて、人格《じんかく》を向上《こうじょう》し幸福《こうふく》を増進《ぞうしん》し、目出度《めでた》くこの人生《じんせい》を終《お》わるという事《こと》であり、「不老《ふろう》ならん」とは、死後《しご》に於《お》いて成仏《じょうぶつ》を遂《と》げて仏身《ぶつしん》を成就《じょうじゅ》するという事《こと》です。「病即消滅《びょうそくしょうめつ》」の四字《じ》は現在《げんざい》の利益《りやく》を説《と》き、「不老不死《ふろうふし》」の四字《じ》は未来《みらい》の利益《りやく》を説《と》く、即《すなわ》ち現当《げんとう》二世《せ》の利益《りやく》を説《と》いているのです。

妙音菩薩品《みょうおんぼさつほん》　第《だい》二十四

(現代語《げんだいご》)

その時《とき》、浄華宿王智仏《じょうけしゅくおうちぶつ》は妙音菩薩《みょうおんぼさつ》に告《つ》げました。汝《なんじ》は、彼《か》の国《くに》を軽《かろ》んじて品性《ひんせい》に劣《おと》るなどとは思《おも》ってはならない。善男子《ぜんなんし》よ、確《たし》かに彼《か》の娑婆世界《しゃばせかい》の国土《こくど》は高下《こうげ》があって平《たい》らかではなく、土石《どせき》・山々《やまやま》あって、穢《けが》れに溢《あふ》れた所《ところ》である。また、仏《ほとけ》の身体《からだ》は卑小《ひしょう》であり、菩薩《ぼさつ》の身《み》も同様《どうよう》に取《と》るに足《た》らぬ小《ち》ささである。それに比《くら》べて汝《なんじ》の身《み》は四万二千ヨージャナあり、我《わ》が身《み》は六百八十万ヨージャナである。汝《なんじ》は優《すぐ》れた端正《たんせい》な身《み》を持《も》ち、百千万の福徳《ふくとく》によって、その光明《こうみょう》も素晴《すば》らしきものである。しかしながら、汝《なんじ》が赴《おもむ》いた時《とき》に、それが故《ゆえ》に彼《か》の国《くに》を軽《かろ》んじて、仏《ほとけ》や菩薩《ぼさつ》および国土《こくど》を劣《おと》っているなどと思《おも》ってはならない。(ヨージャナ：古代《こだい》インドの距離《きょり》で、10kmとも15kmとも諸説《しょせつ》あり)

(要文《ようもん》)

その時《とき》に浄華《じょうけ》宿王智仏《しゅくおうちぶつ》、妙音菩薩《みょうおんぼさつ》に告《つ》げたまわく、汝彼《なんじか》の国《くに》を軽《かろ》しめて下劣《げれつ》の想《おも》いを生《しょう》

ずることなかれ。善男子《ぜんなんし》よ、彼《か》の娑婆世界《しゃばせかい》は高下不平《こうげふびょう》にして、土石《どしゃく》・諸山《しょせん》・穢悪充満《えあくじゅうまん》せり。仏身卑小《ぶつしんひしょう》にして、諸《もろもろ》の菩薩衆《ぼさつしゅ》も其《そ》の形《かたち》また小《しょう》なり。而《しか》るに汝《なんじ》が身《み》は四万二千由旬《ゆじゅん》、我《わ》が身《み》は六百八十万由旬《ゆじゅん》なり。汝《なんじ》が身《み》は第《だい》一端正《たんせい》にして百千万の福《ふく》あって光明殊妙《こうみょうしゅみょう》なり。是《こ》の故《ゆえ》に汝《なんじ》往《ゆ》いて彼《か》の国《くに》を軽《かろ》しめて、若《も》しは仏《ほとけ》・菩薩《ぼさつ》および国土《こくど》に下劣《げれつ》の想《おも》いを生《しょう》ずること莫《なか》れ。

（要義《ようぎ》）

妙音菩薩《みょうおんぼさつ》は、遙《はる》か東方《とうほう》の世界《せかい》より釈迦牟尼仏《しゃかむにぶつ》と法華経《ほけきょう》を供養《くよう》するために、釈尊《しゃくそん》の化導《けどう》を助《たす》けるために娑婆世界《しゃばせかい》に来《きた》る菩薩《ぼさつ》ですが、娑婆世界《しゃばせかい》に来《く》るに当《あ》たって師《し》である浄華宿王智仏《じょうけしゅくおうちぶつ》より訓戒《くんかい》を受《う》けます。これは丁度今《ちょうどいま》の浄土宗《じょうどしゅう》などが、釈尊《しゃくそん》は娑婆世界《しゃばせかい》の仏《ほとけ》だから駄目《だめ》だ、阿弥陀《あみだ》は報身《ほうじん》の如来《にょらい》だとか、真言宗《しんごんしゅう》が、大日《だいにち》は釈尊《しゃくそん》よりも偉《えら》いと言《い》うような事《こと》を誡《いまし》めるのと同《おな》じです。妙音菩薩《みょうおんぼさつ》でさえも叱《しか》られるのですから、弘法《こうぼう》でも法然《ほうねん》でも仏《ほとけ》の前《まえ》に出《で》れば同《おな》じように叱《しか》られるのは間違《まちが》いありません。娑婆世界《しゃばせかい》は今居《いまい》る世界《せかい》のように綺麗《きれい》な所《ところ》ではない、地《ち》には高低《こうてい》があり瓦礫《がれき》の散乱《さんらん》しているような汚《きたな》い所《ところ》である。釈迦如来《しゃかにょらい》というのも小《ちい》さな仏《ほとけ》であって、菩薩《ぼさつ》もなお小《ちい》さい者《もの》がお供《とも》をしているような訳《わけ》である。それに対《たい》して、汝《なんじ》の身《み》は大《おお》きく非常《ひじょう》に美《うつく》しく立派《りっぱ》な容姿《ようし》であるけれども、それが為《ため》に娑婆世界《しゃばせかい》に行《い》って、彼《か》の国《くに》を軽《かろ》しめ、粗末《そまつ》な仏《ほとけ》だとか、粗末《そまつ》な菩薩《ぼさつ》だとか、軽蔑《けいべつ》の感《かん》じを持《も》ってはならぬ。何故《なぜ》ならば釈迦如来《しゃかにょらい》は、その本身《ほんしん》に於《お》いては絶対無上《ぜったいむじょう》の尊《とうと》き仏《ほとけ》であらせるけれども、娑婆世界《しゃばせかい》の衆生《しゅじょう》を教化《きょうけ》するが為《ため》に身《み》をそれに応同《おうどう》して、敢《あ》えてそのような小《ちい》さな劣《おと》った姿《すがた》を示《しめ》されているからである。そういう穢《けが》れた世界《せかい》にまで出《で》て衆生《しゅじょう》を教化《きょうけ》されている、その釈尊《しゃくそん》の慈悲《じひ》に感激《かんげき》して尊敬《そんけい》を払《はら》うべきである。また娑婆世界《しゃばせかい》の衆生《しゅじょう》もその穢《けが》れた所《ところ》に於《お》いて発心《ほっしん》しているのであるから、浄土《じょうど》に於《お》いて呑気《のんき》に暮《く》らしている者《もの》よりも尊《とうと》いのである。娑婆世界《しゃばせかい》の国《くに》が穢《けが》れているのを見《み》て軽《かろ》しめてはならぬ。娑婆世界《しゃばせかい》に欠陥《けっかん》があるが故《ゆえ》に、衆生《しゅじょう》が発心得道《ほっしんとくどう》すると思《おも》えば、これが却《かえ》って幸《さいわ》いな訳《わけ》である。それは貧《まず》しき家庭《かてい》より出《い》でて発奮興起《はっぷんこうき》して偉大《いだい》なる人物《じんぶつ》と成《な》るが如《ごと》くであり、富貴《ふき》顕栄《けんえい》の家《いえ》なれば却《かえ》って堕落《だらく》の者《もの》を生《しょう》じるが如《ごと》きものである。そのような意義《いぎ》から、(1)「極楽《ごくらく》百年《ねん》の修《しゅ》行《ぎょう》は穢土《えど》の一日《にち》の功《こう》に及《およ》ばず」と日蓮聖人《にちれんしょうにん》も述《の》べられている訳《わけ》です。

(現代語《げんだいご》)

その時《とき》、華徳菩薩《けとくぼさつ》は仏《ほとけ》に尋《たず》ねました。「世尊《せそん》よ、この妙音菩薩《みょうおんぼさつ》は如何《いか》なる善根《ぜんごん》を植《う》え、どのような功徳《くどく》を積《つ》んで、このような神通《じんづう》の力《ちから》を得《え》たのでありましょうか」と。

妙音菩薩《みょうおんぼさつ》は、救《すく》うべき者《もの》に応《おう》じて、様々《さまざま》にその姿《すがた》を変《か》えて現《あらわ》れるのである。また、入滅《にゅうめつ》によって救済《きゅうざい》することが出来《でき》る者《もの》には、入滅《にゅうめつ》さえも現《げん》じて見《み》せるのである。華徳《けとく》よ、妙音菩薩《みょうおんぼさつ》は斯《か》くの如《ごと》くして、その大《おお》いなる神通《じんづう》の力《ちから》と智慧《ちえ》を完成《かんせい》させているのである。

（要文《ようもん》）

その時《とき》に華徳菩薩《けとくぼさつ》、仏《ほとけ》に白《もう》して言《もう》さく、世尊《せそん》よ、是《こ》の妙音菩薩《みょうおんぼさつ》は如何《いか》なる善根《ぜんごん》を種《う》え、如《い》何《か》なる功徳《くどく》を修《しゅう》してか是《こ》の神力《じんりき》有《あ》る。

是《かく》の如《ごと》く種種《しゅじゅ》に度《ど》すべき所《ところ》の者《もの》に随《したが》って為《ため》に形《かたち》を現《げん》ず。乃至《ないし》滅度《めつど》を以《もつ》て得度《とくど》すべき者《もの》には滅度《めつど》を示現《じげん》す。華徳《けとく》よ、妙音菩薩摩訶薩《みょうおんぼさつまかさつ》は大神通《だいじんづう》・智慧《ちえ》の力《ちから》を成就《じょうじゅ》せること、其《そ》の事《じ》是《かく》の如《ごと》し。

（要義《ようぎ》）

(2)妙音菩薩《みょうおんぼさつ》は、八万四千の宝玉《ほうぎょく》の蓮華《れんげ》を現出《げんしゅつ》させ、八万四千の菩薩《ぼさつ》を引《ひ》き連《つ》れて、釈迦牟尼仏《しゃかむにぶつ》を礼《らい》拝供養《はいくよう》し法華経《ほけきょう》を聴《き》くために、殊《こと》に美《うつく》しき音楽《おんがく》を伴《ともな》って娑婆世界《しゃばせかい》に現《あらわ》れます。上記《じょうき》は、その妙音菩薩《みょうおんぼさつ》の有《ゆう》している神通力《じんづうりき》について華徳菩薩《けとくぼさつ》が問《と》い、それに釈尊《しゃくそん》が答《こた》えられた所《ところ》です。音楽《おんがく》に非常《ひじょう》に立《りっ》派《ぱ》な妙音菩薩《みょうおんぼさつ》が、その神通《じんづう》の力《ちから》を得《え》たのは、それだけの善根《ぜんごん》を植《う》え功徳《くどく》を修《しゅう》しているからである。

そして、妙音菩薩《みようおんぼさつ》は法華経《ほけきよう》に基《もと》づいた色身《しきしん》三昧《まい》を得《え》て、様々《さまざま》に相《すがた》を現《あらわ》して衆生《しゆじよう》を教化《きようけ》するばかりではない、滅度《めつど》を以《もつ》て済度《さいど》せられる場合《ばあい》には滅度《めつど》も現《げん》じる、或《ある》いは生《しよう》じ、或《ある》いは滅《めつ》して、種々《しゆじゆ》に身《み》を変現《へんげん》して衆生《しゆじよう》を教化《きようけ》し済度《さいど》するという事《こと》が説《と》かれます。

この妙音菩薩品《みようおんぼさつほん》では東方仏国土《とうほうぶつこくど》の妙音菩薩《みようおんぼさつ》、次《つぎ》の観世音菩薩普門品《かんぜおんぼさつふもんほん》では西方《さいほう》の観世音菩薩《かんぜおんぼさつ》のことが説《と》かれていますが、これは十方《ぽう》の菩薩《ぼさつ》が釈尊《しやくそん》に対《たい》して供養礼拝《くようらいはい》すべきところを、東西《とうざい》の二方《ほう》を挙《あ》げて他《た》を略《りやく》したものです。これは法華経《ほけきよう》がこの世界《せかい》を中心《ちゆうしん》としたものであることを教《おし》えたもの、浄土門《じようどもん》のように娑婆世界《しやばせかい》の者《もの》が西方《さいほう》の阿弥陀仏《あみだぶつ》に憧《あこが》れるというような事《こと》とは反対《はんたい》のことを説《と》いたものです。娑婆世界《しやばせかい》が中心《ちゆうしん》の教《おし》えであるからこそ、十方《ぽう》の菩薩《ぼさつ》が皆《みな》こちらに参詣《さんけい》をする、妙音菩薩《みようおんぼさつ》も観音菩薩《かんのんぼさつ》も娑婆世界《しやばせかい》に来《き》て釈尊《しやくそん》に供養礼拝《くようらいはい》をするのです。神力品《じんりきほん》において十方世界《ぽうせかい》の衆生《しゆじよう》が「南無釈迦牟尼仏《なむしやかむにぶつ》、南無釈迦牟尼仏《なむしやかむにぶつ》」と唱《とな》えた如《ごと》く、この妙音菩薩《みようおんぼさつ》も次《つぎ》の観音菩薩《かんのんぼさつ》も「南無釈迦牟尼仏《なむしやかむにぶつ》、南無妙法蓮華経《なむみようほうれんげきよう》」と唱《とな》えてやって来《き》ます。それを切《き》れ切《ぎ》れにして他世界《たせかい》の仏《ほとけ》や菩薩《ぼさつ》を信仰《しんこう》するというのは、開顕《かいけん》と統一《とう》を知《し》らない所《ところ》の思想《しそう》であって、法華経《ほけきよう》に通《つう》じていなかった時代《じだい》の考《かんが》えです。

観《かん》世《ぜ》音《おん》菩《ぼ》薩《さつ》普《ふ》門《もん》品《ほん》　第《だい》二十五

（現代語《げんだいご》）

この故《ゆえ》に、汝等《なんだち》は心《こころ》を込《こ》めて観《かん》世《ぜ》音《おん》菩《ぼ》薩《さつ》を供《く》養《よう》せよ。この観《かん》世《ぜ》音《おん》菩《ぼ》薩《さつ》は、恐《おそ》るべき災《さい》難《なん》が切《せっ》迫《ぱく》せる者《もの》に、畏《おそ》れなき心《こころ》を与《あた》えるのである。それ故《ゆえ》に、この娑《しゃ》婆《ば》世《せ》界《かい》に於《お》いて、皆《みな》は彼《か》の菩《ぼ》薩《さつ》を「施《せ》無《む》畏《い》者《しゃ》」と呼《よ》ぶのである。

（要文《ようもん》）

是《こ》の故《ゆえ》に汝等《なんだち》、当《まさ》に一心《しん》に観《かん》世《ぜ》音《おん》菩《ぼ》薩《さつ》を供《く》養《よう》すべし。是《こ》の観《かん》世《ぜ》音《おん》菩《ぼ》薩《さつ》摩《ま》訶《か》薩《さつ》は、怖《ふ》畏《い》急《きゅう》難《なん》の中《なか》に於《おい》て能《よ》く無《む》畏《い》を施《ほどこ》す。是《こ》の故《ゆえ》に此《こ》の娑《しゃ》婆《ば》世《せ》界《かい》に、皆之《みなこれ》を号《ごう》して施《せ》無《む》畏《い》者《しゃ》とす。

（要義《ようぎ》）

この品《ほん》は「普《ふ》門《もん》示《じ》現《げん》」と言《い》って、観《かん》世《ぜ》音《おん》菩《ぼ》薩《さつ》が三十三身《しん》に身《み》を変《へん》現《げん》して衆《しゅ》生《じょう》を済《さい》度《ど》する、衆《しゅ》生《じょう》を摂《せっ》化《け》する所《ところ》の方《ほう》法《ほう》が普《あまね》く行《い》き渡《わた》っているという事《こと》が説《と》かれています。その名《な》を称《たた》えれば現《げん》在《ざい》の種《しゅ》々《じゅ》の厄難《やくなん》から観世音菩薩《かんぜおんぼさつ》が神通力《じんづうりき》を以《もっ》て衆生《しゅじょう》を救《すく》うということが説《と》かれているが為《ため》に、法華経《ほけきょう》に関《かん》する俗信《ぞくしん》として観世音菩薩《かんぜおんぼさつ》、略《りゃく》して観音菩薩《かんのんぼさつ》が中々多《なかなかおお》くの者《もの》に信仰《しんこう》されました。しかしながら、この普門品《ふもんぼん》の根本精神《こんぽんせいしん》は三十三身《しん》に身《み》を変現《へんげん》して衆生《しゅじょう》を教化《きょうけ》することにある訳《わけ》ですから、やはり仏教《ぶっきょう》の根本《こんぽん》の救《すく》いを意味《いみ》しています。一見《けん》すれば、観音菩薩《かんのんぼさつ》が無畏《むい》を施《ほどこ》すという事《こと》は、火事《かじ》や水難《すいなん》、或《ある》いは盗賊《とうぞく》に遭《あ》った時《とき》に、そこから救《すく》うことのように見《み》えますが、根本《こんぽん》の無畏《むい》とは、所謂宗教的《いわゆるしゅうきょうてき》な安《あん》心立命《しんりつめい》を指《さ》すのであって、[1]どんな事《こと》にも心《こころ》を乱《みだ》されることのない、畏《おそ》れることの無《な》き境地《きょうち》であり、それは確実《かくじつ》なる信仰《しんこう》に活《い》きて始《はじ》めて得《え》られるものです。観音菩薩《かんのんぼさつ》を施無畏者《せむいしゃ》と称揚《しょうよう》するのも、法《ほう》を説《と》いて衆生《しゅじょう》を精神的《せいしんてき》な安心立命《あんしんりつめい》に達《たっ》せしめているからなのです。

観音《かんのん》の力《ちから》を念《ねん》じれば如何《いか》なる危難《きなん》も直《ただ》ちに除《のぞ》かれると説《と》く偈文《げもん》は、羅什訳《らじゅうやく》の法華経《ほけきょう》には無《な》く、したがって天台大師《てんだいだいし》の「法華文句《ほっけもんく》」にも解釈《かいしゃく》はされていません。この品《ほん》の最初《さいしょ》にも、苦悩《くのう》する衆《しゅ》生《じょう》の音声《おんせい》を観《かん》じて、そして解脱《げだつ》させるが故《ゆえ》に観世音菩薩《かんぜおんぼさつ》と名付《なづ》けるとあるように、説法《せっぽう》を以《もっ》て衆《しゅ》生《じょう》を教化《きょうけ》することが仏教《ぶっきょう》の正則《せいそく》です。また、この品《ほん》はただ観世音菩薩《かんぜおんぼさつ》の活動《かつどう》の盛《さか》んなる事《こと》を説《と》いているものではなく、観音《かんのん》すら三十三身《しん》に変現《へんげん》す、如何《いか》に況《いわん》や本仏釈尊《ほんぶつしゃくそん》に於《お》いてをやと、菩薩《ぼさつ》の働《はたら》きを以《もっ》て本仏《ほんぶつ》の活動《かつどう》の偉大《いだい》なる事《こと》を顕《あらわ》していると見《み》なければなりません。妙音菩薩《みょうおんぼさつ》は東《ひがし》の方《ほう》から来《き》て釈尊《しやくそん》を讃歎《さんたん》し、観世音菩薩《かんぜおんぼさつ》は西《にし》の方《ほう》より来《き》て釈尊《しやくそん》を讃歎《さんたん》する、十方《ぽう》の仏《ほとけ》が使《つか》いを遣《つか》わして釈尊《しやくそん》の威徳《いとく》を讃歎《さんたん》するということが趣旨《しゆし》であって、ただ観世音菩薩《かんぜおんぼさつ》の効能《こうのう》を説《と》くのが目的《もくてき》ではないのです。

(現代語《げんだいご》)

無尽意菩薩《むじんいぼさつ》は、「世尊《せそん》、今《いま》、私《わたし》は観世音菩薩《かんぜおんぼさつ》を供養致《くよういた》します」と仏《ほとけ》に申《もう》し上げると、首《くび》に掛《か》けた百・千両《りよう》の金《きん》に値《あたい》する様々《さまざま》な宝珠《ほうじゆ》の飾《かざ》りを外《はず》して観世音菩薩《かんぜおんぼさつ》に与《あた》え、「貴殿《きでん》よ、法施《ほうせ》としてこの珍宝《ちんぽう》の首飾《くびかざ》りを受《う》けたまえ」と言《い》いました。しかしながら、観世音菩薩《かんぜおんぼさつ》がこれを受《う》け取《と》ろうとしなかったため、無尽意菩薩《むじんいぼさつ》は重《かさ》ねて「貴殿《きでん》よ、私達《わたしたち》を憐《あわ》れむのであれば、この飾《かざ》りを受《う》けたまえ」と申《もう》し上《あ》げたのです。その時《とき》、仏《ほとけ》は観世音菩薩《かんぜおんぼさつ》に「この無尽意菩薩《むじんいぼさつ》ならびに比丘《びく》・比丘尼《びくに》・信士《しんじ》・信女《しんによ》の四衆《しゆ》、天神《てんじん》・竜神《りゆうじん》・夜叉《やしや》・香音神《こうおんじん》・阿修羅《あしゆら》・金翅鳥《こんじちよう》・舞踊神《ぶとうじん》・蛇神《へびがみ》の八部衆《ぶしゆ》、これらの人《ひと》、人《ひと》に非《あら》ざる者達《ものたち》を憐《あわ》れむならば、その飾《かざ》りを受《う》けるがよい」と告《つ》げます。即時《そくじ》に観世音菩薩《かんぜおんぼさつ》は四衆《しゆ》の人々《ひとびと》及《およ》び天竜《てんりゆう》の八部衆《ぶしゆ》、人《ひと》ならびに人以外《ひといがい》の者達《ものたち》を憐《あわ》れんで首飾《くびかざ》りを受《う》けると、二つに分《わ》けて一つは釈《しや》迦牟尼仏《かむにぶつ》に、もう一つは多宝仏《たほうぶつ》の塔《とう》に捧《ささ》げたのです。

(要文《ようもん》)

無尽意菩薩《むじんいぼさつ》、仏《ほとけ》に白《もう》して言《もう》さく、世尊《せそん》、我今当《われいままさ》に観世音菩薩《かんぜおんぼさつ》を供養《くよう》すべし。即《すなわ》ち頸《くび》の衆宝《しゅほう》珠《じゅ》の瓔珞《ようらく》の価直《あたい》百千両金《りょうごん》なるを解《と》いて以《もっ》て之《これ》を与《あた》え、是《こ》の言《ことば》を作《な》さく、仁者《にんしゃ》、この法施《ほうせ》の珍宝《ちんぽう》の瓔珞《ようらく》を受《う》けたまえ。時《とき》に観世音菩薩《かんぜおんぼさつ》肯《あえ》て之《これ》を受《う》けず。無尽意《むじんい》、また観世音菩薩《かんぜおんぼさつ》に白《もう》して言《もう》さく、仁者《にんしゃ》、我等《われら》を愍《あわ》れむが故《ゆえ》に此《こ》の瓔珞《ようらく》を受《う》けたまえ。その時《とき》に仏《ほとけ》、観世音菩薩《かんぜおんぼさつ》に告《つ》げたまわく、当《まさ》に此《こ》の無尽意菩薩《むじんいぼさつ》および四衆《しゅ》・天《てん》・竜《りゅう》・夜叉《やしゃ》・乾闥婆《けんだつば》・阿修羅《あしゅら》・迦楼羅《かるら》・緊《きん》那羅《なら》・摩睺羅伽《まごらか》、人《にん》・非人等《ひにんとう》を愍《あわ》れむが故《ゆえ》に此《こ》の瓔珞《ようらく》を受《う》くべし。即時《そくじ》に観世音菩薩《かんぜおんぼさつ》、諸《もろもろ》の四衆《しゅ》および天《てん》・竜《りゅう》、人《にん》・非人等《ひにんとう》を愍《あわ》れんで其《そ》の瓔珞《ようらく》を受《う》け、分《わか》って二分《ぶん》と作《な》して一分《ぶん》は釈迦《しゃか》牟尼仏《むにぶつ》に奉《たてまつ》り、一分《ぶん》は多宝仏塔《たほうぶつとう》に奉《たてまつ》る。

(要義《ようぎ》)

無尽意菩薩《むじんいぼさつ》は、観音菩薩《かんのんぼさつ》が様々《さまざま》に衆生《しゅじょう》を教化《きょうけ》するために尽力《じんりょく》されていることに対《たい》して敬意《けいい》を表《あらわ》したいと仏《ほとけ》に申《もう》し上《あ》げて、そして色々《いろいろ》な宝《たから》で飾《かざ》られた瓔珞《ようらく》を捧《ささ》げようとしました。これは何《なに》か願《ねが》いがあるからとか、財施《ざいせ》として捧《ささ》げるのではなく、法施《ほうせ》として観音菩薩《かんのんぼさつ》の説法教化《せっぽうきょうけ》に賛同《さんどう》し、その徳《とく》に対《たい》して感謝《かんしゃ》するために捧《ささ》げるのです。しかしながら、観音菩薩《かんのんぼさつ》は敢《あ》えてこれを受《う》けない。そこで無尽意菩薩《むじんいぼさつ》は、我々《われわれ》の志《こころざし》を憐《あわ》れんでこれを受《う》けて欲《ほ》しいと言《い》いますが、観音《かんのん》は容易《ようい》に返事《へんじ》をせずに躊躇《ちゅうちょ》します。何故《なぜ》ならば、観音菩薩《かんのんぼさつ》が衆生《しゅじょう》を説法教化《せっぽうきょうけ》するのは、畢竟釈尊《ひっきょうしゃくそん》の大化導《だいけどう》の下《もと》に働《はたら》いているのであって、自分《じぶん》が中心《ちゅうしん》となって他《た》からの感謝《かんしゃ》を受《う》けるのは心《こころ》ならぬことであるからです。その精神《せいしん》を御承知《ごしょうち》になった釈尊《しゃくそん》は、彼等《かれら》の気持《きも》ちを憐《あわ》れんでこれを受《う》けるがよいと告《つ》げられる訳《わけ》です。釈尊《しゃくそん》のお言葉《ことば》であれば、即時《そくじ》に瓔珞《ようらく》を受《う》けなければなりません。そこで、観音菩薩《かんのんぼさつ》は恐《きょう》縮《しゅく》してこの瓔珞《ようらく》を直《す》ぐに受《う》け取《と》り、それを今度《こんど》は二つに分《わ》けて、一分《ぶん》を釈迦牟尼仏《しゃかむにぶつ》に、そして一分《ぶん》は多宝塔《たほうとう》に奉《たてまつ》ったのです。観音菩薩自身《かんのんぼさつじしん》が瓔珞《ようらく》を受《う》け取《と》らなかったのは、観音菩薩《かんのんぼさつ》の功徳《くどく》も本《もと》に帰《かえ》せば釈尊《しゃくそん》の功徳《くどく》であるからです。自分《じぶん》が功《こう》を為《な》したのではない、それは大《おお》いなる義《ぎ》に尽《つ》くすように導《みちび》かれたことであるという、この法華経《ほけきょう》に現《あらわ》れた精神《せいしん》は、仏教《ぶっきょう》に限《かぎ》らず大事《だいじ》なことです。もし、この一節《せつ》が無《な》ければ、観音菩薩《かんのんぼさつ》が法華経《ほけきょう》の中《なか》に取《と》り入《い》れられることは出来《でき》ないのです。したがって、法華経《ほけきょう》においては観音《かんのん》の事《こと》を説《と》けば観音《かんのん》が有《あ》り難《がた》くなり、阿弥陀《あみだ》の事《こと》を説《と》けば阿弥陀《あみだ》が有《あ》り難《がた》くなるような、分裂《ぶんれつ》した信仰観念《しんこうかんねん》は採《と》りません。法華経《ほけきょう》の教義《きょうぎ》に何《なん》の関係《かんけい》もない観音信仰《かんのんしんこう》などという世《せ》俗《ぞく》の迷信《めいしん》を鼓吹《こすい》するならば、そのような堕落《だらく》したものは切《き》り捨《す》ててしまわなければなりません。

陀羅尼品《だらにほん》　第《だい》二十六

（現代語《げんだいご》）

世尊《せそん》よ、私《わたし》はこの神秘《しんぴ》なる呪文《じゅもん》によって法師《ほっし》を守護致《しゅごいた》しましょう。また、自《みずか》らもこの経《きょう》を持《たも》つ者《もの》を必《かなら》ず擁護《ようご》し、その百《ひゃく》ヨジャーナの内《うち》にあっては衰《おとろ》えと患《うれ》いを無《な》くします。

たとえ私《わたし》の頭《あたま》の上《うえ》に登《のぼ》ることが許《ゆる》されたとしても、法師《ほっし》を悩《なや》ますことはあってはなりませぬ。もし、私《わたし》の呪文《じゅもん》に逆《さか》らって説法者《せっぽうしゃ》を悩《なや》ますならば、その頭《あたま》は七つに裂《さ》けて阿梨樹《ありじゅ》の枝《えだ》の如《ごと》くなりましょう。父母《ふぼ》を殺《ころ》す罪《つみ》の如《ごと》く、また胡麻《ごま》の油《あぶら》を搾《しぼ》る時《とき》に沢山《たくさん》の虫《むし》をも圧殺《あっさつ》する罪《つみ》、枡《ます》や秤《はかり》を誤魔化《ごまか》して人《ひと》を欺《あざむ》く罪《つみ》、提婆達多《だいばだった》が和合僧《わごうそう》を分裂《ぶんれつ》させる罪《つみ》の如《ごと》く、この法師《ほっし》を害《がい》する者《もの》は必《かなら》ずその罪《つみ》の報《むく》いを受《う》けるでありましょう。

（要文《ようもん》）

世尊《せそん》よ、是《こ》の神呪《しんじゅ》を以《もっ》て法師《ほっし》を擁護《ようご》せん。我《われ》また自《みずか》ら当《まさ》に是《こ》の経《きょう》を持《たも》たん者《もの》を擁護《ようご》して、百由旬《ゆじゅん》の内《うち》に諸《もろもろ》の衰患《すいげん》無《な》からしむべし。寧《むし》ろ我《わ》が頭《こうべ》の上《うえ》に上《のぼ》るとも法師《ほっし》を悩《なや》ますことなかれ。若《も》し我《わ》が呪《じゅ》に順《じゅん》ぜずして説法者《せっぽうしゃ》を悩乱《のうらん》せば、頭《こうべ》破《わ》れて七分《ぶん》に作《な》ること、阿梨樹《ありじゅ》の枝《えだ》の如《ごと》くならん。父母《ふぼ》を殺《しい》する罪《つみ》の如《ごと》く、また油《あぶら》を壓《お》す殃《つみ》、斗秤《とうしょう》もって人《ひと》を欺誑《ごおう》し、調達《じょうだつ》が破僧罪《はそうざい》の如《ごと》く、此《こ》の法師《ほっし》を犯《おか》さん者《もの》は、当《まさ》に是《こ》の如《ごと》き殃《つみ》を獲《う》べし。

（要義《ようぎ》）

陀羅尼品《だらにほん》では、薬王菩薩《やくおうぼさつ》、勇勢菩薩《ゆうせいぼさつ》、毘沙門天王《びしゃもんてんのう》、持国天王《じこくてんのう》、鬼子母神《きしもじん》と十羅刹女《らせつにょ》が、五種《しゅ》の陀羅尼《だらに》を説《と》いて、法華経《ほけきょう》の行者《ぎょうじゃ》である説法者《せっぽうしゃ》を守護《しゅご》することを誓《ちか》います。法華経《ほけきょう》の陀羅尼《だらに》は、病気《びょうき》を祈《いの》るような祈祷《きとう》の陀羅尼《だらに》ではなく、法師擁護《ほっしようご》の為《ため》の陀羅尼《だらに》ですから、これによって病気平癒《びょうきへいゆ》の祈祷《きとう》などを行《おこな》うことは全《まった》くの間違《まちが》いです。上記《じょうき》は、毘沙門天王《びしゃもんてんのう》と鬼子母神《きしもじん》・十羅刹女《らせつにょ》の誓願《せいがん》を挙《あ》げたものですが、いずれも法師《ほっし》を擁護《ようご》することを説《と》いています。神秘《しんぴ》の呪文《じゅもん》によって法華経《ほけきょう》の行者《ぎょうじゃ》を護《まも》り、その行者《ぎょうじゃ》の周囲《しゅうい》を常《つね》に守護《しゅご》して、災《わざわ》いを受《う》けさせないように誓《ちか》っているのです。

鬼子母神《きしもじん》は、土足《どそく》で頭《あたま》の上《うえ》に登《のぼ》られても腹《はら》は立《た》てないけれども、法華経《ほけきょう》を弘《ひろ》める法師沙門《ほっししゃもん》を悩《なや》ますようなことがあれば承知《しょうち》をせぬ、それが為《ため》に呪文《じゅもん》を唱《とな》えているが、それにも拘《かか》わらず説法者《せっぽうしゃ》を尚《なお》悩乱《のうらん》するならば、その頭《あたま》を七つに裂《さ》いて阿梨樹《ありじゅ》の枝《えだ》の裂《さ》けている如《ごと》くにすると述《の》べています。阿梨樹《ありじゅ》とは中国《ちゅうごく》や日本《にほん》には存在《そんざい》しませんが、地《ち》に堕《お》ちれば即《すなわ》ち破《やぶ》れて七分《ぶ》となると言《い》われる枝《えだ》の裂《さ》け易《やす》い木《き》で、裂《さ》け目《め》から赤《あか》い血《ち》のようなものが出《で》るそうです。法師《ほっし》を悩《なや》ます罪《つみ》は父母《ふぼ》を殺《ころ》す罪《つみ》に同《おな》じである、胡麻《ごま》の油《あぶら》を搾《しぼ》る時《とき》に虫《むし》を沢山《たくさん》湧《わ》かして一緒《しょ》に圧搾《あっさく》する罪《つみ》、枡《ます》や秤《はかり》を誤魔化《ごまか》して不正《ふせい》な利益《りえき》を得《え》る罪《つみ》、仏教《ぶっきょう》教団《きょうだん》を分裂《ぶんれつ》させようとした提婆達多《だいばだった》の罪《つみ》と同《おな》じである。それ故《ゆえ》に、もし説法者《せっぽうしゃ》を悩乱《のうらん》する者《もの》があるならば、その者《もの》の頭《あたま》を七分《ぶ》に打《う》ち破《わ》って守護《しゅご》すると誓《ちか》ったのです。病気《びょうき》の事《こと》など一つも言《い》っていません、法華経《ほけきょう》布教《ふきょう》の守護神《しゅごしん》であるのです。日蓮聖人《にちれんしょうにん》が本尊《ほんぞん》の中《なか》に鬼子母神《きしもじん》を書《か》いたのは、法華《ほっけ》行者《ぎょうじゃ》守護《しゅご》の鬼神《きしん》として特筆《とくひつ》したのであって、「治病抄《ぢびょうしょう》」という御遺文《ごいぶん》にも、身体《からだ》の病《やまい》は世間《せけん》の医者《いしゃ》が治《なお》す、仏法《ぶっぽう》は心《こころ》の病《やまい》を治《なお》すものであると、きちんと区別《くべつ》が立《た》てられて教《おし》えは説《と》かれています。それにも拘《かか》わらず、中山《なかやま》の法華経寺《ほけきょうじ》に鬼子母神《きしもじん》を安置《あんち》して、日蓮聖人《にちれんしょうにん》が何《なに》か祈祷《きとう》の相伝《そうでん》を伝《つた》えたなどというような事《こと》を言《い》っているのは、すべて誤魔化《ごまか》しであって、そのようなものは真言《しんごん》の祈祷《きとう》の真似事《まねごと》をした作《つく》り事《ごと》に過《す》ぎません。勿論《もちろん》宗教《しゅうきょう》ですから、鎮護国家《ちんごこっか》のためにとか、病気《びょうき》に対《たい》する祈念《きねん》を日蓮聖人《にちれんしょうにん》がしないという訳《わけ》ではありませんが、それは祈《いの》るといっても、陀羅尼《だらに》を読《よ》んで祈《いの》る訳《わけ》でも、鬼子母神《きしもじん》を本尊《ほんぞん》にして祈《いの》る訳《わけ》でもありません。そういう愚《おろ》かなことは皆《みな》教《きょう》義《ぎ》の観念《かんねん》の無《な》い俗物《ぞくぶつ》が始《はじ》めたことです。教義《きょうぎ》が重《おも》いか、賽銭箱《さいせんばこ》が重《おも》いかという事《こと》が分《わ》からない輩《やから》であるのです。それを今《いま》なお改《あらた》めないというのは、苟《いやしく》も一天《てん》四海皆帰《かいかいき》妙法《みょうほう》を称《たた》えて、教化《きょうけ》に任《にん》ずる者《もの》のするべき態度《たいど》ではありません。[1]そのようなことを放置《ほうち》しておくから、今度《こんど》は霊断師会《れいだんしかい》などという好《い》い加減《かげん》な占《うらな》いと祈祷《きとう》を以《もっ》て人心《じんしん》を惑《まど》わす輩《やから》が、最大《さいだい》の日蓮宗《にちれんしゅう》で勢力《せいりょく》を得《え》て、従来《じゅうらい》の日蓮教学《にちれんきょうがく》を打《う》ち壊《こわ》し、そして権力《けんりょく》を得《え》ようとする訳《わけ》です。日蓮主義《にちれんしゅぎ》は平凡《へいぼん》なる教化運動《きょうけうんどう》ではなく、教化者《きょうけしゃ》の誤《あやま》りを覚醒《かくせい》させることを任《にん》じている訳《わけ》ですから、そういう問題《もんだい》は一々理義《りぎ》を正《ただ》してやらなければ、日蓮主義《にちれんしゅぎ》の本領《ほんりょう》は発揮《はっき》する事《こと》は出来《でき》なくなるのです。

(現代語《げんだいご》)

仏《ほとけ》は羅刹女達《らせつにょたち》に告《つ》げました。「善《よ》きかな、善《よ》きかな。汝等《なんじら》がただ法華経《ほけきょう》の名《な》を受《う》け持《たも》つ者《もの》を守護《しゅご》することでさえ、その福徳《ふくとく》は量《はか》り知《し》れぬものである」と。

（要文《ようもん》）

仏《ほとけ》、諸《もろもろ》の羅刹女《らせつにょ》に告《つ》げたまわく、善《よ》い哉《かな》善《よ》い哉《かな》、汝等《なんだち》但《た》だ能《よ》く法華《ほっけ》の名《な》を受持《じゅじ》せん者《もの》を擁《よう》護《ご》せんすら福量《ふくはか》るべからず。

（要義《ようぎ》）

この所《ところ》は、鬼子母神《きしもじん》と十人《にん》の羅刹女《らせつにょ》（鬼女《きじょ》）が法華経《ほけきょう》を受持《じゅじ》する者《もの》を擁護《ようご》すると誓《ちか》った事《こと》に対《たい》して、法華経《ほけきょう》の名《な》を受持《じゅじ》する者《もの》、即《すなわ》ち題目《だいもく》を唱《とな》える者《もの》を護《まも》っても、その福徳《ふくとく》は量《はか》るべからざるものである、まして法華経《ほけきょう》の宣伝《せんでん》に任《にん》ずる法師《ほっし》を護《まも》る功徳《くどく》は更《さら》に大《だい》なるものであると、釈迦牟尼仏《しゃかむにぶつ》が言《い》われたものです。この経文《きょうもん》は、法華《ほっけ》行者守護《ぎょうじゃしゅご》の誓《ちか》いを奨励《しょうれい》したものですが、日蓮聖人《にちれんしょうにん》が題目《だいもく》を唱《とな》える証拠《しょうこ》の一つにこの文《もん》を引《ひ》かれているので、序《ついで》に摘出《てきしゅつ》して置《お》きます。

妙《みょう》荘《しょう》厳《ごん》王《のう》本《ほん》事《じ》品《ほん》　第《だい》二十七

(現代語《げんだいご》)

その時《とき》、浄蔵《じょうぞう》と浄眼《じょうげん》の二人《り》の子《こ》は母《はは》の所《ところ》へ行《い》って合掌《がっしょう》し、「どうか母上《ははうえ》、雲雷音宿王華智仏《うんらいおんしゅくおうけちぶつ》を参《さん》詣《けい》されて下《くだ》さい。私達《わたしたち》もお供《とも》して、そして仏《ほとけ》の側《そば》に仕《つか》えて供養《くよう》し礼拝致《らいはいいた》します。何故《なぜ》ならば、彼《か》の仏《ほとけ》は一切《さい》の天《てん》の神々《かみがみ》と人々《ひとびと》の中《なか》で法華経《ほけきょう》を説《と》かれるからです。是非《ぜひ》それを聴聞《ちょうもん》しましょう。」と申《もう》しました。すると母《はは》は子供達《こどもたち》に言《い》いました。「あなた方《がた》の父上《ちちうえ》は、仏道以外《ぶつどういがい》の教《おし》えを信仰《しんこう》し、深《ふか》くバラモンの教《おしえ》に執着《しゅうぢゃく》しています。まず、あなた方《がた》は父上《ちちうえ》の所《ところ》へ行《い》って、説得《せっとく》して一緒《しょ》に行《い》くようにさせねばなりません。」浄蔵《じょうぞう》と浄眼《じょうげん》は合掌《がっしょう》して「私達《わたしたち》は法王《ほうおう》である仏《ほとけ》の子《こ》でございます。しかしながら、邪《よこしま》な見解《けんかい》を信《しん》じる家《いえ》に生《う》まれてしまったようです。」と母《はは》に述《の》べると、母《はは》は子《こ》に続《つづ》けて告《つ》げました。「あなた方《がた》が父《ちち》を本当《ほんとう》に心配《しんぱい》するならば、神通力《じんづうりき》を以《もっ》て奇跡《きせき》を見《み》せて上《あ》げなさい。もし、それを見《み》たならば、父上《ちちうえ》の心《こころ》も必《かなら》ず清浄《しょうじょう》となることでしょう。或《ある》いは、私達《わたしたち》が仏《ほとけ》の所《ところ》へ出《で》かけるのを許《ゆる》されかも知《し》れません。」

（要文《ようもん》）

時《とき》に浄蔵《じょうぞう》・浄眼《じょうげん》の二子《し》、其《そ》の母《はは》の所《ところ》に到《いた》って十指爪掌《しそうしょう》を合《あわ》せて白《もう》して言《もう》さく、願《ねが》わくは母《はは》よ、雲雷音宿王華智仏《うんらいおんしゅくおうけちぶつ》の所《みもと》に往詣《おうけい》したまえ。我等《われら》また当《まさ》に侍従《じじゅう》して親近《しんごん》し供養《くよう》し礼拝《らいはい》すべし。所以《ゆえ》は何《いか》ん、此《こ》の仏《ほとけ》一切《さい》の天《てん》・人衆《にんじゅ》の中《なか》に於《おい》て法華経《ほけきょう》を説《と》きたもう。宜《よろ》しく応《まさ》に聴受《ちょうじゅ》すべし。母《はは》、子《こ》に告《つ》げて言《い》わく、汝《なんじ》が父《ちち》、外道《げどう》を信受《しんじゅ》して深《ふか》く婆羅門《ばらもん》の法《ほう》に著《ぢゃく》せり。汝等《なんだち》往《ゆ》いて、父《ちち》に白《もう》して与《くみ》して共倶《とも》に去《さ》らしむべし。浄蔵《じょうぞう》・浄眼《じょうげん》、十指爪掌《しそうしょう》を合《あ》わせて母《はは》に白《もう》さく、我等《われら》は是《こ》れ法王《ほうおう》の子《こ》なり、而《しか》るに此《こ》の邪見《じゃけん》の家《いえ》に生《うま》れたり。母《はは》、子《こ》に告《つ》げて言《い》わく、汝等《なんだち》当《まさ》に汝《なんじ》が父《ちち》を憂念《うねん》して為《ため》に神変《じんぺん》を現《げん》ずべし。若《も》し見《み》ることを得《え》ば心必《こころかなら》ず清浄《しょうじょう》ならん。或《ある》いは我等《われら》が仏所《ぶっしょ》に往至《おうし》することを聴《ゆる》されん。

（要義《ようぎ》）

この品《ほん》では、先《さき》の薬王菩薩品《やくおうぼさつほん》ならびに妙音菩薩品《みょうおんぼさつほん》の流《なが》れから、妙荘厳王《みょうしょうごんのう》を救済《きゅうさい》した薬王《やくおう》・薬上《やくじょう》と華徳菩薩《けとくぼさつ》の過去世《かこぜ》が語《かた》られ、妻《つま》となり子《こ》となって、国王《こくおう》を仏道《ぶつどう》に導《みちび》いた時《とき》の因縁《いんねん》が説《と》かれます。国王《こくおう》は最高権力者《さいこうけんりょくしゃ》でありますけれども、仏法《ぶっぽう》からすれば、やはり真《しん》の悟《さと》りを得《え》ていない迷《まよ》いの人《ひと》ですから、正《ただ》しい信仰《しんこう》に導《みちび》かれなければなりません。これは仏法《ぶっぽう》の原則《げんそく》ですから、それが為《ため》に日本《にほん》に来《き》ては、聖徳太子《しょうとくたいし》を始《はじ》め、桓武天皇《かんむてんのう》、そして歴代《れきだい》の天皇《てんのう》が皆仏法《みなぶっぽう》を信《しん》じられたのです。戦前《せんぜん》の日《にち》蓮門下《れんもんか》には「天皇本尊《てんのうほんぞん》」等《など》と言《い》う者《もの》がありましたが、仏法《ぶっぽう》の原則《げんそく》に外《はず》れて「天皇《てんのう》が本尊《ほんぞん》」で済《す》ますことが出来《でき》るならば、何《なに》も悉達太子《しったたいし》は出家成道《しゅっけじょうどう》などせずして、そのまま迦毘羅城《かびらじょう》の王様《おうさま》として本《ほん》尊《ぞん》と成《な》れた訳《わけ》です。天皇《てんのう》の権威《けんい》は世間《せけん》の上《うえ》にあるのであって、何《なん》でも褒《ほ》めさえすれば良《よ》いと思《おも》って付《つ》いていくような、そんな馬鹿者《ばかもの》ばかりが多《おお》くなっては、思想《しそう》が危《あや》うくなってきます。いくら[1]最高《さいこう》指導者《しどうしゃ》を敬《うやま》うからといっても、その指導者《しどうしゃ》が教《おし》えとか道《みち》というものを勝手《かって》に支配《しはい》するということになれば、そこに非常《ひじょう》な害《がい》が起《お》こってくる。法王《ほうおう》のような宗教的指導者《しゅうきょうてきしどうしゃ》が権威《けんい》を専《もっぱ》らにして、神《かみ》や仏《ほとけ》の名代《みょうだい》であって、彼《かれ》が正《ただ》しいと認《みと》める所《ところ》の事《こと》は、如何《いか》なる事《こと》をしても正《ただ》しいと言《い》うに至《いた》れば非《ひ》常《じょう》に害《がい》となるように、世間《せけん》の権力《けんりょく》においても、国王《こくおう》や大統領《だいとうりょう》の命《めい》じる所《ところ》は直《ただ》ちに道《みち》である、正義《せいぎ》であると言《い》って、不法《ふほう》な事《こと》、道理《どうり》に合《あ》わぬ事《こと》をやり出《だ》した時《とき》には、その国《こく》は必《かなら》ず滅《ほろ》びることになります。したがって、如何《いか》なる最高指導者《さいこうしどうしゃ》と雖《いえど》も、正《ただ》しき道《みち》、正《ただ》しき教《おし》えに対《たい》しては、羊《ひつじ》の如《ごと》くに従《じゅう》順《じゅん》でなければなりません。[2]また今日《こんにち》の日本《にほん》のように、国《くに》の指導者《しどうしゃ》となるべき政治家《せいじか》が、選挙《せんきょ》や党利《とうり》党略《とうりゃく》のために「釈迦《しゃか》も釈迦《しゃか》の教《おし》えも役《やく》に立《た》たない」などという邪《よこしま》な仏教《ぶっきょう》を奉《ほう》じる者達《ものたち》の政党《せいとう》と宜《よろ》しくやるならば、当然国《とうぜんくに》は危機《きき》に面《めん》することにもなる訳《わけ》です。

浄蔵《じょうぞう》と浄眼《じょうげん》の二人《り》の王子《おうじ》は、今《いま》は雲雷音宿王華智仏《うんらいおんしゅくおうけちぶつ》がこの世《よ》にお出《で》ましになって法華経《ほけきょう》を説《と》いて居《お》られるから、参詣《さんけい》をなさったら宜《よろ》しいでしょうと母《はは》に勧《すす》めました。ところが母《はは》が言《い》うには、いっその事《こと》、お父《とう》さんを一緒《しょ》に連《つ》れていくべきである。あなたの父《ちち》は外道《げどう》の教《おし》えを信《しん》じて深《ふか》く婆羅門《ばらもん》の法《ほう》に執着《しゅうぢゃく》している。殊《こと》にその婆羅門《ばらもん》は奇跡《きせき》についての信仰《しんこう》と見《み》えて、教《おし》えの正邪《せいじゃ》などはどうでも良《よ》いようである。邪見《じゃけん》の家《いえ》に生《う》まれたなどと言《い》わず、お父《とう》さんの事《こと》を心配《しんぱい》してお救《すく》いしなければならぬ。奇跡《きせき》に気《き》を奪《うば》われているのだから、議論《ぎろん》でも教《おし》えでも上手《うま》くはいかない、神変不思議《じんぺんふしぎ》を現《げん》じて父《ちち》を驚《おどろ》かし、救《すく》いに導《みちび》かなければならない。お前達《まえたち》が神変《じんぺん》を現《げん》ずるのを御覧《ごらん》になれば、私達《わたしたち》が仏所《ぶつしょ》にお詣《まい》りする事《こと》をお許《ゆる》し下《くだ》さると思《おも》うと述《の》べます。そこで二人《り》の王子《おうじ》は、母《はは》の言《い》う通《とお》りに父《ちち》の前《まえ》に行《い》って、口《くち》の中《なか》から水《みず》を吹《ふ》き出《だ》したり、虚空《こくう》に飛《と》び上《あが》がったり、火《ひ》の燃《も》えている中《なか》に入《はい》ったりと、婆羅門《ばらもん》が現《げん》ずる所《ところ》ではない奇蹟《きせき》を次々《つぎつぎ》に見《み》せます。議論《ぎろん》よりも実際《じっさい》に神変《じんぺん》を見《み》せることによって父《ちち》は感服《かんぷく》し、「汝等《なんだち》が師《し》は誰《だれ》ぞ」、それでは一緒《しょ》に仏様《ほとけさま》の所《ところ》へ行《い》って教《おし》えを聞《き》こうという事《こと》になったのです。

（現代語《げんだいご》）

二人《り》の王子《おうじ》は父母《ふぼ》に述《の》べました。「善《よ》いことです、父上母上《ちちうえははうえ》よ。願《ねが》わくは雲雷音宿王華智仏《うんらいおんしゅくおうけちぶつ》の所《ところ》へ詣《もう》でて、どうか親《した》しみ見《まみ》えて供養《くよう》されて下《くだ》さい。何故《なぜ》ならば、仏《ほとけ》に巡《めぐ》り会《あ》うことは、三千年《ねん》に一度《ど》咲《さ》く優《う》曇《どん》波《ば》羅《ら》の花《はな》を見《み》ることのように、また大海《たいかい》に浮《う》かぶ流木《りゅうぼく》の孔《あな》に片目《かため》の亀《かめ》が偶々《たまたま》頭《あたま》を突《つ》っ込《こ》むことのように非常《ひじょう》に希《まれ》なことであるからです。しかしながら、「私達《わたしたち》は前世《ぜんせ》の福徳《ふくとく》のお陰《かげ》で、仏《ほとけ》の法《ほう》を聞《き》くことに生《う》まれ得《え》ました。それ故《ゆえ》、どうか父上《ちちうえ》母上《ははうえ》、私達《わたしたち》に出家《しゅっけ》の許《ゆる》しを与《あた》えて下《くだ》さい。なぜならば、仏達《ほとけたち》に巡《めぐ》り会《あ》うことは難《むずか》しく、そのような時《とき》に遭遇《そうぐう》することも難《むずか》しいからです」と。

(要文《ようもん》)

是《こ》に二子《にし》、父母《ふぼ》に白《もう》して言《もう》さく、善《よ》い哉《かな》父母《ふぼ》、願《ねが》わくは時《とき》に雲雷音宿王華智仏《うんらいおんしゅくおうけちぶつ》の所《みもと》に往《おう》詣《けい》して、親覲《しんごん》し供養《くよう》したまえ。所以《ゆえ》は何《いか》ん、仏《ほとけ》には値《あ》いたてまつること得難《えがた》し、優曇波羅華《うどんばらけ》の如《ごと》く、又《また》一眼《げん》の亀《かめ》の浮木《うきぎ》の孔《あな》に値《あ》えるが如《ごと》し。而《しか》るに我等《われら》、宿福深厚《しゅくふくじんこう》にして仏法《ぶっぽう》に生《うま》れ値《あ》えり。是《こ》の故《ゆえ》に父母《ふぼ》、当《まさ》に我等《われら》を聴《ゆる》して出家《しゅっけ》することを得《え》せしめたもうべし。所以《ゆえ》は何《いか》ん、諸仏《しょぶつ》には値《あ》いたてまつり難《がた》し、時《とき》にもまた遇《あ》うこと難《かた》し。

(要義《ようぎ》)

仏《ほとけ》に遇《あ》うことは容易《ようい》な事《こと》ではない、幸《さいわ》いに前世《ぜんせ》の功徳《くどく》に依《よ》って仏《ほとけ》に会《あ》うことが出来《でき》たのであるから、この儘《まま》過《す》ごすのは残念《ざんねん》なことである、何《なん》とか仏法《ぶっぽう》のために尽《つ》くしたい。しかも父母《ふぼ》も仏法《ぶっぽう》に感《かん》心《しん》せられたのであれば、この機会《きかい》に是非《ぜひ》とも出家《しゆつけ》の許《ゆる》しをと、二人《り》の王子《おうじ》は父母《ふぼ》に願《ねが》い出《で》ます。これが国王《こくおう》の子《こ》が出家《しゆつけ》せられる所《ところ》の手本《てほん》となって、中国《ちゆうごく》に於《お》いても国王《こくおう》の御子《みこ》が僧侶《そうりよ》にもなり、日本《にほん》に於《お》いてもその思想《しそう》の為《ため》に国王《こくおう》が仏法《ぶつぽう》のために尽《つ》くされたのです。国王《こくおう》と雖《いえど》も沢山《たくさん》の御子《みこ》がある場《ば》合《あい》には一人《り》は出家《しゆつけ》して衆生《しゆじよう》教化《きようけ》の事《こと》に当《あ》たるというのは非常《ひじよう》に結構《けつこう》な事《こと》であり、そしてその範《はん》を示《しめ》しているのがこの浄蔵《じようぞう》・浄眼《じようげん》の二王子《おうじ》です。ところが、日本《にほん》の皇族《こうぞく》でも村雲尼公《むらくもにこう》のように、出家《しゆつけ》をして仏《ほとけ》に仕《つか》えることは尊《とうと》いことだという事《こと》になっていたにも拘《かか》わらず、(3)今日《こんにち》では一般《ぱん》の人《ひと》が出家《しゆつけ》でもするということは、何《なに》か人生《じんせい》に行《い》き詰《つ》まった者《もの》であるとか、或《あ》いは迷信《めいしん》に填《はま》った者《もの》であるとか思《おも》われる程《ほど》の世《よ》の中《なか》になってしまいました。これは、政治家《せいじか》や社会《しやかい》のリーダーたる者《もの》に、仏法《ぶつぽう》というものを知《し》らず、精神生活《せいしんせいかつ》の価値《かち》を知《し》らない者《もの》が多《おお》くなり、その間《あいだ》に訳《わけ》の分《わ》からぬ新興宗教《しんこうしゆうきよう》が増《ふ》えた為《ため》です。そうして、無宗教《むしゆうきよう》であることが恰《あたか》もインテリであるかのように勘違《かんちが》いして、皆《みな》が寄《よ》って集《たか》って唯物的《ゆいぶつてき》な文明《ぶんめい》に流《なが》れて行《い》った場合《ばあい》には、必《かなら》ず今日《こんにち》のような弊害《へいがい》が様々《さまざま》に起《お》こって来《く》る訳《わけ》です。

(現代語《げんだいご》)

その時《とき》に、雲雷音宿王華智仏《うんらいおんしゆくおうけちぶつ》は、妙荘厳王《みようしようごんのう》に次《つぎ》の如《ごと》く告《つ》げられました。「その通《とお》りである。汝《なんじ》の言《い》う通《とお》りである。もし善男子《ぜんなんし》・善女人《ぜんにょにん》が、善根《ぜんごん》を植《う》えるならば幾世《いくよ》にも善知識《ぜんちしき》の人《ひと》を得《え》ることが出来《でき》るであろう。その善知識《ぜんちしき》なる人《ひと》は、よく教《おし》えを説《と》き、利益《りやく》を与《あた》えて喜《よろこ》ばし、そして無上《むじょう》の悟《さと》りの境地《きょうち》に導《みちび》いてくれるのである。大王《だいおう》よ、当《まさ》に知《し》るべきである。善知識《ぜんちしき》なる者《もの》は、優《すぐ》れたる因縁《いんねん》である。教《おし》え導《みちび》き、仏《ほとけ》を見《み》ることを得《え》せしめ、無上《むじょう》の悟《さと》りへ向《む》かう心《こころ》を起《お》こさせるのである。」

(要文《ようもん》)

その時《とき》に雲雷音宿王華智仏《うんらいおんしゅくおうけちぶつ》、妙荘厳王《みょうしょうごんのう》に告《つ》げて言《い》わく、是《かく》の如《ごと》し是《かく》の如《ごと》し、汝《なんじ》が所言《しょごん》の如《ごと》し。若《も》し善男子《ぜんなんし》・善女人《ぜんにょにん》、善根《ぜんごん》を種《う》えたるが故《ゆえ》に世世《せせ》に善知識《ぜんちしき》を得《う》。その善知識《ぜんちしき》は能《よ》く仏《ぶつ》事《じ》を作《な》し、示教利喜《じきょうりき》して阿耨多羅三藐三菩提《あのくたらさんみゃくさんぼだい》に入《はい》らしむ。大王《だいおう》当《まさ》に知《し》るべし。善知識《ぜんちしき》は是《こ》れ大因縁《だいいんねん》なり。所謂《いわゆる》化導《けどう》して、仏《ほとけ》を見《み》、阿耨多羅三藐三菩提《あのくたらさんみゃくさんぼだい》の心《こころ》を発《おこ》すことを得《え》せしむ。

(要義《ようぎ》)

斯《か》くして妙荘厳王《みょうしょうごんのう》は、二人《り》の子《こ》と夫人《ふじん》に導《みちび》かれて、そして国王《こくおう》の位《くらい》を弟《おとうと》に譲《ゆず》って出家《しゅっけ》し、一切浄《さいじょう》功徳《くどく》荘厳《しょうごん》三昧《まい》という一つの覚《さと》りを得《え》るに至《いた》ります。そして感謝《かんしゃ》の言葉《ことば》を述《の》べる妙荘厳王《みょうしょうごんのう》に対《たい》して、雲雷音宿王華智仏《うんらいおんしゅくおうけちぶつ》は言《い》われます。汝《なんじ》の言《い》うこと誠《まこと》に宜《よろ》しい。国王《こくおう》となって一時《じ》は権力《けんりょく》を握《にぎ》ったとしても、人生《じんせい》は直《す》ぐに過《す》ぎ去《さ》ってしまうものである。また、人心《じんしん》の救済《きゅうさい》は政治《せいじ》の方面《ほうめん》だけで成《な》し得《え》るものではないから、国王《こくおう》たる者《もの》が宗教《しゅうきょう》の価値《かち》を認《みと》められたことは非常《ひじょう》に結構《けっこう》な事《こと》である。元来人間《がんらいにんげん》が世《よ》に生《う》まれて、善知識《ぜんちしき》の人《ひと》を得《え》て正《ただ》しき信仰《しんこう》に入《はい》るということは、国王《こくおう》と雖《いえど》も功徳《くどく》が無《な》ければ出来《でき》ない事《こと》である。その人《ひと》が賢《かしこ》いからして宗教《しゅうきょう》を信《しん》じないのではない、その人《ひと》の功徳《くどく》が足《た》らぬが故《ゆえ》に、一時《じ》の権勢《けんせい》に憧《あこが》れて、精神生活《せいしんせいかつ》の価値《かち》を認《みと》める事《こと》が出来《でき》ないのである。今汝《いまなんじ》が、仏《ほとけ》の教《おし》えを有《あ》り難《がた》いと思《おも》うに至《いた》ったのは、汝《なんじ》が功徳《くどく》を積《つ》んでおったお陰《かげ》である、それが為《ため》に善知識《ぜんちしき》の人《ひと》に会《あ》うことを得《え》たのである。善知識《ぜんちしき》とは、即《すなわ》ち二人《り》の子供《こども》である。子供《こども》ではあるけれども、汝《なんじ》を救《すく》った点《てん》から言《い》えばこれが善知識《ぜんちしき》である。その善知識《ぜんちしき》に出会《であ》いさえすれば仏事《ぶつじ》を為《な》し、仏《ほとけ》に会《あ》わせしめ、菩提《ぼだい》にも至《いた》らしめてくれるのだから、善知識《ぜんちしき》ほど尊《とうと》い者《もの》はない。例《たと》え国王《こくおう》と雖《いえど》も、善知識《ぜんちしき》に会《あ》うことを得《え》なければ、そのような事《こと》は出来《でき》ないということを言《い》われたのです。

この「善知識《ぜんちしき》は是《こ》れ大因縁《だいいんねん》なり」というのは非常《ひじょう》に大事《だいじ》な言葉《ことば》で、私達《わたしたち》は因縁《いんねん》が熟《じゅく》さなければ善知識《ぜんちしき》に会《あ》うことは出来《でき》ません。だから善知識《ぜんちしき》を得《え》れば、それによって仏法《ぶっぽう》の修行《しゅぎょう》は成就《じょうじゅ》するのです。「善知識《ぜんちしき》は全梵行《ぜんぼんぎょう》」と言《い》われているように、日蓮聖人《にちれんしょうにん》も善知識《ぜんちしき》が大切《たいせつ》である、仏《ほとけ》に成《な》る道《みち》は善知識《ぜんちしき》には過《す》ぎず、人間寒《にんげんさむ》い暖《あたた》かいということの知《し》るだけの感覚《かんかく》があるならば、あとは善知識《ぜんちしき》があれば道《みち》に入《はい》ることが出来《でき》ると言《い》われています。今日本《いまにほん》の仏教《ぶっきょう》がうまく行《い》かず、その役割《やくわり》を果《は》たしているとは言《い》い難《がた》いのは、やはり善知識《ぜんちしき》が乏《とぼ》しいからです。これを是正《ぜせい》するためには、何《なに》よりも教《おし》えを正《ただ》してかからなければなりません。例《たと》えば、司法《しほう》に携《たずさ》わる者《もの》が法律《ほうりつ》を曲《ま》げるというようなことになったならば、判事《はんじ》や検事《けんじ》がどれ程《ほど》の学問《がくもん》が出来《でき》ても、どんな立派《りっぱ》な人格者《じんかくしゃ》であっても何《なん》にもならないのと同《おな》じで、宗教《しゅうきょう》が自分《じぶん》の奉戴《ほうたい》する教《おし》えを曲《ま》げてかかるなどということは、他《た》の小《ちい》さな善悪《ぜんあく》とは事《こと》が違《ちが》う由々《ゆゆ》しき問題《もんだい》であるからです。

(現代語《げんだいご》)

「如来《にょらい》の法《ほう》は、思《おも》いも及《およ》ばない優《すぐ》れた功徳《くどく》を具《そな》えて完成《かんせい》しております。仏《ほとけ》の教《おし》えと戒《いまし》めに従《したが》う行《おこな》いは、心静《こころしず》かにして落《お》ち着《つ》き快《こころよ》いものです。今日《きょう》から私《わたし》は心《こころ》を赴《おもむ》くままにはせず、邪《よこしま》な考《かんが》え、驕《おご》り高《たか》ぶり、怒《いか》り恨《うら》みなどの様々《さまざま》な悪《あ》しき心《こころ》を生《しょう》じさせません。」そう申《もう》し上《あ》げると、妙荘厳王《みょうしょうごんのう》は仏《ほとけ》を礼拝《らいはい》して退《しりぞ》きました。釈迦牟尼仏《しゃかむにぶつ》は、皆《みな》に告《つ》げられました。「汝達《なんだち》よ、如何《いか》に考《かんが》えるか。妙荘厳王《みょうしょうごんのう》は、今《いま》の華徳菩薩《けとくぼさつ》のことであって他《た》の別人《べつじん》ではない。そして浄徳夫人《じょうとくふじん》とは、今仏《いまほとけ》の前《まえ》に居《い》る光照《こうしょう》荘厳相菩薩《しょうごんそうぼさつ》である。妙荘厳王《みょうしょうごんのう》とその従者達《じゅうしゃたち》を憐《あわ》れんで、彼《か》の人々《ひとびと》の中《なか》に生《う》まれたのである。そして、その二人《り》の子《こ》とは、今《いま》の薬王菩薩《やくおうぼさつ》と薬上菩薩《やくじょうぼさつ》のことである」と。

（要文《ようもん》）

如来《にょらい》の法《ほう》は不可思議微妙《ふかしぎみみょう》の功徳《くどく》を具足《ぐそく》し成就《じょうじゅ》したまえり。教戒《きょうかい》の所行安穏快善《しょぎょうあんのんけぜん》なり。我《われ》今日《こんにち》より復自《またみずか》ら心行《しんぎょう》に随《したが》わじ、邪見《じゃけん》・憍慢《きょうまん》・瞋恚《しんに》・諸悪《しょあく》の心《こころ》を生《しょう》ぜじ。是《こ》の語《ご》を説《と》き已《おわ》って、仏《ほとけ》を礼《らい》して出《い》でにき。仏《ほとけ》、大衆《だいしゅ》に告《つ》げたまわく、意《こころ》に於《おい》て云何《いかん》、妙荘厳王《みょうしょうごんのう》は豈異人《あにことひと》ならんや、今《いま》の華徳菩薩是《けとくぼさつこれ》なり。その浄徳夫人《じょうとくふじん》は今《いま》の仏前《ぶつぜん》に光《ひか》りをもって照《て》らしたもう荘厳相《しょうごんそう》の菩薩是《ぼさつこ》れなり。妙荘厳王及《みょうしょうごんのうおよ》び諸《もろもろ》の眷属《けんぞく》を哀愍《あいみん》せんが故《ゆえ》に、彼《か》の中《なか》に於《おい》て生《しょう》ぜり。その二子《し》は今《いま》の薬王菩薩《やくおうぼさつ》・薬上菩薩是《やくじょうぼさつこ》れなり。

（要義《ようぎ》）

仏《ほとけ》の説《と》くところは、ただ学説《がくせつ》が正《ただ》しいとか、筋《すじ》が通《とお》っているというものではありません。仏様《ほとけさま》の教《おし》えには、何《なん》とも申《もう》しようの無《な》い微妙《みみょう》の功徳《くどく》が具《そな》わっているのです。それ故《ゆえ》に、仏《ほとけ》が教《おし》えられ戒《いまし》められた通《とお》りに自分《じぶん》の心《こころ》を随《したが》えて、我《わ》が身勝手《みかって》の詰《つ》まらぬ煩悩《ぼんのう》に委《まか》さなかったならば、心静《こころしず》かに落《お》ち着《つ》いた生活《せいかつ》を得《え》て、快《こころよ》く善《よ》い事《こと》が出来《でき》るようになる、自然《しぜん》に真《しん》の幸福《こうふく》が現《あらわ》れてくるのです。世間《せけん》に於《お》いては、自分《じぶん》にとって快《こころよ》い事《こと》をすれば不道徳《ふどうとく》になり、人《ひと》に善《よ》い事《こと》をすれば損《そん》のように不愉快《ふゆかい》に思《おも》い、快《こころよ》い事《こと》と道徳《どうとく》とが一向《こう》に一致《ち》しない所《ところ》がありますが、如来《にょらい》の巧妙《こうみょう》な教《おし》えに依《よ》れば、有《あ》り難《がた》い法《ほう》悦《えつ》の中《なか》に善根《ぜんごん》が積《つ》まれて行《い》くのです。論語《ろんご》の冒頭《ぼうとう》にも「楽《たの》しからずや、悦《よろこ》ばしからずや」とあるように、修養《しゅうよう》の極《きわ》みは、精神的愉悦《せいしんてきゆえつ》の情《じょう》が伴《ともな》わなければ、その目的《もくてき》を達《たっ》せられたとは言《い》えません。道徳《どうとく》と言《い》っても決《けっ》して窮屈《きゅうくつ》な意味《いみ》ではない、崇高《すうこう》なる悦《よろこ》びと、そして道徳《どうとく》・善《ぜん》とが一致《ち》する事《こと》を目的《もくてき》としたものである、そのような意味《いみ》が、この「安穏快善《あんのんけぜん》」という言葉《ことば》にはあります。

今後《こんご》は決《けっ》して自分《じぶん》の心《こころ》の動《うご》くが儘《まま》に身《み》を委《まか》せず、煩悩《ぼんのう》の心《こころ》を抑制《よくせい》して、如来《にょらい》の教《おし》えに忠順《ちゅうじゅん》にして行《い》こうと思《おも》いますという事《こと》を、妙荘厳王《みょうしょうごんのう》は述《の》べています。ところが、現代《げんだい》の風潮《ふうちょう》は恰《あたか》もこれに逆行《ぎゃっこう》し、教《おし》えを軽《かろ》んじて思《おも》うが儘《まま》に行動《こうどう》すること、それが尊《とうと》いと思《おも》っている節《ふし》があります。修養《しゅうよう》を積《つ》んでも、中々人間《なかなかにんげん》は心《こころ》をコントロールすることは上手《うま》く行《い》かないものです。まして、修養《しゅうよう》も積《つ》まないで勝手《かって》な精神《せいしん》を煽《あお》っていたのでは、社会《しゃかい》が調和《ちょうわ》されるわけがありません。[4]「個性《こせい》だ」「個人《こじん》の尊重《そんちょう》だ」と言《い》うも、教《おし》えによって、その個人《こじん》の特性《とくせい》が社会《しゃかい》の中《なか》で活《い》かされることによって初《はじ》めて尊《とうと》いとされるものです。訓練《くんれん》を経《へ》ない心《こころ》の行《い》くが儘《まま》にして良《よ》いという事《こと》ではないのです。今大王《いまだいおう》は、自分《じぶん》はそのような邪見《じゃけん》・驕慢《きょうまん》・瞋恚《しんに》・諸悪《しょあく》の心《こころ》を生《しょう》ぜず、教《おし》えに順《したが》って浄《きよ》き生活《せいかつ》を営《いとな》みますと言《い》って、仏《ほとけ》にお礼《れい》を申《もう》し上《あ》げてその席《せき》を去《さ》ります。この妙荘厳王《みょうしょうごんのう》の感謝《かんしゃ》の言葉《ことば》などは、誠《まこと》に仏法《ぶっぽう》の要義《ようぎ》をよく言《い》い表《あらわ》しているものでありましょう。そして最後《さいご》の一節《せつ》は、お釈迦様《しゃかさま》が、この昔話《むかしばなし》は今日《こんにち》この法華経《ほけきよう》の法座《ほうざ》にいる誰《だれ》と誰《だれ》の関係《かんけい》であるという事《こと》を話《はな》されたもので、因縁《いんねん》を語《かた》った終《お》わりには必《かなら》ずこのように説《と》かれるのが仏教《ぶつきよう》の通則《つうそく》となっています。

普賢菩薩勧発品《ふげんぼさつかんぼっぽん》　第《だい》二十八

（現代語《げんだいご》）

仏《ほとけ》は普賢菩薩《ふげんぼさつ》に告《つ》げました。もし善男子《ぜんなんし》・善女人《ぜんにょにん》が次《つぎ》の四つの事柄《ことがら》を成就《じょうじゅ》するならば、如来《にょらい》の滅《めつ》後《ご》において必《かなら》ずこの法華経《ほけきょう》を得《え》るであろう。一には仏達《ほとけたち》に心《こころ》から護《まも》られること、二には諸々《もろもろ》の徳《とく》の根本《こんぽん》を植《う》えること、三には必《かなら》ず悟《さと》りに至《いた》る者達《ものたち》の中《なか》に入《はい》ること、四には一切《さい》の衆生《しゅじょう》を救《すく》うとの心《こころ》を起《お》こすことである。

（要文《ようもん》）

仏《ほとけ》、普賢菩薩《ふげんぼさつ》に告《つ》げたまわく、若《も》し善男子《ぜんなんし》・善女人《ぜんにょにん》、四法《ほう》を成就《じょうじゅ》せば、如来《にょらい》の滅後《めつご》に於《お》いて当《まさ》に是《こ》の法華経《ほけきょう》を得《う》べし。一には諸仏《しょぶつ》に護念《ごねん》せらるることを為《え》、二には諸《もろもろ》の徳本《とくほん》を植《う》え、三には正定聚《しょうじょうじゅ》に入《はい》り、四には一切衆生《さいしゅじょう》を救《すく》うの心《こころ》を発《おこ》せるなり。

（要義《ようぎ》）

この品《ほん》では、東方《とうほう》より現《あらわ》れ来《き》た普賢菩薩《ふげんぼさつ》の懇願《こんがん》によって、釈尊《しゃくそん》が法華経《ほけきょう》の要点《ようてん》を再《ふたた》び纏《まと》めて説《と》かれます。この一節《せつ》は即《すなわ》ち法華経《ほけきょう》を纏《まと》めて説《と》かれた四法成就《ほうじょうじゅ》の文《もん》で、この四つの事柄《ことがら》を成就《じょうじゅ》したならば、如来《にょらい》の滅後《めつご》においてもこの法華経《ほけきょう》を得《え》られることが説《と》かれています。一には諸仏《しょぶつ》に護《まも》られること、諸仏《しょぶつ》とは統《とう》一の本仏《ほんぶつ》に帰《き》する分身《ぶんじん》の仏《ほとけ》ですから、開顕《かいけん》の眼《め》から言《い》えば本仏釈尊《ほんぶつしゃくそん》に護《まも》られることを意味《いみ》します。開目抄《かいもくしょう》に「発迹顕本《ほっしゃくけんぽん》せざれば実《じつ》の一念《ねん》三千もあらわれず、二乗作仏《じょうさぶつ》も定《さだ》まらず」と言《い》われた如《ごと》く、法華経《ほけきょう》一部《ぶ》を顕本《けんぽん》の趣旨《しゅし》によって解釈《かいしゃく》する、その中心《ちゅうしん》の教義《きょうぎ》から一切《さい》を統《とう》一して解釈《かいしゃく》する、この顕本法華《けんぽんほっけ》ということが日蓮聖人《にちれんしょうにん》の主張《しゅちょう》ですから、寿量品《じゅりょうほん》に説《と》かれた「毎《つね》に自《みずか》ら是《こ》の念《ねん》を作《な》す」という本仏《ほんぶつ》の毎自《まいじ》の慈願《じがん》を忘《わす》れぬようにすること、本仏《ほんぶつ》に護《まも》られているという感激《かんげき》の信仰《しんこう》を持《も》つことが第《だい》一です。そして第《だい》二には、諸々《もろもろ》の道徳《どうとく》を実行《じっこう》して行《い》く所《ところ》の修養《しゅうよう》を積《つ》むこと、第《だい》三には「正定聚《しょうじょうじゅ》に入《はい》り」で、孤立《こりつ》していたのでは大《おお》きな善《よ》い事《こと》は出来《でき》ませんから、正《ただ》しき信仰及《しんこうおよ》び思想《しそう》の定《さだ》まった者《もの》の団結《だんけつ》を作《つく》って、その中《なか》に入《はい》って異体同心《いたいどうしん》の精神《せいしん》で協力《きょうりょく》してやって行《い》かなければなりません。第《だい》四には、一切《さい》の衆生《しゅじょう》を救《すく》うとの心《こころ》を起《お》こすことで、特《とく》に慈悲《じひ》の心《こころ》を失《うしな》わないようにすることが大事《だいじ》です。即《すなわ》ち、本仏《ほんぶつ》の守護《しゅご》と道徳《どうとく》の観念《かんねん》、正義《せいぎ》の団結《だんけつ》と慈悲《じひ》の発願《ほつがん》、この四つのことを心掛《こころが》けたならば、活《い》きた法華経《ほけきょう》が自《おの》ずから得《え》られるのです。

(現代語《げんだいご》)

その時《とき》に普賢菩薩《ふげんぼさつ》は、仏《ほとけ》に申《もう》し上《あ》げました。「世尊《せそん》よ、後《のち》の五百年《ねん》の濁《にご》った悪《あ》しき世《よ》の中《なか》において、この経典《きょうてん》を受持《じゅじ》する者《もの》があれば、私《わたし》は必《かなら》ず彼《かれ》を守護《しゅご》し、その患《わずら》い衰《おとろ》えを除《のぞ》いて安穏《あんのん》を得《え》さしめ、そして窺《うかが》う者《もの》の付《つ》け入《い》る隙《すき》が無《な》いように致《いた》します」と。

(要文《ようもん》)

その時《とき》に普賢菩薩《ふげんぼさつ》、仏《ほとけ》に白《もう》して言《もう》さく、世尊《せそん》、後《のち》の五百歳濁悪世《さいじゃくあくせ》の中《なか》に於《おい》て、其《そ》れ是《こ》の経典《きょうてん》を受持《じゅじ》すること有《あ》らん者《もの》は、我当《われまさ》に守護《しゅご》して其《そ》の衰患《すいげん》を除《のぞ》き、安穏《あんのん》なることを得《え》せしめ、伺《うかが》い求《もと》むるに其《そ》の便《たよ》りを得《え》る者無《ものな》からしむべし。

(要義《ようぎ》)

この所《ところ》は、法華経《ほけきょう》を受持《じゅじ》する行者《ぎょうじゃ》を必《かなら》ず護《まも》って安穏《あんのん》ならしめ、その欠点《けってん》を窺《うかが》い求《もと》める者《もの》があっても思《おも》うようにはさせないと述《の》べた、普賢菩薩《ふげんぼさつ》による法華《ほっけ》行者守護《ぎょうじゃしゅご》の誓願《せいがん》です。そして普賢菩薩《ふげんぼさつ》は、陀羅尼品《だらにほん》と同《おな》じように神呪《しんじゅ》を唱《とな》えます。大集経《だいしゅうきょう》によれば、[1]仏《ほとけ》の滅後《めつご》は五つの五百年《ねん》、(一)解脱堅固《げだつけんご》、悟《さと》りを得《え》て解脱《げだつ》する者《もの》が多《おお》い時代《じだい》、(二)禅定堅固《ぜんじょうけんご》、心《こころ》の禅定《ぜんじょう》を得《え》る者《もの》が多《おお》い時代《じだい》、(三)多《た》聞堅固《もんけんご》、経《きよう》を聞《き》いてよく学《まな》ぶ者《もの》が多《おお》い時代《じだい》、（四）多造塔寺堅固《たぞうとうじけんご》、仏寺仏塔《ぶつじぶつとう》の建設《けんせつ》が盛《さか》んな時代《じだい》、（五）闘諍堅固《とうじようけんご》、自説《じせつ》に固執《こしつ》して互《たが》いに争《あらそ》い、正《ただ》しき教《おし》えが隠没《おんもつ》して仏教《ぶつきよう》が衰微《すいび》する時代《じだい》に区分《くぶん》されます。

「後《のち》の五百歳《さい》」とは、その第《だい》五の五百年《ねん》のことで、この仏滅後《ぶつめつご》二千年《ねん》より以後《いご》を、法華経《ほけきよう》を弘宣流《る》布《ふ》する時《とき》であると日蓮聖人《にちれんしようにん》も言《い》われたのです。日蓮聖人《にちれんしようにん》は、[2]「周書異記《しゆうしよいき》」という資料《しりよう》に基《もと》づいて、仏滅《ぶつめつ》を紀元前《きげんぜん》九四九年《ねん》としましたので、現在《げんざい》の仏教学《ぶつきようがく》において推測《すいそく》される釈尊《しやくそん》の入滅《にゆうめつ》時期《じき》とは異《こと》なりますが、そのような年代《ねんだい》の誤差《ごさ》に拘《こだわ》ることなく、正《ただ》しき仏教《ぶつきよう》が衰退《すいたい》し、社会《しやかい》が混乱退廃《こんらんたいはい》する時《じ》代《だい》を末法《まつぽう》と捉《とら》えて、そして如何《いか》に為《な》すべきかを考《かんが》え実践《じつせん》することが大事《だいじ》と言《い》えます。

（現代語《げんだいご》）

普賢《ふげん》よ、もしこの法華経《ほけきよう》を受《う》け持《たも》ち、読誦《どくじゆ》し、正《ただ》しく心《こころ》に留《とど》めて念《ねん》じ、修行《しゆぎよう》し、人々《ひとびと》の為《ため》に書写《しよしや》する者《もの》が有《あ》るならば、当《まさ》に知《し》るべきである、その人《ひと》は釈迦牟尼仏《しやかむにぶつ》に見《まみ》えるのである。仏《ほとけ》の口《くち》よりこの経典《きようてん》を聞《き》くが如《ごと》くである。当《まさ》に知《し》るべきである、その人《ひと》は釈迦牟尼仏《しやかむにぶつ》を供養《くよう》し、仏《ほとけ》に「善《よ》きかな」と褒《ほ》められるのである。当《まさ》に知《し》るべきである、その人《ひと》は釈迦牟尼仏《しやかむにぶつ》の手《みて》をもって、その頭《こうべ》を摩《な》でられるのである。当《まさ》に知《し》るべきである、その人《ひと》は釈迦牟尼仏《しやかむにぶつ》の衣《ころも》をもって覆《おお》われるのである。

(要文《ようもん》)

普賢《ふげん》よ、もし是《こ》の法華経《ほけきよう》を受持《じゆじ》し、読誦《どくじゆ》し、正憶念《しようおくねん》し、修習《しゆしゆう》し、書写《しよしや》すること有《あ》らん者《もの》は、当《まさ》に知《し》るべし、是《こ》の人《ひと》は則《すなわ》ち釈迦牟尼仏《しやかむにぶつ》を見《み》るなり、仏口《ぶつく》より此《こ》の経典《きようてん》を聞《き》くが如《ごと》し。当《まさ》に知《し》るべし、是《こ》の人《ひと》は釈迦牟尼仏《しやかむにぶつ》を供養《くよう》するなり。当《まさ》に知《し》るべし、是《こ》の人《ひと》は仏《ほとけ》、善哉《ぜんざい》と讃《ほ》む。当《まさ》に知《し》るべし、是《こ》の人《ひと》は釈迦牟尼仏《しやかむにぶつ》の手《みて》をもって、其《そ》の頭《こうべ》を摩《な》でられん。当《まさ》に知《し》るべし、是《こ》の人《ひと》は釈迦牟尼仏《しやかむにぶつ》の衣《ころも》に覆《おお》わるることを為《え》ん。

(要義《ようぎ》)

この一節《せつ》には、法華経《ほけきよう》を正憶念《しようおくねん》し修行《しゆぎよう》することも大事《だいじ》であるが、それはただ経文《きようもん》をということではない、釈迦牟尼仏《しやかむにぶつ》を信《しん》じ、釈迦牟尼仏《しやかむにぶつ》を想《おも》う精神《せいしん》の結《むす》び付《つ》きがあって、法華経《ほけきよう》が活《い》きてくることが説《と》かれています。したがって、法華経《ほけきよう》を得《え》たならば仏《ほとけ》にお目《め》に掛《か》かったと同《おな》じ事《こと》ですから、この経文《きようもん》を活《い》ける釈迦牟尼仏《しやかむにぶつ》の口《くち》から聞《き》いているように心得《こころえ》て行《い》かねばなりません。法華経《ほけきよう》を大切《たいせつ》にしているという事《こと》は、即《すなわ》ち釈迦牟尼仏《しやかむにぶつ》を供養《くよう》していることなのです。文字《もじ》の妙法蓮華経《みようほうれんげきよう》が褒《ほ》めてくれるのではありません、活《い》ける釈迦牟尼仏《しやかむにぶつ》が「善《よ》きかな、善《よ》きかな」と褒《ほ》めて下《くだ》さる、活《い》ける釈迦《しやか》牟尼仏《むにぶつ》が手《みて》をもって頭《こうべ》を摩《な》でて下《くだ》さる、その衣《ころも》をもって覆《おお》って下《くだ》さるのです。故《ゆえ》に法華経《ほけきよう》に接《せつ》する者《もの》は、活《い》ける釈迦牟尼仏《しゃかむにぶつ》を忘《わす》れてはならないということを極力《きょくりょく》説《と》いているのです。

日蓮聖人《にちれんしょうにん》は、守護国家論《しゅごこっかろん》に(3)「法華経《ほけきょう》は釈迦牟尼仏《しゃかむにぶつ》なり、法華経《ほけきょう》を信《しん》ぜざる人《ひと》の前《まえ》には釈迦牟尼仏入滅《しゃかむにぶつにゅうめつ》を取《と》り、此《こ》の経《きょう》を信《しん》ずる者《もの》の前《まえ》には滅後《めつご》たりといえども仏《ほとけ》の在世《ざいせ》なり」と述《の》べ、法華経《ほけきょう》を信《しん》じない者《もの》の心《こころ》では仏《ほとけ》の滅後《めつご》であるけれども、法華経《ほけきょう》を信《しん》じる者《もの》のためには何時《いつ》でも仏《ほとけ》の在世《ざいせ》である、活《い》ける釈迦牟尼仏《しゃかむにぶつ》に接《せっ》しているのが法華経《ほけきょう》の信者《しんじゃ》である、法華経《ほけきょう》とは一言《こと》にして言《い》えば、お釈迦様《しゃかさま》は死《し》んでは居《お》らぬ、生《い》きて居《い》る、生《い》きて教《おし》えを説《と》いているということを、時々刻々《じじこっこく》に憶念《おくねん》せしめる事《こと》を説《と》いたものであると言《い》われています。なれば、日蓮聖人《にちれんしょうにん》の門下《もんか》には釈迦牟尼仏《しゃかむにぶつ》を忘《わす》れるような者《もの》は決《けっ》して無《な》いはずです。「天《てん》に在《まし》ます我《われ》らの父《ちち》よ」ということを忘《わす》れては、キリスト教《きょう》は存在出来《そんざいでき》ないように、実在《じつざい》の観念《かんねん》から離《はな》れて宗教《しゅうきょう》は無《な》い、人格《じんかく》の実在《じつざい》を失《うしな》った時《とき》には、宗教《しゅうきょう》は無《な》いものとなります。自己《じこ》については魂《たましい》の滅亡《めつぼう》を唱《とな》える所《ところ》に宗教《しゅうきょう》は無《な》い、客観《きゃっかん》に人格《じんかく》の実在《じつざい》を認《みと》めない所《ところ》に宗教《しゅうきょう》は無《な》いのです。宗教《しゅうきょう》とは皆《みな》そういうものであり、そして客観《きゃっかん》に人格《じんかく》の実在《じつざい》が立証《りっしょう》されなくては、その宗教《しゅうきょう》は役《やく》に立《た》たないのです。客観《きゃっかん》の人格実在《じんかくじつざい》を認《みと》めない、そのような誤《あやま》った思想《しそう》を誡《いまし》めたものが、「釈迦牟尼仏《しゃかむにぶつ》の手《みて》をもって、其《そ》の頭《こうべ》を摩《な》でられん」ということであり、日蓮聖人《にちれんしょうにん》は法難迫害《ほうなんはくがい》の時《とき》には必《かなら》ずこの経文《きょうもん》に感激《かんげき》せられ、そして覚悟《かくご》を述《の》べられているのですから、私達《わたしたち》の信仰《しんこう》もまた、その通《とお》りでなければなりません。

（現代語《げんだいご》）

普賢《ふげん》よ、もし如来入滅後《にょらいにゅうめつご》の第《だい》五の五百年《ねん》に、法華経《ほけきょう》を受持《じゅじ》し読誦《どくじゅ》する者《もの》を見《み》たならば、このように思《おも》わねばならない。この人《ひと》は時《とき》を経《へ》ずして、必《かなら》ず道場《どうじょう》に至《いた》って数々《かずかず》の魔《ま》の一団《だん》を打《う》ち破《やぶ》り、無《む》上《じょう》の悟《さと》りを得《え》て、正《ただ》しき教《おし》えの法輪《ほうりん》を回《まわ》して教《おし》えの鼓《つづみ》を打《う》ち鳴《な》らし、法螺貝《ほらがい》を吹《ふ》いて仏法《ぶっぽう》の雨《あめ》を降《ふ》らすであろう。必《かなら》ずや天《てん》の神々《かみがみ》や大勢《おおぜい》の人々《ひとびと》の中《なか》にあって、教《おし》えを説《と》く獅子《しし》の座《ざ》に坐《すわ》るであろうと。

普賢《ふげん》よ、もし後《のち》の世《よ》において、この経典《きょうてん》を受持《じゅじ》し読誦《どくじゅ》する者《もの》は、衣服《いふく》・寝具《しんぐ》・飲食《いんしょく》や生活《せいかつ》に必要《ひつよう》な物《もの》を貪《むさぼ》り執着《しゅうちゃく》することはない。願《ねが》う所《ところ》が達成《たっせい》されないことはなく、現世《げんせ》において必《かなら》ずその福徳《ふくとく》の果《か》報《ほう》を得《え》るであろう。

（要文《ようもん》）

普賢《ふげん》よ、若《も》し如来《にょらい》の滅後後《めつごのち》の五百歳《さい》に、若《も》し人有《ひとあ》って法華経《ほけきょう》を受持《じゅじ》し読誦《どくじゅ》せん者《もの》を見《み》ては、是《こ》の念《ねん》を作《な》すべし。此《こ》の人《ひと》は久《ひさ》しからずして当《まさ》に道場《どうじょう》に詣《けい》して諸《もろもろ》の魔衆《ましゅ》を破《は》し、阿耨多羅《あのくたら》

三藐《みゃく》三菩提《ぼだい》を得《え》、法輪《ほうりん》を転《てん》じ法《ほう》の鼓《つづみ》を撃《う》ち、法《ほう》の螺《かい》を吹《ふ》き法《ほう》の雨《あめ》を雨《ふ》らすべし。当《まさ》に天《てん》・人《にん》・大衆《だいしゅ》の中《なか》の師子《しし》法座《ほうざ》の上《うえ》に坐《ざ》すべし。普賢《ふげん》よ、若《も》し後《のち》の世《よ》に於《おい》て是《こ》の経典《きょうでん》を受持《じゅじ》し読誦《どくじゅ》せん者《もの》は、是《こ》の人《ひと》また衣服《えぶく》・臥具《がぐ》・飲食《おんじき》・資生《ししょう》の物《もの》に貪著《とんぢゃく》せじ。所願《しょがん》虚《むな》しからじ。また現世《げんぜ》に於《おい》て其《そ》の福報《ふくほう》を得《え》ん。

（要義《ようぎ》）

この所《ところ》は、法華経《ほけきょう》の行者《ぎょうじゃ》は遠《とお》からずして、道場《どうじょう》に座《ざ》して魔《ま》を降《くだ》し、菩提《ぼだい》を得《え》て法輪《ほうりん》を転《てん》じる、即《すなわ》ち釈尊《しゃくそん》の八相《そう》の中《うち》、降魔《ごうま》、成道《じょうどう》、転法輪《てんぽうりん》の三つの事《こと》を挙《あ》げて、法華経《ほけきょう》の行者《ぎょうじゃ》が必《かなら》ず成仏《じょうぶつ》することが説《と》かれています。そして、天《てん》の神々《かみがみ》や人々《ひとびと》の為《ため》に師子《しし》の法座《ほうざ》に上《のぼ》って大法《だいほう》を説《と》くのです。この師子《しし》法座《ほうざ》というのも、今日《こんにち》のように、ただ形式的《けいしきてき》に位《くらい》の高《たか》い僧侶《そうりょ》が座《すわ》る為《ため》のもの、或《ある》いは格《かく》の高《たか》い寺《てら》を指《さ》すものではありません。獅子《しし》が吠《ほ》えるが如《ごと》くに法《ほう》を説《と》く、殊《こと》に大乗仏教《だいじょうぶっきょう》の立派《りっぱ》な教《おし》えを説《と》く、釈尊《しゃくそん》(4)の遣《つか》いとして本当《ほんとう》の偉大《いだい》なる仏教《ぶっきょう》を説《と》くべく人《ひと》、その人《ひと》の上《あ》がる所《ところ》こそが師子《しし》の法座《ほうざ》です。また、法華経《ほけきょう》の為《ため》に尽《つ》くす者《もの》は、けっして物質欲《ぶっしつよく》に心《こころ》が奪《うば》われる事《こと》はない。欲《よく》を貪《むさぼ》らないでも、自《おの》ずと世間的幸福《せけんてきこうふく》も集《あつ》まって来《く》る、何《なに》も心配《しんぱい》することはない。現世《げんせ》において願《ねが》う所《ところ》、その福徳《ふくとく》の果報《かほう》は必《かなら》ず得《え》られることを説《と》いて、釈尊《しゃくそん》は法華経《ほけきょう》の行者《ぎょうじゃ》を奨励《しょうれい》し慰安《いあん》されたのです。

（現代語《げんだいご》）

仏《ほとけ》がこの経《きよう》を説《と》かれた時《とき》、普賢菩薩《ふげんぼさつ》などの諸々《もろもろ》の菩薩《ぼさつ》、舎利弗等《しやりほつとう》の諸々《もろもろ》の声聞《しようもん》、天《てん》の神々《かみがみ》や竜神《りゆうじん》等《とう》、人《ひと》ならびに人《ひと》にあらざる者《もの》、この説法《せつぽう》の座《ざ》に集《つど》うすべての者《もの》が皆大《みなおお》いに歓喜《かんぎ》して仏《ほとけ》の仰《おお》せを受《じゆ》持《じ》し、礼拝《らいはい》をしてその場《ば》を去《さ》りました。


（要文《ようもん》）

仏是《ほとけこ》の経《きよう》を説《と》きたもう時《とき》、普賢等《ふげんとう》の諸《もろもろ》の菩薩《ぼさつ》・舎利弗等《しやりほつとう》の諸《もろもろ》の声聞及《しようもんおよ》び諸《もろもろ》の天《てん》・竜《りゆう》・人《にん》・非人等《ひにんとう》の一切《さい》の大会《だいえ》、皆大《みなおお》いに歓喜《かんぎ》し、仏語《ぶつご》を受持《じゆじ》して礼《らい》を作《な》して去《さ》りにき。


（要義《ようぎ》）

法華経《ほけきよう》の最後《さいご》の経文《きようもん》です。この法華経《ほけきよう》を聴《き》きし菩薩《ぼさつ》・声聞《しようもん》、その他《た》一切《さい》の大衆《だいしゆ》は悉《ことごと》く大《おお》いに歓喜《かんぎ》し、仏《ほとけ》の説《と》かれた法華経《ほけきよう》の言葉《ことば》を忘《わす》れないように記憶《きおく》して、そして御礼《おれい》を申《もう》し上《あ》げてその席《せき》を去《さ》ります。一切《さい》の経《きよう》は、皆《みな》この歓喜受持《かんぎじゆじ》という事《こと》で結《むす》んであります。そして皆《みな》が大《おお》いに歓喜《かんぎ》したという事《こと》は、よく領解《りようかい》してそこに歓喜法悦《かんぎほうえつ》の心《こころ》を懐《いだ》いたという事《こと》ですから、仏教《ぶつきよう》は決《けつ》してそう分《わ》からない事《こと》を説《と》いたものではありません。法華経《ほけきよう》は難《むずか》しい難《むずか》しいとよく言《い》いますが、大体《だいたい》の組織構造《そしきこうぞう》というものはそう難《むずか》しいものではありません。却《かえ》って妙《みよう》な理屈《りくつ》を捏《こ》ねるから解《わか》らなくなるのであって、経文《きようもん》に表《あらわ》されている所《ところ》の精神《せいしん》をそのままに受《う》け継《つ》ぐことが大事《だいじ》です。それを法華経《ほけきよう》の経文《きようもん》以外《いがい》に別《べつ》な解《わか》らぬ事《こと》が隠《かく》れているなどと言《い》って、経文《きようもん》の意味《いみ》に反《はん》する事《こと》を日蓮門下《にちれんもんか》が行《おこな》っている、日蓮《にちれん》聖人《しようにん》が「経《きよう》を手《て》に握《にぎ》らざらんをば用《もち》うべからず」と戒《いまし》められているにも拘《かか》わらず、「御義口伝《おんぎくでん》」流《りゆう》のような突拍子《とつぴようし》もない解釈《かいしやく》を行《おこな》っている事《こと》は大変《たいへん》な間違《まちが》いなのです。法華経《ほけきよう》が寿量品《じゆりようほん》を思想《しそう》の中《ちゆう》堅《けん》にして標準《ひようじゆん》を立《た》てなければならないように、日蓮聖人《にちれんしようにん》の御遺文《ごいぶん》も、真蹟《しんせき》の重要《じゆうよう》な(5)五大部《だいぶ》「立正《りつしよう》安国論《あんこくろん》」「開目抄《かいもくしよう》」「観心本尊抄《かんじんほんぞんしよう》」「撰時抄《せんじしよう》」「報恩抄《ほうおんじよう》」を思想《しそう》の中堅《ちゆうけん》に置《お》いて、それから次第《しだい》に活用《かつよう》するものでなければなりません。日蓮聖人《にちれんしようにん》の書《か》いたとされる物《もの》なら何《なん》でも構《かま》わぬ、真蹟《しんせき》でなくとも構《かま》わないじゃないかとやっていれば必《かなら》ず間違《まちが》いが起《お》こります。弟子《でし》の聞《き》き書《が》きというような録外《ろくげ》も録外《ろくげ》、誰《だれ》が書《か》いたかも分《わ》からぬ「御義口伝《おんぎくでん》」などを重《おも》く用《もち》いて、経文《きようもん》に接触《せつしよく》を取《と》らない学説《がくせつ》を放《ほう》任《にん》しておけば、今後《こんご》も何《なに》を言《い》うか分《わ》からない、勝手《かつて》なことを言《い》い出《だ》しては人《ひと》を迷《まよ》わす、危《あぶ》ないこと夥《おびただ》しいものとなります。そのような事《こと》は、本来《ほんらい》は皆矯正《みなきようせい》して行《い》かなければならないことです。しかし今日《こんにち》は遺憾《いかん》ながら、そういう事《こと》を語《かた》るような学者《がくしや》は殆《ほとん》ど居《い》ない、皆勝手《みなかつて》な事《こと》ばかりをやって、法華経《ほけきよう》の真髄《しんずい》を、日蓮聖人《にちれんしようにん》の教《おし》えを外《そと》に向《む》かって発展《はつてん》せねばならぬと言《い》いながら、内部《ないぶ》に於《お》いて正義《せいぎ》を主張《しゅちょう》する者《もの》は、寥々《りょうりょう》として暁天《ぎょうてん》の星《ほし》よりも稀《まれ》であるのが現状《げんじょう》です。

日蓮聖人《にちれんしょうにん》の教《おし》えは、高等《こうとう》なる宗教《しゅうきょう》です。勿論下層《もちろんかそう》なる者《もの》をも導《みちび》く、一切《さい》の人々《ひとびと》を導《みちび》く教《おし》えですが、それは教《おし》えの中心《ちゅうしん》を引《ひ》き下《さげ》げるのではありません。分《わ》かり易《やす》く熟《こな》れた説明《せつめい》をする、なるべく実社会《じっしゃかい》と接近《せっきん》して人々《ひとびと》を教化《きょうけ》することは大切《たいせつ》ですが、それが故《ゆえ》に今日《こんにち》のように教《おし》えを引《ひ》き下《さ》げて、(6)「鰯《いわし》の頭《あたま》も信心《しんじん》から」と詰《つ》まらぬものにしてはなりません。眉《まゆ》を顰《しか》めるような新興宗教《しんこうしゅうきょう》が乱立《らんりつ》し、既成《きせい》宗教《しゅうきょう》にも迷信《めいしん》が闊歩《かっぽ》して、人々《ひとびと》の宗教離《しゅうきょうばな》れは立《た》ち行《ゆ》かない所《ところ》まで来《き》ているのですから、早晩日本《そうばんにほん》の宗教《しゅうきょう》は、どうしてもその点《てん》に於《お》いて大改革《だいかいかく》をやらなければなりません。宗教《しゅうきょう》の必要性《ひつようせい》を徹底《てってい》せしめると同時《どうじ》に、宗教《しゅうきょう》の正《ただ》しい選択《せんたく》をもっと徹底的《てっていてき》にやらなければなりません。これが遅《おく》れれば遅《おく》れるほど、人心《じんしん》の堕落《だらく》と思想《しそう》の険悪《けんあく》は免《まぬが》れ得《え》ないのです。百の政治上《せいじじょう》の政策《せいさく》をやるよりも、宗教道《しゅうきょうどう》徳《とく》の復活運動《ふっかつうんどう》が今日《こんにち》は一番大切《ばんたいせつ》なのです。もっと社会《しゃかい》の教化《きょうけ》を政治《せいじ》の中《なか》に入《い》れなければならない、もっと精神《せいしん》の教化《きょうけ》を盛《さか》んにして、そしてそれを政治《せいじ》の本体《ほんたい》と心得《こころえ》て行《い》かねばならないのです。それは釈尊《しゃくそん》も考《かんが》え、聖徳太子《しょうとくたいし》も考《かんが》え、そして日蓮聖人《にちれんしょうにん》も考《かんが》えた大方針《だいほうしん》です。余《あま》りに今日《こんにち》は教化《きょうけ》を軽《かる》いことに考《かんが》えているから、そこで人心《じんしん》も堕落《だらく》し、社会《しゃかい》も腐敗《ふはい》し、思想《しそう》も険悪《けんあく》になって行《い》く訳《わけ》です。人《じん》心《しん》の教化事業《きょうけじぎょう》というものは、(7)今日批判《こんにちひはん》される所《ところ》の箱物行政《はこものぎょうせい》やバラマキ財政《ざいせい》というようなものを制《せい》して、百段《だん》も二百段《だん》も重要視《じゆうようし》すべきことではないかと思《おも》います。

これを以《もつ》て、法華《ほけ》経要文《きようようもん》の講義《こうぎ》を完結《かんけつ》と致《いた》します。

南無妙法蓮華経

妙法蓮華経《みょうほうれんげきょう》随喜功徳品第《ずいきくどくほんだい》十八に云《いわ》く、

仏《ほとけ》、弥勒菩薩摩訶薩《みろくぼさつまかさつ》に告《つ》げたまわく、其《そ》の所聞《しょもん》の如《ごと》く父母《ふぼ》・宗親《しゅうしん》・善友《ぜんぬ》・知識《ちしき》の為《ため》に、力《ちから》に随《したが》って演説《えんぜつ》せん。是《こ》の諸人等《しょにんら》聞《き》き已《おわ》ってまた行《ゆ》いて転教《てんぎょう》せん、余《よ》の人《ひと》聞《き》き已《おわ》ってまた随喜《ずいき》して転教《てんぎょう》せん、是《こ》の如《ごと》く展転《てんでん》して第《だい》五十に至《いた》らん。

この一節《せつ》は、法華経《ほけきょう》の教《おし》えが人々《ひとびと》に語《かた》り伝《つた》えられて、五十人目《にんめ》に至《いた》った人《ひと》の随喜《ずいき》の功徳《くどく》が説《と》かれる時《とき》のものです。この現代版《げんだいばん》に編集《へんしゅう》復活《ふっかつ》させた本多日生上人《ほんだにっしょうしょうにん》の講義《こうぎ》を読《よ》まれた方《かた》が、その喜《よろこ》びを他《た》に伝《つた》え、そしてその喜《よろこ》びが五十人《にん》にも伝《つた》わるならば、そこに素晴《すば》らしき法華経《ほけきょう》の道場《どうじょう》が出来《でき》ることは間違《まちが》いありません。人生《じんせい》のため、社会《しゃかい》のため、法華経《ほけきょう》の教《おし》え、日蓮聖人《にちれんしょうにん》の教《おし》えが正《ただ》しく弘《ひろ》まるようにと、師《し》が尽力《じんりょく》された「顕本法華宗義弘通所《けんぽんほっけしゅうぎぐづうしょ》」を、皆様《みなさま》のお力添《ちからぞ》えを得《え》て再《ふたた》び各地《かくち》に開設《かいせつ》する日《ひ》が来《く》ることを願《ねが》っています。

日什正師御生誕《にちじゅうしょうしごせいたん》七百年《ねん》を迎《むか》えて　平成二十四年　四月二十八日

末弟　土屋　信裕

明解「法華経要義」注

本書は、「法華経要義」として出版された本多日生上人による講演録を、現代に相応しく蘇らせるために編集されたものである。読者の理解を深める為に挿入した法華経要文の現代語訳はすべて編者による。また、現代版として編者によって内容の補足及び変更を加えた箇所は注として以下に示すが、省略した所については、これを記さない。

序品第一

一四頁 (1) 問答中における文殊菩薩と弥勒菩薩の過去の因縁を補足
一六頁 (2) 釈迦牟尼仏と一切の仏の関係について補足
一七頁 (3) 松野殿御返事（真蹟なし）の「遊戯雑談のみして明し暮さん者は〜」を守護国家論の「放逸とは〜」の引用に変更

方便品第二

二〇頁 (1) 方便の意味について補足

二六頁 (2) 「慈」と「悲」について補足
二九頁 (3) 宇宙全体と心の一体について前文を補足
(4) 法華三昧・摩訶止観について補足
三〇頁 (5) 十界について補足
三九頁 (6) 観心本尊抄の「法華を識る者は～」を法華玄義の「一切世間の～」の引用に変更
四二頁 (7) 今日いう所の「勝ち組」と「負け組」を以て、唯物論的思想を補足
四九頁 (8) 絶対の意味について補足

譬喩品第三

五四頁 (1) 要文を追加し、「三車火宅」の譬えを補足
五七頁 (2) 三界について補足
五八頁 (3) 「法門可被申様之事」の文を引用し、親父について補足

信解品第四

六五頁 (1) 「長者窮子」の譬えの要文を追加
六六頁 (2) 使用人を遣わしたことを補足
七一頁 (3) 阿羅漢について補足

七三頁　(4)　父の例えを補足
薬草喩品第五
七五頁　(1)　如来の慈悲について補足
七八頁　(2)　果報も自在となることを補足
八三頁　(3)　得益の差別について補足
八七頁　(4)　仏性を有していることについて補足
授記品第六
八九頁　(1)　如来の十号について補足
九二頁　(2)　甘露について補足
九三頁　(3)　仏教について、前文を補足
化城喩品第七
九四頁　(1)　三周説法について補足
九九頁　(2)　「阿耨多羅三藐三菩提」について補足
一〇三頁　(3)　有余涅槃と無余涅槃について補足
一〇五頁　(4)　「凡夫即仏」の思想を批判して補足

一〇六頁　(5)　真善美と菩薩行について前文を補足

五百弟子受記品第八

一一二頁　(1)　法華経以前の大乗経典について補足

一一四頁　(2)　「五百弟子受記品」の名称について補足

(3)　一切の仏弟子について補足

授学無学人記品第九

法師品第十

一二五頁　(1)　法華経の行者について補足し、「四條金吾殿御返事」の文を引用

一二六頁　(2)　法華経の行者に対する如来の励ましを補足

一二七頁　(3)　法華経の行者に対する供養を補足

一二九頁　(4)　正しき教えに反対が起こる理由を補足

一三一頁　(5)　門下における宗教の低級化について補足

一三五頁　(6)　仏性の活現による人生の喜びを補足

一三六頁　(7)　例えとした上野博物館への道程を一般的表現に変更

一三八頁　(8)　柔和忍辱について補足

一四二頁　(9)　禅宗と真言の影響を補足
一四三頁　(10)　日蓮宗霊断師会に対する批判を補足
(11)　日蓮正宗・創価学会の主張と、それに対する批判を補足
一四四頁　(12)　「大田殿許御書」の文を引用して補足

見宝塔品第十一

一四六頁　(1)　多宝如来について補足
(2)　多宝如来の証明について補足
一四八頁　(3)　「密本」とあるを、開目抄の文を引用して「遠序」と変更
一四九頁　(4)　「報恩抄」「法華取要抄」の文を引用して補足
一五〇頁　(5)　釈尊の宣言を経文を引用して補足
一五四頁　(6)　禅宗の宗義に関して補足

提婆達多品第十二

一五六頁　(1)　提婆達多について補足
一五八頁　(2)　肯定的捉え方、怨敵に対する考え方を補足
一六二頁　(3)　「別教の見」とあるを「三祇百劫」の用語に変更

一六四頁 (4) 日蓮門下における真言宗の影響を補足
一六六頁 (5) 「変成男子」に対する誤解に関して補足
(6) 「千日尼御前御返事」の文を引用して補足

勧持品第十三

一七三頁 (1) 今日における法華の行者への反対を補足
一七四頁 (2) 「この世の中には」を「私達の精神世界には」と変更

安楽行品第十四

一八〇頁 (1) 「今の天台の坊さんが」との例えを「今の坊さんの多くが」に変更し補足
一八六頁 (2) ただ現世利益のために題目を唱える誤りを補足

従地涌出品第十五

一九三頁 (1) 本化の菩薩について補足
(2) 迹門と本門について補足
(3) 宗教的智識について補足
一九四頁 (4) 「低いものである」を「大風呂敷を広げるような高い思想ではない」と変更
(5) 「兄弟抄」から引用して補足

一九五頁　(6)　現状の呪い占いの他、倶生神信仰について補足
一九七頁　(7)　創価学会の問題を補足
二〇二頁　(8)　弥勒菩薩について補足
二〇六頁　(9)　上行菩薩等の人格について補足

如来寿量品第十六

二〇八頁　(1)　健全な信仰について補足
二一一頁　(2)　観心本尊抄の文を引用し、本門の正宗分について補足
二一三頁　(3)　「三誠四請」の語を補足
二二〇頁　(4)　日蓮聖人の歓喜について補足
二二一頁　(5)　創価学会・日蓮正宗の「日蓮本仏論」について補足
二二七頁　(6)　「生命の本質とも言うべき」との語を補足
二二八頁　(7)　現実の世界と理想の世界について補足
二二九頁　(8)　後天的に得た違いについて補足
二三二頁　(9)　釈尊の久遠無始を否定する主張を批判して補足
二三三頁　(10)　梵本（サンスクリット版）の訳を補足

二三四頁 (11) 広義の縁起について補足
(12) 本因、本果について説明を補足
(13) 釈尊を本仏としない思想を批判して補足
(14) 「開目抄」の文を引用して、仏界と九界の関係を補足
(15) 題目を本仏とする思想を批判して補足
二三八頁 (16) 再び釈尊に見えることを補足
二四五頁 (17) 「常懐悲感」の語を補足
(18) 「人生は浮か浮かしておれば〜」の表現を「この先は〜」に変更
二四八頁 (19) 幼稚な思想について補足
二五一頁 (20) 真蹟でない御遺文を根拠とする教義を批判して補足
二五八頁 (21) 日蓮聖人の霊鷲山の解釈を補足
二五九頁 (22) 日蓮聖人が主張した釈尊の三徳、主・師・親を補足
二六八頁 (23) 通常の解釈では、「同居土」に浄土と穢土があることを補足
二七五頁 (24) 直心と柔和の意味を補足
二七六頁 (25) 「天真独朗」について「凡夫即仏」を補足

二七七頁　(26)「諸法実相鈔」について補足
二七八頁　(27)仏の慈悲と教化について補足

分別功徳品第十七

二九五頁　(1)信解の「解」について補足
二九六頁　(2)六波羅蜜について内容を補足
二九八頁　(3)「但南無妙法蓮華経なるべし」との誤解に対して説明を補足
三〇〇頁　(4)「四信五品鈔」の文を補足
　　　　　(5)信念と理智が一致した時について補足
三〇二頁　(6)「撰時抄」の文を補足

随喜功徳品第十八

三〇五頁　(1)梵天王、帝釈天、転輪聖王について補足
三〇七頁　(2)一向に南無妙法蓮華経と唱えることと六波羅蜜行の関係を補足

法師功徳品第十九

常不軽菩薩品第二十

三一四頁　(1)但行礼拝に対する誤解を批判して補足

三一六頁　(2)「顕仏未来記」の文を引用し、不軽品の二十四字と題目の五字について補足

如来神力品第二十一

三二四頁　(1)「報恩抄」とあったので「撰時抄」に訂正
三二六頁　(2)「無問自説果分勝三」と「因分可説果分不可説」の内容を補足
三二七頁　(3)「五重玄義」について補足
　　　　　(4)「如来の一切の秘要の蔵」を「宗」としてあったが、記録違い或いは言い違いと思われるので、師の「法華経講義」を再確認して配当を「体」と訂正。
三二八頁　(5)「観心本尊抄」の文を引用して補足
　　　　　(6)「開目抄」の文を引用して補足
　　　　　(7)「教」について内容を補足
三二九頁　(8)「観心本尊抄」の文を引用して補足
三三一頁　(9)「観心本尊抄」の文を引用して補足
三三二頁　(10)各霊地についての説明を補足
三三三頁　(11)仏塔・曼荼羅本尊の意義を補足
三三五頁　(12)阿弥陀経に観無量寿経を追加

三三五頁　⒀　五時教判について補足
嘱累品第二十二
薬王菩薩本事品第二十三
三四四頁　⑴　薬王菩薩と日月浄明徳仏の因縁を補足
三四六頁　⑵　「盂蘭盆御書」の文を引用
三四七頁　⑶　薬王菩薩の過去世を補足
三五〇頁　⑷　「何でもあり」に方便即真実との詭弁を補足
三五三頁　⑸　鬼子母神信仰の問題を補足
三五五頁　⑹　後の五百歳について説明を補足
妙音菩薩品第二十四
三六〇頁　⑴　「報恩抄」の文を引用して補足
三六一頁　⑵　妙音菩薩について補足
観世音菩薩普門品第二十五
三六四頁　⑴　無畏の境地について補足
陀羅尼品第二十六

三七一頁 (1) 日蓮宗霊断師会に対する批判を補足

妙荘厳王本事品第二十七

三七五頁 (1) 戦後の国民主権により、主権者とあるを最高指導者に変更
(2) 日蓮聖人の時代と同じ、自公連立政権などに象徴される国政の現状を補足
三七八頁 (3) 明治維新当時の廃仏毀釈の誤りを、現代の状況に合わせて変更
三八三頁 (4) 昨今の誤った解釈による「個性」「個人の尊重」の偏重を補足

普賢菩薩勧発品第二十八

三八七頁 (1) 「五箇の五百歳」について説明を補足
三八八頁 (2) 仏滅時期に関する考え方を補足
三九〇頁 (3) 「守護国家論」の文を引用補足
三九二頁 (4) 師子の法座について補足
三九四頁 (5) 五大部の内容を補足
三九五頁 (6) 「鰯の頭も信心から」という考え方や、新興宗教や迷信の問題を批判して補足
(7) 「今日の施設」とあるを、「今日批判される所の箱物行政やバラマキ財政」に変更

「目覚《めざ》めよ　今《いま》こそ」（従地涌出品《じゅうちゆじゅつぽん》）　作詞　土屋信裕　作曲　本間千睦　歌　有本智成

ガンジスの砂《すな》に等《ひと》しき
菩薩《ぼさつ》あり　苦《くる》しき世界《せかい》に
仏《ほとけ》が　語《かた》られし時《とき》
大地《だいち》　轟《とどろ》き
光《ひか》り輝《かがや》く　無量《むりょう》の菩薩《ぼさつ》
大地《だいち》を裂《さ》き　涌《わ》き出《い》でたり

悟《さと》りを得《え》た時《とき》より　私《わたし》は
限《かぎ》りなき　菩薩《ぼさつ》を導《みちび》き
仏《ほとけ》の道《みち》を　歩《あゆ》ませた
今《いま》ここに　真実《しんじつ》を説《と》く
遙《はる》かに久《ひさ》しき時《とき》より　私《わたし》は

この人々《ひとびと》を　導《みちび》いてきた
大地《だいち》より出《い》でし　限《かぎ》りなき菩薩《ぼさつ》
久《ひさ》しき過去《かこ》より　道《みち》を修《おさ》め
その心《こころ》に　畏《おそ》れなく
智慧《ちえ》と　忍《しの》ぶ力《ちから》あり
その身《み》は　浄《きよ》らか厳《おごそ》かに
仏《ほとけ》たち　皆《みな》　誉《ほ》めたまう

願《ねが》わくば　説《と》き給《たま》え
疑《うたが》いを　除《のぞ》き給《たま》え
数限《かずかぎ》りのなき　菩薩《ぼさつ》
如何《いか》にして
僅《わず》かの時《とき》に　志《こころざし》
高《たか》く　強《つよ》くせしめたかを

「永遠《えいえん》の真実《しんじつ》を奏《かな》でて」（寿量品自我偈《じゅりょうほんじがげ》）　作詞　土屋信裕　作曲　本間千睦　歌　有本智成

私《わたし》が仏《ほとけ》となったのは　永久《とわ》の過去《かこ》の時《とき》
永遠《えいえん》の時《とき》のあいだ　常《つね》に法《おしえ》を説《と》き
数限《かずかぎ》りのなき　人々《ひとびと》を導《みちび》き　仏道《ぶつどう》に　入《はい》らしめてきた
人々《ひとびと》を救《すく》わんがため　仮《かり》に涅槃《ねはん》に入《はい》る
実《じつ》には私《わたし》は　入滅《にゅうめつ》したのではなく
常《つね》に此処《ここ》にいて　法《おしえ》を説《と》いている
私《わたし》は此処《ここ》に居《い》るけれど　人知《ひとし》れぬ力《ちから》により
心《こころ》　誤《あやま》る　人《ひと》には　近《ちか》きにあっても　けっして見《み》えない

正《ただ》しき信《しん》を懐《いだ》き　誠実柔《せいじつやわ》らかに
心《こころ》をひとつに　仏《ほとけ》　見《み》るを求《もと》め

命《いのち》　惜《お》しまねば　その時　我れ仏《ほとけ》と弟子達《でしたち》は　共《とも》に姿《すがた》を現《あらわ》し
霊山《りょうぜん》において　時《とき》に人々《ひとびと》に語《かた》る
私《わたし》は常《つね》に　ここに居《い》て不滅《ふめつ》なり
皆《みな》を導《みちび》くために　滅《めつ》・不滅《ふめつ》を示《しめ》した
たとえ何処《どこ》にあっても　心《こころ》から敬《うやま》い
信《しん》じ願《ねが》えば　私《わたし》は　心《こころ》の中《なか》で　この上《うえ》なき法《ほう》を説《と》く

私《わたし》の浄土《じょうど》は　けっして毀《こわ》れず
けれど人《ひと》は炎《ほのお》に　焼《や》き尽《つ》くされるように
憂《うれ》いと怖《おそ》れ　苦《くる》しみに満《み》ちあふれ　罪《つみ》ある人《ひと》は　いにしえの悪業《あくごう》に
遙《はる》かに久《ひさ》しき　時《とき》を過《す》ぎゆきても
敬《うやま》うべき　仏《ほとけ》と法《ほう》と僧《そう》の
三つの宝《たから》の　名《な》を聞《き》くことはない
諸々《もろもろ》の功徳《くどく》を修《おさ》め　柔和《にゅうわ》に素直《すなお》な人《ひと》は
皆《みんな》　私《わたし》の　姿《すがた》が　ここにあり　法《おしえ》を　説《と》くのを見《み》る

汝《なんじ》　賢《かしこ》き者《もの》よ　疑《うたが》いを起《お》こすなかれ
疑《うたが》いの心《こころ》を　私《わたし》は尽《つ》くさせよう
私《わたし》の言葉《ことば》は　真実《しんじつ》で偽《いつわ》りはない　いつも私《わたし》の姿《すがた》があれば
人《ひと》は驕《おご》りと怠《おこた》り　快楽《かいらく》に沈《しず》み
悪《あく》の道《みち》に　陥《おち》ていくであろう
私《わたし》は常《つね》に　人々《ひとびと》が正《ただ》しき
道《みち》を歩《あゆ》むのか　歩《あゆ》まないのかを見《み》て
救《すく》うところに随《したが》って　そのために　種々《もろもろ》の　教《おし》えを説《と》く

そして　常《つね》にこの念《おもい》を
この上《うえ》なき正《ただ》しき道《みち》に　如何《いか》に人々《ひとびと》を導《みちび》き
すみやかに　仏《ほとけ》の身《み》を得《え》させようかと。

編者　土屋信裕（しんゆう）略歴

東京染井・法林山蓮華寺昭和三十六年出生。顕本法華宗管長、故土屋日宏を祖父。三十五歳で顕本法華宗の教師となる。航空自衛隊F４戦闘機幹部操縦士、大手商社を経て、ＡＮＡの機長として国際線・国内線を飛行する傍ら、宗派を超えて日本各地で講演を行う他、アジアの仏教界と協賛して行う「妙法の行進」を五年間に亘って同志と共に推進した。インド・カンボジアの現地僧侶延べ四千人を動員し、二万冊の本多日生師選出の要約「妙法蓮華経」（現地語訳）を作成配布。現在、欧米などに布教の拠点を開設している。

顕本法華宗布教師・教学研究所員歴任

「法華行者の会」主宰 http://www.kempon.net/

明解「法華経要義」

講述　大僧正　本多日生
編集　土屋信裕

発行日　昭和四年　原本発行
　　　　平成二十五年四月二十八日　初版発行

発行者　法華行者の会
〒八一八-〇〇三五 福岡県筑紫野市美しが丘北三-一〇-二
電話（〇九二）九二六　八〇三一

発行所　海鳥社
〒八一〇-〇〇七二 福岡県福岡市中央区長浜三-一-一六
電話（〇九二）七七一　〇一三二

出版助成　本多日生記念財団

ISBN978-4-87415-880-7 C0015